横琴金融研究报告2021

粤澳合作新愿景

李　晓　主编

SPM 南方传媒　广东人民出版社
·广州·

图书在版编目(CIP)数据

横琴金融研究报告. 2021：粤澳合作新愿景 / 李晓主编. —广州：广东人民出版社，2022. 12
ISBN 978-7-218-16434-2

Ⅰ. ①横… Ⅱ. ①李… Ⅲ. ①区域金融—研究报告—澳门、珠海—2021 Ⅳ. ①F832. 76

中国版本图书馆 CIP 数据核字（2022）第 257201 号

HENGQIN JINRONG YANJIU BAOGAO 2021：YUE-AO HEZUO XIN YUANJING
横琴金融研究报告2021：粤澳合作新愿景
李　晓　主编

出 版 人： 肖风华

责任编辑： 古海阳　林斯澄
责任技编： 吴彦斌　周星奎

出版发行： 广东人民出版社
地　　址： 广州市越秀区大沙头四马路 10 号（邮政编码：510199）
电　　话：（020）85716809（总编室）
传　　真：（020）83289585
网　　址： http://www. gdpph. com
印　　刷： 广东虎彩云印刷有限公司
开　　本： 787 毫米×1092 毫米　1/16
印　　张： 29. 25　　**字　　数：** 450 千
版　　次： 2022 年 12 月第 1 版
印　　次： 2022 年 12 月第 1 次印刷
定　　价： 108. 00 元

如发现印装质量问题，影响阅读，请与出版社（020-85716808）**联系调换。**
购书热线：（020）87716172

本书简介

2021年9月，《横琴粤澳深度合作区建设总体方案》落地，为澳门经济发展与粤澳经济合作注入新的活力。立足既有发展成就，展望未来新的愿景，横琴智慧金融研究院/吉林大学横琴金融研究院针对粤澳深度合作区发展的宏观经济形势、区内经济发展经验和新型经济金融业态等三个领域，组织科研力量进行理论梳理和政策研究，希望为澳门经济多元化与粤澳深度合作提供有意义的参考。

本书主体分为三个部分。第一编梳理全球经济金融新形势与新方向。在回顾疫情暴发以来全球经济金融宏观形势变化及其理论探索后，该编着重对数字经济和绿色金融两个方向作专题论述，为深合区的建设勾勒宏观背景。第二编为粤澳深合区区域金融探索作理论储备。该部分既包括对深合区近期聚焦的跨境资本流动作机制探讨，也包括对本区中远期可能探索建设的区域金融中心作理论验证和经验储备。第三编研究本地产业多元化及其金融支持。该部分就澳门经济多元化的部分具体方向作调查研究，同时对金融与相关产业双向互动、互相促进的路径作讨论研究。

序　言

2021年9月，《横琴粤澳深度合作区建设总体方案》正式落地。这一历史性的政策文件为澳门、横琴的经济发展与粤澳经济合作注入了新的活力。自2018年12月29日成立以来，横琴智慧金融研究院/吉林大学横琴金融研究院（以下简称研究院）运转已有三年，取得了丰硕的成果。研究院在每季度举办一届金融论坛的基础上，于2021年8月起开创了每月一度的“琴澳金融沙龙”，既为琴澳经济、金融发展提供一个全方位交流、沟通的平台，也为更加深入的探讨提供足够的思想空间。自2021年年中开始，研究院立足现实，展望未来新的愿景，开始针对粤澳深度合作区发展的宏观经济形势、区内经济发展经验和新型经济金融业态等三个领域，组织科研力量进行了比较系统的理论梳理和政策研究，并梳理、参考了在研究院举办的多届季度金融论坛和琴澳金融沙龙上各位专家、学者的研究成果，编撰了这部集体研究成果，希望能够为关心横琴粤澳深度合作区建设、投身琴澳经济融合发展的各界人士提供有益的参考。

《横琴金融研究报告2021：粤澳合作新愿景》（以下简称报告）分为三个部分。第一编为“全球经济金融新形势及其理论探索”，主要是梳理全球经济金融新形势与新方向，在回顾疫情暴发以来全球经济金融宏观形势变化及其理论嬗变后，着重在数字经济和绿色金融两个方向进行专题论述，为深合区的建设勾勒宏观背景；第二编是“区域金融中心建设与跨境资本流动”，对粤澳深合区区域金融发展与合作进行必要的理论探索，既包括对深合区近期聚焦的跨境资本流动的探讨，也包括对中远期区域金融中心建设和发展的经验启示；第三编为琴澳地区“琴澳产业多元化及其金融支持”，主要是在对琴澳经济、产业多元化的具体方向进行调查研究的基础上，针对金融与相关产业双向互动、互相促进的路径进行探讨。

自报告立项之日起，我率领丁一兵教授、邵学峰教授、王倩教授和周佰成教授组成学术团队，负责提供学术支持。其中，我本人负责统筹项目的整体框架与分析逻辑，周佰成教授和邵学峰教授主抓各项工作的协调落地，丁一兵教授和王倩教授在具体工作推进中提供了许多重要帮助。研究院主抓行政工作的黄云础副院长和行政专员吴林萍、冯羿然为本书的撰写提供了大量的行政辅助。

研究报告立项后，经研究院学术委员会商议决定，成立由陈煜、汤沐黎、冯羿然、邱晶晶、洪慧瑛和李博囡共 6 位研究员组成的调研团队，为报告撰写做各项前期调研和准备工作。他们在政策归纳和梳理、数据资料整理、市场调研等方面做了大量细致认真的准备工作，并完成了 2 万余字的报告规划草案。截至研究院学术委员会审议通过，该方案历经十余次更新，为后续工作的开展奠定了坚实基础，也为研究院今后的工作开展作出了有益尝试。

在报告编写工作中，各章具体分工如下：第一章由李世斌博士后负责，第二章由邱晶晶负责，第三章由吉林大学经济学院王倩教授负责，第四章由胡明博士后负责，第五章由官俊宏负责，第六章由李博囡负责，第七章由陈煜负责，第八章由张文藩负责，第九章由吉林大学经济学院王皓副教授负责，第十章由洪慧瑛负责。各位同事在甄别、整理、编撰、统稿和校对等各环节投入了长时间的工作。

本报告编撰内容建立在研究院建立以来所有研究员的研究成果之

上。各位研究员依照到院工作时间依次排名为：杨弋、赵志琦、张宇璇、张靖博、刘毅男、潘长春、李世斌、谢文帅、杨良平、李猛、李小飞、兰健、王迪、宁梓男、杜卓雅、陈煜、邱晶晶、韩沛轩、胡明、洪慧瑛、李博囡、汤沐黎。各位研究员作为在读博士、硕士研究生和博士后研究员，在工作期间充分发扬了吉林大学“求实创新、励志图强”的校风校训，为吉林大学与横琴粤澳深度合作区产学研协作的深入开展作出了突出贡献。

可以说，没有上述各位的齐心协力，研究院的诸项工作和报告的编写与出版难以顺利进行。在此，谨向各位表示由衷的谢意！

还需要指出的是，在研究院主办或联合主办的金融论坛上邀请的国内外专家学者，对本报告的形成发挥了重要的智力支撑作用。各位专家结合各自深耕多年的学术研究，为横琴粤澳深度合作区的发展提出了许多极具启发性的理论观点和政策建议，对研究院的工作也起到了巨大的促进作用。各位专家依照受邀出席的时间顺序分别排名如下：孙杰、佟家栋、肖耿、徐康宁、张二震、张礼卿、雷达、毛艳华、张宇燕、黄剑辉、王曦、王静文、谢亚轩、姚景源、朱嘉明、厉新建、邵宇、沈建光、张金山、陈达飞、Edward S. Grant、Eiji Ogawa（小川英治）、Gordon Bodnar、Iikka Korhonen、John Karantonis、Lon Wong、Masahiro Kawai（河合正弘）、Peter Wasupit Wises、Rahul Walia、Steven McCaffrey、Varavich Hongladarom、Wataru Takahashi（高桥亘）、蔡维德、黄海洲、马骏、相韶华、程伟、贺力平、张幼文、庄宗明、丁瑜刚、顾新华、刘彦、温彬、张明、钟伟、曾刚、丁学良、范从来、丁志杰、管涛、何帆、韦森、张蓓、Whitfield Diffie、柏亮、费联浦、贺宝辉、黄江南、贾永政、李仁杰、宋晓冬、叶毓睿、张洪为、钟红、马述忠、罗长远、吕越、谭小芬、姚枝仲、余林徽、张中祥、陈卫东、黄新飞、李坤望、刘少波、彭水军、屠新泉、许志瑜、钟正生、王永利、陈平、金巍、沈军、刘成昆、杨子晖、叶桂平。在此，谨向上述各位专家学者表示衷心感谢！

三年来，吉林大学领导和横琴自贸区管委会领导对研究院工作给予了充分的信任和支持。横琴金融局领导更是对研究院的各项具体工作进行了许多指导和帮助。他们的信任和关爱一直是我们前进的动力。在此，向各位表达敬意和感谢！

本报告在出版过程中，得到广东人民出版社肖风华社长、广东人民出版社历史文化分社梁茵社长以及古海阳编辑、林斯澄编辑的大力支持，感谢各位在报告付梓过程中付出的心血，当然文责自负。

站在粤澳深度合作区建设这一新的历史起点，横琴与澳门将在融合发展中迸发新的活力。投身横琴建设、促进粤澳深度合作，我们将再接再厉，力争取得新的更好的成绩。

珠海市横琴智慧金融研究院/吉林大学横琴金融研究院院长

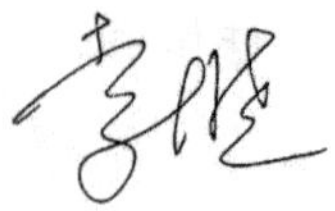

2021 年 12 月 29 日

目录

CONTENTS

第一编 全球经济金融新形势及其理论探索

2021

第一编

全球经济金融新形势及其理论探索

1 第一章

全球经济金融新形势与理论嬗变

当今世界，新冠疫情蔓延、贸易保护主义升级、地缘政治持续紧张等因素导致全球经济金融市场动荡加剧，外部环境与内部动力的变化正在推动我国“双循环”新发展格局的加速形成，国际与国内新形势也引发了经济金融理论的嬗变。与此同时，2020 年横琴粤澳深度合作区建设进入了全面实施、加快推进的新阶段，在全球经济金融新形势下，合作区应积极应对挑战并抓住机遇，打造粤港澳大湾区建设的新高地。本章对后疫情时代全球经济金融格局的变化与趋势进行了分析与研判，探讨了全球经济金融发展新变化背景下我国“双循环”新发展格局的形成与政策导向，梳理了新形势下经济金融理论的新变化。同时落脚于横琴，对新形势下横琴粤澳深度合作区经济金融发展面临的机遇与挑战进行了分析。

第一节 后疫情时代全球经济金融格局的变化与趋势

自 2020 年年初以来，新冠疫情在全球暴发并迅速传播。疫情的全球扩散对世界经济造成了剧烈冲击，全球金融市场随之发生剧烈动荡。出于应对疫情冲击的需要，各国政府纷纷对国内政策进行调整，导致国际政治经济格局发生深刻变革，全球价值链面临剧烈调整，全球宏观经济治理也进入未知领域。本节对疫情影响下的全球经济与金融市场变化进行了总结和研判，同时分析了疫情影响下世界经济金融格局的演变趋势。

一、疫情影响下的全球经济与金融市场变化

（一）疫情影响下的全球经济变化①

自 2020 年年初新冠疫情暴发并席卷全球以来，截至 2022 年 1 月 12

① 部分内容摘自 2020 年 12 月 6 日，中国世界经济学会会长、中国社会科学院学部委员、世界经济与政治研究所所长张宇燕教授在横琴金融论坛（2020 年第四季度）上做的题为“后疫情时代的世界经济”的主题发言。

日，全球已有超过3.1亿确诊病例，其中包括550余万死亡病例[①]，虽然近期在疫苗的研发推广下全球整体新增病例逐渐放缓，但病毒变种以及防疫政策的日渐宽松使得疫情反复的风险不断增强。此次疫情对世界经济总体发展以及全球金融市场走向的影响非常大，国际经济格局的形态演进也正在加速或强化。

从各种数据指标看，疫情对世界经济的冲击非常明显，2020年全球GDP实际增速为-3.116%[②]。此外，疫情对就业的冲击更为严重，特别是对非优势群体如低收入者、年轻人和妇女的就业影响极其严重。世界银行在2020年10月份发布的报告中估计，本次疫情的冲击可能使全球0.88亿—1.15亿人重新进入极端贫困。疫情期间美国的失业率同样经历了大幅度上升，2020年4月，美国16岁及以上人口失业率曾迅速升至14%，之后有所下降；但截至2021年6月，仍保持在6.1%的水平[③]。

伴随着疫情的全球扩散，各国政府应对疫情的直接结果是政府支出规模迅速扩大。2020年全球政府债务占GDP的比重急剧攀升，2019年发达经济体一般政府净债务占GDP的比重是75.07%，2020年这一比重达到88.1%。美国2020年的财政预算赤字由2019年的9840亿美元增加到3.1万亿美元，占到GDP的14.9%[④]。

出于应对疫情冲击的需要，各国货币政策也发生了很大变化，其中最为典型的是美联储货币政策的调整。2021年以来，美联储内部对经济形势的判断出现分歧，联准会委员的不同意见时常被看作是给市场暗示的信息。同时，市场对于美联储判断错误的预期越发高涨，资本市场行情和投资者情绪波动明显加剧。尤其需要注意的是，从2021年6月开始，美联储不断刷新逆回购工具使用规模的历史纪录（2021年9月23日当天已超过1.35万亿美元）。这样，在预期收紧货币政策的同时，短期内又向市场释放流动性，反映出美联储货币政策决策存在着一些

① 数据来源：WHO Coronavirus（COVID-19）Dashboard，世界卫生组织（World Health Organization）。

② 数据来源：Wind。

③ 数据来源：Wind。

④ 数据来源：Wind。

"内在矛盾"，具有明显的节省政策工具、预留政策空间的动机，也给市场留下想象空间。① 2022年1月5日，美联储发布了2021年12月15日FOMC货币政策会议的纪要，展示央行官员们对美国经济和通胀发展，以及利率和资产负债表政策走向的详细内部讨论，部分官员提出可以提前加息且加息速度更快，开启加息到开始缩表的间隔比预期更短，缩表速度比此前缩表周期更快等可能性。② 同时，多家大型投行近期表示，在美国高通胀压力下，美联储2022年的加息次数可能达四次，超出市场之前广泛预期的三次。③

货币政策的转变可能会进一步加剧经济金融市场动荡。2022年1月，国际货币基金组织（IMF）表示，新兴经济体必须为美国加息做好准备，并警告称美联储快于预期的升息步伐，可能会扰乱金融市场，并导致新兴市场资本外流与货币贬值。IMF表示，渐进的、经过充分沟通的美国货币政策紧缩，对新兴市场的冲击可能不会太大，因海外需求将抵消融资成本上升的影响。但美国薪资普遍上涨或供应瓶颈持续存在可能令物价上涨超出预期，并刺激通胀加速飙升的预期升温，从而促使美联储进一步加快升息步伐。IMF表示，"新兴经济体应该为可能出现的经济动荡做好准备"，并指出美联储加息速度快于预期以及可能存在疫情卷土重来的风险。IMF同时提出，"美联储加快加息步伐可能会扰乱金融市场，令全球金融条件收紧。这些进展可能伴随美国需求与贸易放缓而来，并可能导致新兴市场资本外流与货币贬值"④。

（二）疫情影响下的全球金融市场变化⑤

2020年上半年，尤其是2月下旬到4月中旬，全球金融市场出现了

---

① 李晓、陈煜：《美联储货币政策转向：背景、事实与应对》，《国际金融》2021年第11期。

② 《美联储12月FOMC鹰派纪要：加息或早于预期，缩表速度可能快于此前周期》，华尔街见闻，2022年1月6日。

③ 《多家投行预计美联储年内加息四次》，新华网，2022年1月12日。

④ 《IMF警告：美联储加快升息或导致新兴市场资本外流与货币贬值》，财联社，2022年1月10日。

⑤ 该部分主要摘自中国社科院世界经济与政治研究所研究员、国际投资研究室主任张明教授在2020琴澳跨境财富管理论坛（2020年6月27日）上做的题为"关于疫情后全球金融市场走向的几点思考"的主题发言。

一轮动荡。新冠疫情暴发以来，全球金融资产总体上呈现风险资产价格大跌（股票、原油），避险资产价格波动中上行（美国国债、黄金、美元）的格局，说明投资者风险偏好在下降，避险情绪在上升。2020 年 3 月 9 日至 18 日这 10 天内，发生了风险资产价格与避险资产价格同时下跌的罕见局面，原因是市场上出现了流动性危机，投资者为了获得流动性不惜抛售所有资产，既包括风险资产也包括避险资产。但 2020 年 3 月份后，随着美联储采取极其宽松的货币政策救市，流动性危机已经得到缓解。避险资产价格开始重新上升，风险资产价格也从快速急跌模式转为震荡复苏模式。

2020 年 2 月中旬道琼斯工业指数创下约 29000 点的历史新高，但在 2020 年 3 月急速下跌（3 月 9 日至 18 日，美股 8 个交易日内 4 次熔断），一度下跌了 37.1%。但自 2020 年 5 月份以来，所有的美股指数出现了强烈的反弹，2021 年 12 月 31 日道琼斯工业平均指数已回升至 36338 点。(图 1-1)

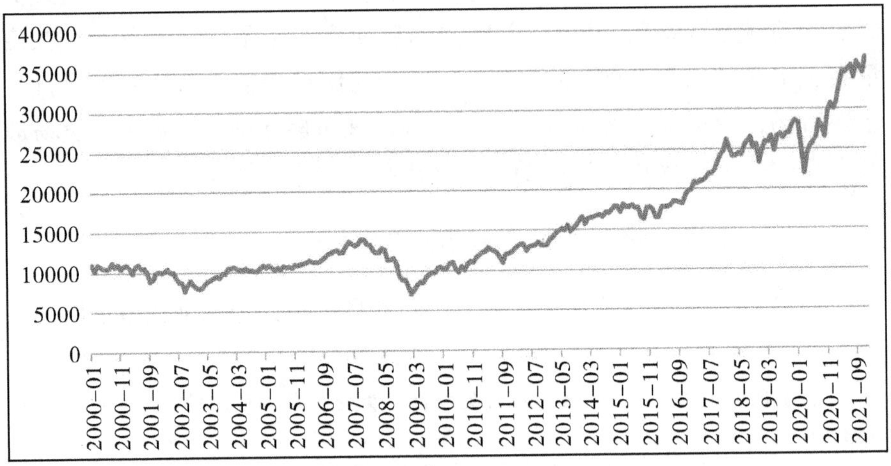

图 1-1 美国道琼斯工业平均指数（点）

数据来源：Wind。

2020 年年初，布伦特原油期货结算价格每桶约为 60 美元，3、4 月暴跌至每桶 20 美元左右，5 月份后价格反弹至 30—40 美元，2021 年 12 月 31 日，布伦特原油期货结算价格已涨至 77.78 美元。(图 1-2)

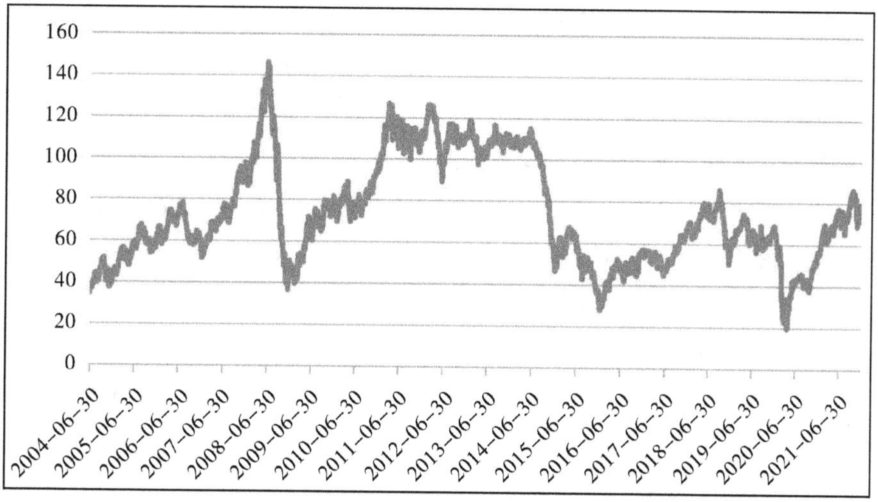

图 1-2　布伦特原油期货结算价格（美元/桶）

数据来源：Wind。

当前，黄金的价格正在逼近历史的最高点。尽管近年金价存在震荡，2020 年 3 月 6 日至 19 日，黄金价格一度由每盎司 1684 美元跌至每盎司 1474 美元，但是总体上行的趋势不变。2021 年 12 月 31 日，伦敦现货黄金价格大约是每盎司 1820.1 美元。详情可见图 1-3。且在全球的央行均实施宽松的货币政策背景下，市场预期黄金价格很大概率创出新高。

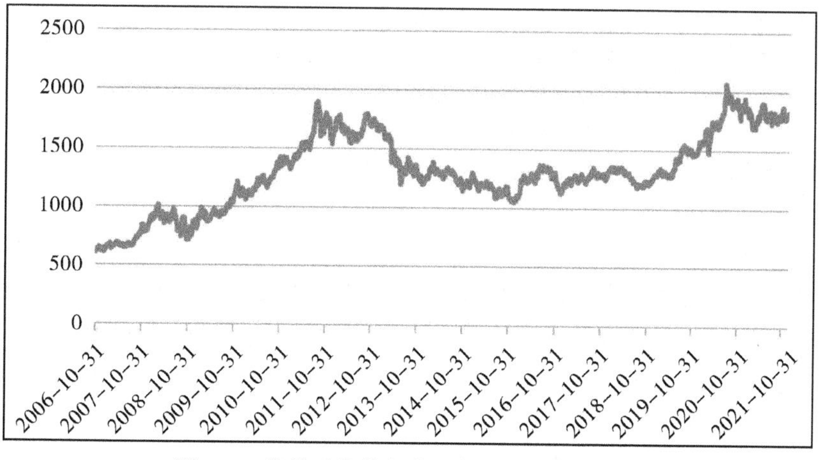

图 1-3　伦敦现货黄金价格走势（美元/盎司）

数据来源：Wind。

金油比是一个比较有趣的指标，代表一盎司黄金所能购买的原油桶数，这个指标越高代表黄金越贵，指标越低代表原油越贵。从 1990 年至 2019 年，金油比的均值差不多在 15 左右。① 从历史上来看，每当金油比超过 30 时，都会有一些负面的地缘政治事件发生。譬如 1993—1994 年的索马里战争、1997—1998 年的亚洲金融危机、2007—2008 年的美国次贷危机、2016 年英国首次宣布脱欧等。由于金价上涨、油价下跌，2020 年 4 月份的金油比已经超过 80②，上升至令人不安的水平，但之后随着原油价格的上涨，金油比有所下降。

2020 年年初，10 年期美债收益率在 2%左右，后降至历史新低，2020 年 3 月 9 日仅为 0.54%，3 月 18 日回升至 1.18%。2021 年 12 月 31 日的收益率在 1.52%。（图 1-4）

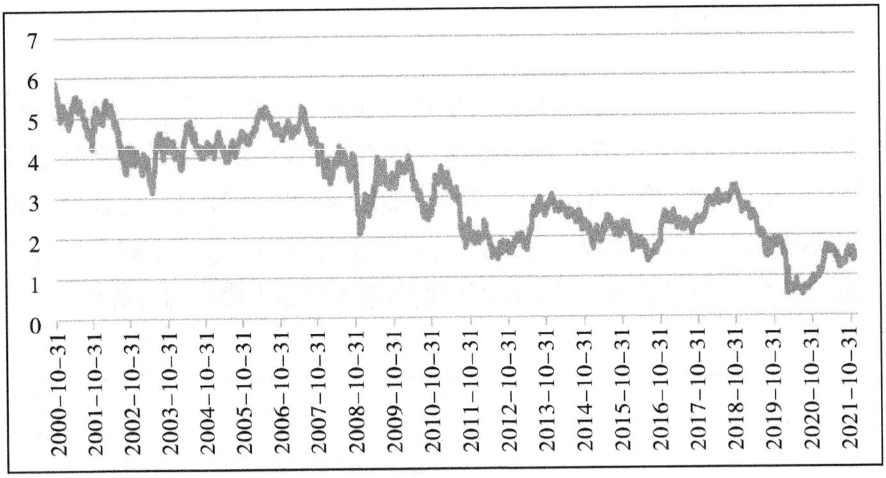

图 1-4　10 年期美国国债收益率（%）

数据来源：Wind。

最后是美元本身，美元指数是美元对 6 种主要国家货币有效的加权汇率，上升代表美元升值。总体来讲，疫情之后美元指数处于震荡中爬升的状态，2020 年 3 月 19 日，美元指数摸高至 102.68 的高点，之后美元指数稍有下行，2021 年 12 月 31 日，美元指数为 95.97。（图 1-5）

---

① 数据来源：Wind。
② 数据来源：Wind。

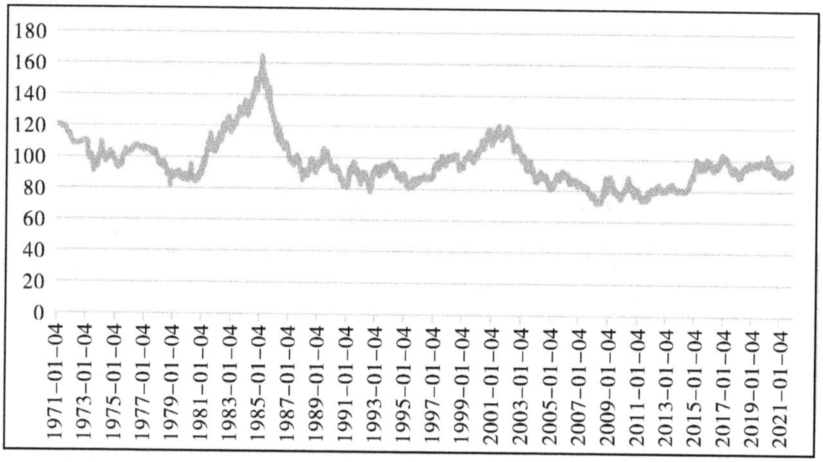

图 1-5　美元指数走势

数据来源：Wind。

图 1-6 显示了全球 GDP 实际增速。2009 年全球经济增速几乎为 0，2010 年出现了短暂反弹。但好景不长，从 2011 年到 2020 年，全球经济增速不升反降，这一状况被美国经济学家劳伦斯·萨默斯（Lawrence Summers）称为长期性停滞，2020 年全球 GDP 实际增速为-3.116%，这一次的跌幅要远超过 2008—2009 年次贷危机时期。如果从一个更长的维度来看，当前是全球经济自 1870 年以来第四次严重的衰退期。前三次基本集中在 1910 年至 1950 年之间，具体为一战、大萧条和二战。因此可以说，此次衰退是二战之后和平时期最严重的一次。

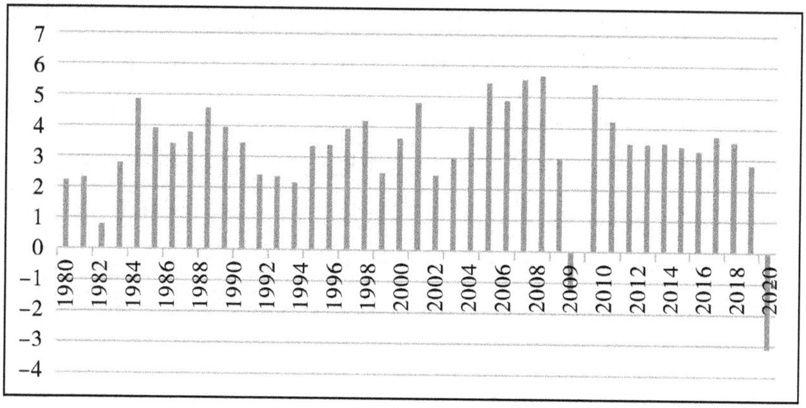

图 1-6　全球 GDP 实际增速（%）

数据来源：Wind。

二、“疫后”世界经济金融格局的演变趋势①

新冠疫情是对全球化的一场突然的压力测试，它暴露出世界经济发展中的一系列问题。其中，有些问题及其影响是短暂的，疫情过后就会缓解，有些则是持久性的，甚至长期存在。但无论是短期还是长期影响，均使得“疫后”世界经济金融格局出现了新的演变趋势。

（一）国家化：国家在社会经济生活中的地位再度大幅提升

在20世纪的大部分时间里，国家在经济社会生活中的地位一直在上升。20世纪70年代中后期“滞涨”的出现导致自由资本主义思想再度勃兴，尤其是伴随着布雷顿森林体系崩溃和美元体系的形成与发展，国际资本流动对国家行为产生了很大的制约作用，国家在经济社会生活中的地位和功能开始急剧下降，相应地，美国主导的这一轮经济全球化到达高潮。可以说，这是战后世界经济发展的一个重大转折。但是，2008年全球金融危机的爆发，再一次敲响了自由资本主义的丧钟。此次疫情的暴发扩散与防控不力，更是给予美国自由资本主义致命一击。正如人类历史上众多灾难一样，疫情在国家与市场、社会的天平上出现更有利于国家的倾斜，使得政府的各项公共职能得到更多、更有力地发挥。比如，拜登政府采取的一系列大规模的经济刺激计划在很大程度上是不得已而为之的社会补救措施，即无底线的量化宽松（QE）政策所导致的更大规模的财富再分配效应，带来更为严重的社会两极分化，因此，美国政府不得不采取更具干预主义色彩的社会经济政策，甚至引发剧烈的社会变革。这种国家地位与作用的提升，不仅仅体现在力度上，更体现出逻辑、方向和手段上的重大变化，值得我们高度重视与研究。

值得注意的是，疫情冲击下国家地位的上升正在成为一个全球性现象，所谓在市场无法正常运行的地方往往孕育着国家主义的温床，正是

① 该部分主要摘自横琴智慧金融研究院/吉林大学横琴金融研究院院长李晓教授在中国世界经济学会国际贸易论坛（2021）（2021年4月17—18日）上做的题为“‘疫后’世界经济格局演变的四个趋势”的主题发言。

这个道理。疫情极大地增强了人们的安全意识、边界意识和民族意识，民族主义情感或国家主义理念更加高涨，各国政府对国内社会、经济、政治生活以及对外关系领域的干预程度及其权力都有了大幅度提升，从而使得全球范围内政治家们的选择对“疫后”经济全球化的发展具有更重要的影响，有管理的全球化将成为常态。

（二）区域化：区域经济发展、合作与地缘政治关系成为大国博弈的重要舞台

在全球实体经济层面上，制造业跨国公司全球产业链的重构正在强化世界经济的板块化趋势，美、亚、欧三大区域板块已经成型，而且围绕区域经济增长与合作所展开的区域政治协调，正在重构区域主义，二战后全球范围内包容性多边主义发生了重大转型，这将对“疫后”世界格局和国际关系产生重大影响。

在此过程中，有三个问题值得关注：一是区域金融合作的发展，二是区域政治协调与合作，三是区域主义的性质与方向。

当今世界经济秩序的一个巨大矛盾就是经济全球化的“内涵分裂化”，即20世纪90年代达到高潮的全球范围内金融、贸易和投资齐头并进、相互拱卫的全球化格局，已经发生显著改变。在美元体系主导的金融全球化格局依旧起作用的条件下，全球投资、贸易的发展遭遇保护主义冲击并日益走向“规则分层化”和“范围区域化”——这三者构成了“全球化分裂”的核心内涵。由于金融全球化的本质与制造业全球化的发展有着巨大差异，存在着短期性、投机性与生产性、长期性之间的巨大鸿沟，两者间的“脱钩”加大了世界经济的不稳定和风险，甚至使得世界经济增长产生致命的脆弱性。

我们无法想象在一个国际货币体系高度不稳定的世界里，人们会专注于追求财富与创新活动，尤其对那些以实体经济为主的“贸易国家”或地区而言，推进区域货币金融合作的进一步深入发展是至关重要的。

正如布雷顿森林体系和美元体系的运行所证明的那样，任何规模、范围或形式的货币合作都需要稳固的政治秩序。20世纪70年代布雷顿森林体系崩溃后，所有区域货币合作取得的成就，都是国家权力谋求和达成政治共识的结果。因此，稳定区域政治关系、开展区域政治协调与

合作，正在成为许多国家尤其是大国应对美元体系脆弱性，推进区域货币金融稳定，顺应世界经济板块化、区域化发展的必然趋势。

值得警惕的是，日益高涨的区域主义的性质和方向正在朝着封闭的区域主义发展。世界经济的区域化或板块化发展，如何在“规则”与“范围”之间寻得某种平衡，正在成为一个政治问题。大国在这方面的认知、智慧与行动，很大程度上决定着“疫后”世界经济区域化发展是走向开放的区域主义还是封闭的区域主义。无论怎样，区域经济发展、合作以及地缘政治关系作为大国博弈的重要舞台，将对“疫后”的世界格局和国际关系产生深远影响。

（三）全球化分裂加剧了全球治理困境，全球金融治理面临的问题尤为突出

全球化的不断发展及其所带来的一系列问题，必然产生全球治理困境。在当前国家化、区域化趋势明显增强的特殊历史时期，特别是在大国博弈和全球化分裂日趋严重的情况下，主要大国针对全球治理的态度和立场正在发生重大变化。值得注意的一点，就是在“疫后”的全球治理体系中，美国既需要中国在诸如气候、反恐和核安全等全球治理中发挥应有的作用，同时也将在一些重要的全球经济治理中遏制中国的作用与影响。

全球化分裂加剧全球治理的困境在全球金融治理中体现得格外突出。近年来西方发达国家货币政策实践的一个显著特征，就是利率下降的幅度明显超过经济增长下降的幅度，或者说，经济增速下降一点，就会以利率更快速的下降来应对，目前，主要国家的利率水平已经降至零甚至负利率。这在很大程度上是美国经济结构高度金融化的后果。乔万尼·阿瑞基（Giovanni Arrighi）在布罗代尔有关体系积累周期概念的基础上，将资本主义的发展归纳为四个积累周期，即 15 世纪到 17 世纪初的热那亚周期、从 16 世纪末开始贯穿整个 18 世纪的荷兰周期、18 世纪下半叶开始到 20 世纪初期的英国周期和 19 世纪末开始一直持续到现在的美国周期。虽然这四个周期越来越短，但都持续一个世纪以上，而且都有一个重要特征，即在周期开始或结束阶段有一个显著的金融扩张过程。具体到今天，就是自 20 世纪 80 年代开始美国经济的高度金融化。

在这个阶段，美国人更改了人类的金融逻辑，即由“债权人逻辑”转变为“债务人逻辑”，相应地，包括货币政策在内的宏观经济政策的核心从更有效地“赚到钱”转变为更多地“借到钱”，进而又发展到当下更多地“印出钱”。由是，传统宏观经济学有关货币政策应对实体经济供给或需求冲击的理论与逻辑失效了，货币政策作用的对象是高度金融化条件下资本市场等的金融经济运行，其本质就是债务积累。因而，其货币政策面临着“造币”无法解决根本问题，但是不“造币”万万不能解决问题的困境，这也就是为什么利率下降速度高于经济下滑速度的根本原因。

这将产生两个危险：一是经济结构的分化使得“金融国家”与“贸易国家”之间的宏观政策协调更加困难。这种困难自20世纪80年代的美日经济摩擦尤其是在“广场饭店协议”等一系列博弈中已经非常明显，只是我们当时未能看清其实质，其重要结果之一就是美国货币政策的公共产品性质日益淡薄，越来越具有孤立主义性质，这是当今世界动荡根源之一；二是对于经济结构以实体经济为主的“贸易国家”而言，货币政策等宏观经济政策的自主性越来越重要。必须认识到，MMT（现代货币理论）的背景是美国经济的高度金融化，在这样的经济结构当中MMT也许暂时适用，但无疑是饮鸩止渴，而且在以实体经济为主的经济结构中采取这套理论与实践只能是邯郸学步，贻害无穷。这两种威胁相结合很可能产生一个重要的后果，即全球范围内贸易、投资领域的所谓“再全球化”将比货币领域的合作容易得多，全球货币政策协调将面临越来越大的困境。

显然，加强对美元体系下资本流动的全球监管，控制其成本与风险，尤其是约束美国货币政策的自利行为，成为全球金融监管的重要课题。但是，这一课题在当下全球化分裂的情况下却面临着严峻挑战。

一方面，美元体系是确保美国对外负债的可持续性的核心所在，美国将使用一切手段延续美元体系的寿命，任何妨碍、阻挠甚至破坏这种结构性权力的国家，都会遭到美国的全力打击、遏制。另一方面，20世纪80—90年代的各种货币金融危机大多发生在外围或边缘地区，传染路径较窄，传染效应也不大，因而IMF等国际金融机构在危机救助中发挥了主导作用。然而进入21世纪以来，国际金融危机大都发生在美国这样的中心区域，直接引发全球性金融海啸，IMF 等国际金融机构便鞭长莫及了，反倒是美联储作为“最后的贷款人”发挥着救火队队长的作用。现在，发达国家央行行长们通过货币互换、展期等手段，在“借到钱”“印出钱”等方面拥有越来越多的至高无上的权力，诸如双边美元互换联盟从 C6 到 C15 的形成与发展，很大程度上标志着一个新的、有影响力的中央银行网络的形成及其权力结构的变化：世界很有可能被分化为依赖美联储政策的国家和被美联储政策伤害的国家。相应地，IMF 等国际金融机构的地位被边缘化，功能被麻痹化，传统的全球金融治理面临着重大挑战。

（四）“新冷战”态势正在形成，但能否成为格局尚无定论

从 2020 年 7 月 14 日《纽约时报》的专题文章（《“意识形态斗争升级”：美国和中国滑向新冷战》）到 7 月 23 日美国前国务卿蓬佩奥在加利福尼亚尼克松故乡发表的讲演，再到拜登政府联合盟国试图孤立、围堵中国的一系列行动，都意味着“新冷战”正在成为不可忽视或回避的问题。美国刻意将中美博弈植入到所谓“新冷战”的叙事框架和逻辑当中，其目的是多重的。

第一个目的是转嫁国内矛盾。经济结构金融化所导致的国内经济社会矛盾激化、金融资本塑造、绑架国内政治使得美国陷入无法改革以及政治极化等诸多困境，正在使美国面临着类似 19 世纪 60 年代国家分裂的巨大风险。在这种情况下，寻找一个“共同的敌人”，不仅有助于弥合社会分歧、分裂，也有助于缓和政治极化造成的消极后果。其实，特朗普上台执政伊始，就认识到“攻击中国”对弥合美国社会分裂具有重要作用，因而直至其下台为止，特朗普的中国立场都是始终如一的，拜登政府更是采取团结盟友、围堵中国的实际行动，这在很大程度上是由当代美国国内深刻的社会经济和政治矛盾所决定的。

第二个目的便是遏制中国崛起。在长达半个世纪之久的冷战进程中，苏联的 GDP 从来没有超过美国的一半，即使在苏联经济最强盛的时期，该比例也只有 42%左右，苏联解体前该指标为 32%，而中国自 2001 年加入 WTO 以后，与美国经济体量差距迅速缩小；进入 21 世纪之后，中国经济总量不断逼近美国。到 2020 年，即便受到疫情影响，

中国经济总量按照美元计算已经创纪录地达到美国的71%，而且仍有巨大的增长潜力，预计将在2030年前后超过美国。面对如此巨大的经济竞争压力以及由此产生的战略焦虑，美国需要用意识形态划界，借助西方世界普遍存在的康德和黑格尔式的“自我—他者”人类社会关系的哲学范式，将中国置于西方“共同的敌人”的境地，通过构建所谓的“反华联盟”遏制中国崛起。所以，高举“新冷战”的意识形态大旗不过是美国掩人耳目的战略措施，按照进攻性现实主义代表人物约翰·米尔斯海默（John Mearsheimer）的观点，无论中国制度如何、开放与否，只要它成为经济强国，就必须予以遏制，而且他毫不掩饰，美国遏制中国的目的就在于使得中国经济走下坡路，这样方能减少美国的恐惧，进而减弱美国的敌意。①

然而，美国发动“新冷战”的目的远非如此，“新冷战”还有着更加深刻的国际政治背景，其核心是确保美国在西方世界的霸主地位。这是美国发动“新冷战”的第三个目的。苏联的突然垮台，令美国措手不及。虽然福山自信满满地强调“历史的终结”，但美国以往面对一个强大对手而凝神聚力的能量突然消失了，而且它吃惊地看到，原有盟友对它的战略安全需求也随之迅速下降，且相互间在各个领域中的竞争关系日益凸显。吉尔平对冷战结束后美国与盟国之间战略利益的变化、分歧和矛盾忧心忡忡；② 甚至在沃勒斯坦看来，冷战的结束实际上终结了美国霸权的合法性。③

在这种情势下，利用中国在迅速崛起过程中有意或无意展示出的雄心和对自身制度优势的弘扬，以及西方世界与周边国家对中国快速发展的担忧和戒备心态，鼓吹“中国威胁”，以意识形态划界，组建围堵、遏制中国发展崛起的同盟，是美国霸权的历史经验与现实需求所决定的，有助于美国把自己扮演成“自由世界”的领袖和代言人，维持或

① ［美］约翰·米尔斯海默著，王义桅、唐小松译：《大国政治的悲剧》（修订版），上海：上海人民出版社，2015年，第3、160页。

② ［美］罗伯特·吉尔平著，杨宇光、杨炯译：《全球资本主义的挑战：21世纪的世界经济》，上海：上海人民出版社，2001年，第9页、第11页和第15—16页。

③ ［美］伊曼纽尔·沃勒斯坦著，谭荣根译：《美国实力的衰落》，北京：社会科学文献出版社，2007年，第10页。

提升其在西方世界的领导力。

第四个目的在于构建支撑美元体系的国际政治体系。美国积极推动“新冷战”，还有着深刻的国际金融背景。冷战格局下的西方政治合作是第二次世界大战后国际经济秩序尤其是布雷顿森林体系的政治基础。但是冷战结束后，尤其是在经历了1997年亚洲金融危机、2008年全球金融危机之后，整个世界对现行美元体系的弊端及其风险的认知更加清晰，加之自2020年开始美联储无底线QE政策所可能导致的一系列矛盾和问题，美国的行为以及美元体系正在面临两个方面的约束：一是自发的金融市场力量日益对美国政府、美联储的行为行使隐蔽而有效的实际否决权——对通货膨胀和公共债务失控的美国给予资本流出等形式的处罚，以约束其过度行为；二是在国家行为上，面对美元体系运行日益增大的风险，越来越多的国家和地区选择远离或“隔绝”措施，储备货币多元化便是这种“隔离”的结果之一。这在很大程度上意味着，国际社会对美国的错误，尤其是那些导致、纵容金融危机或加剧美元体系不稳定的错误不再宽容。正因为如此，面对美元作为顶级货币的地位下降，强化美元作为协商货币的作用，美国围绕确保美元地位与权力的货币外交活动将日愈强化，并成为其重要的国际政治选择。

在此过程中，在原有的“双赤字”负担基础上，美国公共、私人债务的不断增长，特别是美联储无底线QE政策的实施，导致风险敞口不断增大，再度诱发金融危机的可能性非常高，这些因素时刻威胁着美元资产的价值以及美元资金的回流。在利率接近于零或者为负的条件下，为增加美元资产的吸引力、促进美元资金回流，除了要考虑其他主要经济体及其金融市场的利率水平等因素之外，美国主要依靠两种手段：一是美联储缩表，在债务货币化规模过大使得债务结构日益内生化的情况下，适时和适当的缩表是确保美元回流的重要方式；二是通过制造全球冲突尤其是“敌对国”周边的冲突来遏制资金外流，这种做法在欧元诞生初期美国就曾经做过。此外，伴随着大国博弈的激化以及常态化，动用货币金融手段即美元体系的“武器化”来打压、遏制对手的需求也将会日益增多。

第二节 中国“双循环”新发展格局的形成与政策导向

当前世界正经历百年未有之大变局，世界经济与金融发展正面临重大转向，国际力量对比变化和大国博弈正在加剧，新冠疫情的全球流行也促使全球政治经济格局加速演变，我国经济发展将面临更为严峻的外部形势。同时，改革开放40多年来中国经济快速增长与结构调整所带来的一系列矛盾和问题，积累到了必须予以正视和解决的程度。为应对外部环境与内部结构的变化，我国适时提出了“国内大循环为主体，国内国际双循环相互促进”的“双循环”新发展格局。本节对“双循环”新发展格局的提出及其宏观背景进行梳理和分析，并阐述系统构建“双循环”新发展格局的政策导向，同时着重分析金融发展在“双循环”新发展格局与中国崛起中的作用。

一、“双循环”新发展格局的提出与宏观背景

（一）“双循环”新发展格局的提出①

20世纪80年代末，中央提出走国际经济大循环，发展外向型经济的路子。其核心是，沿海地区率先利用我国农村劳动力资源丰富的优势，抓住经济全球化中发达国家产业调整和转移的契机，坚持“两头在外，大进大出”方针，大力发展轻纺、食品饮料、家用电器、轻工杂品等劳动密集型产品出口，集中力量支持外向型轻工业发展，然后通过国际市场转换机制，一举解决国内农业剩余劳动力出路和重工业资金

① 该部分主要摘自王迪：《“双循环”背景下以琴澳跨境合作促进澳门产业链升级与完善》，《横琴智慧金融研究院/吉林大学横琴金融研究院经济研究报告汇编》2020年第4期。

技术缺口难题，从而畅通我国农轻重产业循环。实践中，这种外向型经济设想演变为“出口导向工业化战略”。

客观地说，参与国际经济大循环的“出口导向工业化战略”曾经造就了中国的增长奇迹。但当前国际经济大循环动能已经明显减弱，我国“十四五”外向型经济发展，必须借鉴发达国家的历史经验，对中国全球化战略作出调整，逐步实现从“国际经济大循环”向“国内大循环为主体，国内国际双循环相互促进”的战略转型。构建“国内大循环为主体，国内国际双循环相互促进”的新发展格局，是以习近平同志为核心的党中央根据我国发展阶段、环境、条件变化，立足于谋划“十四五”规划布局，面向本世纪中叶建成社会主义现代化强国要求，提出的重大战略构想；分为“国内大循环”和“国内国际双循环”两个部分。其中，前一部分“大循环”主张坚持供给侧结构性改革战略方向，把满足国内需求作为发展的出发点和落脚点。后一部分“双循环”，主张推进“一带一路”建设，发展国内循环、国际循环相互促进的全球大循环。合起来就是，通过发挥内需潜力，使国内市场和国际市场更好联通，更好利用国际国内两个市场、两种资源，推动我国经济实现更加强劲可持续的发展。这一战略构想的实质是，在本轮经济全球化遭受重大挫折背景下，通过调整外向型发展战略，以中国智慧引领构建新型经济全球化，建设更高水平开放型经济新体制，维护国内的产业链安全与供应链安全，更好保障我国经济安全，拓展经济发展空间。

（二）“双循环”新发展格局的宏观背景①

“双循环”新发展格局的提出是应对国际国内经济发展新形势的重要战略选择，主要基于宏观背景中外部压力和内部动力两个方面。

1. 外部压力

“双循环”新发展格局提出的宏观背景之一，是中国经济增长面临的外部环境发生了重大变化。一方面，全球经济深陷长期性停滞格局，

① 该部分主要摘自中国社科院世界经济与政治研究所研究员、国际投资研究室主任张明教授在横琴金融论坛（2020 年 9 月 19 日）上做的题为“‘双循环’新发展格局的构建以及澳门的潜在定位”的主题发言。

贸易与金融全球化有停滞甚至逆转的风险，新冠疫情的蔓延进一步加剧了全球经济与金融市场动荡。全球经济增速在2008年次贷危机之后出现短期零增长，2010年开始又“V”形反弹至5%以上，但从2011年起到2020年全球经济增速不升反降。① 这个过程被美国经济学家萨默斯称为“长期性停滞”，产生这种格局的背后原因既有技术进步速度的放缓，也有全球范围内收入和财产分配失衡的加剧。世界经济的长期性停滞格局进一步导致了全球产业链正在向部分发达国家回缩，数字技术的发展也提高了制造业等劳动密集型生产活动由发展中国家回流至发达国家的可能性。我国产业链整体上处于价值链中低端，对全球资源的整合和控制能力存在明显不足，日益复杂多变的外部环境对我国产业链的稳定性提出了新的挑战。②

另一方面，大国博弈背景下贸易保护主义的盛行进一步加大了中国经济发展的外部压力。2018年以来，中美经贸摩擦持续加剧，并由贸易向投资、人才、科技、金融与地缘政治领域不断扩展，且越来越具有长期化和持续化的特征。特别是在高科技领域，美国以限制芯片出口等方式不断打压中国高科技企业发展，试图削弱中国在技术进步方面的“后发优势”③。中美两国竞争、博弈的本质是一场改革赛跑，其核心是在新的历史条件下自我革新的能力；改革的进程、深度及其成败决定着未来中美两国的可持续发展能力，决定两国未来国际地位的演变，也决定着两国关系与世界格局和秩序的未来。④ 为了应对全球经济长期性停滞以及发达国家在技术领域上“卡脖子”等外部环境的变化，中国经济不得不在更大限度上转向内需驱动增长，同时通过激发国内自主技术创新来实现特定高科技产品的进口替代。

---

① 数据来源：CEIC。

② 王一鸣：《百年大变局、高质量发展与构建新发展格局》，《管理世界》2020年第12期。

③ 张明：《如何系统全面地认识“双循环”新发展格局？》，《辽宁大学学报（哲学社会科学版）》2020年第4期。

④ 参见横琴智慧金融研究院/吉林大学横琴金融研究院院长李晓教授在“国际经济合作动向与抉择”研讨会（2021年4月17日）上做的题为“中美两国博弈的本质是一场改革赛跑——新时期国际关系变化的三点思考”的主题发言。

2. 内部动力

外部环境的变化使得改革开放以来我国依靠大口径“外循环”的经济发展模式难以为继，同时国内经济发展与转型的需要也为“双循环”新发展格局的产生提供了内部动力。

首先，国际大循环导致的路径依赖阻碍了我国经济结构的升级与稳定。改革开放初期以“两头在外”为核心的国际大循环战略的本质是在计划经济思维依旧浓厚的制度环境下，充分利用和发挥中国剩余劳动力的比较优势，利用国外的资金、技术和原材料，在中国就地加工后使产品走向国际市场。这是通过“中国制造”让中国成为“世界工厂”的重要步骤。但历史地看，由此导致的路径依赖至少产生了两个方面的后果：一是虽然这种对外开放路径促进了国内经济体制改革的巨大进步，但也无疑延迟了某些关键领域改革的进展，甚至有些固有的体制性因素反而成为我们走向国际市场的“优势”，如政府补贴、国有银行对“走出去”企业的资金支持等，并因此同发达国家的市场经济规则发生比较大的矛盾与冲突，进而成为它们一致反对和攻击我们的口实。二是大循环战略虽然有力地带动了中国制造业的起飞和发展，但对其他产业部门尤其是国内金融业和服务业的发展起到了迟滞作用，换言之，正是因为相对于金融服务业而言，制造业生产及其产品对产权保护、产品信息透明等方面的制度性要求不高，契合了中国既往的制度环境，导致我们更习惯在这条道路上继续走下去，而金融业、服务业的发展相对落后，将越来越阻碍结构升级与中国经济的稳定，更不利于中国崛起的可持续。①

其次，改革开放以来我国要素禀赋发生明显变化。如图 1-7 所示，改革开放初期，我国要素禀赋结构极度失衡，1980 年我国劳动力这一生产要素占全球比重高达 22.4%，但投资额占比仅为 2%，研发投入占比更低，由此确立了出口劳动密集型产品、引进国外资金与技术的开放格局。随着人口红利减少，我国劳动力净增长从放缓到停滞再到下降，

① 参见横琴智慧金融研究院/吉林大学横琴金融研究院院长李晓教授在“建设开放的国内国外双循环经济体”研讨会（2020 年 10 月 10 日）上做的题为“‘双循环’需要更高水平的对外开放”的主题发言。

虽然与其他国家相比，我国劳动力资源仍然相对富裕，但到2018年占全球比重已有明显下降。同时，2018年我国投资额与研发投入的全球占比均超过劳动力占比，资本正成为最富裕要素，技术研发投入也有明显提升。此外，我国耕地、淡水和石油等自然资源占全球比重始终处于较低水平。因此，在内部要素禀赋结构发生变化以及生态环境保护政策日渐收紧的背景下，我国势必要通过转变生产方式实现经济的高质量发展。

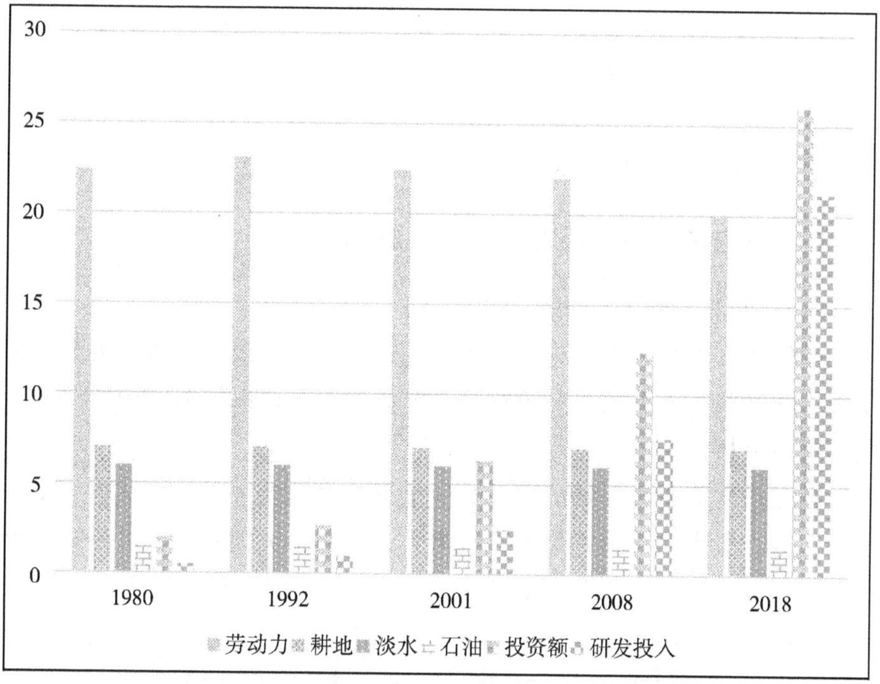

图1-7　各阶段我国主要生产要素占全球比重（%）①

最后，我国已具备相对成熟的“内循环”发展条件。2020年我国经济总量已突破100万亿元，是该年度全球主要经济体中唯一实现经济正增长的国家，已经具有超大规模的经济基础。在供给方面，我国产业体系正在不断丰富和完善，已成为全世界唯一拥有联合国产业分类中全部工业门类的国家，能够保障大部分消费品的有效供应，同时依托数字

① 资料来源：江小娟：《新中国对外开放70年：赋能增长与改革》，《管理世界》2019年第12期。

经济的快速发展正在实现产业数字化智能化的加速转型，供给体系的质量和效率得到有效提升。在需求方面，我国具有超大规模的人口基础，同时随着经济发展与居民收入水平的提高，中等收入群体规模正在不断扩大，为内需的扩大提供了坚实的市场基础。供给和需求的变化使得更多依靠“内循环”促发展具备了现实条件。但与此同时，我国在生产环节仍存在自主创新水平不高、产业链供应链稳定性和竞争力不足等问题，在分配环节面临着居民收入分配和城乡收入差距等问题，在流通环节也存在市场割裂等问题，以上问题的存在使得我国在下一阶段必须围绕畅通国民经济“内循环”构建新发展格局。①

二、系统构建“双循环”新发展格局②

（一）构建以内循环为主线的发展格局

1. 消费扩大和消费升级

现阶段，中国正在成为消费驱动的经济体，需要进一步扩大消费内驱力。在消费扩大和消费升级的政策导向方面，可以从需求和供给两个层面进行分析。

从需求层面来看，提高国民收入水平非常重要。如果国民收入增速不断下降，收入水平始终保持低位增长，持续扩大消费将非常困难。图1-8为我国国民收入初次分配和可支配收入占比情况。从中可以看出，近年来我国国民收入占整体国内收入比重与改革开放初期相比有显著下降。图1-8同时显示，20世纪90年代初期居民初次分配占比大概在三分之二，占国内收入主要部分，2019年占比约为62%，与之前最高峰值相比大概下降6个百分点。换句话说，改革开放以来的总体情况是，居民部门收入份额相对下降，近年来再分配虽然提高了居民部门收入占GDP比重，但是幅度是比较小的，与20世纪90年代初期的再分配力度

---

① 江小涓、孟丽君：《内循环为主、外循环赋能与更高水平双循环——国际经验与中国实践》，《管理世界》2021年第1期。

② 该部分主要参考中国社科院世界经济与政治研究所研究员、国际投资研究室主任张明教授在横琴金融论坛（2020年9月19日）上做的题为“‘双循环’新发展格局的构建以及澳门的潜在定位”的主题发言。

相比，近年来的再分配力度是比较弱的。

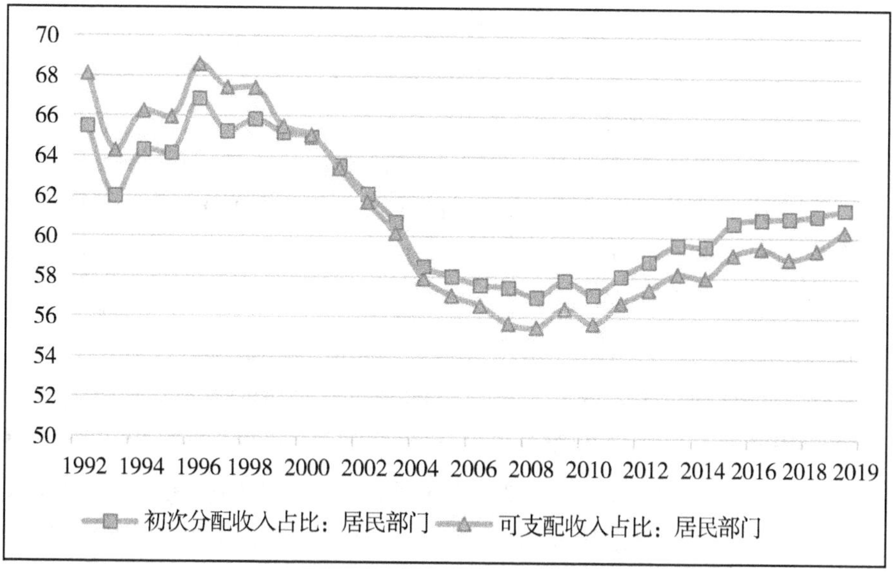

图 1-8　我国国民收入初次分配和可支配收入占比情况（%）

数据来源：Wind。

从供给层面看，要促进消费升级，就必须大力发展先进制造业与现代服务业，提供更高质量与更广范围的消费选择，向民间资本加速开放医疗、养老等服务业，提高优质公共资源供给。中国很多城市家庭对传统制造品的消费已经接近饱和，如汽车和家电，因此扩大消费需要为其提供新的消费选择，这就意味着先进制造业、现代服务业要发展起来。

2. 推动产业结构升级和制度创新

此后，中国需要保障供应链产业链安全，维护在全球产业链的枢纽地位，强化中国在东亚产业链的核心地位。一方面，需要继续寻求与美国跨国公司的合作，另一方面在全球产业链日益本地化与区域化的背景下，重视与日本、韩国等周边国家的合作，同时要以长期眼光经营与维护与东盟还有“一带一路”沿线国家的关系。东盟国家的总人口超过6.5亿，经济总量大，发展水平与中国相差不大，是中国扩展区域经济合作的重要目标。

积极促进国内技术自主创新。当技术的后发优势出现拐点或下降时，一国的自主创新就变得非常重要。对于现阶段的中国而言，需要做到如下面几点：第一，加强对知识产权的保护；第二，防止民营企业萎缩，激发民营企业的创新热情；第三，调整理念，促进“工程师思维”向“创新思维”的转变；第四，积极促进与其他国家的技术交流。

3. 要素自由流动与区域一体化

以要素自由流动为抓手，降低要素流动成本，塑造全国统一大市场，是构建“双循环”新发展格局的重要步骤，即削弱国内贸易的各种有形与无形壁垒，促进要素在国内的自由流动。我国有非常广袤的国内市场，但是这个大市场在行政区划之间是割裂的，如高速公路过路费会按照各省收取、跨省之间繁琐复杂的贸易和检验检疫标准等都是省级市场之间割裂的结果。因此，要充分发挥统一市场的优势，就必须打破这种阻碍要素自由流动的壁垒。未来，要打造新时代中国版“雁阵模式”，实现以南促北、以东促西。未来5个可能成为中国经济新增长极的区域主要包括：粤港澳大湾区、长三角区域、京津冀区域、中三角区域、西三角区域，其中粤港澳大湾区、长三角、京津冀为“雁阵模式”的头雁，中三角、西三角为第二雁阵，其他区域为第三雁阵。

（二）实现内外循环的相互促进

1. 贸易：构建国内国际“双雁阵模式”

从贸易角度来看，要实现内外互促，可以考虑构建国际和国内“双雁阵模式”。中国国内版“雁阵模式”即以京津冀、粤港澳大湾区、长三角为雁头，以中三角与西三角为第二梯队，以国内其他区域为第三梯队的次序发展模式。如果把要素流动成本降低，形成国内统一市场，那么未来粤港澳大湾区和长三角区域的产业会向中西部拓展。国际版“雁阵模式”即以中日韩为雁头，以东盟与“一带一路”沿线相对发达国家为第二梯队，以“一带一路”沿线欠发达国家为第三梯队的次序发展模式。

2. 金融：新“三位一体”策略的人民币国际化

从2018年和2019年开始，中国央行开始转变策略，形成了新的人民币国际化“三位一体”策略。第一个策略是大力发展以上海人民币计价原油期货市场为代表的本币计价功能；第二个策略是加快国内金融市场向外国投资者开放，向其提供更广范围、更多类型、更富有流动性的金融产品；第三个策略是努力在沿边国家和“一带一路”国家培养对人民币的真实需求。新“三位一体”的人民币国际化策略，也可以和上述“双雁阵模式”的构建有机结合起来，实现贸易与金融目标的相互联动与相互促进。

3. 开放：在风险可控前提下加大自贸区（港）与金融市场开放

近年来我国逐步加快金融市场的对外开放，2019 年 9 月经国务院批准，国家外汇管理局决定取消合格境外机构投资者（QFII）和人民币合格境外机构投资者（RQFII）投资额度限制。同时，RQFII 试点国家和地区限制也一并取消。2020 年 5 月中国人民银行、国家外汇管理局发布《境外机构投资者境内证券期货投资资金管理规定》，明确并简化境外机构投资者境内证券期货投资资金管理要求，进一步便利境外投资者参与我国金融市场。但金融市场的开放无疑具有较大的风险，在国内金融市场发展落后、外部市场环境复杂，以及国内经济减速、系统性风险没有得到根本性控制之前，资本账户开放一定要采取格外审慎的态度。

4. 机制：充分利用现有多边机制，积极推动新机制建设

坚定不移地充当经济全球化的旗手，充分利用好现有国际多边机制的作用；继续推动新型多边机制建设，充分发挥市场机制的作用。要充分利用好当前国际多边机制，中国是本轮全球化的最大受益者，尤其在美国退出各种协议的时候，我们更要成为全球化、多边化的旗手。同时，应引导推进中国和新兴市场国家主导的新机制建设，充分引入市场力量，降低政府干预程度，让新机制获得更多国家认可。

三、金融发展在“双循环”新发展格局与中国崛起中的作用①

当今世界面临着全球化分裂的巨大挑战，疫情的暴发与扩散无疑加

① 该部分主要参考横琴智慧金融研究院/吉林大学横琴金融研究院院长李晓教授在中国世界经济学会国际贸易专题研讨会（2021 年 5 月 29 日）上做的题为“以‘硬改革’应对‘硬脱钩’——谈金融发展在‘双循环’新发展格局与中国崛起中的作用”的主题发言。

剧了这个挑战，全球范围内出现了明显的“硬脱钩”趋势。实事求是地讲，在当下和今后相当长的时期内，中国面临的压力不小：不仅面临着贸易、投资领域中的价格歧视，面临着规则和制度歧视，还要承担全球产业链调整的巨大压力，面临着西方国家集体性“科技脱钩”的遏制，同时更无法避免地仍将处于美元体系的影响当中。正是从这个意义上讲，金融发展对于今后中国经济发展与国家可持续崛起至关重要。

（一）金融开放与发展有助于防止“脱钩”

改革与经济发展注重“向外发力”的一个后果，就是容易直接触动、挑战既有霸权的利益，引发其警惕和焦虑，而“向内用力”则可以产生强大的市场吸附力量，无论是产业链还是金融市场，均可以吸引更多的国际资源，其国际政治经济结果更多的是产生内向依附，而非外向的分裂或脱钩。

增强金融开放、促进金融发展是防止“硬脱钩”的基础保障，同时也是缓解中美经贸摩擦的重要手段。理论上讲，金融体系开放同贸易体系开放存在着很大差异，首先表现在相关体系中的竞争成本、风险不同——贸易风险主要体现在个别产业部门，而金融风险则是全局性的，因而控制金融风险、确保金融稳定格外重要。更重要的是，国际金融体系与国际贸易体系相比，有着更为明显的自循环特征。国际金融循环主要涉及两类：一类是与国际商品、服务交易有关的贸易渠道，体现在国际收支平衡表的经常项目上；另一类是金融领域的自我循环，如国际直接投资、证券投资以及其他因估值效应引发的跨境资金流动等，体现在国际收支平衡表的资本项目上。这意味着国际金融体系即便缺少了某些经济实力、军事实力或能源实力较为强大的贸易国家，仍然可以顺利运作；相反，这些国家倘若缺少了外部金融支持，尤其是被赶出现行国际货币体系的话，基本上就会失去在现行国际体系内获得持续发展的能力。因此，面临着国际贸易、投资和产业链日益加剧的脱钩风险，进一步加大金融业开放的力度是十分必要的，至少可以使得国际金融资本成为防止“脱钩”的重要力量。

再者，美元体系在今后相当长时期内是可持续的，对此我们不能有任何的低估或误判。美国经济结构的高度金融化以及美元体系对国际经济关系的一个重要影响，就是跨境资本流动的规模与方向频繁发生的改变，严重威胁到全球金融尤其是新兴经济体金融市场的稳定，美联储货币政策调整更是对新兴经济体造成巨大的外部冲击。对此，40 多年来，中国主要靠着雄厚的外汇储备以及较严格的资本项目管制被动地予以应对，但成本非常高昂，例如中国虽然是全球数一数二的对外净资产国，但以外汇储备为主导的资产结构使得资产端的收益与负债端的收益（成本）严重不匹配，在进入 21 世纪以来的大部分时间里，中国对外投资的收益大概要比对外负债的成本低 3—4 个百分点，意味着中国作为一个资本稀缺的发展中国家成为全球廉价资金的主要提供者。

（二）金融发展是构建“双循环”新发展格局的重中之重

“双循环”新发展格局的直接动因虽然是外部环境的变化，但其根本动因在于改革开放 40 多年来中国经济快速增长与结构调整所带来的一系列矛盾和问题，积累到了必须予以正视和解决的程度。因此，它是中国社会经济发展的内在需求，而非应对外部环境变化的迫不得已的手段。

伴随着居民收入增长、中产阶层规模扩张以及人口结构急剧老龄化，内需拉动对经济增长的重要性大大提升，如何通过提升内外负债的杠杆水平，获取更大的消费和发展动力，成为一项日益紧迫的课题。在此过程中，以银行贷款、财政支持或补贴等主导的实体经济发展模式，必将为以金融市场深化为核心的实体经济发展模式所取代，金融发展将成为激励创新、刺激内外需均衡发展的重要动力。

（三）深化金融发展将确保中国的可持续崛起

基于经济发展模式与中国特色的改革进程，相当长时期以来，我们格外关注离岸金融中心的建设与发展，以隔绝外部金融冲击或规则、制度异质性的负面影响。但是问题在于，一方面，以人民币升值预期和政策补贴推动的离岸金融市场发展，遭遇到日益增多的阻力；另一方面，国内外经济、政治环境的变化也使得这种隔离或者试错式发展模式失去了可持续发展的动力。包括金融改革在内的一系列制度改革推动的金融市场发展和开放的金融中心建设，将成为今后中国经济增长的重要支撑。倘若金融业发展的核心竞争力和现代化水平无法得到快速提升，中国经济可持续增长的潜力或可能性将大打折扣。毕竟，从长期来看，一个大国的崛起是无法仅仅靠着自身的储蓄或储备实现的。经济史告诉我们，近代世界上成功崛起的国家无一不是通过金融革命，利用国内外资源尤其是他国的资源实现的。

第三节 新形势下经济金融理论嬗变

后疫情时代全球经济金融市场动荡不断加剧，我国“双循环”新发展格局正在加速形成。与此同时，经济金融理论也出现了一定程度的嬗变，以期提高其对日益复杂多变的现实经济的解释能力。本节对近期经济金融理论出现的新变化进行了梳理，首先对新形势下全球治理困境进行分析，接着对产业周期、金融周期、科技周期的错位和失衡进行理论层面的探讨，最后对新形势下人民币国际化相关理论变化进行阐释。

一、新形势下全球治理困境①

今天的全球化态势用所谓的“逆全球化”或者“反全球化”等来表述是不准确的，应该用“全球化分裂”来描述。它主要表现在世界上最大的两个经济体之间，在有关什么是全球化以及相关理念、规则和行动等方面产生了重大分歧，甚至走向破裂。两者不是相向而行，而是背道而驰。大国博弈以及突然而至的疫情无疑是加剧全球化分裂的重要原因，但它们无法解释当今全球化分裂的根本原因，也无法说明全球化进程所呈现出来的诸多问题或困境。

（一）全球治理面临的主要困境是“全球治理分裂”

第一个困境，是主要大国之间在价值观、意识形态领域发生分裂或对立。

① 该部分主要摘自横琴智慧金融研究院/吉林大学横琴金融研究院院长李晓教授在首届全球经济治理论坛暨学科建设会议（2021年7月25日）上做的题为“全球治理困境与中国面临的挑战”的主题发言。

经济全球化的快速发展，在使得管理全球经济或者说“管理全球化”的任务变得更为重要的同时，也更加困难，因为“管理全球化”的本质是政治协调与合作。实际上，布雷顿森林体系运行的重要基础，就是大国之间的政治协调与合作。自20世纪80年代尤其是90年代以来，经济全球化的发展速度远远超过了大国间政治协调、合作的水平与能力，这是导致大国之间的政治冲突的重要背景。从这个意义上看，全球化分裂意味着“管理全球化”进程的失败。

20世纪末全球治理的兴起说明，一方面，全球化发展所引发的一系列矛盾和问题导致全球秩序失衡，人类社会出现越来越多的需要共同面对和解决的矛盾、困境；另一方面，由于缺乏一个全球性的最高权威机构的协调与组织，不同文化、发展水平的国家之间的相互理解和信任程度非常低，而全球治理得以实施的重要前提条件之一，就是不同国家尤其是大国之间在一些全球治理的重要领域达成共识，不仅包括对双边和多边利益的共同认知，更有关乎人类生活和社会进步的价值观领域的共识。历史经验证明，价值观或意识形态共识是全球治理拥有合法性的重要基础。全球治理体系的规则与其行为主体所信奉的社会公共观念、文化、价值观具有更多的交集或一致性，是全球治理能够得到顺利开展的重要前提之一。

第二个困境，是大国的国内治理与全球治理诉求之间发生严重脱离或分裂。

理论上讲，一个国家在全球治理体系中的地位、作用及其能力，是其国内治理水平、状态的自然延伸，国内治理与全球治理是一个互动的过程。但现实中，一个国家内部的治理能力、水平同其参与全球治理的诉求之间往往存在着很大程度的背离，而大国博弈和疫情则明显强化了这种分裂。

一方面，美国经济金融化发展所带来的贫富两极分化、中产阶层破产与政治极化，使得新自由主义趋于破产。历史经验证明，凡是市场无法发挥作用的地方，往往孕育着法西斯主义和各种激进主义的温床，将社会的不满与愤怒转向外部世界，将使全球治理面临巨大的困境。

另一方面，大国博弈使得以往那些支持全球化发展的政治因素遭到大大削弱，而疫情的冲击更是刺激各国加强了相互间的边界意识、领土意识、主权意识和民族意识。这些因素使得以往经常出现的“全球治理失灵”转变为更加严重的“全球治理分裂”。以美国为首的西方国家在贸易、投资、科技和金融等诸多领域的规则构建中采取的所谓“去中国化”行为，正是这种“全球治理分裂”的表现。

第三个困境，是作为美元体系上层建筑的单边主义，使得全球金融治理困难重重，尤其是美联储货币政策及其可能造成的巨大风险同全球金融稳定目标之间发生严重分裂。

早在1995年，全球治理委员会发表的《天涯成比邻》报告就明确指出，全球治理能够提供的基本国际公共产品的第一项，就是“系统的金融稳定”。事实上，自20世纪70年代初布雷顿森林崩溃以来，全球金融稳定便成为关乎世界经济、政治发展走向的全球治理课题，能否围绕金融稳定构建有效的全球治理，其重大意义远远超出贸易摩擦、纠纷等领域的全球治理问题。

必须认识到，金本位制度作为一种重要的经济基础，其上层建筑是大国势力均衡。与此形成鲜明对照的是，美元体系的上层建筑是单边主义，即美元体系所拥有的独一无二的结构性权力是无法与他人分享的，其运行依靠的是美国一家独大的霸权力量，同时该体系也是维系美国霸权的核心所在。然而，正如势力均衡随着大国实力变化无法维系一样，美元体系的单边主义性质在给世界带来一定时期和一定程度的稳定的同时，也孕育着无比巨大的矛盾和风险；从2008年到2020年，全世界目睹了美联储一次又一次超级QE政策对全球金融稳定带来的海啸般的冲击与影响。但无论是2008年全球金融危机之后，还是在新冠疫情冲击之下，美国经济均表现出率先复苏、增长的态势，而其他发达国家和发展中国家则一直深陷危机当中，步履艰难甚至难以自拔。这充分表明，美元体系的金融市场逻辑，就是金融资本独享越来越多的收益，而美元体系的运行成本与风险却让越来越多的其他国家来买单。

显然，美国日益强烈的单边主义货币政策及其可能造成的巨大风险，同全球金融稳定目标之间正在产生越来越大的裂痕。如何约束或遏制美国在货币金融领域中的单边主义倾向及其为世界带来的伤害，谋求全球金融稳定，成为全球金融治理领域的重大课题。

（二）全球金融治理新思考

目前国内学术界关于全球金融治理的讨论存在两个误区。

第一个误区，是认为国际金融治理机制已经从七国集团（G7）时代过渡到二十国集团（G20）时代。虽然 G20 从 1999 年的部长级会议到 2008 年全球金融危机爆发后升格为首脑峰会，并被正式确认为促进国际经济合作的主要平台，但 G20 依然面临着一些短期内难以解决的矛盾和问题：第一个问题就是 G20 机制及其制度安排的效率存在着天然缺陷，即按照集体行动的逻辑，一个组织的成员越多，政策偏好便越是分散，达成妥协或一致的机会或可能性就越低，制度效率低下的问题将长期存在；G20 的决策机制主要是通过协商达成共识，没有正式的投票机制，不仅决策效率低下，而且其决策结果缺少强制性，实施效力不明显。第二个问题是 G20 机制及其功能的加强具有明显的应对危机的机会主义色彩，它受到美国高度关注本质上是因为这是美国应对全球金融危机或者说转嫁金融危机的成本而采取的权宜之计，即利用发展中国家尤其是新兴经济体的力量来帮助以美国为首的发达国家渡过难关，一旦危机过去，G20 的地位与作用在很大程度上会遭到削弱，尤其是在金融领域全球治理中，G20 的影响力已经大打折扣。实际上，G20 虽出现了机制化趋势，但它仍然是一个全球性论坛，所达成的协议也不具备法律约束力，体现的至多是结构性权力的部分的分散，而非权力转移。第三个非常重要的问题在于，不同国家间国内金融治理的水平、能力影响着它们对全球金融治理的认知与理念，制约着它们在全球金融治理中的行动及其影响力，这不仅体现在发达国家之间，而且体现在发达国家与发展中国家之间。新兴经济体自身金融发展水平的落后，是导致它们在全球金融发展与治理进程中地位难以提升的重要原因。20 多年来，我们尚未发现新兴市场国家的金融发展出现显著进步的迹象，或者说它们与美国等发达国家金融实力的对比发生了明显有利于自身的变化。因而那种认为国际金融治理机制已经从 G7 过渡到 G20 时代的观点，是值得商榷的。

相应地，第二个误区是将新兴经济体经济增长速度与经济规模的快速提升作为它们应该拥有更多的金融权力的依据。这是一种非常流行的观点，但它既不符合金融发展的理论，也不符合金融发展现实。金融与贸易的一个重要不同就在于，相对而言，贸易增长是经济增长的直接后果，而金融发展则是一系列规则、法治和制度演进的直接结果。一句话来说，产出增长、贸易额提升、总体经济规模全球占比的增加并不必然带来金融发展及其权力的增长。发展中国家或新兴经济体贸易发展和经济实力的增强，不意味着其金融市场、金融体系的发展和金融监管能力的提升，并足以承载或应对大规模、高速的国际资本流动，金融发展从根本上说是信用提升的产物。因而，实力与权力的失衡或差异，在金融领域要比贸易领域突出和严重得多；更重要的是，金融实力及其权力的增加主要是国内制度、规则演进的结果，与经济总量提升不存在线性关系。因此，不能轻易得出“国际实力对比的变化是推动国际金融变革的最重要的结构性力量”这样的结论。

从历史角度看，19 世纪的“大分流”奠定了 20 世纪以经济全球化为代表的“大合流”的基础，而 20 世纪“大合流”所积累的一系列矛盾与困境，极有可能导致 21 世纪出现新的“大分流”。现阶段大国博弈日益激化以及“全球化分裂”所展现出来的，正是这样一幅图景。站在人类历史的十字路口，大国行动的每一步都会影响世界的未来，决定着这个世界是走向人类历史的至暗时刻，还是光明未来。

二、产业周期、金融周期、科技周期的错位和失衡[①]

当今世界，科学技术对经济周期的影响越来越强烈，导致科技周期成为成熟的周期形态。科技周期、传统产业周期和金融周期，既维持各自的特征和形态，又相互影响。进入 21 世纪之后，科技周期开始呈现主导产业周期和金融周期的趋势，打乱了传统产业周期和金融周期的节奏，长周期格局正在形成。所以，传统商业周期和金融周期观念和理论已经不足以说明和解释现在的经济周期结构，需要对其进行调整。

① 该部分主要摘自数字资产研究院学术与技术委员会主席朱嘉明教授在横琴金融论坛（2020 年 12 月 6 日）上做的题为“产业周期、金融周期、科技周期的错位与失衡”的主题发言。

（一）经济周期模型概述

现代资本主义经济发展存在着三种经济周期理论：基钦周期（Kitchin Cycle），朱格拉周期（Juglar Cycle）和康德拉季耶夫周期（Kondratief Cycle）。其中，基钦周期的周期长度是40个月（3—4年）；朱格拉周期大致为9—10年；康德拉季耶夫周期则是长周期，是50—60年。基钦周期是一种最典型的短周期，是基于消费者的周期，主要由消费品和产品频数所推动。朱格拉周期主要是基于企业固定资产所形成的周期。康德拉季耶夫周期理论则以科学技术改变作为周期基础，而科学技术的改变包括科学原理、技术原理和科技应用三个层次。

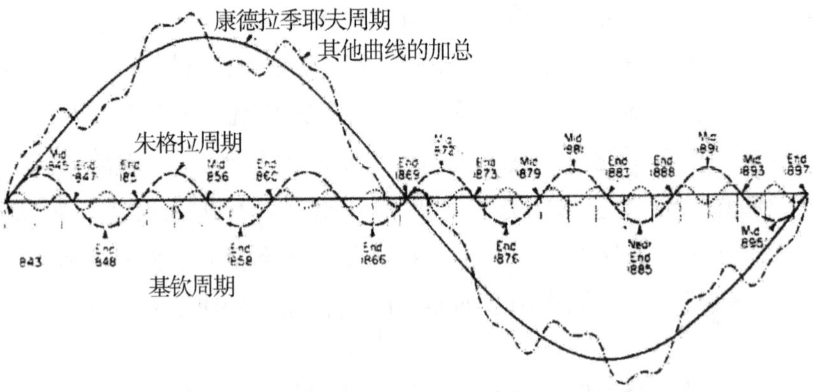

图 1-9　短周期、中周期和长周期模型比较

讨论经济周期，不可能越过熊彼特。熊彼特最早提出创新周期理论，首次将创新与发明区分开，认为引起宏观经济波动现象的是新技术商业化之后的过程，而不是科学发现到新技术发明这个过程；创新和科学技术进步之间存在相关性，唯有创新是实现经济复苏与繁荣的根本原因。但是，熊彼特的创新周期一般是以产品创新为先导，之后是新行业和新的产业部门的出现。现在的现实是：创新越来越依赖于基础研究的突破，而且需要跨学科的系统性合作，所以，创新周期长期化。康德拉季耶夫周期相比较熊彼特创新周期，更接近经济现实，对建立当代周期整体模型具有较强的指导性作用。

（二）商业周期时代的完结和金融周期的兴起

在传统产业周期走向完结的同时，金融周期开始呈现崛起的态势。在工业革命的黄金时代，金融周期是依附于产业周期的，并不会对真实经济产生实质性的影响。在20世纪30年代的大萧条，是典型的产业危机和商业危机的结合。

尽管如此，自19世纪以后，金融周期开始进入人们的视野。沃尔特·白芝浩（Walter Bagehot）于1873年将金融因素纳入经济周期模型，并指出金融因素对人类经济周期影响的重要性：如果银行的可贷资金全部被借光，这将会刺激真实经济扩张，从而拉动真实利率和商品价格攀升，在繁荣阶段过后，已经变得十分脆弱的整体经济结构将会导致经济扩张的结束。后来，欧文·费雪（Irving Fisher）对周期的认识更加清晰深刻，他认为债务和通缩之间的规律性会对金融周期产生很大影响，并提出了“债务-通缩”理论。“债务-通缩”理论是指经济主体的过度负债和通货紧缩这两个因素会相互作用、相互增强，从而导致衰退甚至引起严重的萧条。

20世纪50年代后，逐渐出现一种趋势：金融周期从原本服务于或者是被产业周期所左右和主导，开始改变为逐渐占据主导地位，并将产业周期纳入其中。20世纪60年代，美国经济学家雷蒙德·弗农（Raymond Vernon）提出产品生命周期理论，认为工业时代耐用消费品的生命周期对产业周期有重大的影响。现今社会，人们的消费模式发生巨大的变化，汽车、房子等耐用消费品对周期的影响严重衰减，商业周期已经被完全打乱，进入完结阶段。

进入20世纪80年代，金融周期开始逐渐主导产业周期。或者说，传统产业危机逐渐淡化，传统的产业周期和商业周期则成为金融危机的内在变量，取而代之的是分布于发达和发展中国家的各种金融危机，包括1980年发展中国家债务危机、1990年墨西哥比索危机和拉美债务危机、1997年亚洲金融危机、2008年全球金融危机、2009年欧盟债务危机等。

当金融业逐渐独立出来之后，金融周期不仅不再依赖于实业经济，而且金融周期对原来传统的工业周期和商业周期的影响越来越大。换句话说，产业周期逐渐隐藏和依附于金融周期之中。2008 年全球金融危机，首先是金融危机，之后才是隐蔽在金融危机之后的产业危机，包括粮食危机。

图 1-10 所表达的是金融周期结构，有资本组合周期、信贷周期、工业周期等等，它们之间的交互部分就是产业投资周期。

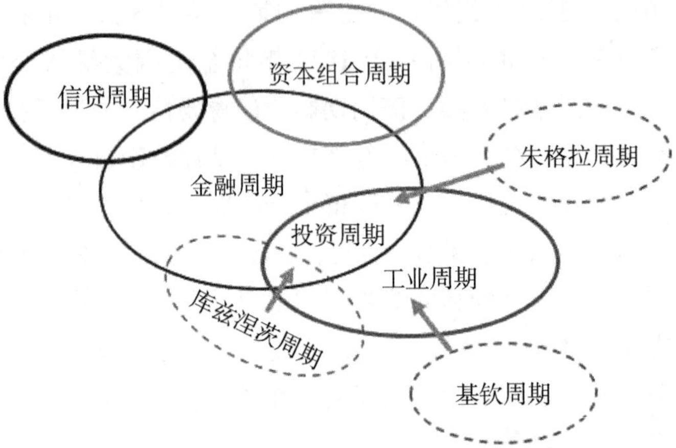

图 1-10　金融周期与产业周期结构图

（三）科技周期正在决定新经济周期结构

科技周期与金融周期和传统的产业周期相比，最明显的特征就是周期长，一般在 50—60 年左右。科技周期的长周期性打乱了金融周期和金融周期所掩盖的产业周期的节奏，改变了金融周期和产业周期的机制，科技周期不再是仅仅导致原本的产业升级，而是直接形成新的产业。

人类由传统工业社会进入信息社会和数字经济社会后，科学技术开始主导经济发展，或者说经济活动在更大程度上被科学技术所左右，科技技术的基本定律成为周期的核心定律，原本的经济定律一定程度上受制于科学定律。科学技术存在三大规律，即摩尔定律（Moore's Law）、梅特卡夫定律（Metcalfe's Law）和信息熵定律（Information entropy）。摩尔定律是说集成电路上可容纳的晶体管数目约每隔两年便会增加一倍，变得越来越小，功能越来越复杂。梅特卡夫定律是关于网络价值的定律，指出一个网络的价值等于该网络内的节点数的平方，而且该网络的价值与互联网的用户数的平方成正比。信息熵定律是在讲科技信息社会主导的状态下，一个社会的平衡点到底取决于怎样的一个逻辑。

（四）信息时代和数字经济时代的科技资本主义

与传统劳动密集型产业的资本相比，科技资本的最显著特点就是高风险、高投入、长周期和高回报。科技资本具有自然的垄断优势，科技逐渐成为吸纳巨额资本的重点领域。例如，争夺量子科技霸权，参与量子科技竞争，需要超巨额资本。这绝不是民间资本所能进行的。用于传统劳动密集型产业，或者是传统技术密集型产业的资本，属于低级资本；支持高科技发展的资本属于高级资本。

当大量过剩资本涌入科技领域之后，相当大的比例在短期，甚至中期不会产生“经济效益”，投入产出比甚至失调，巨额资本在科技创新的周期中自然消失，形成资本“黑洞”。这是工业资本主义、金融资本主义和科技资本主义的差别所在。马斯克模式所代表的是科技资本主义的特点，他吸纳大量资本，长期处于亏损状态，但是，仍旧有新的科技资本涌入。

现在，资本、资本主义以及经济制度都发生了较大变化，特别要注意国家力量与科技产业的关系。因为科技资本的大规模性、长期性和高风险性，导致国家介入程度的强化。2018 年，美国和中国的科研资本投入都超过了 GDP 的 2.0%，其中美国是 4765 亿美金，占美国 GDP 的 2.25%左右，中国是 3706 亿美金，相当于中国 GDP 的 2.0%左右。当国家资本进入科技资本领域，国家对科技和科学家的话语权和影响力增大。于是，国家对科技的影响模式在越来越大的程度上影响和改变了过去市场影响科技的模式。重要结果是，科技周期具有了左右产业周期和传统金融周期的节奏和规律的能力。

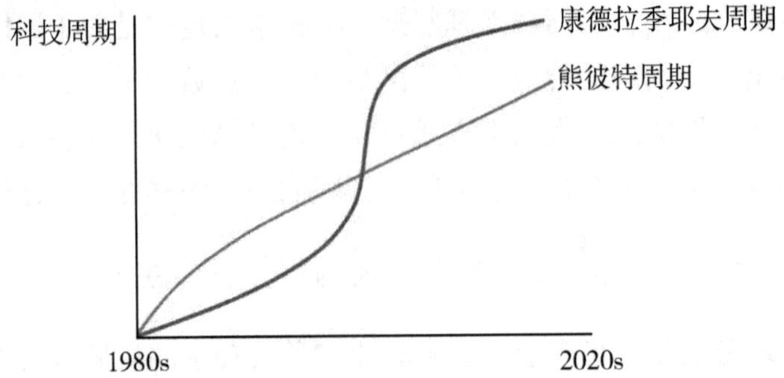

图 1-11 科技周期

图 1-11 所要表达的是，因为科技演变，经济周期很可能进入康德拉季耶夫周期。IT 革命不过才三四十年而已，在可以预见的将来，科技周期的空间并没有可能超越康德拉季耶夫周期。

由此可以得到三个结论：一是，过去几年一次的传统商业周期已经消失，再也没有重复 1929—1931 年的经济危机；二是，技术周期的兴起带动新的商业周期；三是，脱胎于传统商业周期的金融周期也依附于技术周期。

三、新形势下的人民币国际化[①]

（一）人民币国际化的现状

人民币国际化的起步很大程度上是 2008 年全球金融危机的结果。自 2009 年推行跨境人民币结算开始到 2015 年，人民币国际化经历了一个由政府推动的快速发展时期，2016 年以后，人民币国际化陷入低谷，2017 年之后进入到一个较为平稳的发展阶段，如图 1-12 所示。

① 该部分主要摘自横琴智慧金融研究院/吉林大学横琴金融研究院院长李晓教授在横琴金融论坛（2020 年 12 月 6 日）上做的题为“以高水平的金融业开放与发展推进人民币国际化”的主题发言。

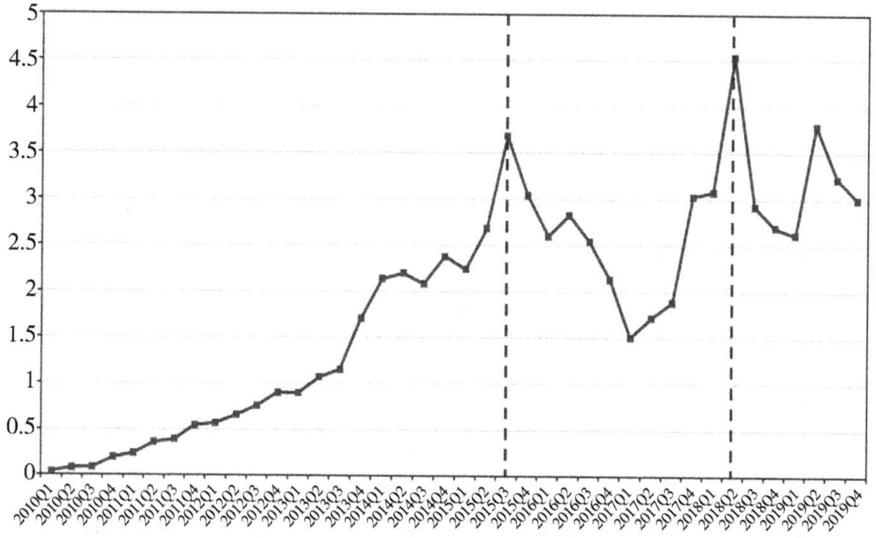

图 1-12　2010—2019 年人民币国际化趋势

数据来源：中国人民大学国际货币研究所，人民币国际化指数 RII。

2020 年下半年，国内经济学界有关人民币国际化的研究再次高涨，其背景主要有以下几个方面：一是中国的疫情得到严格控制，社会经济秩序较早回归正轨，而且成为 2020 年全球主要经济体中唯一实现正增长的大国，极大地增强了人们对中国经济和人民币的信心；二是在新冠疫情对国际金融市场造成严重冲击和影响的同时，人民币资产相对稳定，中国金融市场甚至成为全球资本的避风港；三是 2020 年人民币汇率对美元先抑后扬，在岸即期汇率累计升值 5.67%；四是 2020 年 11 月 15 日《区域全面经济伙伴关系协定》（RCEP）历时八年的艰苦谈判得以签署，不仅对中国突破美国对华包围网具有十分重大的政治经济意义，也为促进人民币国际化带来新的机遇。

（二）当前人民币国际化面临的问题

人民币国际化依然面临着两个方面的问题：一是外部环境方面，仍旧存在着相当大的不确定性：全球抗疫进程的下半场在很大程度上制约着中国经济复苏和增长，一旦海外疫情长期持续，导致全球经济陷入衰退甚至引发金融、经济危机，中国无法独善其身；二是在理论上，迄今为止有关人民币国际化问题的研究思路、逻辑尚未得到及时的反思和调整，一些重要的理论问题仍未得到清晰的解答，为了国际化而研究人民币国际化，将手段当作目的的现象不但未得到缓解，反而仍在强化。

总体而言，人民币国际化取得了不小的成就，目前人民币已经成为全球第五大国际储备货币和第六大国际支付货币，并形成了覆盖中国香港、新加坡和英国伦敦的各具特色的离岸人民币市场。但同时存在的一些问题也不容回避。比如，人民币升值则国际化水平提升，人民币贬值则国际化水平收缩，这表明境外人民币持有者具有明显的单向投机特征；另外人民币在 SDR 货币篮子中的权重高达 10.92%，远远高于人民币各项货币职能在全球金融市场的占比——人民币 2020 年第一季度在全球外汇储备中占比为 2.02%（美元为 61.9%，欧元为 20%）；2019 年在国际支付清算中占比约为 2%（美元和欧元占 70%以上），在外汇交易中占 4%（全球排名第 8 位，远远落后于美元、欧元、英镑和日元等）——这些都说明人民币国际化水平仍然不高，是一种有限的国际化，而且其市场地位远远落后于官方国际地位，更多是政府推动的结果而非市场功能的真实提升，这同以往大国货币国际化的经验相悖。从历史来看，货币国际化的典型模式是，首先被私人部门采用，之后再被公共部门采用。这些问题说明人民币国际化主要是政策推动的，而国内金融市场开放程度不高、发展比较落后，无法形成足够多与足够大规模的金融产品对境外人民币需求进行风险对冲，也无法使人民币国际化的市场功能得到充分、更高水平的发挥。

（三）人民币国际化的几点反思

关于人民币国际化的研究，至少需要弄清楚以下四个方面问题：第一，人民币国际化的目标究竟是什么？是经济的（利益）还是政治的（权力），或者两者兼具？第二，人民币国际化与现行国际货币体系即美元体系究竟是什么关系？人民币国际化是要摆脱甚至颠覆美元体系，还是在美元体系内实现地位提升，减少在美元体系内的成本或风险？第三，人民币国际化的风险与成本究竟是什么？人民币国际化可能会给中国经济增长、社会发展以及宏观调控带来哪些影响？将给中国的对外关系和战略带来哪些负担？第四，人民币国际化的战略路径，包括技术路径和地缘政治关系应该怎样选择?

第一,货币问题不只是经济问题,也是政治问题。货币问题涉及的不只有利益,更有权力——为其他国家的行为设定标准,让其他国家的行为承担更多的体系成本,货币地位本身就意味着一种权力状态,这是国际货币协调、合作的难度远大于贸易、产业合作的重要原因。理论和经验表明,一国货币能否成为国际货币,主要源于经济因素和政治因素两个方面。一方面,就经济因素而言,对货币的国际需求大体上由三个方面所决定:一是价值稳定并形成有利的预期;二是交易便利,拥有具有广度、深度和弹性的开放且发达的金融市场;三是具有广泛的交易网络,这意味着该经济体的绝对规模较大,且高度融入世界市场体系。另一方面,从政治因素来看,包括国内和国际两个方面。就国内政治因素而言,货币发行国的政治稳定和有效治理最为重要。这意味着政府对经济、社会的有效治理,比如,对财产权利的充分保护和对法治原则的真正尊重,信息公开透明,忠实地履行各种契约义务,等等。总之,政治稳定、法治和负责任政府这三点是一国货币具有吸引力的重要的微观基础。这些对那些时刻面临各种风险的国际市场参与者而言,是影响其做出选择的重要因素。同时,从国际政治领域来看,安全性是相当重要的因素。在私人层面,军力强大的国家可以为紧张不安的投资者提供避风港;在官方层面,各国政府对不同货币的偏好,可能会受到更广泛的对外政策和对外关系的影响,包括正式的或非正式的同盟关系等。总之,货币发行国在国际社会展现国力及其影响的能力越强,友邦和他国便可以放心地使用该国货币。

因此,人民币国际化问题不只是经济学问题,更是国际政治经济学问题,不能忽视货币的权力特征与政治内涵。否则,就会导致过于重视货币权力的表现和结果,而非货币实力的来源。从这个意义上看,人民币国际化的中短期目标,就是减少中国在美元体系内的风险和成本,长期目标则是支撑中国经济的可持续增长与国家的可持续崛起。

第二,相应地,人民币国际化不是要摆脱甚至是颠覆美元体系,摆脱美元体系的人民币国际化是无法实现自身目标的。研究人民币国际化的一个重要前提,就是对现行国际货币体系及其趋势进行严肃、深入的研究。关于现行美元体系的特征、逻辑与权力,简单地说,就是通过将金融手段由“债权人逻辑”更改为“债务人逻辑”，美元体系使得美国拥有了控制全球资本流动方向、规模的巨大权力，继而成为美国霸权的核心；或者说，美国是凭借美元体系操控着当今世界。经验证明，所有货币的崛起都是与在位货币的竞争而非脱钩过程中实现的。人民币国际化同美元体系的关系，始终是国内有关研究的盲区或者误区：在2015年之前，不少人认为人民币国际化就是要摆脱甚至是取代美元体系；此后特别是2018年以来，在中美关系急剧恶化的背景下，近期部分研究者认为仅仅依靠国内巨大的循环空间和“一带一路”就可以促进人民币国际化的发展。这两种看法本质上是一致的。国内商品和服务市场的扩张与“一带一路”的确在短期内有助于人民币地位的提升，但从中长期来看，人民币国际化有赖于中国国内金融市场的开放和发展。无论是按照货币国际化理论还是大国货币崛起的经验，如果将人民币国际化的地理空间集中在“一带一路”，尤其是俄罗斯、伊朗、中亚各国或其他发展中国家和地区，那其将永远处在美元体系的外围或边缘，断无成功之希望。

第三，人民币国际化不只有利益，还有风险和成本。既有的关于人民币国际化问题的研究，还有一个显著特点，就是只看到货币国际化的收益，而很少考虑作为货币大国所应该承担的成本与责任。货币国际化是一把双刃剑，一国货币在成为国际货币的过程中，不仅可以获得巨大的收益和权力，也要付出必要的代价。在货币国际化的早期阶段，货币发行国可以获得可观的收益，然而随着时间的推移，沉重的负担将会超过这些收益。例如，伴随着境外流动性负债的增多，将为货币发行国的经济自主性带来巨大外在约束。

第四，关于人民币国际化的路径选择，不能本末倒置，不能为了实现人民币国际化而推进国内金融改革开放，而是恰恰相反，必须以金融业的高水平开放与发展实现人民币国际化。

（四）以金融业的高水平开放与发展实现人民币国际化

学术界有一个非常普遍的观点，认为伴随着中国经济崛起、经济规模日益扩大，人民币必须有与之相匹配的国际货币地位。这种将一国经济规模与货币国际地位简单联系起来的观点存在许多问题：一方面，经济规模与货币地位的关系是什么？两者是否具有直接的因果关系？除了经济规模之外，一国货币成为国际货币还需要哪些条件？另一方面，一国经济规模即便成为世界第一，其货币就立即可以成为国际货币吗？应如何认识两者之间的“时滞”——美元是在美国 GDP 总量超过英国以后的半个多世纪，而且是在经历了两次世界大战、世界格局和秩序发生巨变的情况下才成为国际货币的。还有，也不应该将经济规模简单地等同于实力，经济规模充其量是一国货币成为国际货币的充分条件，而非必要条件。

相应地，相关研究还存在至少三个方面的问题：一是主要从供给侧来研究人民币国际化问题，缺少从需求侧的研究，大家都在研究如何让非居民“能够”持有人民币及其资产，而不重视如何使其“愿意”持有。二是重外而不重内，注重贸易计价结算、外汇交易和储备等货币功能在国际金融市场上的提升，轻视甚至忽视国内金融市场的建设和发展，或者说是注重技术性问题的研究而忽视规则、制度问题的分析。三是认为中国只有成为规模巨大的商品进口国，才能满足对人民币需求的增长，由于持有这种观点的人是如此之多，完全可以称之为“观念”。然而，一个国家经常账户的状况与其货币国际使用程度之间不存在必然联系。在现实当中，即便经常账户处于平衡或盈余状态，该国仍然可以通过金融市场运作即资本账户的调剂如短借长贷来实现货币的国际化——通过短期的或更容易在金融市场上交易的负债，为非居民提供流动性，或者通过国内金融市场运作将这些借来的资金用于更加长期的对外放贷或海外投资。这正是 19 世纪末英镑成为世界货币的过程，也是 20 世纪中叶美元取代英镑登上世界货币顶峰的原因之一。后来，原德国马克、今天的欧元和日元，也走了同样的道路：它们在货币国际化开始时，都伴随着经常账户盈余，而非赤字。因此，一国货币要想成为国际货币，金融市场的开放与发展比商品市场的开放与发展更为重要。

货币史表明，货币国际化本质上是一个市场现象，它反映着全球贸易和金融活动中不同参与者的偏好。贸易计价、结算功能只是货币国际化的初级阶段，一种货币首先要成为投资货币即具有投资功能，其后才会具有储备功能。无论是 19 世纪的英镑，还是后来的美元，走的都是这条路径。由于伦敦作为金融中心的突出地位，英镑首先成为一种国际货币，其后各国央行才开始持有英镑；美元也是如此，在美元作为储备资产超过英镑之前，首先是凭借纽约在对外借款竞争中胜出伦敦而崛起的。

近半个世纪以来，对美元体系最具威胁的一次挑战来自欧元。然而欧元在诞生后经历了近10年的快速发展，在2010年便达到了自己的极限。自此，欧元超越美元或与美元平起平坐的话题再无从谈起，目前大家关注的只是如何遏制其衰落。无论是以前的德国马克，后来的欧元还是日元，它们的国际货币地位都是在达到一个相当的高度后陷入停滞甚至是消退，究其根源有很多共性。其中最重要的，就是金融市场过于封闭或发展滞后。欧元的国际货币地位无法持续提升的核心问题在于，由于欧洲内部大市场的功能，其国际收支基本处于平衡状态，外部世界获取欧元的主要途径只能更多地依靠金融渠道，如借款或发行欧元债券，但是由于欧洲金融市场一体化程度偏低，流动性也远不及美国债券市场，从而限制了人们积累或增加欧元资产的积极性。这种状况反过来又阻碍了欧元资产国际化交易水平的提升，甚至最后连欧洲金融机构都不得不将大部分资产配置在美元资产上，以至于2008年金融危机爆发后损失惨重。因此，由于金融市场不发达，欧洲无法提供可与美国金融市场匹敌的通用金融工具，即便美元的吸引力或地位被其长期巨额的对外赤字所侵蚀，欧元也无法取代美元的地位。

再者，国际货币并非一定需要跨境才能实现，货币国际化不仅是该货币在境外被非居民大量使用，在境内被非居民大量持有同样十分重要，尤其是持有以该货币标价的资产，因而对外负债与对外资产的本币化，本身就是一国货币国际化的重要表现。目前，中国对外负债中刨除外商直接投资（FDI）的以人民币标价的金融负债占比已达到40%左右①，这本身就是人民币国际化的重要表现。事实上，货币的贸易功能—计价结算职能的提升在很大程度上与国内金融业发展水平无关（出口融资只占金融业发展的很小一部分），若要促进非居民对本币及其资产的长期持有，即提升本币的投资功能和储备功能，必须具有开放

① 资料来源：2020年11月28日中国金融学会学术年会上国家外汇管理局外汇研究中心主任丁志杰发言中提供的数据。

的、具有广度与深度的金融市场，不仅为各国官方，而且也为私人投资者提供交易便利和市场预期。如果没有一定水平的金融发展，一国货币难以拥有巨大的货币权力。

金融发展落后将成为构建“双循环”新发展格局的重大障碍。不仅在国内无法有效地配置资源，实现生产要素的充分、高效流动；而且在对外经济关系上，金融发展上的不成熟（利率限制和外汇管制等），也使得中国无法通过积累人民币对外债权来融通自己巨大的储蓄，不得不依赖对外直接投资或购买美国国债，这同样也影响非居民对人民币需求偏好的形成。一般而言，对一国货币需求的偏好主要由四种要素塑造：经济规模、金融发展水平、对外政策关系和军事影响力。其中，金融发展水平比经济规模更为重要。因此，正常的金融发展顺序应该是：金融市场的深度、广度与弹性—资本项目开放—人民币国际化。目前，不发达的国内金融市场、缺乏弹性的汇率制度、严格管制的资本项目流动，是人民币国际化的根本障碍，无论人民币在贸易计价、结算或外汇交易中地位如何提升，本质上都是边际调整，无法获得质的结构性飞越。

从国际政治经济学角度来看，许多货币可以成为重要货币，但未必可以成为关键货币，其决定性因素在于构建结构性权力的能力，核心就在于金融市场是否发达。目前，中国国际收支的双顺差格局已经开始发生变化，伴随着“双循环”新发展格局的形成，经常项目顺差转为逆差可能成为常态，因而对于中国“双循环”新发展格局而言，如何形成和具有必要的国际收支延迟调整能力是十分必要的。其关键因素之一，就是一国的国际流动性状况——能够支配的流动性越多，就越能够将国际收支调整推迟得越久。因此，金融市场的开放与发达程度是至关重要的，它使得该国拥有一种将压力转移到其他国家的能力或者权力：一方面，由于可以使用本币为外部赤字融资，弱化传统国际收支平衡的政策约束，国际收支赤字的调整成本更容易被延迟或转移；另一方面，金融市场上通过本币作为节点的交易数量越多、强度越大，外部世界或其他国家对它的依赖性就越大，进而进一步提升延迟调整能力。

需要指出的是，在布雷顿森林体系时期，由于私人资本流动受到抑制，人们普遍认为国际流动性等于各国中央银行的储备，主要是黄金储备。但自20世纪80年代金融全球化得以发展、私人资本流动成为全球资本市场主体以后，流动性的内涵有了很大扩展，除了央行的储备外还包括外部官方或私人信贷的获取，融资即外部债权的净减少或者借款的增加，成为弥补国际收支赤字的重要手段。正是在这个意义上讲，外汇交易的工具货币和对外贸易的计价结算货币，既无法为货币发行国提供延迟调整能力，又无法消除或减少发行国政府面临的各种约束，只有通过金融市场的开放与发展，使得本币成为市场投资媒介，货币发行国才能够获得明显的经济和政治收益。所以，高水平的金融开放与发展，不仅可以更多地利用（借取）大批国外资金，用于国内经济结构、产业结构的转型、升级和发展，还可以改变通过投资于美国国债等金融产品、借钱给美国的方式来强化与国外金融市场联系的传统做法。这更有助于促进推动金融体制改革，形成用外部资金资助、支撑中国可持续发展的长期格局。

第四节 新形势下横琴粤澳深度合作区经济金融发展的机遇与挑战

中共中央、国务院于2021年9月5日正式公布《横琴粤澳深度合作区建设总体方案》，围绕“促进澳门经济适度多元发展”这条主线，国家赋予了合作区“促进澳门经济适度多元发展的新平台、便利澳门居民生活就业的新空间、丰富‘一国两制’实践的新示范、推动粤港澳大湾区建设的新高地”四大核心战略定位。作为连接中国内地与世界的重要窗口，新形势下横琴粤澳深度合作区经济金融发展将迎来新的机遇和挑战。本节首先分析了横琴粤澳深度合作区在新形势下的潜在定位，接着对新形势下澳门的货币体制改革及其与内地的金融经济融合方式进行探讨，最后分析新形势下横琴粤澳深度合作区金融创新与开放的相关问题。

一、横琴粤澳深度合作区在新形势下的潜在定位[①]

2020年新冠病毒全球流行是百年一遇的大灾难，对世界经济产生了严重而深远的不利影响。全球范围内，中国复工、复产最快，且广东经济增长仍将处于全国前列，这将有利于澳门与横琴的经济复苏。疫情蔓延初期，澳门经济发展深受打击，虽然目前随着管控措施的日渐放宽而有所恢复，但仍难以达到“疫前”水平。澳门目前寄希望于内地在疫情防控的同时，也能帮助澳门减缓经济负增长的趋势，恢复正常有序

① 该部分主要摘自中国社科院世界经济与政治研究所研究员、国际投资研究室主任张明教授在横琴金融论坛（2020年9月19日）上做的题为“‘双循环’新发展格局的构建以及澳门的潜在定位”的主题发言。

的发展秩序。由于澳门经济发展主要依靠博彩业、旅游业，疫情影响下产业单一化的后果暴露无遗，进一步凸显了经济适度多元发展的必要性。近年来，中央、地方各级政府致力于积极促进澳门经济适度多元化发展，但成效并不乐观。2021 年 9 月 5 日，中共中央、国务院正式公布《横琴粤澳深度合作区建设总体方案》，合作区建设从此进入了一个全面实施、加快推进的新阶段，预计到 2035 年，“一国两制”强大生命力和优越性全面彰显，合作区经济实力和科技竞争力大幅提升，公共服务和社会保障体系高效运转，琴澳一体化发展体制机制更加完善，促进澳门经济适度多元发展的目标基本实现。因此，在新形势下如何以粤澳合作有效带动澳门适度多元发展是亟须探索的重大课题。

港澳台三地中，澳门目前最稳定，对内地的依赖性也最强，粤澳两地具备在有效防控各类风险的同时实现合作共赢的现实基础。此外，海南自贸港必须和粤港澳大湾区有良好的互动才能更好地发挥自贸港作用。海南自贸港的特色是境内关外，和香港、澳门有共同之处，因此如何推动琼港澳一体化发展非常重要。从这个意义来讲，海南自贸港的出台并不是要替代香港和澳门，而是对香港和澳门的互补，三者之间互补性要高于竞争性。在粤港澳大湾区与琼港澳一体化建设背景下，要将澳门和横琴的产业结构多元化和“双循环”新发展格局进行内外联动，以内促外结合起来。澳门由于历史原因，和葡语国家联系比较多，对葡语系文化比较熟悉，因此具有天然的优势，可以和葡萄牙、巴西等葡语系国家之间有更好的互动。葡萄牙既是葡语系国家又是欧盟成员国，巴西既是葡语系国家又是新兴市场国家，澳门可以利用与这些葡语系国家的关系，进一步强化中葡、中巴之间的全方位合作。横琴粤澳深度合作区的未来发展应该和粤港澳大湾区结合起来，充分利用粤港澳大湾区在金融和创新上的优势，再结合粤澳两地的政策优势发展理想的金融市场和金融业务类型，这对于未来横琴粤澳深度合作区的发展至关重要。同时，横琴的发展要配合澳门做好经济适度多元发展，充分利用澳门离岸经济体的特点开展跨境金融合作。

二、新形势下澳门的货币体制改革及与内地的金融经济融合[①]

（一）澳门货币体制改革

目前各界在澳门币改问题上仍存在认识误区。部分学者认为澳门币可兑换，不宜与不可兑换的人民币挂钩。然而，澳门币在1977年前曾长期与葡萄牙货币挂钩，而后者直到1990年初才解除资本控制。可见，锚币不可兑换性对币改不是问题。此外，我国央行已与许多国家进行了货币互换，以加强人民币的跨国流通。人民币在对外收支账户（BOP）的贸易项下和实物投资下完全可自由兑换，只在资本项下的金融投机炒作部分才不允许兑换。澳门并无证券（股票、债券等）市场，因此并不具有金融投资炒作的货币兑换需求。

澳门币应与港元脱钩，改挂人民币，这一改革势在必行。第一，中国内地游客对澳门经济的重要性已远超香港，澳门30%的游客来自香港（人均花费较小），60%的游客来自内地（人均花费较大），内地金融资产、负债在澳门银行总额中所占比例也远超香港，这些经济基本面的变化使澳门币仍与港币挂钩显得并不合理。第二，博彩旅游对澳门是一大出口行业，内地是澳门的最大贸易伙伴，故人民币价值变化对澳门影响较大。第三，人民币相对于澳门币的长期升值，使澳门资产无形损失加重变大，澳门居民在珠海大量消费并购置地产，澳门币贬值使得这些活动成本急剧增加，造成毫无意义的经济损失。第四，人民币相对升值给澳门造成的进口输入性通胀，也因澳门币与港币挂钩变得难以承受，2014年前澳门经济高速增长，但澳门币对内、对外价值双双大跌，这一奇怪境地与澳门现有币制不无关系。第五，澳门拥有日益庞大的财政盈余和外汇储备，除了受疫情影响的2020年和2021年，澳门每年都拥有大量的财政盈余，2019年底澳门储蓄规模达到6400亿澳门币（约

---

① 该部分主要摘自澳门大学工商管理学院顾新华副教授在2020琴澳跨境财富管理论坛（2020年6月27日）上做的题为“澳门的货币体制改革及与内地的金融经济融合”的主题发言。

合 800 亿美元)，这些储蓄大部分存在香港银行，名义利率因美联储长期实行量化宽松政策而维持在很低的水平上，在澳门币及锚币大贬值时，澳门储蓄所获得的实质回报为负。

澳门币制改革，将其锚币从港币变成人民币也具有良好的现实基础。第一，如果进行锚币改革，香港的人民币资金来源在一开始并不能满足人民币结算方面的资金使用需求，只能与内地央行进行大规模的货币互换，而澳门则无此必要，澳门近年来依靠博彩业获得了规模巨大的人民币收入，旅游业更有上千亿的人民币收入，这一充足资金来源具有相当强的可持续性。第二，澳门银行体系虽小，但却具有较高的国际化程度，澳门本地银行的国际资产占总资产、国际负债占总负债的比例均在 80%以上。第三，澳门银行的内地资产比和负债比也在 40%以上，表明澳门与内地在银行金融上已高度融合，这为澳门参与人民币结算提供了颇具操作性的业务基础和现实可用的资金基础。第四，澳门银行业务人员基本上具备外语沟通能力，同时又熟悉国际上通行的金融业务准则和会计法律规范，而内地大部分金融从业人员并不具备这些条件。

澳门可先于香港对货币实行改制，且可一步到位，只需转换锚币即可。此项改革可使澳门成为正式采用人民币作为大规模官方储备的经济体，并对香港地区及葡语国家作出示范。这既有助于推动人民币的国际化，也有利于澳门在大湾区建设中发挥作用并获取实利。这既是澳门对国家多年来大力支持自身经济增长与繁荣的一种力所能及的回报，也能使澳门经济在适度多元发展上迈出坚实的一步。

（二）澳门与内地的金融经济融合

近年来，在澳门坊间、业界、政府，就金融发展讨论较多的是货币结算、财富管理、绿色金融、融资租赁等话题。但澳门发展空间较少，长期存在产业结构单一问题，并且缺乏各领域专业人才，导致在这些领域还未做出突出成果。因此，在《横琴粤澳深度合作区建设总体方案》框架内应加大对澳门的支持力度，帮助澳门发展金融行业，尽快实现地方经济适度多元发展。此外，粤港澳大湾区未来的竞争优势归根结底在于人才。因此，粤澳两地应以横琴粤澳深度合作区为载体，共同推进人才的可持续发展，坚持“引育并重”。一方面，引进高精尖人才，优化博士和博士后人才流动机制，适当予以政策倾斜，使其在医疗、社保、子女入学等方面享受与当地居民同等的待遇；另一方面，加大对高等教育的投入，鼓励和引导高等教育机构实施专业调整，向金融专业倾斜，培育本地金融人才。

琴澳可以尝试与深圳这一“先行示范区”和“全球标杆城”携手，发挥各自所长，形成优势互补。深圳可以利用横琴粤澳深度合作区的金融自由港制度，琴澳也可经由水路或通过深中大桥的陆路利用深圳的盐田深水港。琴澳与深圳两地也可以在人民币境外结算和离岸金融上联手，建立大湾区内横跨珠江两岸的、与上海遥相呼应的国际金融中心。

横琴粤澳深度合作区的建立使得澳门地小人少和人才短缺的问题迎刃而解，澳门经济适度发展也具有了空间基础。更重要的是，粤澳深度合作将更清晰地显示出我国进行区域经济调节的强大实力，也为港台提供可以看得见、摸得着的“一国两制”成功典范。澳门一方面要限制外资在澳门赌业的进一步扩张，减少境外资本对本地经济的影响；另一方面，澳门要善用手中庞大的公共储蓄，成立类似“主权财富基金”的经营管理机构，积极参与大湾区开发，大力推动粤澳融合，在中央和广东政府的支持和帮助下，城建向横琴延伸、产业向金融倾斜、经济向多元化发展，把澳门做大、做实、做强。

三、新形势下横琴粤澳深度合作区的金融创新与开放[①]

（一）全球多重危机下横琴粤澳深度合作区金融创新与开放的新机遇

现阶段，中国面临着非常多的新形势和新挑战。所谓新形势，实际上是指全球多重危机在同时发生，而新冠病毒只是触发了一系列内在矛盾。疫情和脱钩威胁导致全球正面临着多重次生危机，包括供应链断裂、失业率上升、需求下降等问题，并可能引发全球经济衰退。同时，

---

① 该部分主要摘自北京大学汇丰商学院教授及海上丝路研究中心主任、香港国际金融学会主席肖耿在横琴金融论坛（2020 年 9 月 19 日）上做的题为“新形势下琴澳离岸经济金融发展的挑战与机会”的主题发言。

大国博弈背景下我国将面临更为复杂的外部环境。中美两国的竞争目前正演变为全方位综合国力的竞争，涉及贸易、供应链、科技、信息、媒体、投资、货币、金融、外交、军事、公共卫生、生化安全等各个层面，两国之间的相互竞争与制约将迫使中国和美国都要做出调整及改变，尤其是在金融领域的全球治理方面。而我国在全球经济金融发展新形势以及“双循环”新发展格局背景下，可以以横琴作为突破口，在横琴粤澳深度合作区建设契机下通过发展离岸经济金融参与国际金融秩序的重建。

横琴具有非常特殊的区位优势。首先，横琴与香港、深圳隔海相望，香港是按英美法律体制及国际惯例来运行的国际金融中心。而深圳是在改革开放大方向下自发形成的经济增长极，如华为、腾讯、平安、大疆等很多深圳企业都不是计划出来的，也不是产业多元化的产物，而是在国际国内市场竞争中产生的。其次，横琴距离广州也很近，广州是具有深厚中国文化特征的一线城市，历史上广州就是中国在岸经济和离岸经济的融汇点，是中国最早对外通商的地区之一。而横琴的建设正处于加速推进当中，房地产、基础设施逐渐完善，未来的发展重点应放在制度创新上。中国需要一个离岸经济金融生态体系为“外循环”经济服务，目前已经有香港、澳门两个完全的离岸经济体，而海南自由港以及正在试点的遍布全国的自贸区也是为离岸及外循环经济服务的。在中国的“双循环”新发展格局中，与世界交流的外循环体系正在形成但还没有完全成型，这主要是由于我国离岸经济缺乏良好的制度环境。从横琴粤澳深度合作区未来的发展来看，这里最有条件也最有希望在制度上获得突破，建设成为中国离岸经济金融生态体系制度创新的先行试验区和示范区。

（二）横琴粤澳深度合作区金融创新与开放的新思路

在企业层面，中国在改革开放 40 多年的过程中引入了市场经济里最重要的一个市场基因，就是合约与公司制。公司制的核心是法人制度，法人与所有利益相关方签合约，但是签合约的任何一方都代表了一个市场，比如劳工一方的背后就有一个劳动力市场，而这个市场不仅有本地市场、全国市场，还有全球市场。通过引入公司制，就可以利用全球供应链使我国与全球市场建立连接。而公司制是在普通法的架构下建立的，本质上是尊重合约、尊重市场，鼓励企业与个人做选择，这是过去 40 多年我们学到的市场经济体系中最宝贵的经验。横琴在下一步的金融创新与开放中应充分吸收我国市场经济发展的经验，为企业发展提供良好的市场环境。

在家庭层面，中国具有以人为本的传统，但这主要是通过家庭这一载体来实现的。家庭在西方也很重要，但是西方更重视个人权利与自由。家庭作为人力资本的基本生产单位，反映了实体经济的需求。家庭需要教育、就业、医疗、住房、理财、基础设施、政府服务等各种产品和服务，而这些都是地方政府需要提供的基本公共服务，以期吸引各领域的优秀人才。这方面横琴粤澳深度合作区有条件充分总结香港和内地地方政府的经验与教训，通过提供良好的公共服务实现人才、资金等各类要素的聚集，打造粤港澳大湾区建设的新高地。

在地方政府角色层面，中国内地城市在过去 40 多年的发展中积累了很多值得借鉴的经验。在中国改革发展过程当中，市场制度的建设进步非常快，特别是在界定产权、建立市场交易平台方面。但在产权纠纷方面，内地城市与香港等地相比则一直面临挑战。香港实行普通法，其中包括让普通市民根据法官与律师提供的证据来判断被告人是否违法的陪审团制度等。未来横琴在新制度的设计上要学习香港，致力于构建国际投资者能够理解的制度。但是，香港的普通法对于解决国家安全领域的问题是有局限的，在处理国家安全案例时存在利益冲突的问题，因此横琴在制度创新方面也应注意可能存在的各类风险。粤澳深度合作作为国家发展战略，不能单独依靠澳门体制或者内地体制，而是需要借鉴全球各地的成功经验与失败教训，并结合本地实践进行制度创新。

（三）横琴粤澳深度合作区金融创新与开放的新使命和突破口

金融市场本质上是一个大系统，其根本基础设施是货币。香港离岸国际金融中心的发展主要依靠在港币基础上建立的股票市场、债券市场、银行这些子系统，并且资金是可以在各个子系统之间流动的。而诸如海南自由港等内地自贸区由于缺乏一个完整的生态系统，难以形成大规模的离岸经济金融中心。所以未来完善中国离岸经济金融体系时，就需要考虑建设一个全球通用的货币与金融体系。

粤港澳大湾区、海南自贸港以及各个自贸区可以成为未来中国与世界融合的超级离岸与在岸双轨经济特区，这对中国未来“外循环”发展特别是“一带一路”的推动都非常重要。而横琴粤澳深度合作区应该成为这个重要且迫切的国家“双循环”发展战略中，“外循环”制度创新的先行试验区与示范区。一旦在制度设计方面有了创新、突破口，市场会根据这些条件来形成它所需要的产业，这对将来海南自贸港还有其他自贸区的建设都很有帮助，因为这些制度创新实质上就是未来中国“外循环”发展的“软”基础设施。为了实现这一目标，横琴粤澳深度合作区有必要在以下三个方面进行突破：

第一，积极利用金融科技发展离岸经济。金融科技的出现本质上解决了在岸与离岸的界定问题，金融科技基础设施理论上可以像一个转化器一样兼容多种货币体系。因为所有金融产品都已经数字化，这意味着很多金融活动是可以通过电子方式和数字方式进行在岸和离岸界定的，这对于琴澳离岸经济金融业务的有序开展具有重要意义。

第二，积极利用金融科技电子围栏全方位管控跨境金融活动风险。电子围栏可以更有效地切割离岸和在岸。这种切割主要体现在货币和法律法规两个方面上。最典型的就是港澳，香港、澳门有自己的基本法及货币。现在的挑战是在没有物理边界的情况下，建立一套数字货币及其相应的法规体系，通过电子围栏的方式在横琴粤澳深度合作区实现在岸与离岸双轨运行。

第三，中国有丰富的经验通过特别行政区制度来积极探索中国特色多元化与国际化发展模式。琴澳应致力于打造我国离岸经济金融生态圈中的先行实验区和先行示范区。在横琴粤澳深度合作区建设中，要超越横琴本地经济发展和澳门本地经济发展，从整体出发将其作为国家发展战略的重要组成部分，借助国家力量的同时，脚踏实地，充分吸收香港、澳门离岸经济金融体系运行中的经验与教训。

制度创新真正的挑战与考验在于能否吸引人才、资本、企业与技术。横琴粤澳深度合作区作为中国与世界融合发展的桥头堡，在日益复杂多变的国际经济金融发展形势下，应致力于通过制度创新吸引更多国际人才、资本、企业和技术，在《横琴粤澳深度合作区建设总体方案》

框架下，积极打造中国离岸经济金融生态体系制度创新的先行试验区和示范区，实现高质量的金融创新与开放，并以此不断提升我国的“外循环”竞争力，为“双循环”新发展格局的加快形成贡献力量。

参考文献

［1］曹希敬、胡维佳：《熊彼特及其新熊彼特主义学派关于创新—经济周期研究的述评》，《中国科技论坛》2014 年第 11 期。

［2］高海红、余永定：《人民币国际化的含义与条件》，《国际经济评论》2010 年第 1 期。

［3］顾新华：《澳门的货币体制改革及与内地的金融经济融合》，《横琴智慧金融研究院/吉林大学横琴金融研究院经济研究报告汇编》2020 年第 3 期。

［4］黄新飞：《横琴粤澳深度合作区的产业发展及金融支持》，《国际金融》2021 年第 11 期。

［5］江小涓、孟丽君：《内循环为主、外循环赋能与更高水平双循环——国际经验与中国实践》，《管理世界》2021 年第 1 期。

［6］江小涓：《新中国对外开放 70 年：赋能增长与改革》，《管理世界》2019 年第 12 期。

［7］李晓、陈煜：《美联储货币政策转向：背景、事实与应对》，《国际金融》2021 年第 11 期。

［8］李晓：《新时代中国国际政治经济学研究：问题与方向》，《政治经济学评论》2021 年第 1 期。

［9］李晓：《以高水平的金融业开放与发展推进人民币国际化》，《横琴智慧金融研究院/吉林大学横琴金融研究院经济研究报告汇编》2020 年第 4 期。

［10］［美］罗伯特·吉尔平著，杨宇光、杨炯译：《全球资本主义的挑战：21 世纪的世界经济》，上海：上海人民出版社，2001 年。

［11］王迪：《“双循环”背景下以琴澳跨境合作促进澳门产业链升级与完善》，《横琴智慧金融研究院/吉林大学横琴金融研究院经济研究报告汇编》2020 年第 4 期。

[12] 王一鸣：《百年大变局、高质量发展与构建新发展格局》，《管理世界》2020 年第 12 期。

[13] 肖耿：《新形势下琴澳离岸经济金融发展的挑战与机会》，《横琴智慧金融研究院/吉林大学横琴金融研究院经济研究报告汇编》2020 年第 3 期。

[14] [美] 伊曼纽尔·沃勒斯坦著，谭荣根译：《美国实力的衰落》，北京：社会科学文献出版社，2007 年。

[15] [美] 约翰·米尔斯海默著，王义桅、唐小松译：《大国政治的悲剧（修订版）》，上海：上海人民出版社，2015 年。

[16] 张明、李曦晨：《人民币国际化的策略转变：从旧"三位一体"到新"三位一体"》，《国际经济评论》2019 年第 5 期。

[17] 张明：《关于疫情后全球金融市场走向的几点思考》，《横琴智慧金融研究院/吉林大学横琴金融研究院经济研究报告汇编》2020 年第 2 期。

[18] 张明：《如何系统全面地认识"双循环"新发展格局？》，《辽宁大学学报（哲学社会科学版）》2020 年第 4 期。

[19] 张明：《"双循环"新发展格局的构建以及澳门的潜在定位》，《横琴智慧金融研究院/吉林大学横琴金融研究院经济研究报告汇编》2020 年第 3 期。

[20] 张明：《疫情冲击下的全球金融市场与中国宏观经济》，《金融市场研究》2020 年第 6 期。

[21] 张宇燕：《后疫情时代的世界经济》，《横琴智慧金融研究院/吉林大学横琴金融研究院经济研究报告汇编》2020 年第 4 期。

[22] 张宇燕：《新冠疫情与世界经济形势》，《当代世界》2021 年第 1 期。

[23] 朱嘉明：《产业周期、金融周期、科技周期的错位与失衡》，《横琴智慧金融研究院/吉林大学横琴金融研究院经济研究报告汇编》2020 年第 4 期。

2 第二章

数字经济带来的机遇和启示

当前，新一轮科技革命和产业变革深入发展，数字化转型已经成为大势所趋，受内外部多重因素影响，我国数字经济发展面临的形势正在发生深刻变化。发展数字经济是把握新一轮科技革命和产业变革新机遇的战略选择。数字经济是数字时代国家综合实力的重要体现，是构建现代化经济体系的重要引擎。世界多数国家均高度重视发展数字经济，纷纷出台战略规划，采取各种举措打造竞争新优势，重塑数字时代的国际新格局。我国也积极融入数字经济全球竞争，积极进行战略布局，推动“互联网+”“中国制造 2025”“国家大数据战略”助力数字经济的健康快速发展，数字经济已成为中国经济提质增效、转型升级的新引擎。在此背景下，本章将结合我国近期数字经济发展趋势和挑战，厘清央行数字货币未来发展方向及路径，并结合粤港澳大湾区现实基础，为湾区以及横琴粤澳深度合作区数字经济的发展提供相关建议和启示，以期对我国数字经济的健康繁荣发展有所裨益。

第一节 数字经济的崛起①

进入 21 世纪以来，以大数据、人工智能、物联网、云计算为代表的数字技术加速创新发展，数据逐渐成为驱动经济发展的重要战略资源，基于数据的生产、组织、消费深刻地影响和改变传统产业结构和经济体系。作为新兴的经济形态，数字经济正在颠覆现有的生活方式，显著改变工业经济时代形成的产业形态、技术路径、商业模式，全方位重构产业的生产主体、生产对象、生产工具和生产方式，并重新定义产业

---

① 参见胡明：《粤港澳大湾区数字经济的金融支持体系研究》，《横琴智慧金融研究院/吉林大学横琴金融研究院经济研究报告汇编》2021 年第 2 期；柏亮：《新势力崛起——全球数字资产报告 2021》，《横琴智慧金融研究院/吉林大学横琴金融研究院经济研究报告汇编》2021 年第 2 期。

链、价值链、供应链和创新链。正是认识到数字经济具有的重要意义，美国、德国、英国、韩国、日本等发达国家纷纷把发展数字经济上升到重塑生产力和生产关系的国家战略高度予以重视和推动。当前，我国正处在转变发展方式、优化经济结构、转换增长动力的攻关期，正在积极构建以国内大循环为主体、国内国际双循环相互促进的发展格局，发展数字经济，推动数字产业化和产业数字化，既是深化供给侧结构性改革实现高质量发展的着力点，也是加速畅通国内循环提升产业链供应链竞争力的重要支撑。

一、数字经济的概念

继农业经济、工业经济后，经济发展趋势进入了以数字经济为代表的更高级别的阶段。数字经济是以数据资源为关键要素，以现代信息网络为主要载体，以信息通信技术融合应用、全要素数字化转型为重要推动力，促进公平与效率更加统一的新经济形态。数字经济发展速度之快、辐射范围之广、影响程度之深前所未有，正推动生产方式、生活方式和治理方式深刻变革，成为重组全球要素资源、重塑全球经济结构、改变全球竞争格局的关键力量。[①]

（一）数字经济的内涵

随着新一代信息技术的创新应用发展，信息和数据作为生产要素进入经济体系并逐渐发挥关键作用，数字经济应运而生并取得飞速发展。目前，数字经济已经成为一个国家和地区经济发展活力和潜力的象征。事实上，自唐·泰普斯科特在 1997 年出版的《数字经济》一书中正式提出数字经济概念以来，数字经济的飞跃发展迅速引起理论界和实务界的高度关注，全球范围掀起一股研究数字经济的浪潮。国内一些研究机构和学者也对数字经济的内涵和范畴进行了分类解析，如表 2-1 所示。

① 资料来源：中华人民共和国中央人民政府：《“十四五”数字经济发展规划》。

表 2-1 部分学者和研究机构发布的数字经济发展内涵①

机构/作者	出版物	指标构成
G20 杭州峰会	《G20 数字经济发展与合作倡议》	数字化的知识和信息、现代信息网络、信息通讯技术
第一财经、阿里研究院	《中国主要城市数字经济发展报告（2019）》	数字基础设施、数字商业指数、数字政务指数、数字民生服务指数
国家工业信息安全发展研究中心	《2019 京津冀数字经济发展报告》	数字基础设施、数字产业、产业数字化转型、公共服务数字化变革、数字生态环境
中国信息化百人会	《2017 中国数字经济发展报告》	基础型数字经济、福利型数字经济、融合型数字经济、效率型数字经济、新生型数字经济
赛迪研究院	《2019 中国数字经济发展指数白皮书》	基础指数、产业指数、融合指数、环境指数
上海社会科学院	《2018 全球数字经济发展报告》	数字基础设施、数字产业、数字创新和数字治理
阿里研究院、毕马威	《2018 全球数字经济发展指数报告》	数字基础设施、数字消费者、数字产业生态、数字公共服务、数字科研
腾讯研究院	《数字中国指数报告（2019）》	数字产业、数字文化、数字生活、数字政务
新华三集团数字经济研究院	《中国城市数字经济指数白皮书（2019）》	数据及信息化基础设施、城市服务、城市治理、产业融合

由此可见，数字经济发展日新月异，但研究机构和学者对其内涵构成分歧很大，对数字经济发展水平测度评价的标准仍然无法统一。但综合分析已有的相关研究，可以说数字经济是由数字基础设施、直接数字经济、间接数字经济和数字生态环境构成，这四个部分之间存在有机联

① 资料来源：张跃国、许鹏：《广州蓝皮书：广州数字经济发展报告》，北京：社会科学文献出版社，2020 年，第 3 页。

系。数字基础设施主要包括5G基站与网络、人工智能、工业互联网、数据中心、物联网等，它是数字经济新技术、新产业、新业态发展的基础；直接数字经济是指以云计算、大数据、区块链、人工智能等信息技术为基础而形成的以数字产业为核心的经济形态；间接数字经济是指以数字技术或者数据要素赋能或者投入生产和服务活动过程中，推动生产方式变革从而实现生产效率提高的经济活动，其集中体现为产业数字化转型；而数字经济生态从广义上说，就是指支撑数字经济发展和运行的各类规则、制度、政策、机制等，具体包括创新环境、政策环境、市场环境及治理环境。

（二）数字经济的特征

数字经济不同于传统产业，具有自身独有的特性。数字经济的主要特点可以简单归纳为知识密集度高、投入高、风险高和收益高。由于数字经济是依靠大数据、人工智能、物联网、区块链、云计算等新一代信息技术进行的生产和服务，高技术人才和科研人员占比相对较高，产品技术非常复杂，知识密集度比传统产业要高得多。信息技术所具有的创新性、尖端性和超前性等特点，决定了数字经济企业的前期投入比较多，必须投入大量的研发人员和高密集度的知识。数字经济是一个不断创造新技术的产业，由于创新本身具有十分明显的不确定性，每个环节都存在技术风险，还有可能面临市场风险、管理风险、资金风险等。此外，数字经济具有垄断、网络效应以及正反馈等特点，以及获取超额利润回报的可能性。

二、全球数字经济发展新趋势①

数字经济以数字化信息数据作为关键生产要素，以数字技术为核心驱动力，依托全球高速信息网络，通过数字技术与实体经济的深度融

① 该部分主要摘自横琴数链数字金融研究院院长、零壹财经·零壹智库创始人柏亮在横琴智慧金融论坛（2021年3月26日）暨琴澳数字金融春季峰会做了题为“新势力崛起——全球数字资产报告2021”的主题发言。

合，深刻影响着全球贸易、金融和科技发展。世界银行2016年在《世界发展报告》中曾使用“数字红利”这一概念。近年来，在变革全球经济增长方式、影响经济竞争力等方面，数字经济呈现出重要的发展新趋势。

（一）数字经济推动全球经济增长的主要方式

近些年，全球各国大力发展数字经济。中国多次发布重要政策落实发展数字经济，而在其他数字经济发展较为前沿的国家，如美国、欧盟、德国、日本等国家和地区组织也相继出台了相关的政策，鼓励各行业将人工智能、大数据等新一代技术应用于农业、医疗、制造、金融等行业中，推进产业数字化转型，如表2-2所示。

表2-2 全球部分国家和地区组织数字经济相关政策概况

国家/地区	主要战略
中国	《中国制造2025》《国家数字经济创新发展试验区实施方案》《中华人民共和国国民经济和社会发展第十四个五年规划和2035年远景目标纲要》《关于构建更加完善的要素市场化配置体制机制的意见》
美国	《国家信息基础设施（1993）》《国家人工智能研究发展战略计划（2019）》《数据科学战略计划（2018）》《美国国家网络战略（2018）》
欧盟	《欧盟人工智能战略》《通用数据保护条例（2018）》《数字单一市场版权指令（2019）》《塑造欧洲的数字未来》《人工智能白皮书》《欧洲数据战略（2020）》
英国	《数字英国（2009）》《数字英国战略（2017）》《数字宪章》《工业战略：人工智能领域行动》《国家计量战略实行计划（2018）》
德国	《人工智能战略（2020）》《人工智能德国制造》《综合创新战略》
日本	《集成创新战略》《第2期战略性创新推进计划（SIP）（2018）》

资料来源：信通院、平安证券研究所、零壹财经·01区块链。

世界经济论坛相关研究指出，随着“经济数字化加速”，预计未来

10年70%的全球经济增长将来自基于数字化平台的商业模式。[①] 联合国《2019年数字经济报告》指出，数字经济继续以极快的速度发展，全球数据流量从1992年的每天100GB增长到2017年的每秒45000GB，并将在2022年达到每秒150700GB。在此背景下，全球数字经济规模不断扩大，数字经济对全球经济增长的影响日益提升[②]，如图2-1所示。

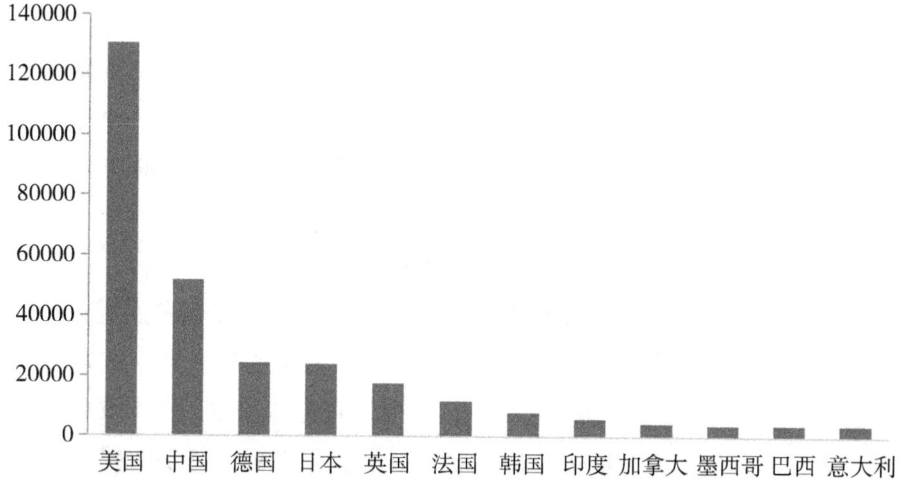

图2-1 2019年全球主要国家数字经济规模（亿美元）

资料来源：信通院、平安证券研究所、零壹财经·01区块链。

具体来说，数字经济或以三种主要方式推动全球经济增长：

第一，数字经济催生了对数字基础设施和数字服务平台的投资需求，带动了投资增长。有调查显示，全球53%的机构投资者表示，会把其管理的基金资产用于投资自动化、数字化和人工智能领域。受访者认为这一状况或将影响未来20年的全球经济。在各种不同的技术创新中，投资者指出，数字基础设施或将在未来3年产生较大的影响。其中，数据运营中心、通讯设施和物联互联网等，是关键的数字基础设施。围绕超级计算机、人工智能、网络安全、应用软件开发、数字技能培训等领域的基础设施，多国政府出台政策，鼓励社会资本参与数字基础设施和

① 《首席经济学家展望》，世界经济论坛，2021年6月1日。
② 联合国贸易和发展会议：《2019年数字经济报告》。

数字服务平台的投资，以积极促进经济尽快摆脱新冠疫情走向复苏。

第二，数字经济形成了新的数字基础设施和数字服务平台的商业模式，促进了新的消费增长。联合国贸易和发展会议的调查显示，新冠疫情加速了全球数字化进程，并对公众的消费行为产生了持久影响。新冠疫情期间，大部分品种产品的线上销售额增长了6—10个百分点。有关统计显示，2020年，全球线上零售市场规模达到4.28万亿美元，年增长率为27.6%。2021年，线上零售势头不减，预计会有14.3%的增长。在某些经济体，数字经济部门GDP占比达到9%左右，比零售贸易或建筑等许多传统行业的份额都大，且数字经济的增速显著快于其他行业平均增速。有统计显示，截至2021年年底，线上消费占全球消费总额的比重已经达到了19.5%。①

第三，数字经济形成了新的数字政务设施和数字政务平台，提高了政府服务效率。联合国每两年对全球190多个国家的电子政务发展进程进行调查，《2020年联合国电子政务调查报告》的主题是“数字政府助力可持续发展十年行动”。报告指出，新冠疫情在全球扩散，电子政务正以新的方式服务公众，并取得积极成效。电子政务在越来越多的国家广泛应用，多国政府能根据实时数据和分析迅速作出决策，这提高了政府应对新冠疫情的能力。在我国，在线政务服务在新冠疫情防控期间发挥了积极作用，尤其是在密切接触者追踪、基层防疫支持、保障复工复产、加快有序人口流动等方面。以健康码为代表的一系列数字政务创新，不仅大大提升了防疫效率，也使更多的公众使用和受益于在线政务服务。②

（二）数字经济深刻影响全球贸易、金融和科技治理

数字经济以数字化信息数据作为关键生产要素，以数字技术为核心驱动力，依托全球高速信息网络，通过数字技术与实体经济的深度融合，深刻影响着全球贸易、金融和科技发展。③

---

① 数据来源：Alcuni Dati，http://www.filoarianna.it/index.php/home-page/alcuni-dati，filoarianna.it，2021年12月5日。

② 联合国贸易和发展会议：《2020年联合国电子政务调查报告》。

③ 中华人民共和国财政部天津监管局：《全球数字经济发展新趋势》。

第一，数字经济对国际贸易的影响。2019 年 1 月，76 个世贸组织成员签署了《关于电子商务的联合声明》，启动与贸易有关的电子商务议题谈判，旨在制定电子商务数字贸易领域的国际贸易规则。2021 年 3 月，世贸组织举行了电子商务谈判会议，就在线消费者保护、无纸化交易等十个领域展开讨论。

第二，数字经济对国际金融的影响。国际清算银行在其报告《央行数字货币：货币体系的机遇》中指出，随着移动支付的普及，全球范围内现金使用量正在逐年下降，许多国家正面临非官方数字货币的挑战，因此，50 多家央行或货币当局正在加速研究数字货币。①

第三，数字经济对全球科技治理的影响。近年来，许多国家正在加速立法构建本国的数据保护与数据安全法律体系，数字科技的国际治理标准正成为全球治理的关键议题。

三、数字经济的金融基因

数字经济发展与金融业发展息息相关，金融业为数字经济的发展提供了最重要的资金支持。强化金融支持，保障数字经济“血脉畅通”对今后相当长时期内中国经济的发展至关重要。

数字经济的发展离不开金融支持。数字经济特有的高风险、高投入性质决定了数字产业的融资条件会与传统产业差别较大。首先，数字经济企业的资金需求量更大，动辄上百亿元，而且风险也大很多，在融资方面遇到的困难也要大得多。其次，由于数字经济企业的前期发展注重专利技术和科技创新能力，设立门槛相对较低，因此前期资金数量比较有限，仅凭内源性融资无法满足企业创立和发展的全部需要。再次，由于数字经济的轻固定资产、重无形资产以及新生企业信誉较低等特点，企业通过银行贷款等进行间接融资也有一定困难。最后，中国资本市场发展还处于初级阶段，沪深 A 股市场上市门槛高，大多数中小型数字经济企业很难在主板市场上进行大规模融资。

① 国际清算银行：《央行数字货币：货币体系的机遇》。

（一）数字经济发展所面临的融资约束

数字经济的主要特征决定了其在传统融资模式下容易受到融资约束。具体而言，其面临的融资约束主要体现在以下几个方面：

第一，支撑融资的资产数量不足。数字经济企业的厂房、设备、原材料等有形资产占比要比传统产业低得多，它主要的资产表现为专利、技术、商业机密等知识产权，这使得数字经济企业在进行以有形资产为抵押的银行贷款融资时，容易产生与银行所需的资产担保不匹配的问题，从而出现支撑融资的资产数量不足无法进行贷款的现象。

第二，内源融资约束。数字经济企业在技术开发阶段的研究经费、新建企业阶段的固定资产、新产品开发阶段的产品设计、市场营销阶段的成本以及后续研究与开发阶段的费用等方面投入较大，从构想到规模化生产和成功上市需要经历很长一段过程，整个过程都一直需要有大量持续、稳定的资金投入，而企业内源融资远远不足以支撑起这些投入。

第三，外源融资约束。数字经济是在新兴领域进行尝试性探索，因此，不管是在新技术产品的研制过程中，还是在新产品投放市场阶段中，企业需要面临的不确定性是巨大的，后期还有可能需要大量的资金来培养新的市场消费习惯等。这些风险性使得传统融资模式对数字经济多不适用。

根据上述分析可以看出，数字经济在融资领域面临着三个方面的矛盾：知识密集性与金融支撑性资产约束之间的矛盾、高投入性与内源融资约束之间的矛盾、高风险性与外源融资约束之间的矛盾。这些矛盾导致高新技术产业无法获得传统金融的支持，因此探索如何发挥金融的推动作用，促进高新技术产业的发展显得尤为重要。

（二）金融支持数字经济发展的形成机制分析

由于数字经济的融资条件与传统金融融资模式不匹配，因而需要借助外部力量，包括政府和市场，并结合数字经济的特点，提供有效金融支持。数字经济与传统产业最大的不同点在于，其发展模式具有鲜明的阶段性。数字经济企业从技术研发、产品开发、规模生产到投入市场，每一阶段都与传统产业存在不同，因而每一阶段资金需求也不同于传统产业，这就决定了其融资模式在各个发展阶段有不同选择。下面，我们根据企业生命周期即种子期、初创期、成长期及成熟期四个阶段性特征，来讨论一下数字经济企业的金融需求。

数字经济企业发展的第一阶段为种子期，金融需求不大，但风险高。该阶段是研发人员对大数据、人工智能、云计算、区块链等新一代信息技术进行摸索和研究的阶段，但融资中存在各种隐形风险，这一阶段的投资成功率最低。初创期企业数字技术成果开始向产品和服务转化，资金需求量非常大，若无资金支持，企业很难发展下去，本阶段内市场化的商业性资金逐步占据主要地位。成长期企业开始拥有较为稳定的生产和销售链，正处于迅速发展阶段，急需注入新的资本，企业一般会引入新的股东。因此，战略投资也开始较大规模地进入企业。成熟期企业销售额的增速趋缓，融资风险低，易获资金支持。数字经济各个阶段的风险、收益和资金需求情况见图 2-2。可以看出，高新技术产业在发展过程中，对资金的需求呈递增趋势，企业面临的风险却是递减的，企业收益从无收益、单方面投入，到收益为零，再到出现收益临界点，继而收益迅速增加。

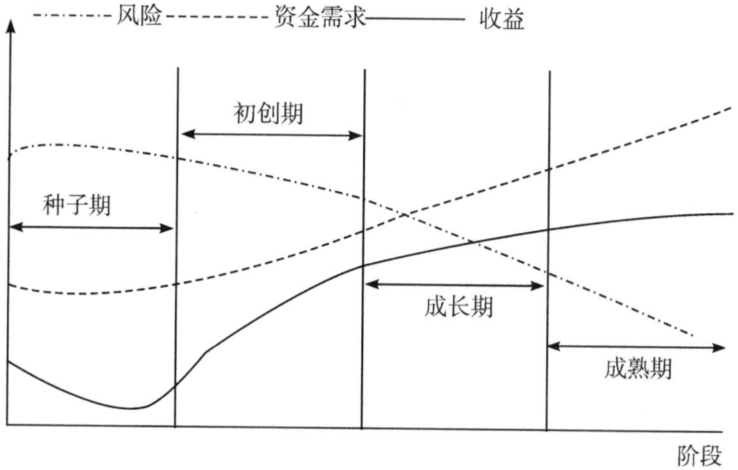

图 2-2　数字经济各个阶段的风险、收益、资金需求情况分析[①]

① 资料来源：韩丽娜、李孟刚：《中国高新技术产业的金融支持体系研究：基于国家创新驱动发展战略的视角》，北京：社会科学文献出版社，2018 年，第 157 页。

数字经济不同阶段的特征如表 2-3 所示。高新技术产业在种子期的风险最大，企业成功率较低，一般为10%左右，且资金需求较小。而商业银行存在规避风险的特性，因此企业在初创期和成长期申请贷款被拒绝概率较大。融资难是我国数字经济企业在发展过程中面临的一个难题，已经严重影响了数字经济发展，也影响着国民经济的正常、全面发展。解决数字经济企业融资难问题迫在眉睫。

表 2-3 数字经济不同阶段特征①

生命周期	风险性	成功率	资金需求
种子期	技术风险，极大	较低	较小
初创期	创业风险，大	较高	较大
成长期	经营风险，中	高	大
成熟期	小	非常高	大

① 资料来源：韩丽娜、李孟刚：《中国高新技术产业的金融支持体系研究：基于国家创新驱动发展战略的视角》，北京：社会科学文献出版社，2018 年，第 177 页。

第二节 数字货币的发展[①]

随着微信、支付宝等电子支付工具的冲击，中国国内出现了无现金社会的趋势，而金融科技尤其是区块链技术的发展，使得加密货币可以跨越国界并侵蚀着一国主权货币的权威和地位。中国的央行数字货币在技术变革条件下正在积极迎接挑战，它具有加密数字货币与类似于微信、支付宝这种支付工具的综合性特征，但本质上讲是一种主权货币的数字化形式。毫无疑问，中国央行的数字货币与微信、支付宝等平台存在着某种竞争关系，同加密货币尤其是稳定币同样存在竞争关系。

本节将以货币竞争为视角，分析中国央行数字货币的运行及其未来前景。我们认为，未来的货币只有真正满足数字化时代市场和经济的货币金融需求才能“良币驱逐劣币”，而不能简单地认为有国家背书的央行数字货币必然会优于其他支付工具。

一、数字时代货币竞争的未来趋势

首先，全球央行将价格稳定作为首要任务。“稳定币”如果满足其稳定性的承诺，那么将是数字资产自然演变的下一阶段结果。因此，央行数字资产真正的竞争对手除了一些平台支付工具之外，稳定币也会是

① 参见钟红：《数字货币竞争新格局与金融业的应对》，《横琴智慧金融研究院/吉林大学横琴金融研究院经济研究报告汇编》2021 年第 1 期；李猛：《数字时代的货币竞争》，《横琴智慧金融研究院/吉林大学横琴金融研究院经济研究报告汇编》2020 年第 1 期；王倩、杜卓雅：《Libra 发展模式与横琴数字货币发展研究》，《横琴智慧金融研究院/吉林大学横琴金融研究院经济研究报告汇编》2020 年第 2 期；朱嘉明等：《数字货币蓝皮书（2020）》，《横琴智慧金融研究院/吉林大学横琴金融研究院经济研究报告汇编》2020 年第 4 期。

其极具威胁性的对手。

其次，除了稳定性之外，交换便利性在数字时代可能发挥越来越大的作用。数字时代的货币竞争面临着与传统经济时代货币竞争不同的经济环境。数字经济时代的网络外部性非常巨大，存在着赢者通吃的现象。过去，货币的流通成本和不同货币切换的交易成本非常巨大，这使人们大部分的货币流通行为发生在本国本经济区内。这意味着，受到技术限制，过去货币无法有效竞争，如今金融科技的发展则提供了更高级的货币流通交换基础设施。

最后，国家在数字经济时代的货币竞争中无法隐身，必须承担起维护主权货币主导地位的责任。央行数字货币就是国家在数字经济时代参与货币竞争的必选，如表 2-4 所示。

表 2-4 全球各央行数字货币（CBDC）项目进程（部分）

国家/地区	CBDC	研发进程	推出/测试开始时间	状态/性质/类型
厄瓜多尔	Dinero Electrónico	停止运行	2014 年 12 月	2014 年推出，2018 年 4 月宣告停止运行
乌拉圭	Billete digital	停止运行	2017 年 11 月	2017 年 11 月开始测试，6 个月后停止运行
塞内加尔	eCFA	已推出	2016 年 2 月	主要用于普惠金融
委内瑞拉	Petro	已推出	2017 年 12 月	主要用于缓解通胀，应对美国经济制裁
马绍尔群岛	Sovereign	已推出	2018 年 2 月	解决对美元的依附性
巴哈马	Sand Dollar	已推出	2020 年 10 月	主要用于普惠金融
新加坡	Ubin	内测中	2016 年 11 月	进入最后阶段，已准备好推出
乌克兰	E-Hryvnia	内测中	2018 年 12 月	完成了价值 200 美元试点项目，继续研发工作

（续表）

国家/地区	CBDC	研发进程	推出/测试开始时间	状态/性质/类型
土耳其	Lira	内测中	-	土耳其总统指示该国于2020年完成对数字里拉的测试
瑞典	E-krona	内测中	2020年2月	2020年6月发布可行性研究报告
韩国	-	内测中	2020年3月	启动为期22个月的试点计划
中国	数字人民币	内测中	2020年4月	数字人民币内测工作紧密推进中，目前已完成7轮数字人民币红包试点工作
法国	数字欧元	内测中	2020年5月	2020年5月14日完成基于区块链的数字欧元测试

资料来源：网络公开资料，零壹财经·01区块链。

可以预判，未来的货币竞争的主角仍然是主权货币及其数字形态之间的竞争，加密数字货币难以取得与主权货币相匹敌的实力。央行数字货币是近年来国际货币竞争领域的重要焦点，各国央行发行数字货币的意愿不断高涨。数字货币的进展会直接影响到未来各国，特别是大国之间国际货币竞争的格局性变化。所以，货币竞争正在向一个更深层次、更宽领域、更广维度的方向展开，这个过程必然对经济和金融产生很多影响。

（一）私人数字货币

Libra是顺应数字经济发展的私人稳定币。当前学术界对于私人数字货币的货币属性存在着很多争论。一些学者认为Libra是货币，但是一些学者则认为Libra不是货币，它是资产。数字资产应该是原生的、包含全量信息的、以数字形式展现和流转的资产。根据此定义，数字资产包含数字货币，随着数字化的深入，数字资产还应该包括原生于数字网络的非货币资产，而Libra是数字货币中的一种，自然也属于数字资产范畴。

从2018年6月开始，美国脸书公司就不断强调Libra与一篮子综合货币挂钩，设想形成“超主权货币”的设计。2019年9月20日脸书公布的Libra一揽子法备储备金。储备金由一篮子货币构成，包括美元、欧元、英镑、日元、新加坡元，其中美元占到了50%。但是显然，一篮子货币的推行会遇到诸多困难。一是各国央行和监管机构担心其破坏货币政策的稳定，二是其架构设计与实际推行十分困难。所以，这种一篮子法币储备的计划在2020年4月16日被推翻，脸书随即发布《Libra白皮书2.0》，表示计划中的Libra在国内使用时与主权货币挂钩，成为法定货币的“影子货币”，跨境交易可以使用脸书公司提供的锚定一篮子法币的币种Libra，但此时的定位变为“全球支付系统”，对主权货币不会造成威胁。但是无论最终与哪些货币挂钩，Libra都不同于比特币，它是依托于现有的法币体系的稳定币。

（二）私人数字货币与央行数字货币的竞争

与纸币相同，数字货币仍然是体现价值的货币符号，仍属信用货币。但与纸币由各国央行垄断发行不同，在数字货币产生初期，处于数字货币发行技术与模式创新时期，存在着大量私人发行的数字货币。表2-5反映了私人数字货币与现有法币现金、央行数字货币的区别。而且私人货币的不同类型之间亦有区别。

表2-5　私人数字货币与法币对比①

	比特币	USDT稳定币	Libra	法币现金（纸币）	央行数字货币
发行主体	无发行主体	Tether基金会	Libra基金会	各国政府	各国政府
发行机制	去中心化	中心化	中心化	中心化	中心化

① 资料来源：朱嘉明、李晓：《数字货币蓝皮书（2020）》，北京：中国工人出版社，2020年，第166页。

（续表）

	比特币	USDT 稳定币	Libra	法币现金（纸币）	央行数字货币
价值基础	挖矿（每四年减半）	资产抵押（1：1 美元）	资产抵押（1：1 篮子货币）	国家信用	国家信用
价格稳定性	波动大	较稳定	较稳定	稳定	稳定
信任机制	自愿	自愿	自愿	强制	强制
监管与法律	以资产方式严格监管	试图监管	试图监管	以健全的货币法严格监管	以健全的货币法严格监管
结算路线	公有链结算	公有链结算	联盟链结算	中心化结算	中心化结算
结算流程	简单	简单	简单	中等	简单
交易速度	慢	中等	中等	中等	快
接受范围	虚拟社区（币圈）	虚拟社区（币圈）	脸书（Facebook）全球用户	国内	国内（或国际）
信用背书	无	资产	资产	国家	国家
匿名性	匿名	匿名	有条件匿名	匿名	有条件匿名

上述法定数字货币和私人数字货币的差异，使得两者存在着挤出效应。法定数字货币在传统货币经济模型的框架下，形成了法定货币和数字货币的双重货币制度，法定货币对数字货币存在潜在挤出效应。挤出仅在极端假设下发生，即一种货币的使用（交换媒介和价值储存）成本极高，而另一种货币的使用成本极低时（Hong，K. H. J.，2017）。国内学者亦多认为，比特币是数字资产，虽然具有部分货币职能但不具有国家属性，因而并不是真正意义上的货币（贾丽平，2013；杨晓晨等，2014；陈海波，2019；封思贤，2019）。法定货币基于国家的财税权与垄断货币发行权而具有无限法偿功能（刘新华，郝杰）。相比之下，以比特币为代表的私人数字货币，依托的是虚拟社区中的信任，以虚拟黄

金的方式在虚拟社区部分使用。因其无国家属性，亦非债务属性，因此决定了其只能作为虚拟社会的内部货币部分地替代央行的法定货币使用。其影响力虽然依托经济行为的数字化与虚拟化，突破了传统内部货币的物理与时空限制，但并未改变其仅在部分社区使用的内部货币的属性。因此，在法定数字货币与私人数字货币的竞争中，随着数字货币技术的成熟，法定数字货币取代私人数字货币并挤压私人数字货币的流动范围成为必然趋势。

二、央行数字货币：全球货币竞争新焦点

数字技术不断演变，推动资产数字化进程提速。央行发行数字货币是货币体系不断演进的必然结果，是科技进步和经济发展共同作用的结果，同时也是经济数字化发展的需要。

（一）数字货币发展历程[①]

央行数字货币和私人数字货币在性质上有很大不同，但是一定意义上私人数字货币发行者又扮演着央行数字货币底层技术实验者和项目推动者的角色，私人数字货币发展过程中的一些重要事件和时间节点很有标志性意义，会对央行数字货币的发行带来很大的影响。2015 年，英国伦敦大学发布的报告中提出了法定数字货币原型系统的概念。2019 年 6 月，《Libra 白皮书》首次提出要在全球打造一个基于区块链的新型全球基础设施，这个报告的发布引起了国际社会特别是监管机构的高度重视，美国国会随即叫停了 Libra 计划项目。2019 年以来，各国央行迅速推进数字货币发展。2020 年 10 月，国际货币基金组织（IMF）发布《数字货币跨境支付报告》，指出当前数字货币已经触及到了经济生活的方方面面。具体过程如图 2-3 和图 2-4 所示。

---

① 该部分主要摘自中国银行研究院副院长钟红在横琴智慧金融论坛（2021 年 3 月 26 日）暨琴澳数字金融春季峰会做的题为“数字货币竞争新格局与金融业的应对”的主题发言。本节图表均来自钟红：《数字货币竞争新格局与金融业的应对》，《横琴智慧金融研究院/吉林大学横琴金融研究院经济研究报告汇编》2021 年第 1 期。

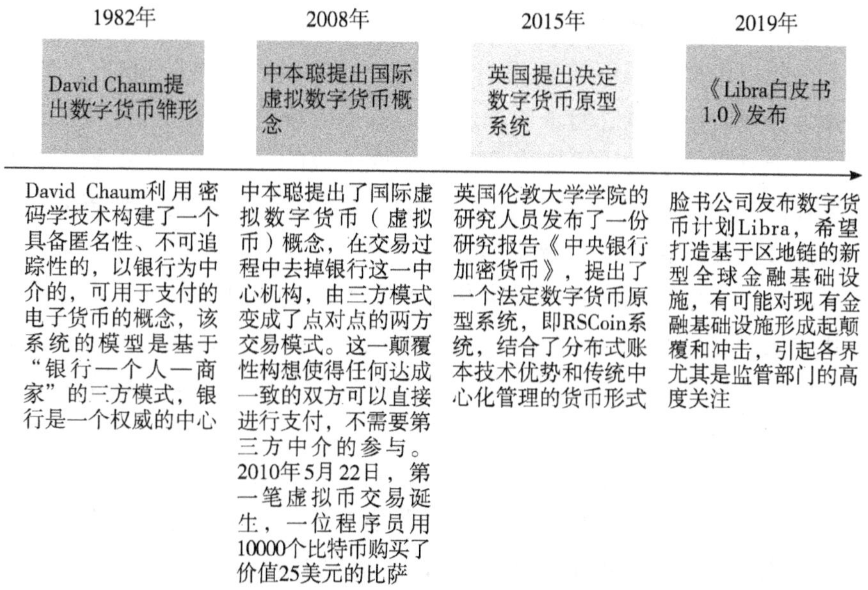
1982年
David Chaum提出数字货币雏形
David Chaum利用密码学技术构建了一个具备匿名性、不可追踪性的，以银行为中介的，可用于支付的电子货币的概念，该系统的模型是基于“银行—个人—商家”的三方模式，银行是一个权威的中心
2008年
中本聪提出国际虚拟数字货币概念
中本聪提出了国际虚拟数字货币（虚拟币）概念，在交易过程中去掉银行这一中心机构，由三方模式变成了点对点的两方交易模式。这一颠覆性构想使得任何达成一致的双方可以直接进行支付，不需要第三方中介的参与。2010年5月22日，第一笔虚拟币交易诞生，一位程序员用10000个比特币购买了价值25美元的比萨
2015年
英国提出决定数字货币原型系统
英国伦敦大学学院的研究人员发布了一份研究报告《中央银行加密货币》，提出了一个法定数字货币原型系统，即RSCoin系统，结合了分布式账本技术优势和传统中心化管理的货币形式
2019年
《Libra白皮书1.0》发布
脸书公司发布数字货币计划Libra，希望打造基于区地链的新型全球金融基础设施，有可能对现有金融基础设施形成起颠覆和冲击，引起各界尤其是监管部门的高度关注

图 2-3　数字货币发展脉络

2019年6月
《Libra白皮书2.0》发布
在原有多货币Libra的基础上，新增加了单一货币Libra，即以美国等储备货币发行国的现金、现金等价物或短期国债作为底层资产，以1∶1的比例发行Libra
2019年7月
普林斯顿大学提出“数字货币区”理论
认为货币主要是交换媒介而不是价值存储或计量单位，数字货币因为使用方便，流动性强，在很多国家会取代法币，金融市场会因为数字货币竞争而分裂，世界分为多个数字货币区
2019年8月
英国央行行长提出“合成霸权数字货币”
认为美国经济规模在全世界的占比越来越低，继续使用美元作为世界储备货币是不合宜的，需要使用基于一篮子法币的合成数字货币取代美元，成为世界储备货币
2019年10月
IMF发布《数字货币跨境支付报告》
认为数字货币改变了支付体系、金融市场、资产交易、融资与贷款、外汇管理、世界储备货币、监管制度、金融稳定、资金流动等领域，已经触及到经济生活的方方面面
2019年11月
哈佛大学首次使用“新型货币战争”概念
认为世界至少会有两个以上的数字货币区，即至少有两大阵营，货币战争是国家安全级别的事。同月举办了模拟白宫会议，提出货币战争是美国必须打赢的战争

图 2-4　数字货币最新进展

（二）央行数字货币竞争新格局

2021 年 1 月份 IMF 发布的报告显示，有 86%的国家和地区央行已经在开展数字货币的研发试点项目，即使在疫情比较严重的 2020 年，

其推进速度也在不断加快。

在此过程中，国际清算银行（BIS）把各国的发展阶段作了划分，划分为研究阶段，概念验证阶段和前沿试点阶段。新型经济体和发达经济体对于央行数字货币可能发挥的作用或达成的目标有一些差异。在金融包容性方面，新型经济体给予更多的关注和重视，但发达经济体更加重视提升批发型央行数字货币的支付效率。

同时，虽然各国在央行数字货币领域不断向前推进，但是在法律监管和框架制订层面，各国的进展相对缓慢。48%接受调查的央行目前并没有出台针对央行数字货币的明确法律框架，所以监管法律框架需要同步地完善和推进。

可以从实践路径上将央行数字货币划分为零售型和批发型两类。

零售型央行数字货币在提升金融跨境支付的效率的方面具有重要意义，对此学界和业界有相当高的共识，但对其在货币政策、金融包容性、金融稳定影响等方面的认知，差异较大。

目前，各国央行在批发型央行数字货币的研究中取得了一些重要的进展。比如说日本央行 2020 年年末开始积极推进数字货币，与欧央行积极合作研究去中心化的技术，并运用于批发型数字货币的研发；阿联酋和沙特等国央行也在合作推进批发型数字货币，如表 2-6 所示。

表 2-6　正在进行的批发型央行数字货币合作项目①

合作项目名称	各国参与组织	原因及进展
Stella	欧央行、日本央行	原因：信息技术发展导致支付和结算系统环境发生变化，但目前仍为现金主宰，法定数字货币需求不大 进展：日本暂时没有计划发行法定数字货币，处于积极参与理论研究阶段。技术方面，与欧央行联合设立 Stella 项目研究分布式账本技术（DLT），目前已经完成第四阶段研究，分析了 DLT 处理大额支付、证券支付结算、跨境支付以及交易保密性等内容。法律方面，研究了不同发行模式下央行发行数字货币在日本法律框架内的法律问题

① 资料来源：钟红：《数字货币竞争新格局与金融业的应对》，《横琴智慧金融研究院/吉林大学横琴金融研究院经济研究报告汇编》2021 年第 1 期。

（续表）

合作项目名称	各国参与组织	原因及进展
m-CBDC Bridge	沙特央行、阿联酋央行	原因：探索使用单一区域货币进行国内和跨境结算 进展：试验了三个渐进复杂性的场景。第一个是中央银行之间的跨境结算，第二个是仅限于同一国家商业银行之间的结算，第三个也是最复杂的用例是两国商业银行之间的跨境结算
m-CBDC Bridge	中国人民银行数字货币研究所、中国香港金融管理局、泰国中央银行、阿联酋中央银行	原因：探索央行数字货币在跨境支付中的应用 进展：多边央行数字货币桥研究项目将通过开发试验原型，进一步研究分布式账本技术（DLT），实现央行数字货币对跨境交易全天候同步交收（PvP）结算，便利跨境贸易场景下的本外币兑换
Jasper-Ubin	加拿大央行、新加坡金管局	原因：探索央行数字货币在跨境支付中的应用 进展：多边央行数字货币桥研究项目将通过开发试验原型，进一步研究分布式账本技术（DLT），实现央行数字货币对跨境交易全天候同步交收（PvP）结算，便利跨境贸易场景下的本外币兑换

总体来看，联盟链是批发型数字货币的首选，批发型数字货币使用者是金融机构，数量较少且固定，监管上更易控制风险。联盟链可以提高结算效率，弥补当前公有链算力不足的缺点，终极目标是跨境支付。央行批发型数字货币首先应当在国内债券、票据等相对封闭市场环境中试验相关技术、完善法律条款。跨境支付情景可能需要依赖 BIS、IMF 等国际组织协调。各国央行普遍认为，发行批发型央行数字货币对跨境支付效率提升更高，并且批发型央行数字货币在资本市场证券交易的结算、清算领域也发挥了重要作用。

三、央行数字货币与金融产业

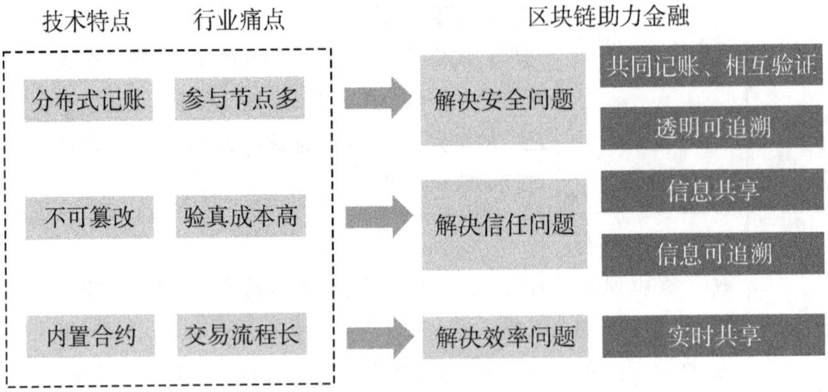

图 2-5　数字化影响传统金融的机理分析

央行数字货币借助于区块链，区块链技术会广泛运用于金融业的多个维度，如图 2-5 所示，具体的影响可能会有以下几个方面。

首先，在金融基础设施层面，央行数字货币会对货币目前的现金发行形成一个强有力补充，同时也将补充现有的电子支付体系，在一定程度上打破第三方机构的支付垄断，还可以很好地去应对私人货币对法币形成的挑战和冲击。

其次，对银行的零售业务而言，央行的数字货币可以为零售支付营造一个相对公平的竞争环境。央行会在支付业务的管理上提供更加有利的条件，避免单一机构因为支付的风险而造成不利于市场稳定的影响，同时减少一些违规的金融操作。

再次，从银行资产负债角度来看，由于需要缴纳超额准备金进行清算和结算，而央行数字货币发行会在一定程度上对银行的短期和长期资产带来影响，因此，银行在准备金缴付和资产负债管理等方面，需要做出适当调整和安排。

最后，央行数字货币在负债端的一个重要的目标，就是要避免金融脱媒和银行挤兑。在新的货币竞争态势下，金融脱媒的发展形势会跟原来有所不同，银行的挤兑将不受时间、地理范围的限制，挤兑的顺序也有所不同。所以，需要更多地加强风险监管、市场监管，还有商业运营机构自身的风险管理。

在数字化时代，如何实现琴澳两地的数字化升级是非常重要的课题。在此过程中，可以利用央行数字货币试点和封闭测试来创造更多的零售端使用央行数字货币的应用场景，包括利用横琴粤澳深度合作区的区位优势来助力数字人民币在跨境场景的使用。粤港澳大湾区的规划已经将国际金融枢纽的地位定位为横琴粤澳深度合作区的发展方向，数字货币也会为枢纽地位的建立提供良好契机。

总而言之，面对数字经济发展浪潮，一方面要密切关注全球央行数字货币研发试验的进展，跟踪研究和积极应对可能出现的溢出效应；另一方面，要稳步推进数字人民币的研发，打造新优势；同时，金融业要积极应对数字货币竞争可能带来的机遇和挑战，进一步提升金融服务实体经济的质量和效率。

四、中国人民银行数字货币的现状和作用

（一）中国人民银行法定数字货币的现状

数字经济转型需要货币数字化。为维护我国的货币主权、法币地位和金融稳定，中国人民银行一方面加强对比特币及其他代币的监管，另一方面积极开展相关研究工作，为金融改革做准备。我国政府对研发法定数字货币做的安排如表 2-7 所示。

表 2-7　中国人民银行法定数字货币研究进展

时间	相关安排
2014 年	央行成立法定数字货币专门研究小组
2015 年	发布人民银行发行数字化货币的系列研究报告，法定数字货币的发行方案完成两轮修订
2016 年 01 月 20 日	央行首次提出对外公开发行数字货币的目标
2016 年 07 月 01 日	启动基于区块链和数字货币的数字票据交易平台原型研发工作，决定使用数字票据交易平台作为法定数字货币的试点

（续表）

时间	相关安排
2016 年 09 月 01 日	成立数字票据交易平台筹备组，启动平台封闭开发工作
2016 年 12 月 01 日	央行完成了对区块链的首个试验
2017 年 03 月 01 日	央行科技工作会议强调构建以数字货币探索为龙头的央行创新平台
2017 年 05 月 27 日	央行数字货币研究所正式挂牌
2017 年 06 月 01 日	央行发布关于冒用人民银行名义发行或推广数字货币的风险提示
2018 年 01 月 25 日	数字票据交易平台实验性生产系统成功上线试运行并进行改造和完善
2018 年 03 月 28 日	央行召开 2018 年全国货币金银工作电视电话会议，指出稳步推进央行数字货币研发
2018 年 09 月 05 日	央行下属数字货币研究所在深圳成立“深圳金融科技有限公司”
2019 年 05 月 26 日	央行数字货币研究所开发的 PBCTFP 贸易融资的区块链平台亮相，其服务于粤港澳大湾区贸易金融
2019 年 08 月 02 日	央行召开 2019 年下半年工作电视会议，提出加快法定数字货币（DC/EP）的研发
2019 年 08 月 10 日	中国人民银行支付结算司副司长穆长春在第三届中国金融四十人论坛上表示，央行法定数字货币将采用双层运营体系
2020 年 01 月 10 日	央行发布“盘点央行的 2019 金融科技”，表示在坚持双层运营、M0 替代、可控匿名的前提下，基本完成法定数字货币顶层设计、标准制定、功能研发、联调测试等工作
2020 年 04 月 03 日	人民银行召开 2020 年全国货币金银和安全保卫工作电视电话会议，提出坚定不移推进法定数字货币研发工作
2020 年 04 月 14 日	央行数字货币率先在农行内测
2020 年 04 月 16 日	苏州相城区实现央行数字货币首个应用场景的落地，将“数字钱包”作为支付通道，以交通补贴形式发放
2020 年 04 月 17 日	央行数字货币研究所称将先行在深圳、苏州、成都、雄安及冬奥场景进行内测

资料来源：零壹智库。

（二）数字人民币有利于人民币国际化

数字人民币在跨境支付方面的必要条件之一就是便利性。数字人民币由于在降低支付成本和时间成本、提高透明度等方面优于现行国际通用货币，同时因为区块链的不可篡改、透明、可追溯等特性，天然具备跨国界优势，可有效扩大人民币在境外的使用，足以支撑人民币的国际化。

但数字人民币的便利性优势是相对于传统货币而言的，这一特征是所有数字货币共有的，真正能增加数字人民币在世界范围使用的优势在于：

首先，数字人民币有政府背书，以世界第二大经济体的国家信用作担保，具有法偿性，而 Libra 是私人数字货币，受到政府的严格监管，甚至一定程度上还是政府的“假想敌”，由脸书公司运营不当造成的损失，只有商业联盟的背书，无法获得国家的信用担保，从而使得 Libra 的使用者面临着信用风险，而相比之下数字人民币则无风险。

其次，数字人民币提供离线交易服务且无需开设存款账户。目前的电子支付方式依赖网络，在偏远地区或境外没有网络的地方，交易就无法完成，而数字人民币支付的唯一条件就是电量，相当于随身携带的随时可以提取出来的货币，只要使用者拥有央行数字钱包的使用权限就可以进行交易。当这一功能可用于跨境支付时，就可以扩大人民币的境外使用，促进人民币国际化。

最后，数字人民币还可以保护用户信息，防止违法犯罪行为。央行有直接设置的认证中心和大数据资料库，分别集中管理用户信息和交易信息，这样对于想利用数字货币匿名的特点，进行洗钱等违法行为的操作是行不通的。

面对 Libra 将改变全球金融基础设施的挑战，除数字人民币本身具有的适用于全球流通的属性之外，还应在现有的数字人民币项目基础上，进一步提出中国数字人民币项目的跨境方案以应对 Libra 的挑战。现有的数字人民币方案顺应了中国数字经济发展的需求，但数字人民币项目目前只考虑了替代现金及国内两层银行体系的发行机制，更多地适用于国内货币的数字化。因此，中国应积极设计数字人民币项目的跨境方案，将人民币数字化推向国际领域。这不仅有助于更好地发挥数字人民币项目的先手效应，推动在数字时代人民币国际化水平，更有助于应对 Libra 在跨境支付领域对 DC/EP 的挑战。

第三节 粤港澳大湾区数字经济发展现状及金融支持体系①

近年来，我国数字经济发展迅速，为国民经济的快速发展作出了重大贡献，同时也为各地区经济的新增长点提供了新方案。粤港澳大湾区是我国数字经济发展程度最高的区域之一，在国家数字经济战略中具有重要的地位，建设具有国际竞争力的产业集群、打造全球数字经济发展新高地已经成为大湾区发展新方向。

一、粤港澳大湾区数字经济发展机遇

作为我国开放程度最高、经济活力最强的区域之一，粤港澳大湾区具备丰富且庞大的基础数据资源，拥有发展数字经济的绝对优势。加快推进数字产业化和产业数字化，推动数字经济和实体经济深度融合，建设具有国际竞争力的数字产业集群，对粤港澳大湾区数字经济发展具有重要意义。

（一）粤港澳大湾区数字经济发展现状

近年来，广东省数字经济总量规模不断扩张，内部结构不断优化。2019 年广东省数字经济规模高达 4.9 万亿元，占地区 GDP 比重已达 45.3%，广州、深圳两地数字经济规模均超 1 万亿元。广东省数字经济内部结构不断优化，产业数字化趋势显著。整体而言，广州、深圳两地

---

① 参见胡明：《粤港澳大湾区数字经济的金融支持体系研究》，《横琴智慧金融研究院/吉林大学横琴金融研究院经济研究报告汇编》2021 年第 2 期；王倩、杜卓雅：《Libra 发展模式与横琴数字货币发展研究》，《横琴智慧金融研究院/吉林大学横琴金融研究院经济研究报告汇编》2020 年第 2 期；王倩、杜卓雅、宁梓男：《疫情下珠海市横琴新区数字金融发展研究》，《横琴智慧金融研究院/吉林大学横琴金融研究院经济研究报告汇编》2020 年第 1 期。

为数字经济发展第一梯队，珠海与全国水平持平，佛山、肇庆等地区低于全国水平。港澳地区数字经济发展持续向好。香港数字经济稳步发展，5G 商用步伐逐步加快，中国移动在香港 5G 覆盖达 90%以上，香港公司则实现 5G 覆盖 99%的地区；各行业数字化进程加快，香港公司设有自家网页或网站的比例，由 2009 年的 20.0%上升到 2019 年 38.3%。澳门公共服务数字化快速发展，持续优化“生产云”“云计算中心及大数据平台”“数据资源平台”等各大数据平台，完善公共部门统一信息发放机制。

（二）粤港澳大湾区数字化治理发展情况

近年来，大湾区数字化治理能力也显著提升。广东“数字政府”建设成效显著，建立了“营运分离”的数字政府运营模式，建设了全省统一的“1+N+M”政务云平台。香港数字化治理逐步推进，建立新的大数据分析平台；建成具有增强安保功能的公共云端服务，革新政府云端基础设施平台。澳门数字治理取得阶段性成果，《电子政务施行细则》行政法规生效，全面大力推进“一网一户”策略，数据价值化步伐加快。

从全国范围上看，数据价值化在根据资源化、资产化、资本化三阶段加速推进。据不完全统计，广东省数据存储量超过 2300EB，约占全国的 1/5，数据资源丰富，积极探索数据资产化。

二、现阶段粤港澳大湾区数字经济金融支持缺失的主要原因

金融发展与资本市场支持在数字经济的发展过程中具有重要作用。但是，由于数字经济自身的特点及金融机构的借贷行为，粤港澳大湾区数字经济企业仍然存在缺乏金融支持的问题。究其原因，既有数字经济自身的融资缺陷，也有金融机构的因素，还存在社会担保制度的缺失问题。

（一）数字经济自身的融资缺陷

数字经济自身的特性导致其在融资时有很多困难。首先，数字经济

企业有形资产规模有限，这或难以满足我国银行贷款条件中的抵押物要求。其次，数字经济企业内部治理机制不健全。当前，大部分数字经济企业存在信息披露不规范，财务信息不透明、不真实等问题，进而影响企业外部融资。再次，数字经济企业经营风险大。尤其是处于初创期或成长期的数字经济企业，在国内外严峻的经济环境下面临市场、技术等多种不确定性，存活率不高。大湾区数字经济企业的生存状况也基本如此。最后，数字经济企业信誉度偏低。据统计，数字经济企业的信用等级普遍较低，或将面临商业银行惜贷慎贷、发行股票和债券困难等多重困境。

（二）金融体系不健全

金融支持体系不健全是造成数字经济企业融资缺口的又一个主要原因，主要表现在以下两个方面：一是多层次资本市场还有待进一步健全完善。我国资本市场经过十余年的发展，面向大型企业的主板市场已初具规模，但区域性股权交易市场，除了上海股权托管交易中心等极少数交易市场外，大多市场交易不活跃，甚至部分市场没有交易，市场功能普遍发挥不佳。二是银行信贷缺位。由于数字经济自身经济实力不足，抵押物未达标准等多种因素，造成商业银行提高贷款条件或贷款利率，出现数字经济发展中的“金融排斥”现象。

（三）信用担保滞后

当前，大湾区的信用和担保体系发展较快，但针对数字经济企业融资的环境尚未得到根本改善。一方面，征信体系有待建设。数字产业的信息透明度有限，因此使得外部融资受限，同时由于征信市场的产品无法为数字产业企业提供服务，导致数字经济企业贷款受阻。另一方面，担保体系建设滞后。我国担保制度仍处于起步阶段，担保机构不足，担保产品单一，无法满足数字产业担保需求。

三、破解粤港澳大湾区数字经济融资困境的对策

目前，我国数字经济已经进入加速发展关键期，稳定健康有序发展

的多层次金融体系能够为数字经济发展提供强大支持，拓宽数字经济企业的融资渠道。由于数字经济企业具有有形资产少、风险高的特点，普遍融资难等现象严重制约了企业发展。因此，现阶段我国在发展数字经济时，应当充分发挥金融的推动作用及其对产业结构调整的导向作用，从而形成“金融推动—数字经济发展—经济增长”的良性循环。政府、资本市场、企业要充分发挥各自优势，协调建立多层次立体式的融资体系，完善我国金融对数字经济体系的支持。

（一）加强政府扶持力度，弥补市场缺陷

数字经济的发展离不开政府的引导与扶持，构建数字经济融资体系需要政府更好发挥作用。政府与市场是两个相互促进、互为补充的配置资源方式。因此，在“市场在资源配置中起决定性作用”的定位基础上，推动有效市场和有为政府更好结合，构建政策性融资体系。

第一，完善支持数字经济发展的财政投资体系。为了加大金融对数字经济的支持力度，大湾区相关政府部门可以从以下几个方向努力。首先，制定数字技术等科技发展规划，并将财政投资支持列入相应规划中，根据经济增长、财力增长情况，不断增加对科技的财政投入。其次，除了加大投入力度外，还要加快发展创业投资基金，实现技术、资金和管理的有效结合。同时，加大行政性采购中涉及数字技术产业产品的采购比例，这样既有利于加快高新技术产业产品投放市场的过程，又对数字经济健康快速发展有良好的促进作用。

第二，进一步完善有利于数字经济企业融资的法规。完善的企业融资法律体系，是确保数字经济企业能够顺利融资的重要保障。为此，应以法律法规的形式为粤港澳大湾区数字经济的发展提供金融保护和支持。相应地，还应制定适合数字经济发展的信用担保法和融资法等法律法规，以规范数字经济企业融资主体的责任范围、融资办法和保障措施。

第三，以创新性组合政策促进数字经济发展。当前粤港澳大湾区政府已经制定了一系列培育和扶持数字经济发展的政策，同时也采取了一系列补贴措施引导商业银行为高新技术产业提供贷款。未来政府可以创新扶持方式，与各方机构配合，考虑设立数字经济企业贷款补偿资金，并鼓励银行保险机构开展知识产权质押融资业务，支持商业银行与知识

产权密集型产业园区开展战略性合作，扩大知识产权质押融资。

（二）拓宽金融机构服务领域，为数字经济发展提供融资

第一，目前银行贷款仍是我国数字经济的主要融资渠道。但数字经济企业融资具有贷款额度大、风险高、时间长等特点。因此，我国各级金融机构应当拓宽服务领域，为数字经济的发展提供融资支持。探索设立政策性科技银行，组建粤港澳大湾区数字开发银行。政策性科技银行应当以政府政策为业务活动的根本依据，其融资准则应具有明显的非商业性，支持数字企业开展数据资产管理、交易、抵押、结算、交付和融资。

第二，鼓励商业银行信贷向数字经济企业倾斜。为了改善数字经济产业的融资环境，鼓励商业银行信贷向数字经济企业倾斜，可以考虑从以下几个方面着手：一是鼓励商业银行建立数字经济企业的授信制度，提高信贷效率，保证信贷资金的及时性；二是鼓励商业银行对符合条件、能够提供合法担保的数字经济创新项目，优先发放贷款；三是鼓励商业银行积极参与科技部门和工信部门的推介活动，对市场前景广阔、技术含量高、经济效益好、能代替进口的数字技术成果转化和改造项目提供信贷支持。

第三，探索设立城市数字经济发展基金，重点支持城市数字变革关键领域、重点平台、重大项目以及各类试点示范。同时，加强风险控制力度，保证担保项目的安全性和有效性；适当灵活担保费用，以支持数字经济企业融资。

（三）完善投融资服务体系，实现资本高效对接

面向企业创新创业和社会化双创，进一步完善投融资服务体系等方面工作，为数字企业发展提供全方位的投融资支持。建立和完善我国数字经济企业的融资担保体系；加强为数字经济企业服务的中介机构建设。与国外发达国家和地区相比，大湾区金融中介机构的建设还比较落后。社会中介机构诸如财务机构、会计机构、资产评估机构、信用评级机构等仍未形成针对数字经济服务的金融机构和相关产品。因此，应尽快形成为数字经济企业提供金融服务的中介服务体系。

四、横琴粤澳深度合作区数字经济发展的机遇

横琴粤澳深度合作区作为连接内地与澳门离岸金融重要的开放和创新平台，具备发展数字货币、打造全球金融创新中心的巨大潜力和优势。横琴粤澳深度合作区要抢抓数字经济变革的窗口，深化与数字经济密切相关的改革和创新，探索进一步发展数字货币与电子支付（DC/EP）跨境业务示范区，争当数字经济的领跑者。

（一）DC/EP 跨境业务示范区的 SWOT 分析

利用 SWOT 战略分析法，通过内部资源、外部环境有机结合对横琴粤澳深度合作区作为 DC/EP 跨境业务示范区的优势、劣势、机遇和挑战加以综合评估与分析，评价结果如图 2-6 所示。

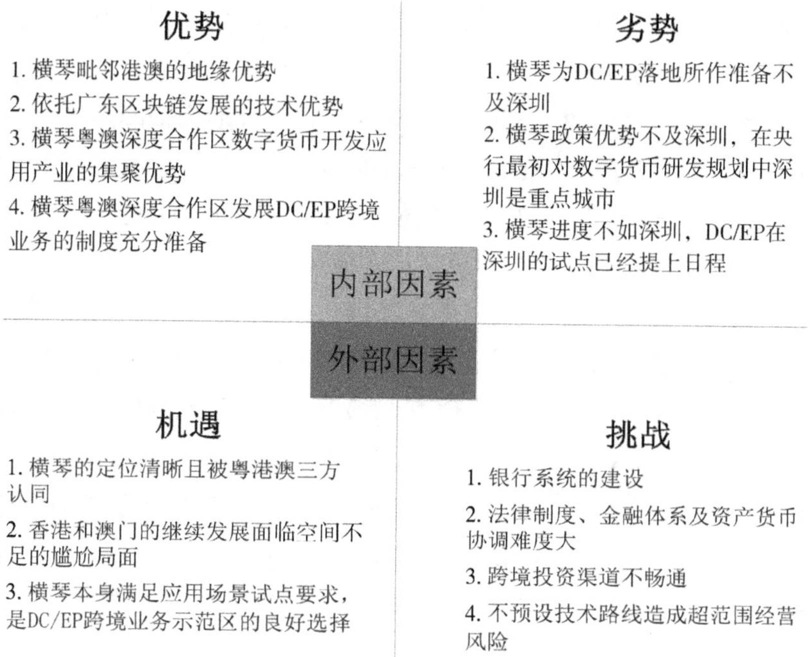
优势
1. 横琴毗邻港澳的地缘优势
2. 依托广东区块链发展的技术优势
3. 横琴粤澳深度合作区数字货币开发应用产业的集聚优势
4. 横琴粤澳深度合作区发展DC/EP跨境业务的制度充分准备
劣势
1. 横琴为DC/EP落地所作准备不及深圳
2. 横琴政策优势不及深圳，在央行最初对数字货币研发规划中深圳是重点城市
3. 横琴进度不如深圳，DC/EP在深圳的试点已经提上日程
内部因素
外部因素
机遇
1. 横琴的定位清晰且被粤港澳三方认同
2. 香港和澳门的继续发展面临空间不足的尴尬局面
3. 横琴本身满足应用场景试点要求，是DC/EP跨境业务示范区的良好选择
挑战
1. 银行系统的建设
2. 法律制度、金融体系及资产货币协调难度大
3. 跨境投资渠道不畅通
4. 不预设技术路线造成超范围经营风险

图 2-6　横琴粤澳深度合作区作为 DC/EP 跨境业务示范区的 SWOT 分析①

① 资料来源：王倩、杜卓雅：《Libra 发展模式与横琴数字货币发展研究》，《横琴智慧金融研究院/吉林大学横琴金融研究院经济研究报告汇编》2020 年第 2 期。

1. 优势分析

第一，横琴有毗邻港澳的地缘优势。2015 年以前，随着澳门经常项目进出口的迅猛增长，澳门跨境贸易人民币结算规模飞速扩张。2015 年以后出现回落，澳门亟须加强与横琴粤澳深度合作区的合作，扭转贸易趋势，打开增长空间。香港是离岸人民币第一大清算中心，而未来澳门可定位为服务中国与葡语国家的清算中心。横琴粤澳深度合作区应抓住发展机遇，加深与港澳合作，利用跨境结算推行数字货币的使用，为央行数字货币提供更宽阔的经济腹地，这也有利于横琴粤澳深度合作区的数字经济和数字货币的发展。

优越的地理位置使得横琴粤澳深度合作区的跨境进出口业务发展迅速。因此，粤港澳大湾区的建设和示范效应，必然要依托横琴岛的开发；新一轮制度创新和理念创新，必然在横琴岛开发中得到实践；粤港澳大湾区经济圈的建设，也依托从横琴岛开发而形成新的经济增长极，进而形成对全国经济的带动效用。因此，横琴岛的开发及其独特的地理位置，使其作为央行数字货币 DC/EP 跨境业务示范区，可以辐射粤港澳大湾区。粤港澳大湾区经济圈的发展则可助力横琴粤澳深度合作区 DC/EP 跨境业务，推动人民币国际化。

第二，依托广东区块链发展的技术优势。横琴粤澳深度合作区开展 DC/EP 跨境业务的技术优势体现在广东省区块链技术较高的发展水平。在参考刘洪明（1996）、刘海飞等（2017）、熊勇清等（2017）、王海芸等（2019）、魏厦（2019）等多篇文献的基础之上，我们从社会环境、经济环境、基础设施及政策支持方面选取 15 个二级指标，对 2016—2018 年 31 个省（区、市）的区块链投资环境进行评价，从中对比分析广东省的区块链发展水平。区块链投资环境评估指标如表 2-8 所示。

表 2-8　区块链投资环境评价指标体系

一级指标	二级指标
社会环境	研究与试验发展（R&D）经费投入（亿元）
	R&D 人员全时当量（人）
	规模以上工业企业 R&D 项目数（件）
	区块链产业园数（个）

（续表）

一级指标	二级指标
经济环境	GDP（亿元）
	居民人均可支配收入（元）
	第三产业占比（%）
	城镇化率（%）
	技术市场成交额（亿元）
基础设施	每百人使用计算机数（个）
	互联网宽带接入用户（万户）
	互联网宽带接入端口数（万个）
政策扶植	地方区块链政策数（个）
	地方财政科技支出（亿元）
区块链产出	区块链专利数（件）

利用SPSS软件，采取主成分分析法，通过模型得到我国各省区市2016—2018年区块链产业发展水平的综合得分，如表2-9所示。

表2-9 各省区市2016—2018年综合得分

排序	省区市	2018	省区市	2017	省区市	2016
1	广东	1.4861	广东	1.4826	广东	1.2537
2	北京	0.9876	江苏	1.1456	江苏	1.0559
3	江苏	0.8427	北京	0.7804	浙江	0.7009
4	浙江	0.6646	山东	0.7616	山东	0.6265
5	上海	0.4973	浙江	0.6967	北京	0.5674
6	山东	0.4745	上海	0.5294	上海	0.4707
7	四川	0.1994	河南	0.1383	湖北	0.0719
8	河南	0.1047	湖北	0.1305	河南	0.0511
9	湖北	0.0989	四川	0.1121	天津	0.0459

（续表）

排序	省区市	2018	省区市	2017	省区市	2016
10	天津	0.0207	福建	0.1003	四川	0.0210
11	安徽	−0.0087	河北	0.0695	辽宁	0.0046
12	辽宁	−0.0288	辽宁	0.0481	福建	−0.0066
13	福建	−0.0325	安徽	0.0208	河北	−0.0163
14	河北	−0.0672	天津	0.0109	安徽	−0.0225
15	湖南	−0.0767	湖南	0.0058	湖南	−0.0901
16	重庆	−0.1717	陕西	−0.1253	重庆	−0.1795
17	陕西	−0.1740	重庆	−0.1492	陕西	−0.1823
18	黑龙江	−0.1765	江西	−0.2202	黑龙江	−0.2261
19	江西	−0.1986	黑龙江	−0.2208	江西	−0.2376
20	山西	−0.2092	山西	−0.2517	山西	−0.2692
21	内蒙古	−0.2330	吉林	−0.2718	内蒙古	−0.2765
22	云南	−0.2736	云南	−0.2930	广西	−0.3186
23	广西	−0.2782	内蒙古	−0.3054	吉林	−0.3196
24	吉林	−0.3196	广西	−0.3196	云南	−0.3437
25	新疆	−0.3380	新疆	−0.3641	海南	−0.3887
26	海南	−0.3430	甘肃	−0.3963	新疆	−0.3976
27	贵州	−0.3755	海南	−0.4174	贵州	−0.4460
28	宁夏	−0.4004	宁夏	−0.4227	甘肃	−0.4463
29	甘肃	−0.4636	贵州	−0.4569	宁夏	−0.4911
30	青海	−0.4735	青海	−0.4751	青海	−0.5136
31	西藏	−0.5921	西藏	−0.5909	西藏	−0.6190
极差		2.0782		2.0734		1.8728

由表 2-9 可知，广东省在 2016—2018 年区块链产业发展水平评价结果均处于第一位，而且评分远高于第二位。这表明相较于全国其他地方，广东省区块链的投资环境是最好的，粤港澳大湾区发展数字货币具

有非常好的基础条件。这也使横琴粤澳深度合作区发展数字货币具有良好的投资环境与制度环境。

第三，横琴粤澳深度合作区数字货币开发应用产业具有集聚优势。横琴粤澳深度合作区作为DC/EP示范区的优势还体现在其数字货币开发应用产业的集聚性。横琴粤澳深度合作区内经营业务涉及数字货币的企业共有26家，与珠海市其他地区仅有两家企业形成了强烈的对比。可见，横琴粤澳深度合作区已经形成了数字货币开发应用产业的高度集聚。从成立时间来看，横琴粤澳深度合作区研究数字货币起步较早。从2016年就有公司陆续开始研究数字货币相关业务，注册资本从100万—1000万不等，经营数字货币及网络游戏虚拟币开发，销售应用或者数字货币及一卡通技术的开发应用等方面业务。

在开放的市场上，有一种脱生于竞争与合作的集聚优势。横琴粤澳深度合作区涉及数字货币业务的企业聚集在一起，比较容易获得配套的产品与服务，并能以较低的代价获得政府的扶持，促进生产效率的提高。横琴粤澳深度合作区数字货币开发应用产业的聚集，使得DC/EP在横琴粤澳深度合作区设立示范区能够更容易地发现平台或服务的缺口，促进科技的创新。

第四，横琴粤澳深度合作区发展DC/EP跨境业务的制度准备充分。广东省和横琴粤澳深度合作区政府为促进区块链技术、数字货币的应用和发展在相关规划和制度上作了充分的准备。截至2021年12月，广东省政府已发布多项规划促进数字经济、数字金融的发展，把握数字经济发展方向，对数字货币应用需要的底层技术和产业发展进行引导。此外，横琴粤澳深度合作区还采取了多项政策措施，吸引企业与人才，为DC/EP跨境示范区的建设打下了坚实的基础。

首先，以优惠政策支持智慧金融产业园建设，引进优质企业，吸引金融创新人才，鼓励金融科技创新。对于设立在横琴粤澳深度合作区的创新金融总部，横琴粤澳深度合作区主要采取税收奖励、购房补贴、租房补贴、部分让利四大措施。横琴粤澳深度合作区还专门针对量化投资企业和金融科技企业提出了发展扶持的优惠政策。针对企业团队，只要拥有足够数量的高水平、高资历人才，便给予落户的资金扶持；鼓励此类企业进行人才招聘活动，并按照活动实际支出的50%给予财政扶持；

对于表现优秀、获得股权投资的企业，还可以申请对应比例的财政扶持。

其次，对数字化技术、金融科技创新等产业实行所得税优惠。对国内外科研机构分支机构设立、在线数据与交易技术研发、数字化技术开发、金融信息化软件技术开发和云计算、互联网、物联网、新媒体技术研发，实行减税降税措施。

2. 劣势分析

从现有技术优势与未来发展趋势来看，在广东省内，数字资产和数字货币发展主力仍是深圳。而为了考虑试点的有效性，测试央行 DC/EP 在不同经济社会条件下的普适性，同一批试点不会选择同一省份下的市区。由于深圳已经成为央行 DC/EP 试验区，横琴粤澳深度合作区想成为 DC/EP 试验区就已经失去机会。因此，横琴粤澳深度合作区作为央行 DC/EP 示范区的业务仅能界定为跨境业务，而不应包括国内支付业务。

与横琴粤澳深度合作区相比，深圳作为 DC/EP 试验区具有诸多优势。在布局已久的规划基础上，央行 DC/EP 试点选择的地区分别是深圳、雄安、成都，以及苏州。而且深圳的试点工作已经实施。深圳在贸易金融领域已开发出了“粤港澳大湾区贸易金融区块链平台项目”。深圳在 DC/EP 试点上的先行优势，使得横琴粤澳深度合作区难以与深圳竞争。横琴粤澳深度合作区想要后来者居上需要更合理的布局，或者横琴粤澳深度合作区可以积极探索与深圳的合作模式。目前，人民币法定数字货币的试点场景主要是在境内支付结算。由于横琴粤澳深度合作区临近深圳，受深圳数字经济辐射带动作用影响，借此，横琴粤澳深度合作区可以努力化劣势为优势。一方面，积极探索与深圳数字资产和数字货币的合作，积极与其学术研究机构或企业签约，共同开发数字资产，为横琴粤澳深度合作区数字资产或数字货币的发展提供机会。另一方面，积极为人民币法定数字货币 DC/EP 项目的跨境支付业务作准备，避免与深圳在 DC/EP 项目的境内支付业务中进行竞争。

3. 横琴粤澳深度合作区 DC/EP 跨境业务示范区的机遇

虽然横琴粤澳深度合作区可能无法成为第一批 DC/EP 试点地区，但是随着 DC/EP 逐渐推广，横琴粤澳深度合作区可以通过合理布局，聚焦跨境业务，成为 DC/EP 跨境业务示范区。

首先，横琴粤澳深度合作区的发展已经被国家高度重视。随着国家规划的推进落实，现在的横琴粤澳深度合作区犹如未出鞘的利剑，正等待一个机会铸就辉煌。其次，横琴粤澳深度合作区的定位清晰，势必会接收港澳两地的经济流、人才流、科技流。再次，横琴粤澳深度合作区与港澳的合作可缓解香港和澳门继续发展面临发展空间不足的尴尬局面。横琴粤澳深度合作区正在发展初期，发展方面能够更好地和香港澳门融合，不会有发展冲突或中断原有发展方向的情况。横琴粤澳深度合作区的发展有国家政策支持，香港和澳门助力，发展前景广阔。如图 2-7 所示，横琴粤澳深度合作区吸引的港资金融企业的比例高于澳资企业。可见，粤港澳大湾区格局下，横琴粤澳深度合作区与香港的金融合作亦快速发展。横琴粤澳深度合作区与港澳的金融合作，为其构建数字货币联盟奠定了基础。

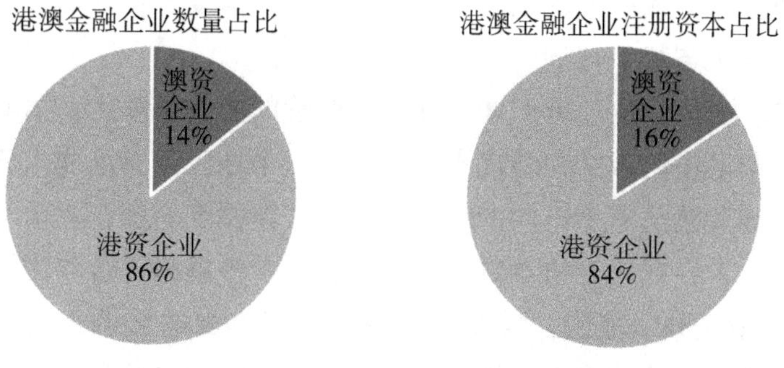

图 2-7　2019 年横琴粤澳深度合作区金融类港澳企业占比概况[①]

其次，横琴粤澳深度合作区本身满足应用场景试点要求。背靠有利于 DC/EP 国际化的港澳市场，是 DC/EP 跨境业务示范区的良好选择。2020 年 4 月 14 日，中国人民银行主导开发的数字货币 DC/EP 已在中国农业银行开始内部测试。2020 年 4 月 16 日，DC/EP 首个应用场景在苏州落地，第一批试点城市还包含深圳、雄安和成都。这一系列行动代表

① 资料来源：王倩、杜卓雅：《Libra 发展模式与横琴数字货币发展研究》，《横琴智慧金融研究院/吉林大学横琴金融研究院经济研究报告汇编》2020 年第 2 期。

DC/EP 工作正有条不紊地持续推进。一旦在第一批城市落地顺利，DC/EP 将开始大规模推行。接下来应用场景的推广需要有不同于苏州等城市的社会经济背景才有效。横琴粤澳深度合作区面积小，便于推行和收集反馈，且与港澳合作正不断深入，试点成功后便于在港澳推行，于跨境业务、推动人民币国际化有诸多助力。横琴粤澳深度合作区金融科技类公司众多，有条件承接法定数字货币基础设施的建设以及稳定运行，承担法定数字货币关键技术攻关和试点场景支持、配套研发与测试。因此，横琴粤澳深度合作区作为国家战略布局重点之一，更应该牢牢把握 DC/EP 跨境业务示范机遇，争取试点在横琴粤澳深度合作区落地。

4. 横琴粤澳深度合作区 DC/EP 跨境业务示范区的挑战

第一，对银行业务与支付清算系统的挑战。人民币跨境结算业务的增加既是银行进一步完善金融体系的机遇，同时也要求配备更高更加强有力的业务与支付清算系统来支撑新业务运作。后续应对快速增加的人民币跨境结算业务量，是对银行系统的一项很大的挑战。未来区块链技术与大数据等金融科技的应用会推动横琴粤澳深度合作区与港澳支付清算系统的升级与数字转型。

第二，法律制度、资产体系和货币监管的协调难度大。横琴粤澳深度合作区与港澳的数字化跨境支付要跨越三个地区。粤港澳大湾区覆盖广东、香港和澳门三个不同的税区，各地法律制度、资产货币与金融体系差异较大，存在一定协调难度。所以，横琴粤澳深度合作区要想成为 DC/EP 跨境业务示范区，需要与港澳进行多方面的协调，需要在金融监管体系、资金跨境流动、消费者保护等多个方面进行制度创新。

第三，投资方面存在挑战。内地投资者在内地直接投资境外的金融产品的渠道还是比较有限。比如说在证券投资方面，常见的渠道有合格境内机构投资者（QDII）、基金等机制，而且通常是有额度限制，对于投资者也是有较高门槛的要求。对于港澳投资者来说，内地的人民币理财产品，虽然种类非常丰富，而且人民币有不错的融资需求，但是其投资仍然面临着诸多限制，通道亦有限。

第四，央行 DC/EP 不预设技术路线可能会导致境内业务与境外业务技术路线的冲突，造成超范围风险。当 DC/EP 应用于跨境支付时，区块链技术相较于传统账户体系，能更好地体现出数字货币应用于跨境支付的低成本与高效率，但同时也会出现 DC/EP 跨境支付采用区块链技术而 DC/EP 境内支付采用传统账户体系的冲突。因此，横琴粤澳深度合作区作为 DC/EP 跨境支付示范区的技术选择，需要考虑与 DC/EP 境内支付的对接。技术标准的不同，亦影响数据的共享，增加跨境资金监管的难度。

（二）横琴粤澳深度合作区 DC/EP 跨境业务示范区的路径设计

在粤港澳三个地区具有不同货币与不同金融体系的背景下，直接采用人民币数字货币 DC/EP 跨境业务会面临较大的阻力。因此，可以采用亚洲的“Libra”模式，设计建设横琴粤澳深度合作区 DC/EP 跨境业务示范区——在横琴粤澳深度合作区 DC/EP 跨境业务示范区建设中引入私人企业，以数字稳定币推动 DC/EP 跨境业务的开展，数字稳定币初期可以盯住一篮子货币，并伴随着人民币国际化水平的提升，逐渐地提升人民币在货币篮子中的比重。

1. 横琴粤澳深度合作区 DC/EP 的方案

中国人民银行数字货币的跨境使用需要从区域走向国际社会。为此，应发挥横琴粤澳深度合作区独特的地缘优势，形成辐射亚洲的跨境支付体系。中国人民银行 DC/EP 跨境业务，旨在建立高效的亚洲区域国际支付体系，减少在美元体系下的成本与风险，并助推人民币国际化。因此，可以由私营企业建立类似 Libra 的商业联盟，在央行 DC/EP 的框架下构建专门用于跨境支付的数字稳定币，稳定币锚定由人民币、日元、韩元、港元和澳元组成的一篮子货币。在最初的沙盒监管中，甚至可以仅尝试将稳定币锚定人民币、港元和澳元，在横琴、香港与澳门之间测试稳定币在跨境贸易支付中的应用。沙盒试验成功后，可进一步扩展篮子货币的构成，并推进中国人民银行 DC/EP 在大湾区甚至东亚地区实现跨境应用。稳定币锚定的篮子货币可以参考特别提款权（SDR）方式，按各地贸易在区域贸易中的权重、政府财政实力、经济规模等，设定篮子货币的构成权重，并每数年调整一次。

在横琴粤澳深度合作区先行先试跨境数字稳定币，应该在监管沙盒内先测试跨境贸易支付的应用场景。为确保资金安全，应建立电子钱包的储备金托管制度。推动横琴粤澳深度合作区与香港合作探索数字稳定币与央行 DC/EP 的对接场景，构建跨境支付结算网络和企业电子钱包系统，并进行测试与评估，进而促成央行 DC/EP 率先在大湾区实现跨境应用。

2. 横琴粤澳深度合作区跨境数字稳定币的必要性

首先，由私人企业参与的跨境区域数字稳定币有利于拓展跨境支付的应用场景，亦有助于减少直接以数字人民币开展跨境支付业务所引发的货币主权问题。

为抗击疫情，各国纷纷采取扩张的货币政策和积极的财政政策。特别是美国已经宣布实施无底线的宽松货币政策。美国的财政赤字占 GDP 之比已高达 15%以上。篮子货币可以对冲美元流动性过剩所引发的高通货膨胀预期。有私人企业参与的横琴粤澳深度合作区与港澳数字稳定币跨境支付的架构应该建立一个由金融机构，众多私人企业为节点的稳定币联盟。在联盟链上质押与 DC/EP 系数兼容的篮子货币并形成用于区域跨境支付的数字稳定币。私人企业参与数字稳定币联盟，可以降低其传统贸易高昂的货币兑换成本，减少美元超发带来的全球通货膨胀等影响，增加货币购买力的稳定性。横琴粤澳深度合作区与港澳数字稳定币因锚定篮子货币，从而成为汇率相对稳定、购买力有保障的计价单位和结算媒介，有助于缩小双边汇率风险，降低跨境贸易企业的汇率风险。尤其是将港元加入数字稳定币，可依托其稳健的联系汇率制度进一步提升数字稳定币的汇率稳定性，提升对跨境贸易企业的适用性和吸引力。上述优势会支持主营业务在亚洲的跨国企业，形成对区域数字稳定币的需求。

其次，横琴粤澳深度合作区与港澳跨境数字稳定币有助于提高跨境支付结算体系的效率。三地跨境数字稳定币体系可引入区块链、云计算等新兴科技，设立专用数字钱包。鉴于全球人民币跨境支付约七成经香港处理，推动三地跨境稳定币示范区，在发挥香港跨境支付优势的同时，横琴粤澳深度合作区亦成为中国内地金融体系的前沿。未来可以充分发挥中国人民银行 DC/EP 的无限法偿特点，将横琴粤澳深度合作区跨境数字稳定币，作为外资参与中国内地金融活动的途径。

再次，横琴粤澳深度合作区与港澳三地跨境数字稳定币可为中国人民银行 DC/EP 的跨境应用提供测试场景。无论数字稳定币锚定的货币篮子最初由人民币、港币和澳元构成，还是扩展加入日元、韩元，货币篮子都是由多个经济体的货币组成，从而具有了区域货币特性，适宜由民间发起和推动。私人企业作为联盟节点加入，使其在可控的商业场景下先行先试。

最后，横琴粤澳深度合作区与港澳三地跨境数字稳定币有助于促进大湾区的经济发展。伴随中国金融再开放战略，进一步的资本项目开放需要在稳定汇率的同时，促进资金跨境流动。三地跨境数字稳定币的产生有助于推动大湾区的金融融合、促进大湾区的经济发展。三地跨境数字稳定币在港的跨境结算将会更加支持“一国两制”的行稳致远，跨境数字稳定币甚至还可以扩大香港在亚洲的影响，吸引更多东亚跨国企业。跨境数字稳定币对中日韩贸易关系可以起到黏合剂的作用。加入三地跨境数字稳定币联盟的日韩企业，有助于推动日韩的央行间接地了解和参考中国 DC/EP 的设计，推动中日韩相互之间的资本流动，减少东亚经济对美元的依赖。横琴粤澳深度合作区与港澳跨境数字稳定币的建立与发展，有助于进一步加深区域经济对于地缘政治的影响。

3. 横琴粤澳深度合作区数字稳定币的可行性

首先，私人企业相比各国政府更有意愿积极推进跨境数字稳定币。虽然各国央行近年来积极开展法定数字货币的研发。但各国央行多处于竞争状态，对于中国人民银行 DC/EP 的态度较为保守。人行现有的 DC/EP 采用中心化账本方式，且账本由中国人民银行管理。这与跨国公司以及外国政府的隐私需求相背。此外，中国资本账户的不完全开放、离岸人民币有限的使用场景以及汇率市场化的不完善，加之疫情之后全球化倒退导致的跨境支付需求量的减少，都将限制中国人民银行 DC/EP 跨境业务的开展。而跨境支付巨额的市场会吸引私人企业积极构建跨境数字稳定货币联盟，并形成更容易被跨国公司和外国政府接受的支付平台。

其次，香港 LionRock 数字货币网络之间的走廊网络可为横琴粤澳深度合作区与港澳三地跨境数字稳定币的推进提供支持。香港金管局 2017 年 3 月就启动了 LionRock 项目，探索基于 Corda 的银行间支付系统，并将其扩展到证券发行和货银兑付。在此基础上，2019 年 9 月，香港 LionRock 数字货币网络和泰国央行的 Inthanon 数字货币网络已经先行合作，尝试通过实现流程化的协调机制模型、实时的转账、原子化的 PvP 结算来优化批发性大额跨境支付的场景。横琴粤澳深度合作区可以借鉴 Inthanon-LionRock 项目的成功经验，构建适用于 DC/EP 和 LionRock 数字货币的新的走廊网络，培育优势，实现与其他试点城市的错位化发展。

最后，横琴粤澳深度合作区也具备探索数字货币交易落地试用田的客观条件：地理位置优越，范围小，风险可控。可以在横琴粤澳深度合作区成立数字资产交易所，定期对外公告运营情况及风险报告说明，并成立政府主导的监管机构，要求交易所积极配合监管部门的监管要求；也可以数字货币作为区块链技术应用的重要场景为导向，加快应用示范落地；地方政府还可为数字货币交易积极提供开放接口及业务对接支持，从而使横琴粤澳深度合作区在数字经济建设的高地上抢占制高点。

（三）疫情下横琴粤澳深度合作区数字金融发展建议

在新冠疫情的影响下，横琴粤澳深度合作区的实体经济也受到相当大的冲击，生产和投资明显下降。但是横琴粤澳深度合作区数字金融部门由于有形资产比重小，更依赖线上发展模式，总体上受到的冲击较小。与其他企业遭到重创不同，数字金融甚至迎来了发展新机遇，对于企业来说，这是一次绝佳的弯道超车的机会。因此，对于横琴粤澳深度合作区数字金融产业的发展来说，既是挑战，也是新的发展机遇。如果能够充分抓住疫情后的融资机会，重视经济的数字化建设，那么横琴粤澳深度合作区当前的金融体系不仅可以纾困小微企业，而且可以促进银行业数字化转型，为横琴粤澳深度合作区的数字金融发展提供一个新的起点。

具体而言，在疫情冲击下，无接触支付方式成为民众首选，这一举措将会促进数字支付的发展，也会扩大数字货币的知名度。

显然，这是一个新的发展机遇，若横琴粤澳深度合作区的金融机构能够把握机会，构建出架构完善、集成应用的数字资产交易平台，就能极大地提高横琴粤澳深度合作区数字化金融的发展水平。因此，我们提出的主要建议如下：

第一，重视经济的数字化建设，放大数字金融发展优势。疫情冲击下，数字经济和传统经济均受到较大冲击。数字经济一定意义上发挥了稳定经济和金融的作用。珠海市经济金融运行整体稳定，横琴粤澳深度合作区数字金融迎来发展契机。面对动荡，企业的线上需求变得更加突出，传统金融机构的技术转型迫在眉睫。监管部门、企业、个人都应重视经济的数字化建设，放大和提升数字金融发展优势，提升企业数字化生产和经营程度，给数字金融的发展提供新的起点。

第二，创新金融科技，以数字经济加速新旧动能转换。虽然疫情形势严峻，但大数据、人工智能、区块链等金融科技数字技术发展趋势未变。疫情之下，数字经济作用被激发和显现出来。横琴粤澳深度合作区应发挥原有优势，通过区块链技术等前沿科技助力金融领域提质增效。以数字经济发展助力特色金融发展，实现珠澳跨境金融发展的互联、互通、互认。

第三，发展特色数字金融。受疫情影响，横琴粤澳深度合作区辖区内旅游业、酒店业等服务产业受到较大冲击。此背景下，横琴粤澳深度合作区作为目前内地唯一可以同港澳两个自由贸易港路桥相连的自贸区，可以积极支持跨境电子商务持续发展。在此基础上，还应进一步支持互联网企业布局“智慧旅游、智慧出行、空中课堂”等数字平台，以数字经济发展带动横琴粤澳深度合作区多领域合作，形成以房地产、贸易、金融、旅游会展、物流、交通运输、软件信息、互联网为核心，其他服务业共同发展的新格局。让数字化的服务业成为新时代经济发展的新动能，为保障就业、稳定经济提供坚实基础，成为横琴粤澳深度合作区经济增长新引擎。

第四，加速智慧横琴粤澳深度合作区建设，释放数字金融活力，促进数字化公共服务。此次疫情使得社会职能机构数字化需求凸显——社会治理过程中部分便民应用不到位，医院、社区、家庭健康信息不同步，疫情情况下难以全面统筹等问题都亟待解决。在建设数字化政府方面，横琴粤澳深度合作区经验丰富，2017 年 4 月就率先推出全国首个城市智慧管家——物业城市（原名横琴管家）APP 平台，推动城市治理模式的转变。但疫情蔓延促使横琴粤澳深度合作区还需进一步强化数字政务平台的惠民功能，输出数字政务、数字民生、数字金融监管等领域的服务，对社区医疗服务、疫情发布控制、卫生监督管理、交通智能管制和公共安全保障等领域进行覆盖，推进智慧横琴粤澳深度合作区建设，提高政府治理能力，实现政府智能决策。疫情过后，公众对于医疗保障产品的需求可能出现增长，可尽快完善社保之外的全面健康保障机制。积极支持行业发展线上平台，普及相关保险知识，释放数字金融的活力优势，促进数字保险生态崛起。

第五，培育创新要素，促进数字金融协同创新发展。横琴粤澳深度合作区应重点发展新一代信息技术等战略性新兴产业，瞄准区块链、人工智能、大数据等前沿、关键技术，形成引领数字金融发展的重要支柱。疫情防控下，数字化的线上平台变得十分活跃，数字经济无疑成为抵御疫情冲击的重要力量，这也使得数字金融在原有基础上覆盖客户更广，发展速度更快。疫情造成危机的同时无疑也给横琴粤澳深度合作区带来了发展契机。横琴粤澳深度合作区应充分利用数字化发展，培育创新要素，促进珠澳深度合作。积极推动人才高地战略，引进数字金融领域高端人才，抓住粤港澳大湾区建设契机，将横琴粤澳深度合作区打造成为服务港澳、服务全国的区域创新平台。

参考文献

[1] 陈海波：《从实物货币视角看数字货币》，《中国金融》2019年第8期。

[2] 封思贤、丁佳：《数字加密货币交易活动中的洗钱风险：来源、证据与启示》，《国际金融研究》2019年第7期。

[3] 贾丽平：《比特币的理论、实践与影响》，《国际金融研究》2013年第12期。

[4] 刘新华、郝杰：《货币的债务内涵与国家属性——兼论私人数字货币的本质》，《经济社会体制比较》2019年第3期。

[5] 刘洪明：《中国各地区投资环境的对比分析》，《地域研究与开发》1996年第2期。

[6] 刘海飞、许金涛：《基于改进主成分的省域投资环境竞争力评价指标体系研究》，《经济问题》2017年第3期。

[7] 魏厦：《河北省科技竞争力评价研究——基于主成分分析》，

《调研世界》2019 年第 6 期。

[8] 王海芸、刘杨：《区域科技金融发展水平测度与分析》，《技术经济》2019 年第 4 期。

[9] 王倩、杜卓雅：《中国区块链产业投资环境的省际差异及影响因素——基于 2016—2018 年 31 个省（市）数据的实证分析》，《河南师范大学学报（哲学社会科学版）》2021 年第 2 期。

[10] 熊勇清、曾铁铮、李世才：《战略性新兴产业培育和成长环境：评价模型及应用》，《软科学》2012 年第 8 期。

[11] 杨晓晨、张明：《比特币：运行原理、典型特征与前景展望》，《金融评论》2014 年第 6 期。

[12] 朱嘉明、李晓：《数字货币蓝皮书（2020）》，北京：中国工人出版社，2020 年。

[13] 柏亮：《新势力崛起——全球数字资产报告 2021》，《横琴智慧金融研究院/吉林大学横琴金融研究院经济研究报告汇编》2021 年第 2 期。

[14] 胡明：《粤港澳大湾区数字经济的金融支持体系研究》，《横琴智慧金融研究院/吉林大学横琴金融研究院经济研究报告汇编》2021 年第 2 期。

[15] 李猛：《数字时代的货币竞争》，《横琴智慧金融研究院/吉林大学横琴金融研究院经济研究报告汇编》2020 年第 1 期。

[16] 王倩、杜卓雅：《Libra 发展模式与横琴数字货币发展研究》，《横琴智慧金融研究院/吉林大学横琴金融研究院经济研究报告汇编》2020 年第 2 期。

[17] 王倩、杜卓雅、宁梓男：《疫情下珠海市横琴新区数字金融发展研究》，《横琴智慧金融研究院/吉林大学横琴金融研究院经济研究报告汇编》2020 年第 1 期。

[18] 朱嘉明：《数字经济：正处于“裂变”与“聚变”的加速期》，《横琴智慧金融研究院/吉林大学横琴金融研究院经济研究报告汇编》2021 年第 1 期。

[19] 钟红：《数字货币竞争新格局与金融业的应对》，《横琴智慧金融研究院/吉林大学横琴金融研究院经济研究报告汇编》2021 年第 1 期。

3 第三章

“双碳”目标与中国市场的发展

第一节 2030年前碳达峰与2060年前碳中和的背景[①]

碳达峰是指一个国家或地区在某一个时间段的二氧化碳排放量达到峰值，然后逐步进入下降阶段。碳中和是指（按全球、国家、地区、企业、团体或个人测算）在一定时间内直接或间接产生的温室气体排放总量，通过植树造林、碳捕集与封存（CCS）技术等形式抵消掉，实现温室气体的“净零排放”。

一、国际气候治理

《联合国气候变化框架公约》（UNFCCC）是全球第一个国际气候公约，由联合国政府间谈判委员会于1992年5月9日达成。该公约规定，公约缔约方每年均会举办会议（Conference of Parties，COP），由此形成了一系列国际气候大会。此一系列会议通过了《京都议定书》《巴黎协定》等具有法律约束力的气候协议，对全球应对气候变化有着重要意义。

国际气候治理以每年国际气候大会为平台，通过参会国的谈判博弈，形成重要的气候协议。根据国际气候治理的进程及约束程度，可将国际气候治理分为以下四个阶段。

（一）建立阶段

自1979年，在日内瓦召开首届世界气候大会开始，气候问题成为

① 该部分主要摘自天津大学马寅初经济学院院长、卓越教授，国家能源环境和产业经济研究院院长，亚太政策研究会会长张忠祥先生在横琴智慧金融研究院第二期琴澳金融沙龙（2021年7月30日）上做的题为“碳中和、碳达峰与碳市场”的主题报告（王倩、王皓璇、沈洁整理）。

国际问题。此后国际社会不仅建立了相关的国际组织，形成了一系列国际公约，还确定了公约国定期召开国际会议，定期会议成为讨论气候问题的平台。

1988 年，政府间气候变化专门委员会（IPCC）由联合国环境规划署和世界气象组织（WMO）设立。该委员会的宗旨是评估气候变化科学知识，分析气候变化及气候变化的经济与社会影响，并提出应对气候变化的对策。政府间气候变化专门委员会在 1990 年发布的第一份气候评估报告，使全球变暖成为了人们关注的热点，促成了国际社会对气候变化的博弈与合作。1988 年 12 月，政府间谈判委员会（INC）的建立，在组织上为国际气候治理的谈判与国际气候公约的签订提供了支持。

1992 年 6 月，153 个国家和欧洲共同体签署了《联合国气候变化框架公约》(以下简称《公约》)。《公约》的目标是“将大气中温室气体的浓度稳定在防止气候系统受到人为干扰的水平上。这一水平应当在足以使生态系统能够自然地适应气候变化、确保粮食生产免受威胁，并使经济发展能够可持续进行的时间范围内实现”。《公约》的指导原则，包括“公平原则”“共同但有区别的责任原则”“各自能力原则”等。缔约方的附件 I 国家（发达国家与经济转型国家）应“制定国家政策和采取相应措施，限制人为的温室气体排放”，2000 年应“将个别地或共同地使 CO_2 和《蒙特利尔议定书》未予管制的其他温室气体的人为排放恢复到 1990 年的水平”；附件 II 国家（24 个最发达国家）应“提供新的和额外的资金，以支付发展中国家履行义务所需的全部费用”。

《公约》自 1994 年 3 月生效以来，已成为减少温室气体排放、促进国际社会应对气候变化、开展国际谈判与合作的基础性文件。但《公约》只提出了原则性的框架，未能对减排具体指标提出硬性约束。[①]

1995 年 3 月，首次《联合国气候变化框架公约》缔约方大会在德国柏林举行。会议上各缔约方通过了《柏林授权书》，讨论并磋商了国际社会通过气候合作共同应对气候挑战，并指出为弥补《公约》未提出减排目标的不足，相关国家应该对减少温室气体排放量做出减排承

---

① 张中祥、张钟毓：《全球气候治理体系演进及新旧体系的特征差异比较研究》，《国外社会科学》2021 年第 5 期。

诺；同时，会议中发达国家和发展中国家提出“尽可能开展最广泛的合作”，以减少全球温室气体排放量。

1996 年 7 月，第二届《联合国气候变化框架公约》缔约方大会提出加速国际气候谈判的建议，并强调国际气候合作需要有在国际上“有约束力”的法律公约。但会议仅对国际气候治理问题进行了激烈的讨论，未能就减少温室气体排放的量化目标达成一致意见。

1997 年，第三届《联合国气候变化框架公约》缔约方大会在碳减排与减排市场机制上取得了重要突破。149 个国家和地区的代表在大会上通过了《京都议定书》，议定书明确提出了控制温室气体含量的目标。它规定，主要工业发达国家从 2008 到 2012 年期间的温室气体排放量，要比 1990 年的温室气体排放量平均减少 5.2%。其中，欧盟的控排目标最高，比 1990 年的温室气体排放量平均减少 8%；美国的减排目标排在第二，要比 1990 年的温室气体排放量平均减少 7%；日本提出温室气体排放量比 1990 年平均减少 6%。为了实现上述目标，《京都议定书》确立了三个重大机制以降低减排的成本，即联合履行机制（JI）、清洁发展机制（CDM）和碳排放交易系统（ETS）。联合履行机制是《公约》附件 I 国家之间以项目为基础的合作减排机制，即减排成本较高的国家（投资国）通过该机制在减排成本较低的国家（东道国）实施减少温室气体的减排项目，从中获得的减排单位可履行减排承诺。东道国则可获得促进环保改进的资金与技术支持。清洁发展机制的原理与联合履约机制相同，差异仅在于对象不同，即不是附件 I 国家之间的减排合作，而是附件 I 中的发达国家与作为非缔约方的发展中国家进行项目级的减排合作。碳排放交易系统是在强制性减排的制度体系下，把二氧化碳排放权作为一种商品，允许二氧化碳排放权的交易。从而通过市场机制寻找碳排放权定价，降低减排成本。

（二）发展阶段

1998 年 11 月，第四届《联合国气候变化框架公约》缔约方大会召开，其主要工作是推动《京都议定书》的生效与执行。在大会上，发展中国家因自身经济与气候特征，在国际气候治理中分为三种态度。第一种是积极承担减排责任、提倡明确碳减排量，这类国家是碳排放量很小且气候变化导致海平面上升对该国影响巨大的小岛国联盟（AOSIS）；第二种是支持发达国家明确碳减排量目标的发展中国家，它们期待能参与《京都议定书》中的清洁发展机制，从而从发达国家获得支持减排的资金与技术支持；第三种是碳排放量较大的发展中大国，例如中国和印度，因经济发展过程中碳排放量较大，出于对自身经济发展权的维护，坚持与发达国家承担不同的碳减排责任，只自愿减排但不承诺减排义务。

1999 年，第五届《联合国气候变化框架公约》缔约方大会未提出新的气候治理方案，重在为气候治理提供了国际合作的规范与指导。会议通过了《公约》附件 I 国家信息通报、全球气候观测系统报告、温室气体清单技术审查的编写指南，协商了减排技术开发与转让的问题，以及发达国家如何帮助发展中国家及经济转型期国家提升应对气候变化的能力与环境治理能力。

2000 年 11 月召开的第六届《联合国气候变化框架公约》缔约方大会亦未达成新的气候治理方案，且呈现出有关国家围绕国际气候谈判的激烈博弈。会议谈判中，欧盟、美国、发展中大国（中印）提出了差异非常大的气候治理方案。美国等少数发达国家抵制明确减排目标，提出应该通过“抵消排放”与促进绿色发展等方案替代严格的减排目标；美国坚持承担更少的减排责任，导致会议谈判陷入僵局。美国甚至在 2001 年 3 月正式宣布退出《京都议定书》，理由是议定书不符合美国的国家利益，不仅没有体现作为超级大国在全球气候治理中的作用，甚至在气候治理过程中逆势而为。欧盟则试图树立在国际气候治理中的领导人角色，不仅积极强调履行《京都议定书》，还积极支持确定明确的碳减排目标；以中国和印度为代表的发展中大国，坚持有差别的减排责任，不承诺减排目标。

2001 年召开的第七届《联合国气候变化框架公约》缔约方大会，通过了《马拉喀什协议》。此次缔约方大会推动了《京都议定书》的履约，从而使得有减排约束的国际气候合作得以落实。

2002 年召开的第八届《联合国气候变化框架公约》缔约方大会，提出了在《京都议定书》基础上进一步促进减排的建议和路径，并敦促工业化国家落实碳减排目标。

2003年12月召开的第九届《联合国气候变化框架公约》缔约方大会取得的成果十分有限，非政府团体和研究机构提出了各种减排方案，但在其具体实施方面未能取得实质性进展。俄罗斯仍然拒绝批准《京都议定书》，以及美国退出《京都议定书》，表明气候变化领域的国际合作与谈判几乎处于停滞状态。

2004年12月，第十届《联合国气候变化框架公约》缔约方大会召开，虽然收效甚微，但俄罗斯批准《京都议定书》，使得国际气候合作有所推进。

2005年，第十一届《联合国气候变化框架公约》缔约方大会成绩显著，《京都议定书》正式生效。会议上，缔约方协商了避免全球变暖的长期战略，提出要共同采取行动、开展战略对话，这些应对气候变化的举措被称为"蒙特利尔路线图"。与此同时，会议启动了相关国家进一步明确温室气体减排责任的谈判。

2006年11月召开的第十二届《联合国气候变化框架公约》缔约方大会在国际气候合作中取得了积极进展。会议达成了"内罗毕工作计划"：一方面，明确了发达国家帮助发展中国家提高其应对气候变化的能力；另一方面，缔约方对管理"适应基金"为帮助发展中国家应对气候变化提供资金支持达成了共识。

2007年，第十三届《联合国气候变化框架公约》缔约方大会，在国际气候合作领域取得了里程碑式的成果。会议上通过的"巴厘岛路线图"，启动了"后京都"时期进一步推进国际气候治理的新谈判并坚持了"双轨"谈判进程。会议上，还提出要形成替代《京都议定书》的新全球减排协议。

2008年12月召开的第十四届《联合国气候变化框架公约》缔约方大会，启动了新的国际气候谈判进程。会议上启动了"适应基金"以帮助发展中国家应对气候变化，一致通过了温室气体长期减排目标，即将2050年全球温室气体排放量降低50%。

（三）停滞阶段

在这一时期，伴随着发展中国家经济快速发展，发展中国家的碳排放在全球占比有所增加，而发达国家在经济危机后面临经济发展困境。

发达国家不仅拒绝承担第二个承诺期的减排义务，想以自愿减排替代量化减排，还要求与发展中国家承担相同的减排责任，提出了弱化“共同但有区别的责任原则”。①

2009年12月，第十五届《联合国气候变化框架公约》缔约方大会发表了《哥本哈根协议》。会议商讨了《京都议定书》到期后，后续的国际气候治理方案，并提出继续推进国际气候谈判。

2010年11月底至12月初，第十六届《联合国气候变化框架公约》缔约方大会在第二承诺期谈判工作、减排目标、公示透明度、资金支持等方面取得了进展，签署了《坎昆协议》。但由于参会各国存在较大分歧，谈判无果；由于各国均不愿意在减排责任上妥协，气候大会成为了国际政治博弈的平台。

2011年11月底至12月初，第十七届《联合国气候变化框架公约》缔约方大会明确了在《京都议定书》第二承诺期，对发达国家规定减排量化指标，并提出未签约的发达国家应该承担与其他发达国家相当的减排责任。会议落实了有关资金、技术转让方面的安排；细化了《坎昆协议》中有关“三合”和透明度等的具体安排。但由于谈判仍充满政治博弈，以美国为首的少数发达国家仍不执行《京都协议书》，不承担量化减排责任。

2012年11月，第十八届《联合国气候变化框架公约》缔约方大会通过了《京都议定书》第二承诺期的国际气候合作方案，并就长期气候资金、德班平台等问题达成了共识。

2013年11月，第十九届《联合国气候变化框架公约》缔约方大会提出了德班增强行动平台。会议上，发达国家再次承诺为发展中国家应对气候变化提供资金支持，发达国家亦同意了“共同但有区别的责任原则”，相关国家初步就损失损害补偿机制达成共识。

2014年12月，第二十届《联合国气候变化框架公约》缔约方大会在秘鲁首都利马举行。尽管发达国家落实《京都议定书》第二承诺期减排指标的进展仍然有限，2020年前行动力度仍有待提高，但利马大

① 张中祥、张钟毓：《全球气候治理体系演进及新旧体系的特征差异比较研究》，《国外社会科学》2021年第5期。

会还是进一步安排了加速落实“巴厘岛路线图”成果的路线图，并提高了执行力度，增进了有关各方之间的互信。

（四）新发展阶段

2015 年，第二十一届《联合国气候变化框架公约》缔约方大会通过了《巴黎协定》。《巴黎协定》打破了僵局，使全球气候治理进入了新的发展阶段。《巴黎协定》提出“将全球平均气温较前工业化时期上升幅度控制在 2℃以内，并努力限制在 1.5℃以内”的长期目标，要求所有缔约方均须提出各自的减排目标和行动计划，并通过每五年集体盘点评估减排目标与计划的进展情况①。

2016 年召开的第二十二届《联合国气候变化框架公约》缔约方大会的工作重在落实《巴黎协定》。但在 2017 年 6 月，美国突然以《巴黎协定》对美国非常“不公平”为由，宣布退出《巴黎协定》。② 然而，全球气候治理已不再依赖于个别国家，仍在稳步推进。

2017 年 11 月 6 日，第二十三届《联合国气候变化框架公约》缔约方大会在德国波恩拉开帷幕，会议的谈判议程仍是围绕落实《巴黎协定》，以实现气温升高在两个摄氏度以内的目标。在这次全球气候大会上人们的关注焦点，是美国退出此前达成的《巴黎协定》对大会进程的影响。

2018 年 12 月召开的第二十四届《联合国气候变化框架公约》缔约方大会，主要是将《巴黎协定》付诸实施，并确定了“规则手册”的大部分棘手内容，包括各国政府如何衡量、报告和核实其减排努力。这是一个关键因素，因为它确保所有国家都遵守适当的标准，并将更难逃避其承诺。在碳信用额度问题上，各国争论不休，因为各国的减排努力以及吸收碳的自然资源存在着巨大差异。因碳汇形成的信用额度有助于各国实现减排目标，例如巴西希望从巨大的雨林覆盖中受益；而反对者

---

① 张中祥、张钟毓：《全球气候治理体系演进及新旧体系的特征差异比较研究》，《国外社会科学》2021 年第 5 期。

② 《世界气候大会在德国波恩开幕 中国将提出“搭桥方案”》，央广网，2017 年 11 月 7 日。

则强调这样会允许重复计算碳信用额度，从而削弱了系统的完整性。结果，这个问题被推迟到下一年度的大会讨论。

2019 年，第二十五届《联合国气候变化框架公约》缔约方大会进行了 14 天，被称为“史上最长的联合国气候大会”。尽管 196 个缔约国承诺将在 2020 年减少二氧化碳排放量，但各国围绕碳市场机制的分歧依然没能消除，成果乏善可陈。

因新冠疫情因素，原定 2020 年在英国格拉斯哥召开的第二十六届联合国气候变化大会延期至 2021 年举行。2021 年 10 月 31 日，第二十六届《联合国气候变化框架公约》缔约方大会在英国格拉斯哥举行。来自全球 197 个国家的外交官正式达成一项旨在加强气候行动的重要协议，称为《格拉斯哥气候公约》。在燃煤使用、减少碳排放和资助脆弱国家等相关条款上艰难达成共识。印度、尼日利亚也提出了碳减排目标：印度承诺到 2070 年实现净零排放，尼日利亚也承诺 2060 年实现净零排放。《格拉斯哥气候公约》指出，应逐步减少煤炭使用，减少对化石燃料的补贴。最初的文本是“逐步停止使用燃煤”，由于印度、中国以及其他一些发展中国家在最后时刻的动议，最终的文本变为“逐步减少使用燃煤”① 会议上，资金来源问题仍待解决。发达国家在 2009 年的哥本哈根气候大会上承诺，在 2020 年前每年向发展中国家提供 1000 亿美元的气候资金。然而经济合作与发展组织（OECD）最近的统计显示，到 2019 年为止，该目标仅完成了 80%。

二、中国参与全球气候治理的方案

中国一直积极参与国际气候治理，并在广度、深度上提出了世界气候治理的“中国方案”。根据方案的内容，可将中国参与全球气候治理分为三个阶段：

① 《格拉斯哥气候大会，艰难达成的协议有哪些看点?》，界面新闻，2021 年 11 月 14 日。

（一）1990—2006年，谨慎参与

自1988年12月起，全球紧锣密鼓展开了国际气候变化公约谈判的筹备工作，中国也启动了谈判准备工作与组织构建。1990年2月，国家气候变化协调小组的设立，为中国制定气候政策和措施提供了组织保障。中国代表团积极参与《联合国气候变化框架公约》的国际谈判，并提出了《关于气候变化的国际公约条款草案》，成为"77国集团+中国"公约草案提案的基础谈判文件。1992年11月中国全国人大批准了《联合国气候变化框架公约》[①]，中国成为缔结《公约》的最早国家之一。值得一提的是，在中国代表团提交的《关于气候变化的国际公约条款草案》第二条"一般原则"中，提出"各国在对付气候变化问题上具有共同但又有区别的责任"。这与后来《公约》中的"共同但有区别的责任"原则几乎相同。

《公约》于1994年生效之后，国际气候变化谈判很快进入《京都议定书》的谈判周期。《京都议定书》的主要任务就是通过谈判制定一份法律文件，确定发达国家减排温室气体的量化义务。但是在谈判中，发达国家一直试图增加发展中国家的减排义务，双方为此展开激烈交锋。在中国和其他发展中国家的共同努力下，谈判的最后结果体现了共同但有区别的责任原则，《京都议定书》得以达成。针对一些发达国家要求中国承担减排义务的要求，2001年时任中国代表团团长、国家计委副主任的刘江发言强调，中国还是发展中国家，因此不应该承担与发达国家相当的减排义务，但中国政府将积极推动可持续发展战略，自愿减缓温室气体排放并积极参加国际气候合作。

中国在参与国际气候变化谈判过程中，强调建立双赢的技术推广机制和互利技术合作，并积极支持多种形式的国际气候合作。[②] 不可否认，在这一时期，由于谈判能力和经验不足，中国尽管态度非常积极，

① 张海滨、黄晓璞、陈婧嫣：《中国参与国际气候变化谈判30年：历史进程及角色变迁》，《阅江学刊》2021年第6期。

② 张海滨、黄晓璞、陈婧嫣：《中国参与国际气候变化谈判30年：历史进程及角色变迁》，《阅江学刊》2021年第6期。

但在谈判地位上还比较被动。

表 3-1 1994—2006 年气候大会中国的主要贡献

时间	事件
1994	•《中国 21 世纪议程：中国 21 世纪人口、环境与发展白皮书》公布：积极调整经济结构；积极发展低碳能源和可再生能源，大力改善能源结构；持续开展植树造林，加强生态建设和保护，首次提出适应气候变化的议题
1995	•第一次修正《大气污染防治法》
1998	•签署《京都议定书》（2005 年生效） •实施《中华人民共和国节约能源法》：制定节能专项规划，制定和实施鼓励节能的技术、经济、财税和管理政策，制定和实施能源效率标准与标识，鼓励节能技术的研究、开发、示范与推广，引进和吸收先进节能技术，建立和推行节能新机制，加强节能重点工程建设等政策和措施，有效地促进了节能工作的开展
2001	•中国政府作出履行《公约》的承诺，并开始编写《中华人民共和国气候变化初始国家信息通报》
2004	•提交《中华人民共和国气候变化初始国家信息通报》 •《能源中长期发展规划纲要（2004—2020）》通过 •《节能中长期专项规划》公布
2005	•《中华人民共和国可再生能源法》开始实施，明确了在可再生能源开发利用中政府、企业和用户的责任和义务，提出了系列政策和措施以促进可再生能源的利用 •《关于做好建设节约型社会近期重点工作的通知》《关于加快发展循环经济的若干意见》等政策开放实施 •《关于发布实施〈促进产业结构调整暂行规定〉的决定》《关于落实科学发展观加强环境保护的决定》公布
2006	•2006 年 8 月，《关于加强节能工作的决定》公布 •发布《十一五计划纲要》，设立“十一五”期间中国单位 GDP 能耗降低 20%左右的目标

（二）2007—2014 年，积极参与国际气候谈判

这一阶段，中国以更加主动与合作的态度，在国际气候谈判及国内相关领域推行更积极的举措。在国际上，中国积极地参与清洁发展机制（CDM），成为全球 CDM 项目签发量最多的国家。在国内，中国政府发布了《中国应对气候变化的政策与行动（2011）》白皮书，印发了《“十二五”控制温室气体排放工作方案》，2013 年启动了五省两市的试点碳排放交易市场。①

表 3-2 2007—2014 年气候大会中国的主要贡献

时间	事件
2007	• 在巴厘岛气候大会上，中国代表团指出应对气候变化，应坚持“共同但有区别的责任”。就此，提出了三项建议，内容包括：《联合国气候变化框架公约》与《京都议定书》所确立的治理目标、原则、减排承诺和合作模式必须长期坚持；制定工作时间表，最晚在 2009 年前谈判确定发达国家 2012 年后的减排指标；将《公约》中关于资金、技术转让和能力建设的规定落到实处 • 实施《可再生能源法》，确立了明确目标：到 2020 年，将可再生能源在整个能源结构中的比例从 7%提高到 15% •《中国应对气候变化国家方案》《中国应对气候变化科技专项行动》公布
2008	• 在波兰波兹南气候大会上，77 国+中国认为《公约》和《京都议定书》的基础地位和“巴厘岛路线图”所确定的双轨进程必须坚持，反对哥本哈根取得的共识以“条约”或“协定”的形式出现；发达国家应向发展中国家提供清洁能源技术以及进行减排达标，以换取发展中国家在温室气体减排上作出承诺 • 中国首次明确提出“人均累计 CO_2 排放”的概念用以衡量减排义务的公平性

① 张海滨、黄晓璞、陈婧嫣：《中国参与国际气候变化谈判 30 年：历史进程及角色变迁》，《阅江学刊》2021 年第 6 期。

（续表）

时间	事件
2009	• 在哥本哈根大会上，中国作出量化的减排承诺：争取到 2020 年单位 GDP 的 CO_2 排放比 2005 年有显著的下降，比 2005 年下降 40%—45%的行动目标；争取到 2020 年非化石能源占一次能源消费的比重达到 15%左右。争取到 2020 年森林面积比 2005 年增加 4000 万公顷，森林蓄积量比 2005 年增加 13 亿立方米。此外，提出大力发展绿色经济，研发和推广气候友好技术，积极发展低碳经济和循环经济。中国企业代表团在哥本哈根举行“中国商界气候变化国际论坛”并发表《环保宣言》
2010	• 坎昆气候大会上，中国提出了自己的方案：《议定书》附件 I 国家应作出第二承诺期减排承诺，没有参加《议定书》的发达国家美国应按照《巴厘行动计划》的要求在公约下作出可比性承诺，发展中国家也要根据该行动计划要求，在可持续发展的框架下、在得到发达国家资金技术能力建设支持的情况下，采取积极行动来减缓和适应气候问题，自主自愿做出减排承诺。这样的方案既考虑到发展中国家的特殊情况，也考虑到发达国家的历史责任 • 与“基础四国”等发展中国家以及美国、欧盟等代表团代表举行会谈，在资金支持、技术转让、适应气候变化、森林保护以及发展中国家能力建设等基本问题上达成一定共识
2011	• 在德班气候大会上，中国愿意在发达国家签署《京都议定书》第二承诺期的条件下，接受 2020 年后的量化减排责任 •《中国应对气候变化的政策与行动（2011）》《“十二五”控制温室气体排放工作方案》发布
2012	• 中方促使多哈气候大会对《京都议定书》第二承诺期作出决定，要求发达国家在 2020 年前大幅减排并对应对气候变化增加出资 • 发布《节能减排“十二五”规划》
2013	• 中国发布第一部专门针对适应气候变化的战略规划《国家适应气候变化战略》
2014	• 为准备《巴黎协定》，中美两国签署《中美气候变化联合声明》 • 发布《2014—2015 年节能减排低碳发展行动方案》 • 发布《国家应对气候变化规划（2014—2020 年）》，经济和社会发展的中长期规划中加入了应对气候变化的目标

（三）2015 年以来，发挥积极引领作用

中国在积极参与国际气候治理过程中，不仅积极参与规则的制定，并积极作出减排的承诺、设立气候合作基金。中国提出的人类命运共同体及绿色发展战略，成为推动国际气候治理的重要力量。①

表 3-3　2015—2021 年气候大会中国的主要贡献

时间	事件
2015	• 中国正式加入《巴黎协定》，极大地推动了该协定在 2016 年内生效。同时，中国积极推动《二十国集团落实 2030 年可持续发展方程行动计划》的制定，以指导全球未来 15 年的可持续发展 • 中国与法国、欧盟、印度和巴西等国分别签署了气候变化联合声明 • 中国设立了的中国气候变化南南合作基金，基金规模为 200 亿元人民币 • 习近平主席在巴黎气候大会开幕式上，提出了在发展中国家开展 10 个低碳示范区、100 个减缓和适应气候变化项目及 1000 个应对气候变化培训名额的合作项目 • 中国提出自主贡献的减排目标，即 2030 年二氧化碳排放到达峰值并争取尽早达峰；单位国内生产总值二氧化碳排放比 2005 年下降 60%—65%；森林蓄积量比 2005 年增加 45 亿立方米左右；非化石能源占一次能源比重达到 20%左右
2016	• 中国应对气候变化事务特别代表解振华在接受媒体采访时表示，中国应对气候变化的目标、措施、行动不会受特朗普当选的影响而改变，中国所作的承诺不会改变 • 2 月，《关于钢铁行业化解过剩产能实施脱困发展的意见》发布，计划在未来 5 年再压减 1 亿至 1.5 亿吨粗钢产能。5 月，《关于促进建材工业稳增长调结构增效益的指导意见》发布，计划 3 年内淘汰 5 亿吨水泥落后产能和 2 亿重量箱落后玻璃产能 • 发布《"十二五"温室气体排放白皮书》 • 印发《城市适应气候变化行动方案》
2017	• 中国在波恩大会上递交一份"中国方案"

① 周绍雪：《全球气候治理的中国方案》，《学习时报》，2019 年 12 月 13 日。

（续表）

时间	事件
2018	• 卡托维兹气候大会期间，中国政府代表团在会场内设立了“中国角”，举行了25场边会，主题涉及低碳发展、碳市场、可再生能源、南南合作、气候投融资、森林碳汇、地方企业气候行动等领域，全面、立体地对外宣传介绍积极推进全球生态文明建设、构建人类命运共同体的负责任大国形象 • 中国的《环境保护税法》于1月1日起施行
2019	• 发表《中国应对气候变化的政策与行动2019年度报告》
2020	• 2020年9月22日，在第七十五届联合国大会一般性辩论上，习近平主席表示，中国将提高国家自主贡献力度，于2030年二氧化碳排放达到峰值，努力争取2060年前实现碳中和
2021	• 习近平主席书面致辞为全球气候治理贡献了中国智慧：维护多边共识、聚焦务实行动、加快绿色转型； • 中美发布《关于在21世纪20年代强化气候行动的格拉斯哥联合宣言》，指出中美两国将在应对气候变化领域深度务实合作，并呼吁各方提高气候行动力度、加强国际合作、携手全面有效落实《公约》和《巴黎协定》的目标和精神① • 中国承诺不再新建境外煤电项目。9月21日，中国国家领导人在第七十六届联合国大会一般性辩论上，通过视频向世界作出承诺。中国是第一个作出上述承诺的发展中国家 • 发布《中国应对气候变化的政策与行动》白皮书

三、“双碳”承诺对中国的影响

2014年11月，习近平主席与美国总统奥巴马在北京会晤以后，中国公布了2030年左右碳达峰的目标，并且指出尽量在2030年前达峰。在2021年联合国大会一般性辩论上，习近平主席作出了中国要在2030年碳达峰、2060年前实现碳中和的承诺。这意味着中国正式明确碳达

① 《专访COP26中国代表团随团专家：大会基本完成了既定任务》，《新京报》，2021年11月14日。

峰的时间，总体来说碳达峰政策的信号没有发生过多变化。

真正让国内外意料不到的，是中国承诺2060年实现碳中和的目标。之前国内就碳中和具体时间没有进行大规模讨论。学界、地方以及企业面对这条中国承诺有些措手不及，从碳达峰向碳中和的过渡时间非常短。发达国家在已实现自然碳达峰的情况下，用了五六十年才实现了从碳达峰向碳中和过渡。中国城市化进程尚未完成，人均碳消费需求仍维持增长，尚未达到自然的碳达峰，而承诺的从碳达峰向碳中和过渡的时间仅有三十年，这给中国调整经济结构和能源结构的时间窗口较小，压力较大，一些问题也随之而来。中国作为一个负责任的大国，把这个目标作为一个真正的承诺来履约，而企业作为履约的关键，是真正能够实现承诺的主体，碳中和目标的实现需要政策、决心以及行动等各方面因素共同作用。

2020年的中央经济工作会议把“碳达峰、碳中和”作为八个重点任务之一写进条目。2021年全国人大表决通过“十四五”规划。而今“十四五”规划刚刚开始，两个目标的实现需要长期的过程，包括了经济结构、能源结构的调整等，这也将对中国经济产生深远影响。

（一）碳达峰对中国的影响

2030年我国要实现碳达峰，主要的影响将体现在以下几个方面：

第一，沿海经济发达地区应该先达峰。目前，国际上一些发达国家已经实现达峰。欧盟和英国大概在1990年就实现了达峰，其中，英法两国用了59年；美国耗时43年完成了达峰；日本由于发生核事故，增加了煤炭消费和煤电使用，经过37年达到了碳达峰的目标。与这些国家相比，中国排放规模大，时间要求更为紧迫。目前，北京是唯一一个明确宣布已经碳达峰的城市，上海市第一个表示能够在2025年前达峰，深圳的目标也是如此。相比西部地区，东部沿海城市、经济较发达地区必须先达峰，一方面是为了起到带头作用，另一方面是西部地区经济发展相对比较落后，要留给这些地区足够大的空间。所以，东部沿海必须要压实责任先走一步。

第二，要求“十四五”规划期间必须达成煤电达峰。目前，中国正在采取一些行动实现达峰目标，包括正在编制各类专项规划、方案等，以此压实到地方来落实责任。在部门层面，主要是通过生产端、使用端、政策端等全方位发力。生产端包括控制煤炭使用、风光发电项目扶持等，使用端包括新能源汽车研发、充电桩投放等，政策端包括绿色金融、全国碳交易市场建设等。针对生产端，最直接的方式就是限制煤炭使用，然而现实情况复杂多变。到 2020 年，中国首次实现煤电装机占所有电力装机的比例低于 50%，但仍有数量巨大的 11 亿千瓦的煤电装机。事实上，绝大部分的煤电装机都是最近 15 年建设的，这给碳达峰的目标带来相当大的压力，如图 3-1 所示：

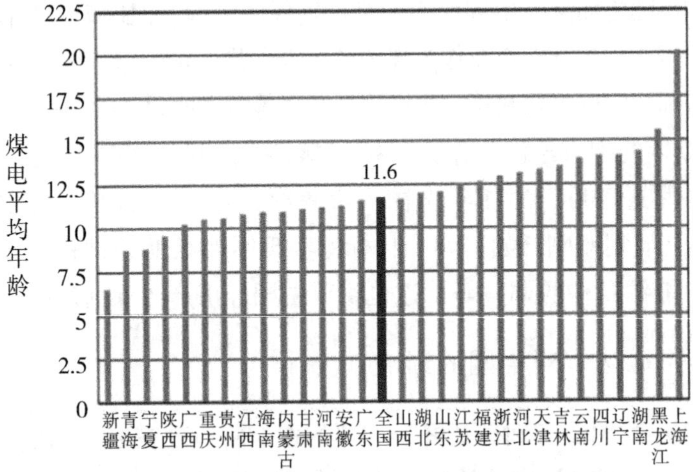

图 3-1　中国各省（区、市）煤电平均年龄

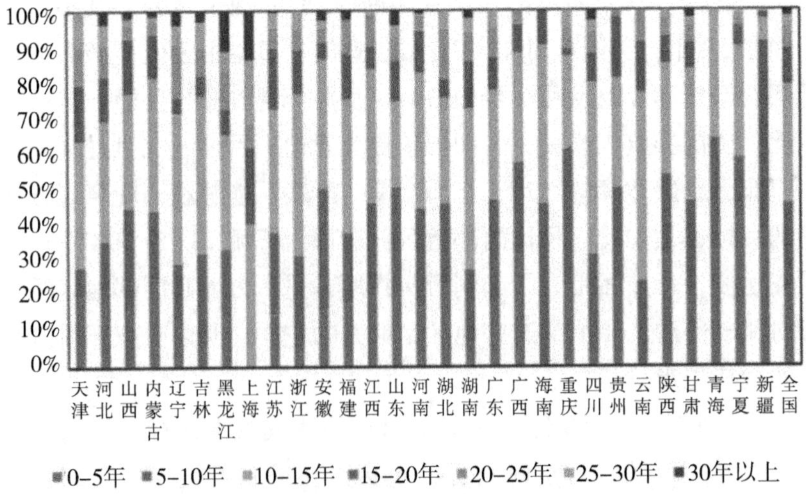

图 3-2　中国各省（区、市）煤电装机时间分布

一般情况下，现代煤电厂的运行年龄大约30年到40年。中国的电厂大部分都是新建电厂，若淘汰这些电厂，将产生很大的经济负担；若不淘汰这些电厂，控煤目标不可能达成（中国60%的煤是用于发电）。除了已有的11亿千瓦容量，已被批准但未完建的电厂约有1亿千瓦容量，因此煤电峰值很可能在12亿千瓦左右。由此推算，中国在“十四五”规划期间必须达成煤电达峰，电力部门也要尽量在2050年前实现零排放并在2060年实现负排放，这对各政府部门、地方以及企业提出了挑战，尤其对电力企业经营与转型升级提出了更高的要求。

第三，碳达峰目标态度明确，对电力行业提出了挑战。中国承诺，中国非化石能源消费到2060年提高到80%以上（现为15.8%），非化石能源发电量占比提高到90%以上（现为34%左右）。碳达峰目标会加快电力替代化石能源的进程，会加速电气化时代的到来。中国电力系统在面临难得发展机遇的同时，无疑也面临着巨大挑战。

因此，电力行业在确保电力供应稳定的前提下必须进行转型升级，并对如何处理风电光伏在未来大量并网和消纳后给电力系统安全带来的冲击、如何保证在地缘政治波动以及行业垄断情况下重要金属的供应稳定等问题，需要作出更深入的探讨与行动。

（二）碳中和对中国的影响

碳中和是指在一定时间内通过植树造林、碳捕集与封存（CCS）技术等形式抵消掉直接或间接产生的温室气体排放总量，从而实现温室气体的净排放量为零。2060年实现碳中和这一目标的提出，对中国温室气体排放达峰后的降速要求、主攻方向以及经济发展等方面均带来一定影响：

第一，排放路径有所限制，可能会追求温室气体排放的剧烈下降。《中华人民共和国国民经济和社会发展第十四个五年规划和2035年远景目标纲要》提及中国于2035年实现达峰的目标以后，温室气体排放缓慢下降。但是客观上讲，中国在作出2060年实现碳中和这一承诺后，将对2030年达峰后的排放路径形成某些限制。在未作出碳中和承诺前，碳达峰之后国家可以缓慢降低碳排放量，能够在一段时期内维持碳排放高点。但在宣布碳中和目标以后，后续路径可能要求碳排放量的急剧下降，碳减排的预测路线会比没有碳中和时更陡。

第二，由于技术限制与时间要求，接下来的主攻方向为大力降低碳排放，碳捕集技术将发挥辅助作用。中国二氧化碳排放量为百亿吨级别，一些负排放的措施比如碳汇、CCS 技术等可以抵消掉部分碳排放。然而现在中国碳汇吸附的能力低于 10 亿吨，远远低于 100 亿吨这个水准，温室气体排放总量与碳汇吸收能力并不在同一数量级，碳汇吸收能力的增长空间有限；而 CCS 技术又面临非常高的成本，所以当排放量是 100 亿吨的时候，不可能完全依靠碳汇或者是 CCS 这样的技术。因此，温室气体要达到近零排放的目标，首先要花大力气降低排放，这应该是目前主攻方向。

第三，对中国制造业竞争力的影响。中国作为世界工厂和第一制造业大国，能源消费量较大。“双碳”目标可能会增加中国制造业的环保成本。① 特别是我们要在 2030 年碳达峰，2060 年碳中和，从碳达峰到碳中和只有 30 年时间。这个时间比发达国家从碳达峰到碳中和的时间要更短，从而导致我国减排的压力更大，是个非常艰巨的任务。

---

① 王永中：《双碳目标对中国能源和经济的影响》，《煤炭经济研究》2021 年第 4 期。

第二节 试水碳排放权交易

经济合作与发展组织国家的实践表明，碳排放权交易是富有经济效率的环境经济政策工具，这为中国通过碳市场手段把外部效应内部化提供了参考。2011 年 11 月，发改委开始在全国推广 7 个省区市的碳交易试点。2013 年 6 月，碳排放交易在深圳正式上线。2014 年 6 月，7 个试点都开始运作，全部上线交易。

一、碳排放权交易促进碳减排的机制

随着全球经济的发展和工业化进程的加快，温室气体含量增加、环境恶化、全球气候变暖的趋势危及人类生存环境。《公约》和《京都议定书》的成功签订，意味着人类社会从可持续发展的角度正式开始对 CO_2 等温室气体的排放行为加以限制。

（一）《京都议定书》首次构建了碳排放权交易体系

1997 年 12 月，《京都议定书》在日本京都通过，共有 84 国签署，条约于 2005 年 2 月 16 日生效。到 2009 年 2 月，共有 183 个国家通过了该条约。《京都议定书》首次以国际性法规的形式对发达国家温室气体减排做出明确规定，旨在限制发达国家温室气体排放量以抑制全球变暖。《京都议定书》根据"共同但是有区别"的原则，将参与国家分为两类：发达国家需要承担定量减排任务，发展中国家根据自身情况采取积极行动。发达国家承诺在 2008—2013 年的"第一承诺期"把温室气体排放在 1990 年的水平上下降 5%。

《京都议定书》设计制定了三种市场化的碳排放的机制，分别为碳排放权交易、联合履行和清洁发展机制。碳排放权交易机制的核心，是允许发达国家之间相互交易碳排放额度，允许《京都议定书》附件Ⅰ国家以成本有效的方式通过交易转让或境外合作的方式获得温室气体排放权。联合履行机制，是指发达国家之间通过项目间的合作所实现的减排单位（简称 ERU），可以转让给另一发达国家缔约方，但是必须同时在转让方的“分配数量”（简称 AAU）配额上扣减相应的额度。清洁发展机制，主要是利用发达国家与发展中国家减排成本的差异，允许发达国家与发展中国家进行项目级的减排量抵消额的转让和获得，从而在发展中国家实施温室气体减排项目。

碳排放权交易系统有助于缔约国各方通过碳排放交易市场化规律，以低成本实现减排目标。欧盟、韩国、中国等地相继构建了以强制减排企业为参与主体的碳排放权交易流转体系。[①]

（二）欧盟碳排放权交易体系是世界上最大的碳排放交易市场

作为国际环境问题的领跑者，在《京都议定书》正式签订通过后，为了帮助成员国履行《京都议定书》的减排承诺，欧盟在 2003 年正式开始着手建立区域性碳排放权交易体系。欧盟碳排放权交易体系在 2005 年 1 月 1 日正式启动，该交易体系是全球首个跨国家、交易量最大的碳排放权交易体系（简称 EU-ETS）。

EU-ETS 覆盖了 11000 个主要能源消费和排放行业的企业，包括了欧盟一半 CO_2 的排放。该系统被分为三个阶段，第一阶段是 2005—2007 年，第二阶段是 2008—2012 年，第三阶段是 2013—2020 年。其中，第二阶段与《京都议定书》的第一阶段承诺期相一致。在 EU-ETS 的第一和第二阶段，碳排放权的分配由欧盟每个成员国确定，即各成员国每年预定碳排放总量，然后再把碳排放总量作为配额分发给本国的企业。EU-ETS 的第三阶段虽然仍然采取总量控制原则，但以碳排放总量上限比第二阶段每年减少 1.74%的逐步递减方式控制减排。且在第三阶段，EU-ETS 不再采取由各国自由决定自身碳排放配额的配额分配机制，而是由各国协商分配欧盟的统一配额。为了激发企业充分借助 EU

① 何少琛：《欧盟碳排放交易体系发展现状、改革方法及前景》，吉林大学 2016 年博士学位论文。

-ETS 这一市场机制降低减排成本，在第三阶段，如果企业的碳排放量超出了碳配额，则须在碳市场中购买配额用于履约，若企业碳排放量小于配额，则可以将多余的配额出售获利。①

EU-ETS 的分配由免费发放与拍卖两种形式组成，且在发展过程中，拍卖方式发放的配额占比逐步提高，免费发放的配额占比逐渐降低。在 EU-ETS 的第一阶段即 2005—2007 年，企业的碳配额发放全部为免费形式，在 EU-ETS 的第二阶段即 2008—2012 年，拍卖的比例逐步提升，一旦减排企业的实际排放量超出配额，超过配额的部分将由减排企业在碳排放市场上通过拍卖的方式从其他减排企业盈余的配额中取得。在 EU-ETS 的第三阶段即 2013 年以后，拍卖的比例更大。在市场机制的作用下，控排企业将提升自己的减排技术及措施以降低成本。

（三）碳排放权交易体系的作用机理

根据科斯的产权理论，排污权作为一种权利一旦可以在市场中交易，市场就会确定这种权利的价值并改变资源分配，从而降低总的减排成本。② 在市场机制的作用下，为了最大化自身利益及优化资源配置，企业面临三种选择：一是加大研发投入、投资减排项目、开展技术创新，减少企业自身碳排放，若当年产生的二氧化碳排放量低于配额，可将配额出售盈利，而且减排技术可持续发展并盈利；二是碳排放量高于碳配额，企业可从碳市场购买配额或自愿减排项目以抵消碳配额；三是企业因碳排放量超过碳配额而向政府支付罚款，罚款的价格通常高于在市场购买碳配额及投入研发的成本。

通常情况下，超出碳配额所需缴纳的罚款费用多于在市场上购买配额的费用，企业为了获取更多利润，通常不会选择接受罚款。同时，碳排放权交易市场价格不确定，波动风险较大，企业在碳配额不足进行购买时，面临的风险较大。因此，企业会倾向于研究碳减排技术，调整能

① 荆克迪：《中国碳交易市场的机制设计与国际比较研究》，南开大学 2014 年博士学位论文。

② 高帅：《国际碳交易新市场机制设计与企业行为情景实验研究》，清华大学 2017 年博士学位论文。

源消费结构，减少煤炭、石油等传统化石能源在能源消费中的占比，积极利用新能源以减少碳排放。这将促使企业加大科技投入，开展能源环保相关技术创新。如果技术研究成功，碳排放量小于企业配额，企业可将盈余配额在碳排放市场进行交易，获得额外利润。因此，碳排放权交易不仅可以直接促进碳减排，又能激励企业研发碳减排技术，形成可持续性的合理收入。

二、中国碳排放权的试点运行

在“十一五”规划末期，中国开始筹划建立强制性的碳排放交易体系。在“十二五”规划纲要中，明确提出了“十二五”期间(2011—2015年)建立碳排放权交易市场的目标。2013年，《关于开展碳排放权交易试点的工作通知》的颁布代表着中国的碳交易试点工作正式启动。“五市二省”即北京、上海、重庆、天津、深圳、广东、湖北成为首批碳排放交易的试点地区。这些地区涵盖东中西部，既包括城乡，又包括以工业为主的地区，尽管这些地方在能源结构、节能减排目标、覆盖范围、配额分配、价格、市场、占优主体的潜在市场影响力、碳汇抵消的使用、执行和履约等方面存在较大差异，但碳排放交易覆盖的排放量都较高。“五市二省”的配额总量达到12亿吨二氧化碳当量，因此我国试点碳交易体系成为继欧盟之后的第二大碳排放权交易体系[①]。

从我国2014—2020年碳交易市场的成交量情况来看，成交量整体呈现先增后减再增的波动趋势。2017年我国碳交易成交量最大，为4900.31万吨二氧化碳当量；2020年全年，我国碳交易市场完成成交量4340.09万吨二氧化碳当量，同比增长40.85%。

① 潘晓滨：《中国地方碳试点配额总量设定经验比较及其对全国碳市场建设的借鉴》，《环境保护与循环经济》2018年第11期。

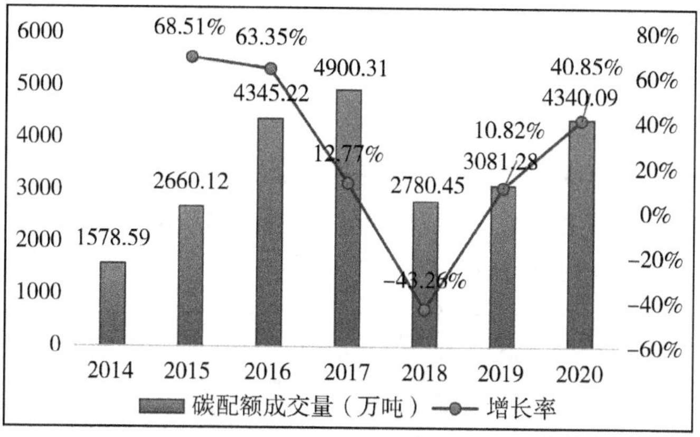

图 3-3　2014—2020 年我国碳配额成交量

数据来源：中国碳排放交易网。

从我国碳交易市场的成交金额的变化情况来看，2014—2020 年，我国碳交易市场成交额整体呈现增长趋势，仅在 2017、2018 两年有小幅度减少。2020 年我国碳交易市场成交额达到了 12.67 亿元人民币，同比增长了 33.49%，创下碳交易市场成交额新高。

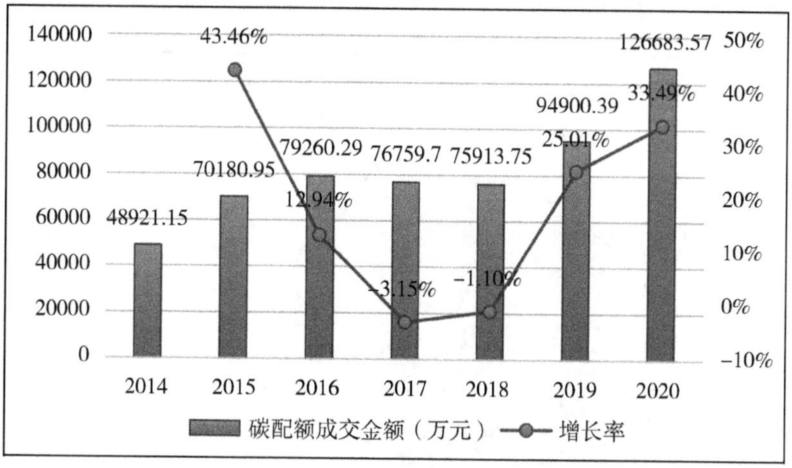

图 3-4　2014—2020 年我国碳配额成交金额

数据来源：中国碳排放交易网。

由于我国企业的地理分布形势以及各试点的建设进度不同，我国各个试点省区市的碳交易市场情况不尽相同，差异性很大。以各个试点自建立到2021年6月底间的交易总量和交易总额来看，湖北省的碳交易市场的交易总量和交易总额都位居第一，成交总量为7827.6万吨，占比32.44%；成交总额为16.88亿元人民币，占比28.81%。位居第二的是广东省碳交易市场，自成立起共有碳交易成交总量7755.1万吨，占比为32.14%；成交金额15.91亿元，占比为27.14%。重庆、福建、天津三地的交易量和交易额较低。

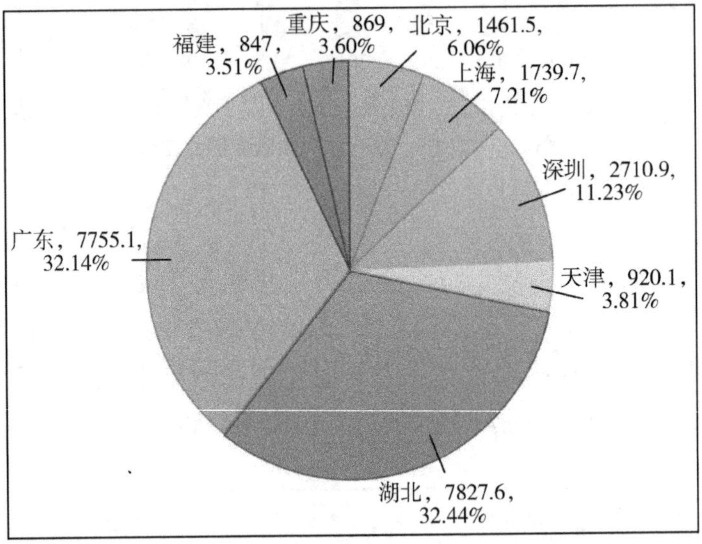

图3-5　截至2021年6月各试点碳配额成交量（万吨）及占比

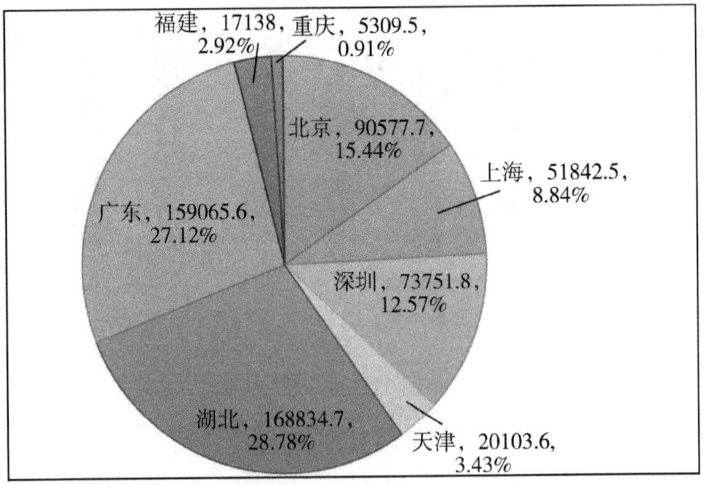

图3-6　截至2021年6月各试点碳配额成交金额（万元）及占比

数据来源：中国碳排放交易网。

三、中国碳排放权交易试点的经验教训

（一）主要情况与经验

自 2013 年在 7 个省市启动了碳交易试点工作以来，碳交易共覆盖电力、钢铁、水泥等 20 余个行业近 3000 家企业。截至 2021 年 6 月，碳交易试点累计覆盖 4.8 亿吨碳排放量，累计成交额约 114 亿元，交易平均价格每吨 23.8 元。

碳排放交易试点的设计、运行和履约，为推进全国碳排放交易体系提供了有价值的参考，达到了预期目的。初期，企业大部分处于观望状态，发现国家对这一进程很重视、履约期即将到来时，才意识到配额不够需要到市场购买。因此，即使在比较发达的北京、上海、深圳，也是在最后一个月，尤其是最后三天买卖量才猛增，占全年交易量的 3/4。

而后几年情况好转。除重庆之外，主要地区的履约程度都接近 100%。横向比较，各地方政策不同，政策效果也不一样。以上海为例，该地区的惩罚机制并不非常苛刻，结果却是从第 1 年开始连续 8 年实现 100%履约。原因在于，上海充分运用了金融手段——如果企业没有履约，则相关信誉将纳入银行征信系统，节能减排和企业信誉实现挂钩。相比之下，天津的履约程度较低，原因在于当地的惩罚机制不够完善——未履约企业将失去三年评选先进节能减排单位的可能性；北京的履约率也没有想象中高，北京有很多国家部委、跨国公司、重要高校没有充分履约，尤其是耗电严重的互联网行业比如数据行业。整体而言，碳排放权交易涵盖的 7 个试点，包括约 2900 家企业，横跨多省市和二十余部门，相信将给各地方呈现更多的经验。

（二）主要教训

第一，各试点交易碳市场成交规模较小，流动性严重不足。总的来说，中国的交易量非常少，只有 4.8 亿吨，在 8 年时间里日交易量只有 1.5 万—2 万吨。欧盟碳市场主要以期货交易为主，即使配额拍卖量只占每天期货成交量的一小部分，但配额拍卖量平均每天仍高达 300 万吨左右。试点碳市场还存在着交易清淡问题，流动性严重不足。2020 年

碳排放交易试点碳交易所全年平均仅有 165 天有成交记录，最活跃的广州碳排放权交易所也仅有 238 个交易日有交易行为。

第二，中国碳试点的碳价偏低。自试点启动以来到 2021 年 6 月，7 个碳试点的交易平均价格每吨 23. 8 元。即使碳价最高的北京，自 2013 年 11 月 28 日开市至 2021 年 6 月，碳排放配额年度成交均价也才每吨 50—70 元。碳价偏低严重影响对节能减排和绿色投资的激励。而欧盟的碳排放权交易价格在第三阶段上升到 50 欧元/吨。

中国本希望通过碳排放权交易促进节能减排，但过低的交易价格抑制了对节能环保产业的激励。中国要实现“双碳”目标，意味着今后 30 年相应的投资规模在 100 万亿元以上。如此巨量的投资，政府提供的资金支持只能覆盖一小部分，其他资金需依赖社会资本，必须借助市场化的方式来引导。从寄希望碳市场在未来碳达峰碳中和当中发挥作用的角度上来讲，完善碳排放交易试点的运行并向全国碳排放交易体系推广，具有重要的现实意义和紧迫性。

第三节 全国碳市场"开张"及下一步建设的着力点

中国碳市场交易从试点走向全国统一，使中国的碳市场建设进入了一个新的阶段。碳市场作为人为设计的市场具有独特的定价体系，由于全国碳市场目前将电力行业纳入了强制减排体系，因此电力市场具有与碳排放权交易市场的联动机制。在促进碳市场电力市场协同发展的同时，亦应从碳排放交易立法、完善惩罚机制、扩大行业覆盖和加快产品创新等方面加强全国碳市场的建设。

一、2021 年全国碳市场的建设和发展进入新阶段

（一）中国的碳市场交易从试点走向全国统一

自从 2011 年国家发改委颁布《关于开展碳排放权交易试点工作的通知》以来，国家陆续颁布了一系列政策，用以支持碳交易市场的发展。2013 年，深圳、北京、上海、天津、重庆、广东和湖北等相继开启了碳排放权交易试点。2020 年 12 月 31 日，生态环境部颁布了《碳排放权交易管理办法（试行）》。这一文件标志着中国的碳市场交易从试点走向全国统一。2020 年年末至 2021 年年初，国家在政策上持续发力，全国碳交易市场进入了新的发展阶段。

表 3-4 相关政策名称及内容

时间	颁布机构	政策名称	主要内容或意义
2020 年 12 月 30 日	生态环境部	《2019—2020 年全国碳排放权交易配额总量设定与分配实施方案（发电行业）》（征求意见稿）	根据发电行业（含其他行业各自电厂）2013—2018 年任意一年排放达到 2.6 万吨二氧化碳当量及以上的企业或者其他经济组织的碳排放检查结果，筛选确定纳入 2019—2020 年全国碳市场配额管理的重点排放单位名单，并实行名录管理
2020 年 12 月 31 日	生态环境部	《碳排放权交易管理办法（试行）》	标志着中国的碳市场交易从试点走向全国统一
2021 年 1 月 4 日	中国人民银行	2021 年央行工作会议	落实碳达峰碳中和重大决策部署，完善绿色金融政策框架和激励机制。做好政策设计和规划，引导金融资源向绿色发展领域倾斜，推动建设碳排放交易市场为排碳合理定价。逐步健全绿色金融标准体系，建立政策激励约束体系，完善绿色金融产品和市场体系
2021 年 1 月 5 日	生态环境部	《碳排放权交易管理暂行条例（草案修改稿）》	明确应建设全国碳排放注册、登记和交易系统，组织开展全国碳排放权集中统一交易，进一步推进了我国碳交易市场的发展
2021 年 1 月 5 日	生态环境部	《碳排放权交易管理办法（试行）》	企业年度温室气体排放量达到 2.6 万吨二氧化碳当量，折合能源消费量约 1 万吨标煤，即纳入温室气体重点排放单位，应当控制温室气体排放、清缴碳排放配额、公开交易等信息并接受监管
2021 年 5 月 14 日	生态环境部	《碳排放权登记管理规则（试行）》《碳排放权交易管理规则（试行）》《碳排放权结算管理规则（试行）》	进一步规范全国碳排放权登记、交易、结算活动，并明确三份文件自发布之日起施行。这意味着中国的碳减排行动在加速

这些政策的发布意味着中国的碳减排行动日益加速，全国碳排放市场正在迅速扩大。2021 年 7 月 16 日首日碳配额开盘价为 48 元/吨。首笔全国碳交易价格为每吨 52.78 元，总共成交 16 万吨，交易额为 790 万元。截至当天收盘，碳配额价格为 51.23 元/吨，涨幅为 6.73%，交易总量 410.4 万吨，交易总额为 2.1 亿元。当天最高价为 52.80 元/吨。到 7 月 23 日收盘，全国碳排放权交易市场已运行 6 个交易日，全国碳市场累计成交量达到 483.3 万吨，成交额近 2.5 亿元。碳价格并未出现大幅涨落，最低价为 48 元/吨，最高价为 61.07 元/吨。除首日收盘价较开盘价上涨 6.73%外，其他几个交易日碳价格较为稳定，收盘价较前一日涨幅均在 3%以下。在 6 个交易日中，除了首日成交量达 410.40 万吨外，其他几个交易日成交量多数在 20 万吨以下。

（二）全国碳排放权交易系统（ETS）把电力行业作为主要管控行业

由“十二五”期间先行开展碳试点，再到“十三五”期间安排上海负责碳排放权交易系统建设、湖北武汉负责登记结算系统建设（“双城”模式），全国碳市场的筹备建设一直在进行中。到 2021 年 1 月 1 日，全国碳市场首个履约周期正式启动，ETS 涉及年度排放达到 2.6 万吨二氧化碳当量的 2225 家发电行业的重点排放单位，碳排放覆盖近 40 亿吨。7 月 16 日，上海全国碳市场交易系统实现首单交易，当日总成交额达 2.1 亿元。

目前，ETS 把电力行业作为主要管控行业，作为突破口。因为发电行业碳排放量大，占到全国碳排放总量的 40%左右。无论是欧盟碳交易体系还是中国碳交易试点产生的碳排放，分别覆盖了欧盟碳排放总量的 45%、试点省市的总排放量的 40%—60%，而碳排放交易覆盖的范围一般要求在总排放量中的占比较大，电力行业符合这一特点；而且电力行业产品较单一，数据容易核查核实，碳配额也容易分配。

（三）全国碳排放权交易系统（ETS）将在全社会范围内形成碳价信号

价格是供需关系的直接体现。从需求端看，七个试点城市的企业在履约期之前更多处于观望状态，临近履约期，配额不足的企业才会主动进入市场进行交易。北京、上海、深圳等发达地区履约期最后三天的买卖量，约为全年交易量的3/4，此时价格必然有所提高。随着试点城市企业逐渐了解配额交易过程以及ETS在全国范围内的推广，免费配额量也会随着全国市场的成熟而减少，企业更多依靠市场交易进行履约，这在一定程度上会使价格上升。

另外，覆盖部门范围对价格有很大影响。不同类型的产品组合在一起时，由于成本不同，价格才会体现真正的均衡。目前，ETS主要对电力行业进行管控，把钢铁、建材、石化、造纸以及航空等重点排放行业纳入市场之后，价格会更加精确反映全国碳排放的真实情况。

和欧盟碳市场价格相比，我国碳配额价格在40—45元左右波动，欧盟碳价直逼50欧元，欧盟碳排放市场作为一个成熟、有丰富经验的市场，其价格形成对我国碳市场定价有一定预见性与指导意义。

（四）中国与世界最大碳市场仍有不小距离

中国全国碳排放交易体系覆盖的碳排放量超过40亿吨二氧化碳，而2005年欧盟碳排放权交易开始的时候，碳覆盖量21亿吨。欧盟碳排放权交易第四阶段（2021—2030年）的碳配额总量为16.1亿吨，即EU-ETS覆盖的碳排放量为16.1亿吨，并且每年递减2.20%。欧盟计划到2030年碳市场覆盖领域的碳排放相比2005年碳市场建立时降低61%。可见，从覆盖的碳排放量看，中国刚启动的全国碳排放交易体系是全球最大的。但中国碳排放权交易体系的实际交易量小于欧盟的碳排放权交易体系的交易量，因此中国的碳排放权交易体系全球最大仅是从覆盖的碳排放量看，但并不是商业意义上按交易总额来说的最大市场。总之，中国离成为最大碳市场的距离还有漫长征程。

二、影响碳定价的主要因素

（一）不同种类能源价格

碳排放主要源于能源的使用，因此传统化石能源和清洁能源的价格都会对碳排放权的价格产生影响。由于温室气体主要因使用煤炭、石油等化石能源而产生。因此，以煤炭为代表的化石能源价格与碳排放权价格呈反比例的变化趋势。化石能源价格提高，清洁能源相对化石能源的成本降低，企业会更多地使用清洁能源，从而降低了碳排放量，对碳排放权配额的需求也会降低，使碳排放权价格下降。反之，清洁能源的价格与碳排放权价格呈同向的变动趋势，即在其他因素不变的情况下，若清洁能源价格上升，清洁能源相比传统化石能源的成本就相对上升，企业为降低成本会增加使用传统的化石能源，由于传统化石能源的温室气体排放高于清洁能源，从而导致整体的碳排放量增多，碳排放权需求将上升，使得碳排放权价格上升。

（二）免费配额数量

碳市场是一个政策市场，政府发放配额对碳价影响大。在欧盟碳排放交易体系运行的第一个阶段，在成员国自主设定碳排放配额的情况下，碳排放配额额度过量，供给大于需求引发价格大跌。另外，不同的初始配额分配方式也将对碳排放权的价格产生影响，免费分配或拍卖分配使得企业获得初始碳排放权配额的成本不同，对企业采取的排放策略会产生影响，从而间接影响了碳排放权的价格①。中国 ETS 在 2020 年年末将迎来第一次全国范围内的履约，履行 2019 年与 2020 年的碳排放量。国家为了激励企业减排，为全国碳交易发展创造好的开头，2020 年分配给企业的免费配额数量较多，可以满足企业履约需求，因此市场交易的活跃度与数量会低一些，碳价相应较低；当市场发展起来后，将会逐渐降低免费配额的比例，促进交易市场的运作。一些成熟的市场，例如欧盟的碳权排放交易市场，在减排阶段中逐步降低免费配额数量，使碳价主要由供求引导，激励企业进行减排活动。

（三）参与行业的种类与异质性

市场覆盖的行业越多，企业异质性越大，企业减排成本之间的差距

① 俞越、李雪雯：《在基准线法为主的碳配额方法下我国碳市场碳价影响因素的分析》，中央财经大学绿色金融国际研究院，https://iigf.cufe.edu.cn/info/1012/4240.htm。

可能越大，相互间的碳交易也会越多，有利于在控制总的减排目标下降低减排的成本，最大化地发挥碳价格的激励约束作用。如果市场中仅是电力部门，碳成本不能有效向下游传导，电力企业生产成本与碳价形成的总成本变高，企业面临着成本压力，同时国家对电价实行统一定价，电力企业的碳成本无法通过提升电力价格进行转移，在价格与成本的双重作用下，煤电厂很可能作出封闭厂停产的决定；若碳价定价不高，又很难让企业感受到经济压力、促进节能减排。因此，市场所容纳的部门数量及其体现的异质性会对碳价有影响。

（四）同类替代的数量

中国核定减排量（Chinese Certified Emission Reduction，简称CCER）若有余额，在ETS碳价过高的情况下，企业会在CCER中寻求更低价格的配额（目前允许企业使用CCER量不超过企业当年碳排放量的5%），CCER替代碳排放权配额，会使碳价降低；反之，CCER价格升高，推动企业在配额交易市场进行交易，需求量增加，会使碳价提高。①

三、电力市场与碳排放权交易市场的联动

（一）碳价在电价传导中具有特殊性，电力市场与碳市场联动是必要的

企业碳配额有数量限制，企业碳排放量超出配额，超出部分可能面临巨额罚款，企业经济效益会产生更大的不确定性，因此碳成本在电价传导中具有特殊性，碳价对电价的影响，必然不同于其他要素价格对电价的影响。企业在面临碳价时既会通过投入产出、采取减排技术调整消化一部分，也会向用户传导一部分，不同的传导方式，恰恰是碳市场与电力市场协同建设的必要性所在。

① 俞越、李雪雯：《在基准线法为主的碳配额方法下我国碳市场碳价影响因素的分析》。

（二）碳市场的建立和有效运行需要竞争性的电力市场

如果电力市场的资源配置机制以计划为主，那么碳价会增加企业的总成本，将不可避免地影响发电行业的整体利益和发展能力。尽管电力计划配置下的碳价仍可能以更强力度挤出高碳电源，特别是煤电，但也会使电力供求面临整体失衡风险，进而带来系统可靠性隐患，引发缺电、限电，由此造成的社会福利损失可能更高。

如果政府以行政提价方式帮助发电行业传导碳成本，变相提高电力产品的价格，那么又会扭曲碳价的作用，降低碳市场对高碳电源的约束效果。

碳排放权交易市场不仅可以引导碳排放主体优化投入行为、增强减排努力，还可以通过包含碳成本的电价来引导电力用户节能减排。因此，电力市场中的电价发现效率和电力资源配置效率，对于碳市场引导减排的效果有巨大的影响。①

（三）电力市场转型升级需要碳市场和可再生能源的有效帮助

可再生能源通过对化石能源的替代来实现减排，但可再生能源发展与碳市场之间的关系，却因电力市场而变得复杂。

从理论层面而言，欧盟碳交易主要是通过煤电成本升高引导电力行业内部之间的结构调整。虽然中国的电价是国家制定的，煤电成本上升，的确可以增加新能源的竞争力，但如果碳成本由发电企业独自承担传导不到下游，一方面，可能影响碳价的合理水平；另一方面，碳价格信号无法真正在电力消费侧发挥作用，达到倒逼下游产业与企业进行结构调整与转型升级的目的。因此，碳市场的发展需要进一步进行电价机制改革来配合，即国家迫切需要建立电力市场与碳市场的联动机制，让电价反映市场供需及碳减排成本，形成电价与碳价有机融合的价格体系，促进碳市场和电力市场协同发展。

---

① 冯永晟、周亚敏：《“双碳”目标下的碳市场与电力市场建设》，《财经智库》2021年第4期。

四、完善与加快全国碳市场建设的着力点

2021年，全国碳市场的建设和发展进入新阶段。在武汉全国碳排放权注册登记系统上，重点排放单位已经完成开户、资料审核工作；2021年上半年，上海全国碳市场交易系统实现了线上首单交易。我们认为，为确保全国碳市场的平稳规范运行，至少还需要从以下四个方面着力，完善与加快全国碳市场建设。

（一）碳排放交易立法

把拟定的碳排放权交易管理条例上升为更具约束力的国务院条例，进一步完善有利于发挥碳排放交易作为市场手段实现“双碳”目标的规则。生态环境部发布的《碳排放权交易管理办法（试行）》，只是生态环境部的部门规章，约束力较低，违规清缴处罚力度弱，甚至弱于目前碳排放试点地区的相关处罚力度，不利于全国碳排放权交易市场的有序运行。可以预计，把区域碳市场推向全国碳市场，相关部门、企事业单位间的利益冲突将更加剧烈，也会更加频繁。因而，仅有生态环境部的部门条例是不够的，至少要在国家层面修订条例。

事实上，全国碳市场如果要实现真正的流通，必须体现分配到不同部门和地区的碳排放配额的等价性。因此，需要全国性的碳排放权交易立法，从而为碳排放权交易的设计和操作，所有排放数据的正确测量、报告和核实执行以及对非履约控排单位的惩罚措施，提供统一的指导方针和办法。同时，这一立法应将排放配额定义为一种金融资产和有助于环境保护的减排量。如果全国性碳排放交易立法短期难以实施的话，至少需要把拟定的碳排放权交易管理条例上升为更具约束力的国务院条例。

（二）完善惩罚机制，促进碳排放交易服务“双碳”目标

碳排放交易在经合组织国家的实践表明，有力度的惩罚机制是碳排放权交易市场有序运行的保障。2019年4月生态环境部发布的《碳排放权交易管理暂行条例（征求意见稿）》，对于违规清缴的重点排放单

位，除主管部门在分配下一年度碳排放配额时等量核减未足额清缴部分外，还处以按照该年度市场均价计算的未足额清缴的碳排放配额价值2倍以上5倍以下的罚款。但在《碳排放权交易管理暂行条例（草案修改稿）》中，对于违规清缴的重点排放单位，处罚额度调整为仅处10万元以上50万元以下的罚款。调整后的违规清缴处罚力度明显减弱，甚至比目前碳排放试点地区的相关处罚力度更弱，这显然不利于全国碳排放权交易市场的有序运行。

（三）加快并有序扩大碳市场行业覆盖

在确保全国启动碳交易并平稳规范运行后，需要加快扩大碳市场的参与行业和主体范围，"十四五"期间应尽快覆盖发电、石化、化工、建材、钢铁、有色金属、造纸和国内民用航空等八个高能耗行业。伴随着覆盖的行业的增多，企业异质性增大，企业减排成本之间的差距很有可能日益增大，相应地将增加相互间的碳交易，这将有利于在总的减排目标下降低总的履约成本，最大化发挥碳价格的激励约束作用。从减少欧盟碳边境调节机制（CBAM）影响的角度来看，我国应加快国内碳排放交易市场的发展，进一步扩大碳定价的覆盖范围。中国可把欧盟CBAM覆盖的行业作为优先考虑的部门，逐步增加交易品种，加快产品与服务创新。

（四）逐步增加交易品种，加快产品与服务创新

碳市场的金融产品与服务应以服务于降低碳减排成本为出发点。[①]未来应探索开展碳汇交易、碳配额质押贷款、碳资产质押融资、碳基金、碳信托、国际碳保理融资、碳交易财务顾问等产品或服务，逐步推出碳金融衍生品，如碳远期、碳期货等金融产品交易，探索引入个人和机构投资者和金融机构入市进行交易，助力提升市场流动性。需要强调的是，从本质上讲，碳排放交易是以更低的成本激励减排的市场手段，是帮助控排单位以更低的成本实现减排，降低履约成本，提升整体履约率。

---

① 张中祥：《构建碳市场的策略秩序》，《北大金融评论》第8期。

五、非统一的中国碳市场——区域与全国碳排放交易体系双轨运行

现阶段，全国碳市场建设处于区域碳市场和全国排放交易体系双轨运行的状态。其主要特点是以全国碳市场为主、有鲜明特点的区域碳市场为辅。生态环境部《实施方案（发电行业）》印发后，地方碳市场不再向纳入全国碳市场的重点排放单位发放配额，且该类单位将不再参与区域碳市场。那些已被区域碳市场纳入但全国碳市场没有覆盖的行业，以及全国碳市场覆盖行业里达不到排放量要求的排放单位，仍留在区域碳市场，继续由试点负责碳配额的分配和清缴。由此可见，相对宽松的配额分配造成碳交易试点市场上多余的配额，导致碳交易价格不高，即区域碳市场碳价低于全国碳市场，并将因此产生以下难题：允许或不允许全国碳市场从区域碳市场购买碳配额，这将是由排放试点向全国性碳排放交易体系推进面临最棘手的问题。总体而言，结转这些配额可以有三种选择：一是折扣机制，即允许试点的配额可以进入到全国性的市场，但要进行一定的折现。这种折扣率将依赖于市场上的配额超额供给程度及它们原有市场中的价格水平。这就是说，相比配额剩余规模小的试点地区，配额剩余规模较大的试点地区折扣幅度更大。二是在有限的时间段允许使用试点配额，但每年只能允许一部分试点配额结转。三是将配额规模与每个试点地区的配额余额结转量联系起来。这种做法允许试点碳市场的剩余配额进入全国的排放交易体系，但其代价就是降低该地区未来的配额分配水平。①

需要指出的是，目前即使有纳入部分行业的全国碳市场，但中国碳市场仍然是区域分割的市场，区域碳市场之间不连通，全国碳市场也并非与所有区域碳市场都联通。由此可见，中国碳市场仍然是未统一的市场。

既然允许全国碳市场从区域碳市场购买碳配额有利于降低其总的履约成本，为什么没有得到执行呢？主要原因之一就在于，相关行为主体

① 张中祥：《构建碳市场的策略秩序》，《北大金融评论》第 8 期。

对试点分配到不同地区、部门和企业的配额的可靠性的顾虑，而这主要取决于是否所有排放数据得到正确测量、报告和核实。以现有区域碳市场的存续为例，可能就会聚焦于特定参与主体，比如中小排放企业（单位）和个人。此外，也可以探索利用区域碳市场开展特定碳金融产品和服务，比如自愿减排交易、碳基金、碳期货、碳期权等的探索与实践，为在更大范围的全国碳市场平稳实施积累经验。

第四节 欧盟 CBAM 及其对中国的影响和启发

根据欧盟碳边境调节机制（CBAM），如果一些与欧盟有贸易往来的国家不能遵守碳排放相关规定，欧盟将对这些国家进口商品征收碳关税。欧盟 CBAM 实施过程中存在不公平问题且未明确“共同但有区别的责任”，因此受到了包括中国在内的发展中国家的反对，甚至美国同样对之有顾虑。作为一种新的碳机制，欧盟 CBAM 将给中国的碳减排带来重要影响。

一、欧盟碳边境调节机制

2021 年 3 月 10 日，欧洲议会投票通过了碳边境调节机制（CBAM）的议案。该方案包括了气候、能源、土地利用、交通和税收等领域，以期实现 2030 年欧盟温室气体排放量较 1990 年至少降低 55%的目标。[①] CBAM 使得欧盟距离 2023 年正式施行碳关税政策又近了一步。2021 年 7 月 14 日，欧盟委员会正式发布 CBAM。

CBAM 是欧盟《欧洲绿色协议》的核心，目的是避免“碳泄漏”破坏欧盟气候政策的完整性及有效性。“碳泄漏”是指强制减排政策在降低某些国家碳排放的同时，会引发其他国家碳排放的增加。例如，如果一个发达国家采取二氧化碳减排措施，该国的高耗能产品可能转移到其他未采取二氧化碳减排措施的国家。温室气体不像二氧化硫和二氧化氮那样形成酸雨和雾霾，酸雨和雾霾具有区域性特征，一个区域做好了环境保护、治理好了污染，就可以为该区域的发展带来好处；而二氧化

① 蓝庆新、段云鹏：《碳关税的实质、影响及我国应对之策》，《行政管理改革》2022 年第 1 期。

碳形成的温室气体是一个全球性的问题，对全球都会带来污染。因此，在气候变化问题上需要防止"碳泄漏"的发生。

二、欧盟 CBAM 的主要内容

碳边境调节机制将电力、钢铁、水泥、铝和化肥五个领域生产过程中的直接碳排放纳入其中，将已受到约束、完全融入或关联到欧盟碳排放交易系统（ETS）的其他国家纳入豁免范围，涵盖的温室气体包括二氧化碳、一氧化二氮及全氟碳化物。

该机制规定，以 2023 年至 2025 年为过渡期，生产商或进口商对所涵盖领域产品仅履行排放报告义务，即只需报送排放数据，无需要交费。但从 2026 年开始，欧盟要求产品进口商根据产品生产过程中的碳排放支付碳费用并逐年提高费率。个人或公司应先申请成为"授权申报人"，当进口商需要进口法案所管辖的货物时，在进口之前由"授权申报人"向所在欧盟成员国主管部门提出进口申请。授权申报人每年 5 月 31 日前申报前一年进口到欧盟的产品的排放数据，足额持有其过去一年进口货物排放量所对应的 CBAM 凭证，并将相应的凭证上交；多购买的凭证可在当年 6 月 30 日前申请由主管部门进行回购。

欧盟考虑的费用计算标准为：费用等于进口商品的温室气体排放量乘以碳价，而排放量为商品排放强度乘以质量。其中，CBAM 凭证的价格锚定欧盟 ETS 的配额成交价格，即拍卖平台上拍卖的最后一周的 ETS 配额收盘价的平均价格。由于货物出口时可能已经在原产国缴纳了碳税或以其他形式支付了排放价格，为避免双重收费，法案规定授权申报人可以在申报中要求减少 CBAM 凭证数量，以便扣除在原产国已支付的碳价格。

CABM 作为欧盟 ETS 中的免费配额发放制度的补充，将逐渐替代免费排放配额。即自 2026 年起，欧盟将逐年减少 10%的免费配额，直至 2035 年完全取消。

三、欧盟 CBAM 实施过程中可能遇到的问题

（一）不公平问题

CBAM 在减缓气候变化上的实际效果有限，却会放大国际贸易中的不公平问题。在欧盟推出 CBAM 的当天，联合国贸易与发展组织发布的报告就指出，CBAM 仅能使全球减少 0.1%的碳排放，但可能会改变现有的国际贸易模式。更为关键的问题在于，CBAM 针对不同生产地的“同类产品”提供了差别待遇，这与 WTO 条款明显抵触。该报告推算，如果以每吨 44 美元的碳价格征收 CBAM，欧盟的碳泄漏将从 13.3%下降到 5.2%，但是发展中国家的高排放行业出口将减少 1.4%，其收入将减少 59 亿美元，而发达国家的收入则将增加 25 亿美元。

（二）欧盟没有明确 CBAM 将如何体现“共同但有区别的责任”

《巴黎协定》提出，各国履行“应体现公平以及共同但有区别的责任和各自能力的原则”；发达国家在带头减排的同时，应向发展中国家提供资金与技术支持。虽然欧洲议会在通过 CBAM 的决议中强调，应给予最不发达国家和小岛屿发展中国家以特殊待遇，但欧盟委员会并未在 CBAM 的正式条款中作出明确承诺，而是仅在序言部分提及“欧盟随时准备与低收入和中等收入国家合作，以实现其制造业的脱碳。此外，欧盟应向欠发达国家提供必要的技术援助”①。

（三）包括中国在内的发展中国家表示反对

绝大部分发展中国家认为，CBAM 在实施过程中存在着滥用贸易保护的嫌疑，既然 CBAM 是为了解决 EU-ETS 制度下的碳泄漏问题而设计的政策措施，那么欧盟就不能在对欧盟外企业征收碳关税的同时对欧盟内同业竞争企业提供免费碳配额，这无异于对欧盟企业提供双重保护。2020 年 11 月，中国气候变化事务特使在中欧绿色合作高级别论坛

---

① 戴铁尘：《欧盟碳边界调节机制：落地仍面临重重考验》，《世界知识》2021 年第 16 期。

上指出，欧盟 CBAM 存在着有效性、正当性、合法性和技术复杂性等方面的问题。在 2021 年 4 月发布的《第三十次“基础四国”气候变化部长级会议发布的联合声明》中，许多发展中国家的部长们“对实施如 CBAM 机制等贸易壁垒的提议表示严重关切，认为该提议具有歧视性，且违反了《巴黎协定》规定的公平原则、共同但有区别的责任原则和各自能力原则”。

（四）美国对 CBAM 的顾虑

欧美正在相互争夺国际气候治理领域的领导地位。若欧盟 CBAM 率先施行，将削弱美国在相关议题上的影响力。而且，美国征收碳关税的前景并不明朗，其至今还没有全国性的碳价政策，缺乏对其他国家的进口商品实施碳关税的理由。如果欧盟通过 CBAM，美国也难免成为其实施目标。在州的层面，美国一些州关于碳税的提案多次未能获得通过。即使这些州立法获得通过，美国各州征收的碳税也有可能并不相同，进口商会选择低税收的口岸入关。但是显然，一个国家不会允许在非自由贸易试验区之外设置差异化的关税，一个国家内部征收不同碳关税既不符合征税初衷，更违背 WTO 的条款。

四、欧盟 CBAM 对中国的影响

欧盟 CBAM 毕竟是一项新的机制，它对中国带来的影响主要在体现以下几个方面：

第一，欧盟 CBAM 有可能增加中国企业尤其是高碳行业企业的出口成本。中国的总体能源消费水平是世界平均水平的一倍多，是欧盟的好几倍；中国的能源主要以煤炭为主，而二氧化碳的排放刚好跟煤炭最相关。一旦欧盟 CBAM 付诸实施，中国的生产和贸易成本很可能会显著增加。欧盟是我国的第二大产品出口市场，并且出口产品以机械设备、金属制品等被欧盟列入碳泄露清单的产品为主，其中钢铁、水泥、铝等高碳行业首当其冲。另外，面临欧美一些发达国家对中国执行碳关税政策的局面，由于短时间内国内生产企业不能突破技术局限，企业为达到低碳技术标准，实现合格的排放量，必然会扩大资本、技术、人才等要素投入，直接增加生产成本。①

第二，欧盟 CBAM 可能恶化贸易环境，影响中国产品的竞争力。由于中国与印度、东南亚等新兴经济体存在贸易竞争关系，而这些国家减排政策又不如中国苛刻，难免使得它们同类产品的竞争力提高且出口增加，使得耗能更高的中国企业可能失去市场份额，更重要的是，这并没有实现全球减排目标，实际上全球排放量可能还会增加。中国和其他发展中国家指责欧盟单方面推动的 CBAM 违背了《公约》和《巴黎协定》下“共同但有区别的责任原则”和“各自能力原则”，指责欧盟 CBAM 强迫发展水平和能力与欧盟不同的其他国家和欧盟一起采取同等强度的减排措施。这也意味着，当中国为解决与欧盟相同的碳问题时，若采取相应碳价措施也会受到其他国家的抵制，从而陷入被动。

第三，我国可能面临更大规模和范围的贸易摩擦。当前，我国面临反补贴、反倾销、保障措施、技术性贸易壁垒、知识产权等多重贸易摩擦，其中来自欧盟的贸易摩擦数量层出不穷。此外，欧盟 CBAM 框架下的碳关税的运行体系、监管机制和征收准则等随意性较强，亟须统一，推行碳关税势必影响中国对欧贸易环境。同时，碳关税出台可能引发征收数量、产品和地区的示范和扩散效应，使我国产业成为世界各国实行碳关税征收的主要目标。此外，其他国家担忧碳关税导致中国产品出口向本国转移，对自身产业带来冲击，也易倾向于利用碳关税等手段对华实施更大规模和范围的贸易摩擦②。

虽然，欧盟 CBAM 实质上是通过对进口产品隐含的碳排放进行定价的方式，将 EU-ETS 扩展到世界其他地区，有强迫不同发展水平和能力的国家执行统一碳价之嫌。但是欧盟 CBAM 是目前全球唯一公布且可能影响广泛的碳价政策，中国应与国际社会一道就 CBAM 的碳核算体系、与 WTO 规则的兼容性、适用的范围和时机等议题加强对话与协调，制定

① 蓝庆新、段云鹏：《碳关税的实质、影响及我国应对之策》，《行政管理改革》2022 年第 1 期。

② 蓝庆新、段云鹏：《碳关税的实质、影响及我国应对之策》，《行政管理改革》2022 年第 1 期。

出能广泛接受的应对竞争力和碳泄露的政策或指南，避免单方面采取碳边境调节措施可能带来的冲突。

总之，中国应加快国内碳排放交易市场的发展，进一步扩大碳定价覆盖范围，把更多的行业和企业纳入到碳排放交易体系。中国可把欧盟CBAM覆盖的行业作为优先考虑的部门，CBAM提案承认以碳税或排放额度形式存在的、可量化的碳价，如果进口商能够根据第三国生产商提交可核查的证据证明已经支付了碳价，可以扣除相应的金额，以此可以减少缴纳的碳关税。

第五节 琴澳促进碳金融发展的机遇与对策建议

中国“双碳”目标的提出及碳市场的实践对碳金融理论与实践创新提出了新的要求。琴澳深度合作区金融市场率先开放与创新的定位，意味着琴澳应积极发挥其地缘优势，积极推动碳金融的发展与创新。

一、“双碳”目标与碳市场的发展推动金融理论与实践创新

中国“双碳”目标的实现不仅需要提高能源效率，更需推动能源结构、经济结构与技术创新的变迁。而无论是能源产业的转型升级，还是绿色技术创新都需要大量的资金支持。由于低碳环保项目公益性较强，存在期限长、回报率低的特点，公共资金所能提供的资金支持不到中国气候治理所需要的资金的 15%①，如何通过金融制度设计与金融产品创新，发挥金融引导资源配置的功能，引导资源流向低碳项目、低碳产业，助力经济低碳转型就成为助力“双碳”目标实现的重要问题。

碳市场作为助力“双碳”目标的市场机制，亦催生了一系列金融产品。碳债券、碳基金、碳排放权抵质押融资、碳远期、碳期货、碳资产回购与托管等碳金融产品的创新发展，推动了中国碳金融市场体系的发展。碳金融产品与碳市场这一新型金融市场的实践，亦对碳金融理论的创新提出要求。碳资产定价是否有着与传统金融资产不同的定价机制？碳交易市场与股票和债券市场相比，有哪些独有的特性？中国碳市场流动性不足问题是否可以通过碳交易制度设计来解决？武汉试点碳市

① 气候债券倡议组织和中央国债登记结算有限责任公司：《中国绿色债券市场现状报告 2016》。

场要求碳交易主体只可保存经过交易后余留的碳配额，即碳交易主体（如减排企业）免费分配的碳配额，若未经过交易而余留的碳配额在第二年作废，而经过交易后而余留的碳配额则可以保存至第二年使用。武汉试点碳市场独特的碳配额保存制度虽然有助于提高碳市场的流动性，但是否会引发无效交易而增加交易主体的减排成本？在中国销售电价非市场定价的背景下，全国碳市场仅包含了发电企业，意味着碳市场中形成的碳价无法通过电价的市场波动产生对其他行业的溢出效应。为此，中国碳市场建设应如何与电价改革协调？如何提高碳市场促进减排的功能？对上述问题的分析将推动金融理论与实践的创新，琴澳可依托国内外高校的密切合作，为中国碳金融的理论发展作出积极贡献。

二、琴澳促进碳金融发展的对策建议

（一）琴澳可成为中国碳市场与国际碳市场相互沟通的碳金融中心

横琴岛位于珠江口西岸，与澳门隔河相望，处于“一国两制”的交汇点和“内外辐射”的结合部。横琴分大、小横琴岛，两岛之间为十字门水域。作为珠海金融发展要地，横琴凭借“分线通关”政策和特殊的海岛地形，形成“离岸金融岛”和“财富管理岛”的雏形。琴澳深度合作区应抓住碳金融的发展机遇，成为香港澳门内地拓展的新通道、新平台。从现有资源配置和利用格局来看，横琴岛作为整个珠三角地区为数不多的自然条件优越、相应配套设施健全、发展潜力和提升空间不可限量的一个地区，其所拥有的土地资源、区位优势和人文环境必然决定它在粤港澳大湾区发展进程中将发挥不可替代的重要作用。优越地理位置和现有资源使得琴澳深度合作示范区可成为国内外碳金融业务融会的金融中心，因此，琴澳深度合作区应积极将国际前沿的碳金融理论与实践引入，形成新一轮制度创新、理念创新与产品创新，并成为新的经济增长极，进而对全国碳金融发展起到带动效用。

（二）琴澳应积极参与碳金融标准的制定

琴澳深度合作区作为金融开放的示范区，有着与国际接轨的金融惯例与金融标准。琴澳深度合作区不仅肩负着粤澳共商共建共管共享新体制的建设重任，亦在“一带一路”远景与规划中具有重要作用。琴澳可基于粤港澳大湾区的辐射力，接入目前已经搭建的跨国合作平台，依托大湾区绿色产业、广东省和深圳市的碳交易试点经验，积极参与国际组织与国内碳金融标准的探索，积极推动国内碳金融和国际碳金融标准的互认。

（三）琴澳应积极推进碳金融创新

琴澳深度合作区面积小，便于推行试点和收集反馈，且与港澳合作正不断深入。碳金融创新与碳金融制度改革在此推行，有助于促进粤港澳三地生态环境建设的一体化，有助于推进大湾区节能低碳转型发展。琴澳应加大低碳项目与低碳产业的投资力度，畅通碳融资渠道，鼓励金融机构创新碳金融衍生产品，支持低碳产业发展。

参考文献

[1] 张中祥、张钟毓：《全球气候治理体系演进及新旧体系的特征差异比较研究》，《国外社会科学》2021 年第 5 期。

[2] 张海滨、黄晓璞、陈婧嫣：《中国参与国际气候变化谈判 30 年：历史进程及角色变迁》，《阅江学刊》2021 年第 6 期。

[3] 周绍雪：《全球气候治理的中国方案》，《学习时报》，2019 年 12 月 13 日。

[4]《专访 COP26 中国代表团随团专家：大会基本完成了既定任务》，《新京报》，2021 年 11 月 14 日。

[5] 王永中：《“双碳”目标对中国能源和经济的影响》，《煤炭经济研究》2021 年第 4 期。

[6] 何少琛：《欧盟碳排放交易体系发展现状、改革方法及前景》，吉林大学 2016 年博士学位论文。

[7] 荆克迪：《中国碳交易市场的机制设计与国际比较研究》，南开大学 2014 年博士学位论文。

[8] 高帅：《国际碳交易新市场机制设计与企业行为情景实验研

究》，清华大学2017年博士学位论文。

［9］潘晓滨：《中国地方碳试点配额总量设定经验比较及其对全国碳市场建设的借鉴》，《环境保护与循环经济》2018年第11期。

［10］梁美健、连啸洋：《中外碳排放权交易流程对比分析》，《经济师》2019年第5期。

［11］刘明明：《中国碳排放权交易实践的成就、不足及对策》，安徽师范大学学报（人文社会科学版）》2021年第3期。

［12］宋旭、宾晖：《从地方碳试点到全国碳交易中心》，《中国环境管理》2021年第1期。

［13］孙永平：《中国碳排放权交易报告（2017）》，北京：社会科学文献出版社，2017年。

［14］夏绍冬、陈惠姗、张思雨、吴瑶、杨帅、王许：《我国碳排放权交易相关问题探讨》，《中国市场》2019年第27期。

［15］俞越、李雪雯：《在基准线法为主的碳配额方法下我国碳市场碳价影响因素的分析》，中央财经大学绿色金融国际研究院。

［16］冯永晟、周亚敏：《"双碳"目标下的碳市场与电力市场建设》，《财经智库》2021年第4期。

［17］张中祥：《构建碳市场的策略秩序》，《北大金融评论》第8期。

［18］蓝庆新、段云鹏：《碳关税的实质、影响及我国应对之策》，《行政管理改革》2022年第1期。

［19］戴轶尘：《欧盟碳边界调节机制：落地仍面临重重考验》，《世界知识》2021年第16期。

［20］王优酉、张晓通、邹磊、吴志峰：《欧盟碳税新政：内容、影响及应对》，《国际经济合作》2021年第5期。

［21］蓝庆新、段云鹏：《碳关税的实质、影响及我国应对之策》，《行政管理改革》2022年第1期。

［22］姜婷婷、徐海燕：《欧盟碳边境调节机制的性质、影响及我国的应对举措》，《国际贸易》2021年第9期。

［23］陈鹏：《粤港澳大湾区建设绿色发展湾区路径研究》，《环境保护与循环经济》2021年第11期。

2021

第二编

区域金融中心建设与跨境资本流动

4 第四章

区域金融中心建设的机遇与准备

近年来，国家高度重视粤港澳大湾区的发展，从国家发展战略高度对大湾区发展作出战略定位和顶层设计，先后出台了《粤港澳大湾区发展规划纲要》（下简称《规划纲要》）、《深圳建设中国特色社会主义先行示范区综合改革试点实施方案（2020—2025年）》、《全面深化前海深港现代服务业合作区改革开放方案》和《横琴粤澳深度合作区建设总体方案》（下简称《总体方案》）。这些方案对大湾区的金融发展进行了总体定位，目标就是建设国际金融枢纽。

横琴地处珠海南端，毗邻港澳，背靠粤港澳大湾区，与澳门一水一桥之隔，是我国“一国两制”交汇点和“内外辐射”的结合部。得天独厚的地缘优势，国家给予的系列优惠政策，将使横琴在大湾区建设国际金融枢纽进程中担当战略重任和发挥独特作用。《总体方案》围绕促进澳门经济适度多元发展的目标，重点规划横琴要发展现代金融产业，对金融发展提出了更高要求和目标，如打造中国—葡语国家金融服务平台，创新发展财富管理、债券市场、融资租赁等现代金融业，探索构建电子围网系统，试点合并交易环节外债管理框架，建立高度便利的市场准入制度，推动合作区金融市场率先高度开放，等等。在此背景下，本章重点分析横琴粤澳深合区建设区域金融中心的政策现状，研究国内外金融中心的建设经验及政府发挥的作用，探讨横琴打造区域金融中心所面临的机遇与挑战，寻找横琴自身优势，以期扬长避短，运用政策引导，推动横琴区域金融中心建立。

第一节 区域金融中心的理论框架

本节从金融中心的概念出发，在梳理区域金融中心的相关理论研究的基础上，界定区域金融中心的内涵，归纳总结区域金融中心的基本功能，并阐述金融中心的三种形成模式以及全球主要金融中心的演变脉络。

一、区域金融中心的内涵与功能

（一）金融中心的含义

关于金融中心的概念、含义，学术界存在多种解释。美国学者 Charles Kindleberger（1974）从金融中心的功能视角解释了金融中心的含义，认为金融中心内部集聚了大量的金融资本和其他生产要素，是承担资金交易中介和跨区域价值贮藏功能的中心区。① 饶余庆（1997）认为，金融中心是金融业高度集中，金融市场能够自由生存和发展，金融交易活动能够高速有效进行的都市。② 刘文朝（2001）认为，金融中心是金融中介机构和金融市场组织集中，在资金的筹集、流动及组织方面起着枢纽作用的中心城市。③ 黎平海（2014）指出，金融中心是具备健全金融机构网络、可以提供有效金融服务的金融市场的所在区域，资金往来都在此区域交汇和集散。④ 由此可以看出，金融中心是金融机构自由从事各种金融活动与交易的场所，其主要特点就是金融机构众多、金融市场发达、金融信息化率高及金融人才丰富，具有交易成本低、交易效率高、交易量大等优势。金融中心包含三层含义，即金融产品交易和资金集散中心、金融产品定价中心⑤和金融信息中心⑥。

从理论上来说，金融中心是一个相对概念，就其辐射力和影响力来看，金融中心可划分为全球性国际金融中心、区域性国际金融中心、国内金融中心、国内区域性金融中心四类。全球性国际金融中心面向全球市场、服务全球经济，主导着全球金融市场规则，如英国伦敦、美国纽

---

① Kindleberger, C. P., The Formation of Financial Centers: A Study in Comparative Economic History, *Princeton Studies in International Finance*, 1974, *36* (2).

② 饶余庆：《香港国际金融中心》，北京：商务印书馆，1997 年。

③ 刘文朝：《重庆区域金融中心研究》，重庆：重庆出版社，2001 年。

④ 黎平海：《我国区域金融中心建设与发展研究》，暨南大学 2008 年博士学位论文。

⑤ 姜波克：《上海国际金融中心建设的基本思路》，《新金融》2003 年第 7 期。

⑥ 于福生：《论上海国际金融中心的建设》，《技术经济与管理研究》2006 年第 5 期。

约等。区域性国际金融中心是一批拥有国际影响力的金融市场，辐射洲际地区，能够为国内外客户提供金融中介服务，如新加坡、中国香港等。国内金融中心在本国金融活动中起主导和推动作用，其交易活动范围覆盖全国各地，如我国的上海、北京、深圳等。国内区域性金融中心以某一城市为依托，主要服务于国内的一定区域，可以国内跨省、自治区和直辖市，也可以省内跨地区。

（二）区域金融中心的内涵

区域金融中心是金融中心的一种，其影响力和辐射力仅限于某一区域的金融中心。通常所说的区域金融中心是指某一区域内金融机构聚集、金融市场发达、金融交易活动频繁，融通集散资金功能强，且对区域经济能产生极化和扩散效应的中心城市。[①] 部分区域金融中心业务具有很高的国际化水平，可为区内居民和企业提供优质金融服务，同时对各地经济金融活动产生较大影响，优化金融资源的配置。

区域金融中心可以是从世界范围而言的，如新加坡是亚太地区的区域性国际金融中心；也可以是从一国范围来说的，如美国波士顿是美国国内的区域金融中心。因此，广义上的区域金融中心包括区域性国际金融中心和国内的区域金融中心两种类型，狭义上的区域金融中心仅指国内的区域金融中心。本文所说的区域金融中心，如果没有专门说明，仅指狭义上的区域金融中心。

（三）区域金融中心的功能

现有研究认为，区域金融中心主要有六个方面的功能[②]：

第一，货币结算功能。这是区域金融中心的基本功能之一，大都是由区域内部的银行来承担。区域金融中心的金融机构与国内外其他结算机构频繁进行业务往来，集中办理汇兑、托收、代付、信用证、汇票等

---

① 中国人民银行武汉分行课题组：《关于建设武汉区域性金融中心的研究报告》，《中国金融前沿问题研究》（2004）》，北京：中国金融出版社，2004 年。

② 本部分写作重点参考了黎平海：《我国区域金融中心建设与发展研究》，暨南大学 2008 年博士学位论文。

业务，同时兼顾便利性和安全性。

第二，投融资功能。区域金融中心立足于投融资活动，承担着将储蓄转化为投资以及配置金融资源的重要任务。由于区域金融中心内部云集各种金融机构，汇聚了大量资金，如银行存款、基金、保险费、证券交易金、期货保证金等。区域金融中心不仅能为区域内资金需求方提供融资服务，也可以为区外甚至国外资金需求方提供融资活动。

第三，资产重组功能。资产证券化业务出现以后，社会越来越需要金融机构的资产并购重组功能，但这类业务运作需要极其丰富的人力、信息、资金、企业、技术等资源。金融中心聚集了大量投资银行与相关金融机构，因业务发展的需要，它们与各类客户或同行建立起千丝万缕的联系，积累了十分丰富的资产重组以及类似的资本运作经验，并具有丰富的信息资源优势，从而能够在企业资产重组活动当中发挥出更加优异的策划和融资功能。

第四，信息传递功能。金融中心作为宏观经济的重要组成部分，与其他组成部分存在紧密的关联性，信息的产生与传递理所当然地成为区域金融中心的主要功能之一。企业要上市融资，就需要联系券商，向外界披露企业的相关信息。金融中心每时每刻都在向公众传递形形色色的信息，包括政策信息、投资方信息、企业信息、金融中介信息等。

第五，集群功能。区域金融中心的集群功能主要体现在两个方面：一是金融交易相关各方都位于区域金融中心，地理位置相对相近，这样非常便于它们之间开展分工与合作，从而金融中心的交易效率和分工细化相对较高。二是分工细化所带来的经济效率提升反过来又推动金融交易的分工。金融中心一方面通过将金融机构或企业集聚而搭建起客户关系平台，另一方面通过强化金融机构之间的业务网络关系，使得金融机构、央行、金融监管部门之间业务往来更加频繁。

第六，规模效益功能。这个功能主要体现在以下三个方面：一是节约企业周转资金，促进投融资便利化。公司通过在金融中心设立财务公司或财务部门进行投融资运作和资金管理，充分发挥当地金融市场的功能，实现用少量资金完成大规模的支付。此外，由于金融中心市场竞争激烈，金融服务机构能够为资金需求方提供低成本、可持续的证券发行机会，也可为资金的供给方介绍更多的流动性投资对象。二是增强市场流动性，降低融资成本和投资风险。金融市场规模的扩大增强了证券流动性，从而吸引其他区域的借贷双方，使得借款方以相对较低的利率获取较大的贷款，贷款者也能够展开各种各样的投资活动。三是有利于金融机构之间开展业务合作和共享辅助性产业。在区域金融中心内，金融机构大量集聚使得它们能够联手展开清算与结算服务，促使它们之间业务合作关系更加紧密，产生外部经济效应。

二、区域金融中心的形成模式

区域金融中心的形成是指区域内部集聚的各类金融机构通过分工协作建立起竞争与合作关系，在外部环境变化过程中共同进化、互利共生，获得长久的竞争力优势，最终形成区域金融中心的过程。现有研究认为，区域金融中心存在三种差异较大的模式，即自然形成、市场形成以及政府主导形成三种模式。

（一）自然形成模式

自然形成模式指金融中心的形成和发展是由于经济社会的发展需求而被动产生，经济发展是其原动力。这种形成模式缺乏时间效率，所经历的时间比较长，大多发生在发达地区，如英国伦敦、美国纽约和日本东京。在自然形成模式中，城市的内在基因，如区位优势、资源禀赋等，具有很大的影响力。

区位优势大致决定了金融中心的形成与发展。由于经济体系各组成部分之间存在紧密的关联性，以港口等自然资源为基础的资源禀赋，使得本地区与其他地区之间产生互为补充、互相配合的关系，随着时间的变化逐渐变为一种区域发展空间结构，进而使得每个区域的功能定位出现不同。顺延此逻辑链条，可以认为自然资源禀赋优势主导着区域空间结构的主体功能。以中国香港为例，香港凭借港口资源优势和地理位置以及广阔的内地腹部，大力发展转口贸易；而转口贸易又对金融服务产生强烈的需求，这样给香港金融中心的形成与发展创造了条件。此外，区位级差在区域金融中心自然形成过程中也起到较大作用，如上海、广州等沿海城市与内陆城市之间存在的区位级差，就是这些城市所具有的自然资源禀赋优势。

产业竞争优势在区域金融中心形成过程中同样起到重要作用。钻石模型理论认为，生产要素、需求状况、相关和支持性产业及企业战略组织和竞争等要素在产业竞争优势开发过程中影响力巨大，只有在这些方面具有优势的行业才能在国际竞争中脱颖而出。具体而言，生产要素就是在生产过程中所使用的资源，具体包括土地、劳动、资本、技术、知识以及基础设施等。生产要素在促进区域内金融资源竞争的同时，也促使金融与产业资本有效结合，并产生金融集聚效应，加快区域金融中心形成的演化进程。需求状况，主要是指市场对该产业所提供产品或服务的需求情况。本地区以及与之有关联的其他地区金融服务需求，是区域金融中心形成的必要环节。相关和支持性产业，是指与目标发展产业相关的产业，其实就是那些互补性产业，它们通常与目标发展产业具有共同技术或共享营销渠道。支持性产业主要是为目标发展产业创造竞争优势的上游产业，具体包括为产业发展提供降低成本投入、促进产业链间合作、加快产业间信息传递以及促进所有产业创新的产业等。相关和支持性产业在区域金融中心形成机制中起到关键作用，能加快金融市场的信息传递速度。

随着科技进步、经济社会发展以及政府政策的变化，自然形成模式也发生改变，其对自然资源禀赋依赖程度逐渐降低，而产业优势在它的形成机制中作用逐渐增强。互联网金融的出现，使得贸易等对金融服务的需求不断增加，而对自然资源的依赖减弱，因此，不同区域金融中心的优劣势也将相应地发生变化。

（二）市场主导模式

在区域金融中心的形成机制中，市场功能拓展与金融业发展也是其重要的动力源。这种动力主要来源金融市场的流动性功能和信息功能。就金融市场流动性功能角度来看，金融市场可以通过提高流动性而降低风险，同时通过风险分散机制形成向心因素。由于投资者大多为风险厌恶型，因此投资者更倾向于在流动性强的市场中进行投资，从而导致金融机构和相关产业集聚，促进区域金融中心的形成。从市场信息功能角度来看，金融市场的信息交流和资源配置机制推动了区域金融中心的形成。金融市场中介的存在降低了信息获取成本和信息不对称程度，使得金融机构更容易获得有效的信息，金融从业者之间的交流更加频繁。这也助力区域金融中心的形成。

（三）政府主导形成模式

政府主导形成模式是指，当地政府为了发展经济、筹措资金，实施一系列优惠政策，并经立法确认，从而建立和发展区域金融中心的一种模式。这类模式比自然形成模式所需时间要短得多，大多都在 8—10 年。国内外学者借鉴制度变迁理论解释金融中心的形成及演化路径，以制度经济学理论解释金融中心城市的可持续竞争优势。考夫曼提出，国民经济的持续增长、严格的监管环境、透明的信息披露以及健全的法律体系是金融中心形成的关键条件。[①] 政府主导型区域金融中心的形成路径可简要概括为，政府采用行政立法和出台相关金融扶持政策等手段，吸引金融机构大量聚集，与此同时，还积极发展稳定、透明的金融市场，推动区域内的金融制度变迁，最终形成区域金融中心。

三、全球主要金融中心的演变脉络

全球主要金融中心从产生到发展跨越两个世纪，其发展历程可归纳为以下几个阶段：

第一，一战爆发前后，英国伦敦是典型的国际金融中心。英国在 18 世纪 60 年代开始工业革命之后，经济综合实力激增，外贸出口急剧扩展，一战爆发前夕约二分之一的国际结算采用英镑。这些优势赋予英国在国际金融领域的霸权地位，促使伦敦成为当时全球最大的国际金融中心。

第二，两次世界大战之间，美国纽约与英国伦敦双峰并峙。一战结束后，伦敦在国际金融市场当中的统治地位开始动摇，作为美国最大港口城市——纽约一跃成为地位显赫的国际金融中心。

---

① ［美］乔治·考夫曼著，陈平译：《现代金融体系：货币、市场和金融机构》，北京：经济科学出版社，2001 年。

第三，二战结束之初到20世纪60年代，国际金融中心以纽约为首，伦敦退居第二，而苏黎世逐渐兴起。

第四，20世纪60年代至现在，国际金融中心呈现多层次、多元化局面。20世纪70年代，伴随资本账户的开放与金融创新的推进，国际资本流动速度进一步加快，在推动原有国际金融中心快速发展的同时，也催生了一批由政府推动的新兴金融中心，如曼彻斯特、芝加哥、旧金山、新加坡等。

第二节 横琴区域金融中心建设现状

横琴金融业筚路蓝缕，风雨兼程地走过了13年的辉煌历程。2009年开发伊始，横琴只有一家农信社分社，如今已经构建起来多层次金融服务生态体系，金融领域细分行业达到20多种，传统金融机构和新兴金融呈现融合发展趋势。截至2020年6月底，区内金融类机构数量达到5559家，注册资本高达11130.8亿元，基金管理公司资产规模达到41700.96亿元，实际吸收外商直接投资超过22亿美元，各项存贷款余额本外币合计超过2500亿元。区管委会和金融服务局在横琴建设过程中坚持“市场主导、政府引导”的原则，搭建了横琴新区金融服务局、横琴新区金融服务中心、横琴金融投资集团有限公司、横琴新区金融行业协会、横琴智慧金融研究院和横琴金融创新研修院等政产学研相结合的四位一体的金融产业服务架构，打造出横琴金融产业基地、横琴智慧金融产业园、粤澳跨境金融合作（珠海）示范区等金融发展平台，为金融业发展奠定了坚实的根基。2018年横琴官方正式提出，要结合横琴的资源禀赋和毗邻港澳的区位优势，打造珠江西岸区域金融中心。① 但是，横琴距离建成区域金融中心仍有一段距离，有很大的赶超空间。

一、横琴区域金融中心的建设路径进一步明晰

自2009年横琴新区挂牌成立以来，国务院、央行、证监会、银保监会和广东省政府等给予了横琴新区一系列金融支持政策。2009年，国务院正式批准实施《横琴总体发展规划》，其中给予了“开展个人本

① 《错位发展区域金融中心，横琴集聚弯道超车新动能》，《时代周报》，2018年10月30日。

外币兑换特许业务试点”“支持符合条件的横琴开发运营机构和企业在全国银行间市场发行债务融资工具”等政策。2011 年，国务院《关于横琴开发有关政策的批复》，明确将金融业作为横琴七大产业发展方向之一。2015 年，国务院印发的《中国（广东）自由贸易试验区总体方案》明确支持横琴重点发展金融服务业，并把“逐渐形成国际化的金融次中心”确定为横琴金融创新改革工作的远景目标之一。2018 年，国务院印发《进一步深化中国（广东）自由贸易试验区改革开放方案》，明确将横琴打造成为开放型经济新体制先行区、高水平对外开放门户枢纽和粤港澳大湾区合作示范区。2019 年，中共中央、国务院印发《粤港澳大湾区发展规划纲要》，提出推进珠海横琴粤澳深度合作示范，建设粤港澳深度合作示范区。2021 年，中共中央、国务院印发《横琴粤澳深度合作区建设总体方案》，提出要发展现代金融业，支持深合区打造中国—葡语国家金融服务平台和开展跨境人民币结算业务。国家层面对横琴发展的历次战略定位一脉相承，对澳合作从“精密合作”到“深度合作”，发展方向和具体要求也不断细化深化。

依托经济特区、国家级新区、自贸试验片区和粤澳深度合作区的政策叠加效应和自身独特区位优势，横琴先后制定出台了一系列金融改革政策、文件，不断优化体制机制建设，增强服务意识，积极开展跨境业务创新，大力推动粤澳合作便利化，出台惠澳利澳政策体系，建设区域金融中心的路径进一步明晰：搭建政产学研四位一体的金融产业服务架构，构建以金融服务局、金融服务中心、金融投资集团有限公司和金融业协会为一体的“3+1”金融服务体系，设立金融智库机构——横琴智慧金融研究院和金融教育培训机构——横琴金融创新研修院，为促进金融改革创新、推动金融产业持续快速健康发展提供保障和支撑；深化金融创新改革，积极探索服务澳门经济适度多元发展，全面优化对澳金融合作服务架构，支持和配合澳门发展现代金融，全力推动粤澳跨境金融合作（珠海）示范区建设；大力鼓励企业实地办公，积极引进和培育优质金融企业，推进金融产业服务基地、金融产业园、粤澳跨境金融合作（珠海）示范区等金融产业集聚区建设与招商工作；做好横琴粤澳深合区品牌宣传，办好“十字门金融周”“中国（横琴）国际高校量化金融大赛”等活动，引入专业研究机构、高校、企业等参与共建开放性产融人才平台。

二、现阶段横琴区域金融中心发展水平

（一）横琴金融业概况

一般而言，金融业发展概况主要用金融业增加值及其在所在地区生产总值中的比重来表示。2015—2020 年，横琴金融业增加值上升迅猛，由 2015 年的 7.69 亿元上升到 2020 年的 140.47 亿元，平均增速高达 17.2%（见图 4-1）。金融业增加值占 GDP 的比重呈现逐年提高趋势，受整体经济走势影响，2020 年金融增加值占 GDP 比例有所回落，但并未影响其支柱产业的地位。这些指标均说明，近年来横琴金融产业发展态势良好。

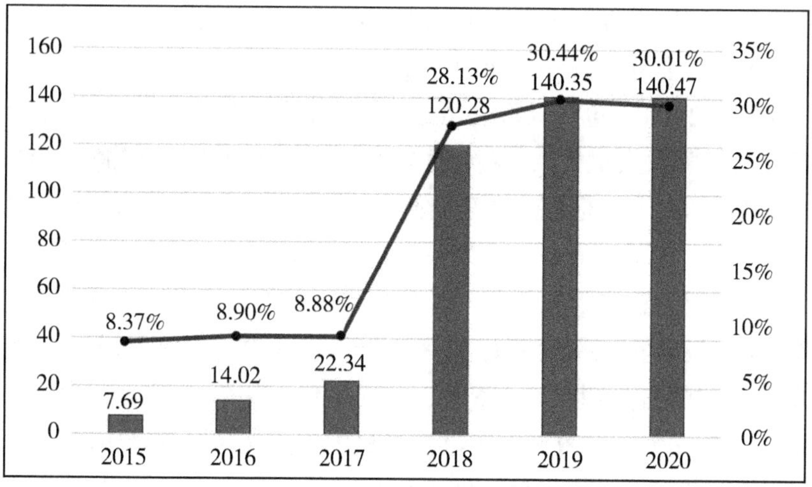

图 4-1　金融业增加值情况

注：2018 年全国第四次经济普查，横琴新区 GDP 基数做了调整，金融业增加值也相应进行了调整。

数据来源：横琴粤澳深合区金融发展局。

（二）横琴金融产业绩效

总体而言，经过十几年的快速发展，横琴银行业机构逐渐集聚，跨

境业务发展取得了显著成效。目前，横琴现有银行及非银行支付机构27家，包括华通金融租赁、横琴村镇银行、华发财务、证联支付等4家法人机构，以及23家商业银行分支机构（6家一级分行、11家二级分行和6家支行）。截至2021年6月，各项存款余额合计1619.40亿元，各项贷款余额合计1187.57亿元。自2010年开展跨境人民币结算试点以来，累计办理跨境人民币结算业务超9473.61亿元，跨境人民币资金池9个。交通银行、浦发银行、平安银行等均在横琴设立了离岸金融服务中心。

横琴证券业类别全、规模大，行业整体发展速度快且平稳，包括公募基金公司、其他资管类公司、基金销售公司和证券公司等4类共13家，资产管理规模高达3.4万亿。其中，3家公募基金公司的资管规模高达1.99万亿元，约占全国的10%；证券机构5家，主营业务是为上市企业、拟上市企业以及有投融资需求的企业提供并购重组、资产证券化、上市、定向增发、发行企业债券等服务，助力企业成长。

横琴保险业立足横琴，面向港澳的开放合作也成效显著。横琴共有保险业机构29家，包括保险公司15家（含法人机构2家），保险代理10家（含5家法人机构），保险经纪4家（含2家法人机构），2020年实现保费收入71.23亿元。久隆财险是中国装备制造行业首家专业性财政保险公司，横琴人寿是珠海第一家全国性寿险法人机构。区内保险公司积极开发跨境医疗保险产品，签发国内首张澳门单牌车车险保单，发布粤港澳大湾区重大保险等跨境保险产品。其中，横琴人寿2020年累计承保港澳居民保单共计1026件，共提供保险保障金额4.67亿元，总保费达2.38亿元，有效满足了港澳居民的差异化保险保障需求。

基金行业发展整体稳健，结构优化、活力迸发，质量进一步提高。私募行业作为横琴金融的重要组成部分，在促进实体经济发展中发挥了不可或缺的重要作用。截至2020年年末，在横琴注册且在中国证券投资基金业协会存续登记的私募基金管理机构有560家，管理基金总规模达4233.36亿元；存续备案的私募基金共1435只，管理基金规模4072.36亿元。辖内私募基金管理人数位居全国第八，在广东（不含深圳）排名第二，占比32.05%，管理规模占广东（不含深圳）的47.32%，以不到全省三分之一的管理人数量，占了全省将近一半的管理规模。IDG、KKR、高瓴资本、深创投、广发信德、光大控股、温氏投资、歌斐资产、君联资本、达晨创投等一批国际国内顶尖的私募企业均已落户横琴。

入驻横琴粤澳深合区的金融企业大幅增加，新兴金融业态初步形成。目前，区内新兴金融类企业2800余家，包括各类股权、创业投资机构、资产管理、金融服务、财富管理企业等。其中，已有近150家上市公司在园区设立员工持股平台，央企国资背景、清科与投中上排名前100的私募机构以及重点纳税企业所设立的机构超过1000家，占新兴金融类企业总量近50%。区内新兴金融企业序列已包含境内外主板上市公司、Pre-IPO企业员工持股平台、各省市地方国资背景企业，以及高瓴资本、易方达、IDG资本、中信、中植、光大、清华同方、中国平安、普洛斯、华润、广发、华发、格力等一大批国内外知名机构及其关联企业。

横琴金融业税收稳步上升，约占全区税收三分之一。2021年第一季度，金融业税收贡献23.56亿元，占比30.1%，超越租赁和商务服务业跃居成为横琴税收最多的行业。

（三）横琴对澳金融合作现状

目前，澳资金融机构逐渐向横琴集聚。2014年1月，澳门国际银行股份有限公司（珠海）横琴代表处正式挂牌，成为首家获批进驻横琴的外资银行和澳门地区银行。2017年1月，大西洋银行横琴分行正式开业，是内地首家以“准入前国民待遇加负面清单”模式设立的外资银行，也是内地首家澳门银行的盈利性机构。2019年10月粤澳跨境金融合作（珠海）示范区揭牌设立，目前大西洋银行、礼达联马基金等一批涉澳跨境金融企业和服务机构已经入驻示范区，产业集聚效应和示范效应初显。

琴澳跨境金融合作稳步推进。区内银行通过各项跨境业务，如跨境直贷、内保外贷、跨境双向资金池、跨境资产转让等业务，支持粤澳跨境投融资的便利化发展。横琴已经获批开展自由贸易账户（FT）试点，目前共有1141家企业设立FT账户，资金划转折合人民币超过330亿元。外商投资股权投资企业（QFLP）政策试点工作也正在稳步推进，澳资试点管理人注册资本总规模约3243.61万元，澳资试点基金认缴总规模约3892.33万元。联合澳门银行通过开展跨境人民币贷款试点业务，成为粤澳合作产业园等澳门投资项目跨境融资的主渠道。粤澳合作发展基金已经完成24个项目投资，累计投放资金超185.64亿元，重点投向大湾区交通轨道、综合服务等项目。QFLP试点办法建立了专门服务于澳门企业的绿色通道机制，使得横琴新区获批试点的澳资外商投资股权类企业数量翻了一番。

粤澳合作初显成效。中国人民银行支持澳门中国银行的手机银行和澳门通钱包用户在内地扫码支付。截至2021年7月，中国银行首发粤澳共享贷，通过审批客户已达30户，金额约1.90亿元，为澳门在内地的创业者提供了授信综合金融服务方案。港澳居民可通过跨境住房按揭业务在横琴购买住房，此项累计收汇超过9亿美元。发行“琴澳粤通卡”，为两地牌车主提供停车费、通行费等缴费便利。全国首份澳门单牌车机动车辆保险在横琴落地。开展粤澳保险机构相互提供跨境机动车保险服务政策试点。目前，在横琴承保的粤澳两地车数量已超过10000台。

（四）区域金融中心发展的影响因素

在区域金融中心形成和发展过程中，外在因素会产生很大影响。有学者将影响金融中心形成和发展的外在因素分为4类，即宏观经济发展状况、城市基础设施和市场环境、金融中心发展的成本因素、政策稳定性和制度条件。[①] 依此可评估影响横琴建设区域性金融中心的外在条件。

第一，宏观经济发展状况。2010—2020年，横琴主要经济指标均取得突飞猛进的增长，地区生产总值从4.63亿元[②]增长至468.07亿元，增长101倍；固定资产投资从58.66亿元增至440.42亿元，增长7.5倍；一般公共预算收入从7077万元增至95.05亿元，增长134倍，实

① 潘英丽：《论金融中心形成的微观基础—金融机构的空间聚集》，《上海财经大学学报》2003年第5期。

② 数据来源：横琴新区2010年政府工作报告。

际吸收外资从500万美元增长到18.27亿美元。

第二，城市基础设施和市场环境。“五横三纵”主干路网基本建成，横琴大桥等对外连接“大动脉”建成通车，供排水网、集中供冷（热）网、绿色电网和智能发达信息网等“六网”重点基础设施工程全面投入使用。教育资源供给不断扩大，横琴中心幼儿园、横琴小学、横琴一中新校园投入使用，子期学校、子期幼儿园启动建设，引进德威中学、哈罗礼德等品牌学校在横琴办学。医疗配套设施改善明显，珠海市人民医院横琴分院投入使用，横琴医院等一批医院启动建设。近年来，横琴成功举办中国国际马戏节、WTA超级精英赛等一系列大型活动和赛事，初步形成宜居宜业宜游的优质生活环境。但是，横琴金融人才储备，特别是高级金融人才储备相较于一线城市仍显薄弱。

第三，区域金融中心发展的成本因素。成本因素包含的类别较多，有工资成本、企业运营成本和制度性交易成本等。根据珠海市统计局公布的官方数据，珠海金融业从业人员的工资呈现上升趋势，这不仅体现出人力资本对金融业发展的重要性，也说明金融业实际工资水平在不断上升，增加了金融业发展的成本。此外，与广州和深圳相比，珠海房地产价格便宜，企业办公场地租赁费率低，人员交通费用少，这为金融企业低成本营运创造了前提条件。此外，近年来横琴以优化营商环境为突破口，大幅度降低企业制度性交易成本。自贸片区从挂牌成立之初，横琴就牢牢扭住营商环境这个“牛鼻子”，率先探索对标世界银行营商环境评价体系以及国际高标准投资规则，打造立足横琴、融汇大陆精华、兼具港澳特色的营商环境体系，成为全国营商环境建设的先锋。

第四，政策稳定性和制度条件。自横琴开发建设以来，国家一直支持横琴发展金融业，而且政策一脉相承，保持了稳定性、持续性和前瞻性。珠海市和横琴政府部门也在顶层设计、整体规划和政策扶持方面着力推动横琴金融业发展，结合横琴区位优势和资源禀赋等研究出台了多项扶持政策。

第三节 国内外金融中心建设经验

区域金融中心建设在遵循基本经济理论的前提下，还应该借鉴国内外金融中心建设的经验。本节简要介绍伦敦、纽约、中国香港和新加坡四个国际金融中心的发展历程，着重从金融中心发展定位、地理区位和资源禀赋优势的利用、市场主体活力的激发、建设进程加速等方面总结国际金融中心发的经验。

一、伦敦国际金融中心建设经验

伦敦是英国的政治、经济、文化和科教中心，是全球历史最悠久、出现最早的国际金融中心。目前，伦敦仍然是具有重要影响力的全球性国际金融中心。

（一）伦敦国际金融中心的形成与发展

随着国际贸易业务的蓬勃发展，17 世纪中后期伦敦迅速发展成为英国贸易中心，伦敦的进出口额分别占英国进出口总额的 80%和 70%。手工业的快速发展和海外贸易的急剧扩张对伦敦金融业提出了新需求。手工业规模的扩大导致资金需求额大幅增加，由此产生大量的资金借贷关系，为现代银行的产生和发展创造了先决条件。海外贸易的快速发展有力推动伦敦金融业的发展，使得汇票作为一种货币替代物在伦敦广泛应用，票据贴现等交易活动日趋活跃。伴随英格兰银行职能的不断演变，伦敦金融体系逐渐走向成熟，银行和从业人员开始汇聚伦敦，伦敦于 18 世纪末发展成为英国的银行业中心。在 18 世纪，英国内外战争频繁，政府为了筹集巨额战争经费而发行大量的债券，这个举措直接带动二级市场的成交量，进而推动伦敦债券市场的快速成长。随着进出口贸易的快速发展，人们对船舶和货物的投保需求直接推动伦敦保险业的发展，英国海上保险业务中心成立于1769年并正式开始办理保险，18世纪后期皇家保险交易所开始经营再保险业务，伦敦逐渐成为英国的保险业中心。

进入19世纪后，英国综合经济实力急剧增强，对外贸易迅速扩张，殖民地遍布世界各地，英镑成为当时全球最稳定的货币，国际贸易清算和资金借贷大都集中在伦敦进行，伦敦逐渐发展成为国际贸易和汇兑的结算中心。同时，伦敦金融体系日趋完善成熟，市场逐步健全，产品种类日益丰富，位于伦敦的英格兰银行能够作为国际借贷中心向逆差国提供英镑贷款。一战前夕，伦敦的海外投资额度高达40亿英镑，约占西方国家总投资的一半。伦敦以绝对优势成为全球最大、最有影响的国际金融中心。

第一次世界大战后英属殖民地纷纷独立，英国的殖民体系走向崩溃，英国政治和经济实力遭到极大削弱，出口贸易额锐减，同时还因战争欠下巨额债务。1920—1921年英国陷入经济危机之中，长达十年都没有从衰退的阴影走出，整个20年代经济都处于低迷状态。1929年，英国在世界工业生产增加值的占比下降到9%，比战前低5个百分点。英镑在国际贸易、支付结算中的主导地位也在逐渐下滑，一些在伦敦经营了近百年的国际金融机构也开始寻找新的进驻点，伦敦作为全球独一无二国际金融中心的影响力开始走向衰落。第二次世界大战的爆发使得英国的经济实力进一步被削弱，被迫实行外汇管制，英镑在国际货币体系中的绝对主导地位逐渐被美元取代，曾经首屈一指的伦敦国际金融中心的地位和影响力继续下降，被后起之秀的纽约所超越。

20世纪50年代美苏进入冷战时期，苏联和东欧国家为避免美国冻结或没收其在纽约的存款，将所积累的美元资金转移至在美国境外。英国抓住这一契机，及时放开外汇管制，并对从境外流入的资金征收较低的利息税，同时降低外资银行在伦敦设立分支机构的门槛，从而吸收到大量的美元存款。1957年，英国政府为了应对英镑危机，在提高利率的同时强化外汇管制和资本流动，禁止银行向非英镑区提供贸易信贷。然而这一举措却促使伦敦商业银行转而吸收更多的美元存款并发放美元贷款，于是在伦敦诞生了全球第一个境外美元市场——欧洲美元市场。

欧洲美元市场帮助伦敦很快摆脱了经济和金融困境，使其再一次成为国际银行业务的中心。

20 世纪 60 年代，美国采取一系列措施限制布雷顿森林体系下的美元外流，结果适得其反。由于欧洲市场自由度较大且回报率高，特别具有吸引力，许多美国金融机构便将相关的业务经营机构转移到伦敦，伦敦市场占据了欧洲市场的绝大部分份额。进入 20 世纪 80 年代，伦敦的银行为了维持在全球金融业的主导地位，将美元作为英镑的替代币种进行放贷。80 年代中期之后，英国政府对金融业采取了所谓“金融大爆炸”和监管制度的改革，扭转了伦敦国际金融中心的地位下降趋势，进一步巩固了伦敦国际金融中心的地位。

（二）伦敦国际金融中心的启示

归纳起来，我们可以从伦敦国际金融中心的形成与发展中获得以下三个方面的启示：

第一，经济实力是金融中心形成和发展的根基。伦敦国际金融中心的发展先后经历国内金融中心、区域性国际金融中心和全球性国际金融中心三个阶段。英国进出口贸易的繁荣需要大量资金和汇兑结算，因此在伦敦聚集了大量国内外金融机构，最终促进了伦敦诸多金融业务的发展，使其成为国际金融中心。从发展历程来看，伦敦金融中心地位的波动与英国的经济状况表现出高度的一致性。英国最先进行工业革命，一战前是全球最大的经济体，诸多外国金融机构进驻伦敦，开展投资、资金放贷、票据贴现等业务活动，使得伦敦的金融市场迅速发展壮大，逐渐成为国际金融中心。两次世界大战给英国经济造成巨大打击，第二次世界大战彻底改变了世界政治经济格局，英国经济实力受到极大削弱，导致伦敦国际金融中心的地位下降。尔后，伴随英国经济的复苏和繁荣，尤其是在布雷顿森林体系限制私人资本流动的条件下，欧洲美元市场的形成与发展使得伦敦国际金融中心再次迸发出新的活力。

第二，根据政治经济环境变化适时调整金融业的发展方向。对于任何一个金融中心来说，永远保持第一的地位都有一定难度。随着国内外环境的变化，金融中心需要进行金融体系改革以维持地位。在 20 世纪五六十年代，如果伦敦没有抓住美苏冷战背景和美国限制资本外流的契机，积极培育欧洲美元市场，大力发展离岸金融业务，那么伦敦就很难摆脱英国经济衰退的困境，甚至可能不再拥有国际金融中心的地位。伦敦离岸美元业务的拓展，扭转了其金融影响力持续下降的颓势，并使其发展成为全球最早、最大的离岸美元市场，巩固了伦敦作为全球性国际金融中心的地位。

第三，金融中心的形成和发展需要政府的大力支持。英国是典型的自由市场经济国家，伦敦国际金融中心属于自然形成的模式，但从英国政府支持伦敦开展离岸金融业务和实行金融自由化政策可以看出，金融中心的发展是离不开政府支持的。二战之后，抓住冷战中苏联具有的强烈的美元避险需求，英国政府从税收、金融监管等方面对伦敦的金融机构开展境外美元业务给予优惠条件，鼓励和支持境外金融机构在伦敦展业，大力推动离岸金融业务扩展，使伦敦成为当时最大的欧洲美元市场，极大地促进了伦敦国际金融中心地位的恢复。相应地，20 世纪 80 年代后期，英国政府实施以推进金融综合经营为主要特征的金融大爆炸改革，全面废除金融业分业经营体制，大力推进商业银行与股票经纪公司、商业银行与投资银行的业务融合和机构结合。在改革的推动作用下，英国的商业银行向全能金融集团方向发展，收购和兼并证券经纪商，业务领域涵盖银行、证券、保险、信托等，涌现一批超级金融机构和跨国金融机构。这次改革维持了伦敦在世界金融中心的地位，以证券市场为例，伦敦在交易最高峰期占到欧洲境外股票交易额的 95%。

二、纽约国际金融中心建设经验

纽约是美国最大的商业城市和贸易中心，是全球最具影响力的国际金融中心，在 2021 年全球金融中心指数（GFCI）排名位列榜首。[①] 纽约国际金融中心的发展有其自身优势，独特的地理位置、政府对金融业的重视为其发展提供良好的基础。

---

① 数据来源：国家高端智库中国（深圳）综合开发研究院与英国智库 Z/Yen 集团共同编制的第 29 期全球金融中心指数报告（GFCI 29）。

（一）纽约国际金融中心的形成和发展

纽约国际金融中心形成于一战结束后。一战前夕，美国就成为名副其实的全球第一生产大国，其提供的产品占全球总量的 1/3；到 1929 年，美国在世界工业生产总值所占的比重升至48%，实际上获得了全球第一经济大国的地位。此时，美国对外投资急剧膨胀，投资区域范围由原先的拉丁美洲扩展到全球各地，开始威胁到英国的全球霸主地位。一战结束后，美国恢复金本位制，美元与黄金兑换率基本稳定，因此一些国家陆续开始使用美元进行交易，美元作为一种国际货币开始被人们广泛接受和使用。与此同时，美国经济实力在一战结束后增强了很多，纽约金融中心慢慢开启了国际化步伐，开始逐渐承担起为国际金融市场融通美元资金的任务，大批银行、证券以及保险公司等金融机构开始在此聚集。此时，纽约与伦敦共同成为重要的国际金融中心，但纽约的地位和影响力仍逊于伦敦，因为英镑此时仍然是最重要的国际储备货币，伦敦仍然是国际结算中心和外汇交易中心。

第二次世界大战彻底改变了全球经济政治格局。二战结束后，美国的经济规模急剧膨胀，成为全球最大的债权国，工业制成品占全球的一半，对外贸易占全球贸易总额的 1/3，黄金储备增加到 200.8 亿美元，占资本主义世界黄金总额的 59%。[①] 凭借强大的经济和金融实力，美国建立起以美元为中心的国际货币体系，美元成为世界最主要的储备货币和清算货币。1944 年 7 月在美国新罕布什尔州布雷顿森林举行的关于建立国际货币体系的会议上，英国经济学家凯恩斯和美国政府官员怀特分别基于本国利益提出了建立国际货币体系的方案，美国最终凭借强大的整体实力通过了《布雷顿森林协定》，确立了美元与黄金挂钩、其他国家货币与美元挂钩的双挂钩制度。这种双挂钩制度把美元推上了国际货币体系的中心地位，使得美元成为各成员国货币的价值标准以及与黄金等同的国际储备货币。布雷顿森林体系建立后，世界各国、各地区间的贸易纷纷使用美元结算，美元成为国际贸易的结算货币。作为美国国

① 鲁世巍：《美元霸权与国际货币格局》，北京：中国经济出版社，2006 年，第 58 页。

内的经济金融中心，纽约不断创新发展，大量的国际借贷和资金筹集汇聚于纽约，纽约成为国际贸易的美元结算中心和资本供应中心，最终取代伦敦成为世界上最大的国际金融中心。

20世纪70年代，伴随布雷顿森林体系的解体，国际金融市场开始向浮动汇率制和国际储备多元化方向发展。同时，欧洲美元市场的蓬勃发展和美国的外汇管制削弱了纽约国际金融中心的竞争力，为了扭转这种局面，1981年美国联邦储备委员会批准设立纽约离岸金融市场，允许纽约的银行、储蓄机构设立“国际银行设施”经营“欧洲货币”业务。这一措施取得显著成效，把大量的欧洲美元吸回美国市场，极大地提高了纽约国际金融中心的地位。在此后仅仅两个月的时间里，就有260家银行建立该项设施，资产交易总额高达660亿美元。

20世纪90年代以后，伴随着美国经济的持续稳定增长，纽约金融业发展迅速，对经济增长的贡献也越来越大，国际金融中心的地位得到进一步巩固，毫无争议地成为屈指可数的全球国际金融中心。

（二）纽约国际金融中心的启示

纵观纽约国际金融中心的形成与发展，我们可以得出以下三点启示：

第一，国家经济实力对于国际金融中心的形成与发展极其重要。二战后，美国经济实力骤然增强，成为全球第一经济强国，进出口贸易和对外投资都居于世界首位。美国强大的经济实力为纽约金融中心的发展提供了强大的国力支撑和基金支持，促进了资本运转，使得整个金融领域活跃起来。纽约作为美国国内金融中心所承担国际金融业务急剧增加，纽约的联邦储备银行代管很多国家的美元外汇储备资产，纽约的银行办理全球各地的美元买卖清算业务，纽约逐渐发展成为全球美元清算中心和业务量巨大的金融中心。凭借美国雄厚的经济和金融实力、美元的霸权地位、优越地理位置和日趋完善的金融规则、体制和相关制度安排等，纽约战胜伦敦，成为二战以后全球排名首位的国际金融中心。

第二，金融中心建设必须以服务本国经济为根本宗旨。纽约有着比较完善的金融市场体系，包括货币、黄金、证券、衍生金融、外汇等领域的市场，但在市场自由开放方面与英国伦敦相比有着很大差异。在伦敦国际金融中心发展过程中，英国政府采取自由开放的政策，外资金融机构进入门槛低，资金可以自由进出，资金从世界各地而来，最后又流向世界各地；而美国在纽约国际金融中心发展过程中，曾经采取了一系列限制资本外流和外国银行经营业务的措施，使得资金主要流向国内，服务于本土经济，从而为美国国内经济发展提供充足的资本。在布雷顿森林体系崩溃后，与黄金失去联系的美元体系的形成与发展，又使得美国金融市场尤其是纽约金融市场成为吸引国外资金、弥补美国经常项目逆差的重要支柱，依靠规模庞大的具有广度和深度的金融市场，以及名类繁多的具有安全性和流动性的国际通用金融商品，纽约金融市场成为美国经济发展进程中最为重要的资金蓄水池。

第三，国际货币体系对国际金融中心的形成与发展起了很大作用。布雷顿森林体系确立了美元在国际货币体系的中心地位，使美元成为世界最主要的国际储备货币和国际清算货币。美元作为世界货币决定了美国必须向全球提供一个应用美元进行投资交易的金融市场，于是美国金融机构增加国际业务，世界各地美元交易清算也都在美国进行。纽约作为美国金融机构集聚、金融市场发达的城市，大量的国际借贷、资本筹措和资金结算都集中于此，并成为世界最大的资本供应中心和美元交易清算中心。

三、新加坡国际金融中心建设经验

新加坡是亚太地区重要的国际金融中心之一，在 2021 年全球金融中心指数（GFCI）位列第五，仅次于纽约、伦敦、上海、香港。[①] 根据新加坡金融管理局（MAS）统计的资料，截至 2019 年年底，在新加坡营业的商业银行共有 131 家，其中本地银行 4 家，外资银行 127 家，外资占比高达 97%。国际清算银行（BIS）调查显示，2019 年新加坡是全球第三大外汇交易中心，日均交易量约占全球的 6%，仅次于伦敦和纽约；同时也是全球重要的财富管理中心和私人银行中心，仅次于纽约和

① 数据来源：国家高端智库中国（深圳）综合开发研究院与英国智库 Z/Yen 集团共同编制的第 29 期全球金融中心指数报告（GFCI 29）。

瑞士。新加坡政府的大力扶持、优越的地理位置、良好的营商环境等，对新加坡国际金融中心的形成与发展发挥了重要作用。

（一）新加坡国际金融中心的形成与发展

新加坡国际金融中心属于政府主导型金融中心，它的形成和发展离不开新加坡政府的长期大力扶持。新加坡政府在新加坡独立后不久，便深刻意识到金融的赋能作用，确立了金融立国和金融市场国际化发展战略，提出要把新加坡打造成亚洲重要的国际金融中心的战略目标。20世纪60年代美国政府限制资金外流，美国银行业筹划建立离岸金融中心，新加坡政府抓住这一历史机遇开设亚洲美元市场，率先允许美国银行在新加坡经营离岸金融业务。这一举措成为新加坡金融国际化的重要里程碑。1972年，新加坡政府放宽对银行外汇交易的管制，取消了“亚洲货币单位必须保持20%流动准备金”的规定。1973年，新加坡政府进一步放宽对亚洲货币单位的管制，允许企业和居民投资亚洲美元市场。与此同时，新加坡政府出台了税收优惠、提供便利等政策，如亚洲货币债券收入免征所得税等。

由于众多东南亚国家的效仿，新加坡离岸金融发展面临着巨大竞争压力。为此，新加坡政府加快金融市场多元化发展和国际化进程，于1976年放宽外汇交易管制，与东盟各国自由通汇；1978年全面开放外汇市场，准许外资银行到新加坡从事离岸金融业务；1999年废除银行双轨制，取消外资持股比例不超过40%的上线，提高离岸银行贷款额上限至10亿新加坡元，支持金融机构开发和发展新的金融衍生品；2002年准许海外基金进入金融市场零售，并简化手续办理流程，摩根士丹利等一批国际知名公司进驻新加坡。金融多元化和国际化的发展反过来带动了新加坡国内金融业的发展，1994年新加坡已经发展成为全球排名第四的外汇交易中心、排名第五的金融衍生产品交易中心和排名第九的离岸金融中心。

在全球期货交易中，新加坡期货市场占有重要地位，拥有天然橡胶的国际定价权，并且许多东南亚贸易商都参与了新加坡商品交易所的天然橡胶期货合约交易。新加坡是亚太地区第一个开设金融衍生品市场的金融中心，1984年9月将黄金交易所改组为国际金融交易所，并在当年成功推出亚洲第一个欧洲美元存款利率期货和欧洲日元期权。

显然，新加坡的衍生品市场发展属于典型的政府推动型，政府的大力扶持和必要监管推动了其市场发展。新加坡独特的地理位置、语言和时区的优势，使其成为衔接美国金融衍生交易和欧洲金融交易的桥梁。

（二）新加坡国际金融中心的启示

我们可以将新加坡国际金融中心形成与发展的启示总结如下：

第一，政府必须在尊重市场规律的基础上充分发挥引导作用。新加坡政府在承认市场的基础上，通过制定发展规划和优惠政策来充分发挥政府引导作用。1998 年新加坡政府出台世界级金融中心建设蓝图，以资产管理市场和债券市场作为突破口，优先发展基金管理业务，使得新加坡发展成为亚洲资产管理中心。新加坡通过税收优惠政策吸引外资金融机构到新加坡投资，并对符合金融业发展规划的重点方向采取税收优惠政策。新加坡加大金融业开放力度，准许外资银行进入国内市场，取消外资机构最低交易额限制，全面开放了直接保险业，促进了金融机构在新加坡集聚。

第二，积极支持金融业改革与创新。新加坡国内市场小，周边国家人均收入低，还要面对纽约、伦敦、香港等金融中心的竞争，外部环境对其建设国际金融中心十分不利。但是，新加坡的竞争意识与危机意识强烈，抓住国际金融市场发展机会，积极支持和鼓励金融创新，不断丰富和完善金融业务，使得其在亚太地区影响力逐渐增加。20 世纪 60 年代，新加坡抓住跨国企业在东南亚投融资的需求，创造性开设“亚洲货币单位”，把新加坡建成亚洲的外汇交易中心；亚洲金融危机后，面临东南亚国家金融政策的竞争，新加坡树立宽严相济的监管理念，由严格的合规监管转向有选择性监管和风险监管，金融政策进一步放宽。

第三，注重构建良好的营商环境。新加坡的商业环境一直位于全球前列，在 2020 年国际反贪污组织“透明国际”廉洁排行榜上位居全球第三。新加坡政府极其重视硬件环境建设，投资巨资扩建或新建机场、港口、码头、水电设施和信息通讯设施等，营造现代化高效率的基础环境。此外，新加坡还进一步健全各项与投资有关的法律法规，保护投资者利益，为全球投资者打造了一个良好的投资环境。

四、中国香港国际金融中心建设经验

中国香港是全球最自由的经济体之一，是重要的国际金融、贸易和航运中心，拥有超一流的营商环境和遍布世界各地的商业网络。香港在2021年全球金融中心指数（GFCI）中位列第四，仅次于纽约、伦敦、上海。[①] 依靠自由开放的金融政策、独特的地理位置、简单低税政策、高素质的专业人才，香港成功发展为国际金融中心。

（一）香港国际金融中心的形成与发展

香港国际金融中心属于自然形成模式，自由港政策为国际金融中心的形成与发展创造了良好环境。20 世纪 70 年代以后，伴随香港国际航运、进出口贸易等业务蓬勃发展，香港在全球金融行业的中心地位逐渐稳固。

20 世纪 70 年代之前，由于存在外币存款利息税和外资银行进入限制，香港金融业的发展速度要慢于同期的新加坡。之后，香港确立了建立区域性金融中心的目标，采取了一系列开放措施推动自由化：1973 年取消外汇管制，1974 年实行港币汇率自由浮动并解除黄金管制，1977 年设立商品期货市场，1978 年恢复颁发银行牌照，1982 年撤销外币存款利息税，1983 年撤销港元存款利息税等。这些措施吸引了许多知名国际金融机构在香港营业，有力推动了香港金融市场朝着多元化、国际化方向发展。20 世纪 80 年代香港成为仅次于伦敦和纽约的全球第三大银行中心，在亚太地区贷款市场居于重要位置，签署了 70%以上亚太地区的银团贷款。此时，无论是从金融制度规范性、金融市场规模和金融结构层面，还是从多元化和国际化角度，香港作为一个区域性国际金融中心的地位得以基本确立。

虽然香港经过十多年努力已经初步发展成为国际金融中心，但与其他国际金融中心相比，仍存在一些差距。20 世纪 90 年代以后，香港进

---

① 数据来源：国家高端智库中国（深圳）综合开发研究院与英国智库 Z/Yen 集团共同编制的第 29 期全球金融中心指数报告（GFCI 29）。

一步加强软环境建设，分阶段全部撤销了“利率协议”，取消外资银行不能设立超过两间分行机构的规定，重组证监会架构并分拆主席职能，推出取消遗产税、豁免离岸基金缴付利得税、简化设立基金公司手续等多项鼓励基金市场发展措施。这些措施使得香港金融市场更加自由、开放，金融体系效率更高，金融市场尤其是股票市场规模集聚加快，并吸引了中国内地企业大规模赴港上市。针对较为薄弱的债券市场，香港从税务和基建两方面发力，再加上长期低利率的市场环境，香港债券市场在 1997 年亚洲金融危机后也出现良好发展势头。

（二）香港国际金融中心发展的经验借鉴

香港国际金融中心的形成与发展可以为我们提供如下启示：

第一，注重金融基础设施建设。香港特区政府高度重视金融基础设施建设，并将其作为巩固金融中心地位一项基础性工作予以推进。20 世纪 90 年代后，香港进一步强化金融基础设施建设：1990 年设立债券工具中央结算系统，1994 年香港联交所中央结算系统与欧洲交收系统、世达国际交收系统联网，1996 年中央即时系统与香港银行同业支付系统联网并提供即时及即日货银两讫服务，1998 年中央即时结算系统与股票交收系统连接推出货银两讫结算服务。

第二，宽松透明的金融政策。20 世纪 70 年代后，随着市场竞争加剧和经济环境的复杂化，香港对国际金融中心的态度由“消极不干预”转向“积极不干预”，但始终恪守不干预金融市场运作的原则。香港金融市场透明度较高，政府部门、金融机构等部门定期披露经过严格审核的信息和研究报告，并做到及时公开和更新。香港实施低税率和推行简单税制，为金融业发展提供了更大主动权及创新空间。

第三，科学严格的监管体制。20 世纪 80 年代后期，香港逐步加强了对金融业的监管，相继成立香港证券及期货事务监察委员会和香港金融管理局，极力维持金融市场的公平竞争。由于香港法律制度比较完善，所有在港的经济活动都可以有具体的法律依据，并且受到严密的监督，因而确保了香港金融市场的持续稳定发展。

第四节 横琴区域金融中心建设面临的机遇与挑战

横琴作为粤港澳地区的重要合作平台之一，坚守促进澳门经济适度多元发展的初心和使命，强化对港澳尤其是对澳合作，着力推进粤港澳深度合作示范区建设，全力支持澳门“一个中心、一个平台、一个基地”建设，取得了初步重要成果。区域金融中心作为财富、信息、要素的集散地，对保持澳门的持续繁荣将发挥重要的推动作用。横琴具备良好的经济发展基础，《总体方案》的印发带来难得的历史机遇，但是在当前形势下，要将其建设成为珠江西岸区域性金融中心仍然面临诸多挑战。

一、横琴区域性金融中心建设面临的机遇

（一）国家区域发展战略有利于横琴建设区域金融中心

进入全球化时代后，金融中心向多层次、多元化方向错位发展，形成了功能互补、层次分明的金融中心，即全球性国际金融中心、区域性国际金融中心、国内金融中心、国内区域性金融中心以及国内省市级别的金融中心等。[①] 这种发展趋势不完全是由经济发展和资金集聚所决定，而且与国家宏观经济发展状况和区域发展战略有很强关联性。目前，我国已经形成以长三角、京津冀、粤港澳大湾区为主要代表的经济增长极，它们在地区生产总值、产业结构分布、经济运行状况等方面的成效已经相当可观。《规划纲要》《总体方案》对横琴发展的新定位、新要求，有利于推动横琴金融业实现新一轮升级发展，助力横琴构建高

① 黎平海：《我国区域中心建设与发展研究》，北京：中国社会科学出版社，2016年，第159页。

层次全方位对外开放新格局，为横琴实现战略对接、优势互补，打造区域金融中心奠定了良好的政策基础。

（二）国家金融改革的深化有利于横琴经济金融的进一步发展

2013年以来，我国金融改革持续推进，在引导、推动重点领域与行业转型调整，深化农村金融体制改革，发展普惠金融支持小微企业，加快金融市场建设，加快发展多层次资本市场，完善金融市场体系等方面，取得了显著成绩。互联网、大数据、云计算、人工智能等新信息技术的创新发展，新产业、新业态、新模式的不断涌现，这些都对消费信贷、资产管理、支付等金融服务产生了新需求。“一带一路”倡议联系60多个国家，涵盖了全球60%以上的人口，涉及地区的经济总量占全球的30%以上。根据有关方面的预测，未来“一带一路”倡议中仅亚洲国家对基础建设投资的资金需求每年就高达上万亿美元，而目前包括亚洲开发银行、世界银行以及亚洲基础设施投资银行在内的国际金融机构，自身的投资能力远远不能满足这些国家的需求。横琴作为“内联外拓枢纽平台”，首先应该发挥金融开放创新平台作用，创新发展财富管理、债券市场和融资租赁等现代金融业，成为“一带一路”项目投融资平台和跨境人民币结算中心，满足“一带一路”倡议对资金的需求。

（三）粤港澳金融合作的深化有利于横琴区域金融中心建设

2015年，国务院印发《中国（广东）自由贸易试验区总体方案》，明确横琴将建设成为粤港澳深度合作示范区，支持横琴重点发展金融产业。2018年，国务院印发《进一步深化中国（广东）自由贸易试验区改革开放方案》，再次明确将横琴打造为粤港澳深度合作示范区。2019年，中共中央、国务院印发《粤港澳大湾区发展规划纲要》，提出要推进珠海横琴粤港澳深度合作示范，建设粤港澳深度合作示范区。在一系列国家层面的政策推动下，横琴对港澳尤其是对澳门的合作范围进一步扩大、合作层次更加深入、规则制度衔接不断向纵深推进。粤澳跨境金融合作示范区入驻企业数量大幅增加。2021年上半年，新引进11家涉澳跨境金融企业和服务机构；粤澳合作发展基金完成24个项目投资，累计投放资金超185.64亿元；粤澳共享贷客户审批通过34户，金额约

1.99亿元；QFLP试点办法特别建立服务澳门企业的绿色通道机制，横琴获批试点的澳资外商投资股权类企业数量实现翻一番。

（四）国家对澳门与横琴的战略定位有利于横琴区域金融中心建设

《规划纲要》对澳门与横琴金融服务进行了特色化定位，在第六章第三节“建设国际金融枢纽”部分指出，支持澳门打造中国—葡语国家金融服务平台，建立出口信用保险制度，建设成为葡语国家人民币清算中心，发挥中葡基金总部落户澳门的优势，承接中国与葡语国家金融合作服务；在第六章第三节“大力发展特色金融产业”部分指出，支持澳门发展租赁等特色金融业务，探索与邻近地区错位发展，研究在澳门建立以人民币计价结算的证券市场、绿色金融平台、中葡金融服务平台；在第九章第三节在“打造‘一带一路’建设重要支撑区”部分指出，支持澳门以适当方式与丝路基金、中拉产能合作投资基金、中非产能合作基金和亚洲基础设施投资银行开展合作；在第九章第三节“全面参与国际经济合作”部分指出，充分发挥澳门在国家对外开放中的特殊地位与作用，支持澳门依法以“中国澳门”名义或者其他适当形式，对外签署自由贸易协定和参加有关国际组织，支持澳门在符合条件的情况下加入亚洲基础设施投资银行，支持丝路基金及相关金融机构在澳门设立分支机构。《规划纲要》还明确提出，要进一步提升横琴金融业的开放程度，为横琴粤澳深合区特色金融发展提供保障。《总体方案》提出，要增强横琴区域中心城市的地位和金融市场的辐射力。作为关系到地区发展、稳定的核心产业，横琴金融业的重要性不言而喻。当前，立足于泛珠三角和葡语国家之间经贸关系，横琴—澳门将是一条主轴，横琴将同澳门一起引领珠江西岸的经济发展。伴随着横琴城市功能的日益强化，城市综合竞争力和区域辐射力也将会越来越强，这些都将成为该地区构建区域金融中心的重要基础。

（五）横琴具备建设区域金融中心的内在发展条件

首先，横琴具有明显区位优势。横琴地处一国两制的交汇点，是粤港澳合作的示范区，同时也是澳门产业多元发展的新载体。横琴实行分线管理，创新的通关方式，为跨境合作提供了开放的口岸环境。

其次，横琴具有良好的营商环境，金融基础设施日趋完备，金融业发展潜力巨大。横琴自贸区挂牌成立以来，横琴政府致力构建与港澳政策相适应、与国际规则相衔接的机制，率先实施商事登记改革，率先建立“清单监管”模式，率先启动“一次查验”通关模式，率先设立知识产权运营特色试点平台，连续三年获评“最佳营商环境成就奖”。横琴开展跨境人民币贷款业务试点，设立500亿先进装备制造业发展基金，扶持先进装备制造业发展，大力发展融资租赁、产业投资基金等多种金融组织。率先在全国实施类似案件类似判决制度，基本建立信用监管体系和商务信用信息公开制度；推出横琴诚信店、先行赔付、小额消费争议仲裁等措施，构建事前到事后立体信用体系。在金融基础设施服务方面，横琴智能超算中心一期、二期项目建成并投入使用，三期项目正在建设；电力、通讯（如5G基站）等基础设施建设日趋完善，为横琴金融基础设施的建设、运行和维护提供良好支持。横琴金融产业基地建成并投入运营，成为银行、证券、保险等机构集聚发展的金融园区；横琴智慧金融产业园开园，集聚了一批以大数据、人工智能、区块链等新一代信息技术为依托的新兴金融科技产业集群；粤澳跨境金融合作（珠海）示范区揭牌成立，为粤澳金融合作提供了全新的空间载体。同时，珠海“十字门金融周”开始发挥跨界多元一体的金融交流平台作用；中国横琴国际高校量化金融大赛初步实现“吸引国际化、高端的金融量化人才聚集横琴”的初衷；互联网金融仲裁平台和互联网金融法律服务平台，成为促进横琴金融发展的服务助力器。

最后，澳门与珠海是粤港澳大湾区城市群中富有鲜明特色的城市群。在粤港澳“9+2”城市群中，澳门作为中心城市之一，拥有最高的人均GDP、特色化的经济金融结构，在建设世界旅游休闲中心、打造中国与葡语国家商贸合作服务平台等方面已有深厚的积累。

二、横琴区域金融中心建设面临的挑战

（一）大湾区内部同质化竞争激烈

大湾区内部的城市都在大力发展金融服务业，高度重视金融科技和

绿色金融发展，支持大数据、物联网、区块链、人工智能等新一代信息技术与金融业融合发展，加快布局绿色信贷、绿色债券、碳金融等绿色金融市场。广州和深圳均提出要建设区域性金融中心，且横琴与广州、深圳同处一省，地理位置临近，在金融资源和金融政策方面客观上形成竞争态势，不利于资源集聚和优化。

（二）金融信息安全风险加剧

金融科技在提升金融服务效率、降低金融服务成本的同时，也带来了信息安全方面的挑战。首先是数据安全。随着电子购物、支付结算等不断丰富，一些商家、机构积累了海量的数据，包括客户个人数据、行为数据和交易数据，但是部分商家和机构由于信息管理水平较低，缺乏应对网络攻击的能力，数据存在泄露、被盗窃的风险。横琴建设区域金融中心势必会引起数据信息的流动，数据流动将面临信息数据出入境安全的挑战。其次是网络安全。金融科技在推动金融基础设施建设和金融服务线上化、开放化的同时，也增加了网络安全隐患，一旦金融风险发生，在网络开放的条件下，风险将迅速传导到其他金融机构和关联行业，甚至可能造成系统性风险。最后是技术风险。在大力发展金融科技的背景下，如果盲目追求金融科技技术，没有严密测试和风险评估，将可能导致安全事件频发、资源浪费等问题。

（三）面临高端金融人才缺口

金融人才尤其是高端金融人才是推动金融产业发展的关键要素。横琴要建设区域金融中心，发展特色金融产业，防范化解金融风险，维护金融安全与稳定，需要高端金融人才，需要加大力度储备专业人才。而根据北京立言金融与发展研究院发布的《中国金融科技人才培养与发展问卷调查（2021）》，2021 年 96.8%的被调研机构存在金融科技专业人才缺口。因此，横琴金融发展也面临人才缺口问题。

（四）金融监管协调机制有待进一步完善

粤港澳大湾区金融合作正在并将继续加强，金融机构跨境互设逐步增多，跨境金融产品迭代创新，跨境资金流动日趋频繁。同时，金融机构跨境监管套利、跨境资金异常流动、跨境金融风险交叉传染等风险呈积聚势头。当前，大湾区内部尚未建立常态化的、紧密的金融监管协调机制，此不利于共同识别、预警、防范和化解区域性和系统性金融风险。粤港澳大湾区亟待构建相适应的金融监管协调机制，筑牢大湾区金融风险防火墙，守住不发生区域性和系统性金融风险的底线。

第五节 强化横琴区域性金融中心功能的对策措施

根据前文的分析，横琴建设区域金融中心不仅将带动珠江西岸经济社会发展，同时也为粤港澳大湾区扎实建设国际金融枢纽提供新支撑，还给澳门经济适度多元发展提供新机遇。针对横琴建设区域金融中心，本节提出以下几点对策措施。

一、把握好政府定位：协调、服务与监管

与邻近的广州、深圳相比，横琴经济规模小，自身对金融服务的需求也不大，但是珠江口西岸都市圈 GDP 规模大，珠海、中山、江门、阳江四市具有较好的先进装备制造业的发展基础，可以为横琴建设区域性金融中心提供足够的需求支撑。在建设区域性金融中心的过程中，处理好政府和市场的关系，可以更好发挥市场在资源配置过程中的决定性作用。但由于金融体系存在外部性效应、传染效应等，政府又有适当介入的必要性。

第一，强化广东省、珠海市、横琴粤澳深合区政府间的联动，合力推进横琴区域性金融中心建设。在省政府的支持和帮助下，横琴应该争取在以下方面获得政策支持：争取中央批准在横琴设立国家级的区域性离岸金融中心、区域性期货交易中心、区域性银行票据和结算中心；争取省政府在广东省金融发展改革规划中突出横琴金融业地位；争取获得与深圳等国内金融中心城市同等的政策环境，等等。

第二，加强与珠江西岸城市群金融合作，实现政府与市场的有效结合。加强与珠海、中山、江门等珠江西岸城市的对接，打破城市群内部资本市场、货币市场、保险市场等金融管制壁垒，推动金融信息平台互联互通，切实加强金融市场协同。并且，要持续优化营商环境，减少行

政审批环节，尊重市场规律，严格依法行政，创造公平竞争的法制化环境，形成一个稳定且可预期的制度环境。并且，在产业布局和发展规划方面，要同广州和深圳既有差异又有互补，避免同质化竞争所带来的金融资源内耗。

第三，强化横琴金融发展局服务与监管职能，做好金融产业发展规划。首先，要强化综合服务与监管职能，制定金融产业中长期发展规划和工作推进方案，完善金融业整体布局，协助金融监管机构做好金融业监管。其次，向社会明确横琴重点发展金融业的意向和政策目标，大胆提出建设珠江西岸区域性金融中心的目标。最后，制定和落实具体促进金融业发展的各项政策措施。

第四，加强区执委会与省银保监会、省证监会两大监管机构之间的工作衔接和政策协调。建立区执委会与金融界联席会议制度，定期举行金融信息沟通会，分析全区金融运行情况，商讨金融业发展大事，协调解决金融业改革发展中出现的矛盾和问题。在国家有关金融法律法规和政策规定的框架下，研究制定地方配套性政策文件和内部管理制度，进一步完善金融高质量发展的政策体系，健全金融发展局内部各项管理制度，形成一批有实效的工作方案。

二、做好金融机构“引进来”和“走出去”工作

在中国金融业对外开放新形势下，要充分认识到招商引资在金融业发展中的重要地位，积极学习借鉴国内外成功的经验，创新方式，主动出击，以更加坚实的举措推进招商引资工作。

第一，通过金融业招商引资，实现金融机构国际化。建议在深合区金融发展局领导下成立横琴粤澳深合区金融业招商领导小组，细分行业类别进行招商，引进更多外资金融机构进驻横琴。为了实现区域性金融中心发展目标，横琴要加大招商引资支持力度，出台系列支持金融机构和金融人才在横琴发展的政策措施，给予新设或新迁入外资金融机构以开办运营支持、财政贡献奖励和高管个人贡献奖励，吸引更多知名金融机构在横琴建立中国分部或区域分部。同时，应支持区内法人金融机构与外资金融机构交叉持股，与外资金融机构合作在横琴设立合资非银行

法人金融机构及合资证券等法人金融机构，探索建设服务于人民币国际化的离岸金融中心。

第二，通过国际交流与合作，实现金融业务国际化。横琴粤澳深合区应该与香港资本市场合作，推动区内企业赴港上市融资，充分利用香港资本市场融通外资。支持香港交易、结算公司和证券经营机构到横琴展业。强化与澳门在金融基础设施方面的合作，推动共建私募债券登记、发行、托管、结算系统或跨境股权转让平台，推动跨境金融便利化，提高金融监管效率和准确性。加强与港澳保险业合作，吸引港澳保险公司来横琴设立保险机构，加强横琴与香港、澳门保险业人才引进和信息交流，加强与港澳在保险人员从业资格考试方面的合作，打击境外保险机构非法在内地开展保险业务行为。探索建立香港、澳门和横琴金融业定期联络机制，为适应三地更广泛、更深入的合作需求，可设立相应金融联络机构，负责安排合作的对象和方式，加强金融业从业人员之间相互学习与交流，增进监管机构之间合作。充分利用横琴地理位置及营运成本低的优势，吸引港澳银行业来横琴设立分级机构开展业务。

第三，吸引国内外金融机构总部和企业集团总部来横琴落户。横琴在扩大对外开放的同时，要加大对国内其他区域的开放力度，比照外资金融机构落户条件给予同等优惠政策，吸引国内各种资本和资金集聚。重点吸引国内金融机构和企业集团将其总部迁往横琴，与吸引国外金融机构和大财团等措施一道，打造横琴“总部经济”。

三、强化横琴金融业的基础设施建设

金融基础设施是金融市场的核心组成部分，在区域性金融中心建设中具有重要作用。构建国际化的金融基础设施，将有利于横琴持续提升对外资的吸引力，实现更高层次的开放创新。

第一，继续完善金融信息化设施建设。高度重视金融系统信息安全工作，强化工作统筹协调和顶层设计，加快构建信息基础设施安全保障体系，确保业务数据和客户信息的安全。以跨境人民币结算为抓手，大力推进横琴跨境人民币结算中心建设，统筹协调“跨境金融中心”建设与技术交易、产权交易、数据交易等要素交易市场建设。积极支持金融机构不断完善现有电子支付系统、电子资金转账系统、同城票据交换系统、电子缴税入库系统、银行卡网络中心等金融基础设施，提高横琴金融基础设施服务水平。出台有关优惠政策，支持金融企业在横琴建立地区级、省级或国家级数据管理中心和研发中心，为公共事务和商业领域客户提供数据分析和决策支持服务，全面满足客户业务创新的需求。鼓励金融科技企业对种类多样、结构复杂的金融数据进行采集、整合、存储、分析，为各种金融企业经营决策提供有价值且及时的增值服务，全面提高金融企业信息分析和风险管理能力。

第二，加快推进与国际金融市场间的信息化联系。横琴区域金融中心的发展需要置于粤澳深度融合发展的大背景下，在更高水平上迈出改革开放新步伐。充分利用合作区建设带来的重大机遇，进一步加强横琴与澳门经济合作互动，支持和配合澳门发展现代金融业，促进彼此信息交流与共享，实现与澳门金融市场的互联互通。

第三，逐步健全信用体系建设工作制度。依据有关政策法规和程序抓紧制定公共信用信息目录和失信惩戒措施清单，编制社会信用体系建设规划，编制社会信用体系建设工作的推进方案。对于国家和广东省颁布的政策法规，横琴可结合实际情况，进一步制定实施细则，对国家未涉及的方面，横琴应研究制定具体的规制管理办法。

第四，培育具有国际竞争力的企业征信机构和信用评级机构。扩大征信评级行业的开放，支持更多国际信用评级机构来横琴展业，精准刻画企业行为特征，为投资者提供公正的参考。大力发展绿色金融、绿色债券的评级征信，为打造绿色金融打下坚实基础。鼓励征信评级机构与金融专区结合，推动公共数据与金融数据开放共享，支持供应链金融、跨境金融等信用服务平台，提升中小企业的信贷可得性和融资便捷性。同时加强对信用评级机构的监管，规范社会信用服务，健全社会信用体系，奖优罚劣，保护相关各方的合法权益。

四、完善现代金融监管体系

金融安全是国家安全的重要组成部分。横琴在建设区域金融中心的过程中要建立完善的现代金融监管体系，在发展壮大金融产业中防范和化解金融风险。

第一，加快横琴金融监管立法和监管制度体系建设。在遵循国家有关金融法律及其他重要法规的前提下，全面开展金融监管立法调研，严格按照立法程序研究制定配套性政策和办法，健全完善金融监管体制机制，做到监管有法可依、有章可循。全面落实依法行政，进一步完善行政执法工作制度，规范执法流程，完善依法行政监督机制，发挥金融监察部门在金融监管中的作用，发现苗头性、倾向性问题，及时予以督促纠正。开展系统性的法制培训活动，使金融机构真正做到学法、懂法、守法，全面增强守法的自觉性与责任感，提高金融监管的法制化水平。

第二，建立金融监管部门联席会议制度。探索建立金融监管部门联席会议制度和信息交流制度，推进联合执法，形成监管合力，维护金融秩序和社会稳定。由于各监管部门自成体系，缺乏一套有效的协调机制，很容易产生监管疏漏或监管冲突，导致监管效率低下，严重影响监管功能的发挥。建议由管委会或执委会分管金融的副主任牵头，金融发展局组织协调，会同中国人民银行广州分行、省银保监局等单位建立联席会议制度，定期召开金融工作会议，加强沟通协调，强化互动对接，实现政府与金融界信息共享。从而，科学划分金融监管事权和职能，实施局领导包片监管责任制，压实监管责任，切实守住金融安全底线，共同保障横琴金融业健康发展。

第三，建立金融系统风险预警监测机制。建立以金融企业监管指标体系、风险监测考评体系为主的金融风险预警机制，防范和化解金融风险，维护经济金融稳定。参考发达国家运用数学建模预测和分析风险的做法，加强数据指标体系建设，以数字化的指标体系构建监控与限制标准。利用大数据、人工智能等技术开发各种风险评测模型，对金融机构的各类风险进行监测和评估。进一步完善对金融企业进行现场检查的政策和程序，定期或不定期地对金融机构的内部控制制度、风险管理能力等进行检查。进一步完善非现场监测体系，提高数据采集的及时性、准确性和完整性，强化非现场监管对风险的预测预警功能。

第四，更好发挥金融行业自律性组织的协调监督作用。充分发挥金融行业协会协调监督作用，完善组织协调联动机制，不断提高行业自律意识与自律水平。在金融发展局的领导下，建立健全符合横琴金融业特点的自律公约和竞争方式，督促会员遵守公约，协调行业内部矛盾，健全信息披露制度，促进金融行业自律机制形成。此外，还可以通过自律性组织加强经营管理经验的交流，传递市场信息，避免同业竞争等利益冲突，增强金融体系防控风险的能力。

第五，积极引入社会力量参与金融监管。由于金融监管是一个复杂系统工程，很难全部由监管部门来承担，有必要引入社会力量。充分发挥会计事务所、律师事务所等金融中介机构的监督作用，防范和化解金融风险。委托会计事务所等社会力量负责审计、信息披露、评估咨询等工作，不仅能克服监管机构的人力物力所限，还能降低金融监管成本且提升监管效率。建立强制性金融机构信息披露制度，及时披露金融机构违规行为和存在问题，强化社会监督，规范和约束金融机构的行为。

五、发展多层次资本市场

资本市场在现代金融体系中居于核心地位，高效的资本市场是建设区域金融中心市场体系的主导和枢纽。

第一，抓住证券市场实施注册制这一重大历史机遇，培育新增优质上市公司。加快研究部署推动企业上市的相关工作，全力推动优质企业改制上市，培育一批龙头企业来带动横琴微电子、生物医药、新能源、新材料等高科技产业。按照“培育一批、申报一批、上市一批、做强一批”的要求，做好重点行业和战略新兴产业拟上市企业的挖掘与培育工作。支持企业参加深交所一站式全程培训课程、投融资路演等系列活动。与尚未改制上市的重点骨干企业特别是民营企业、高新技术企业建立重点联系制度。鼓励企业通过上市募集资金进一步发挥规模效应，提高核心竞争力，实现业务规模扩大，建立完善现代企业制度，优化股权结构和法人治理机构。

第二，发展地方债券市场，完善银行中长期信贷市场。在国家政策允许的情况下，考虑在横琴设立债券交易所，发展地方债券市场。针对珠江西岸城市群重点发展的产业和项目、城市基础设施建设，加大中长期信贷的支持，弥补国家投资的不足，解决资金需求问题。积极培育银团市场，以满足大型基建项目建设的大规模融资需求，分散银行的信贷风险。加大高新技术改造传统产业、产业结构升级项目的中长期信贷支持，以促进珠江西岸经济的可持续发展。建立担保机构奖励机制和损失补偿机制，对一些信用等级高的担保机构适当减免税收。引导银行积极转变观念，增强服务、创新意识，加大对高新技术企业中长期信贷的支持力度，满足高新技术企业的资金需求，促进其带动区域经济发展。同时，建议加大推进个人消费信贷业务，增强本地居民的消费需求。

第三，打造知识产权交易平台。横琴发展知识产权交易具备良好的基础与条件，应加大资源整合力度，规范知识产权交易，推动横琴国际知识产权交易中心发展成为大众交易平台。创新科技金融模式和运营机制，充分发挥交易中心试点作用，探索知识产权金融创新以及跨境知识产权特色交易，打造知识产权跨境交易桥头堡和科技金融试验点。

第四，大力推动跨境融资的发展。积极与国家发改委沟通和交流，争取政策先行先试，简化外债审批流程，便利澳门银行参与跨境贷款。加快探索资本项目可兑换的步伐，在符合国家规定的前提下逐步放宽场外股权跨境转让、场外债权跨境转让等特色金融领域的资本管制，通过资本项目的先行先试，推动横琴成为境外金融机构的集聚地，围绕境外机构的金融需求开展离岸人民币业务。

第五，着力发展风险投资市场。加大风险投资主体培育力度，鼓励企业、金融机构、个人、外资等多类投资者积极参与风险投资，建立“多方投入、风险共担、专家经营、利益共享”的风险投资运行机制，实现风险融资市场化。鼓励境内企业与境外风险投资公司合作，学习国外先进风险投资管理经验，培养风险投资人才。支持境内企业跨出国门吸引国外风险投资，按国际惯例在境外募集并注册风险投资基金，专门用于投资横琴高新科技企业。多渠道开辟风险资金来源，特别是要激发民间资本的力量，鼓励私人资本进入风险投资领域，合理利用个人投资促进高新技术产业化。积极完善私人权益资本市场，完善风险投资退出机制，使风险投资既能获得较高收益又能安全退出，吸引民间资本进入风险投资市场。

第六，完善产权交易市场。加快建设横琴产权交易市场，依托广东金融资产交易中心、珠海产权交易中心、横琴国际知识产权交易中心建设场外交易市场，为暂时不能或不愿进入二板市场上市的中小型高新技术企业提供场外交易的条件，为风险投资的撤出提供新的途径。大力支持、组织和推荐横琴创业企业到创业板尤其是境外创业板上市。

六、实施金融人才战略

第一，推进人才政策精准化、常态化、法制化。立足于横琴粤澳深合区发展的需求，加强高层次金融业人才引进，重视存量人才持续培养。人才政策尤其要注重人才服务，增加人才落户、人才住房、人才子女教育、随迁家属的社保税务等服务内容，增加对人才的吸引力。建立常态化的人才引进工作小组，明确其职责范围，同时提高人才政策的法制化建设水平，增强人才工作的规范性和稳定性，保证流入人才对未来发展拥有稳定的预期。

第二，促进人才的国际化。目前，横琴急需具有国际化素质的金融高层次人才，要积极放宽海外人才的进入限制，创新全球金融业人才引入模式，如以游学、项目合作、学术交流等为契机，在横琴相关机构的邀请下从横琴口岸免签入境，加大金融业高层次人才流入的便利性。总结赴海外成功举办高级人才专场招聘会的经验，探索一条适合横琴发展的人才引进新渠道。充分利用《总体方案》带来的机遇，加快推进横琴澳门金融合作，从港澳吸引更多的金融人才来横琴就业，促进横琴区域金融中心建设。

第三，加大本地金融人才的培养力度。积极发挥横琴智慧金融研究院和横琴创新金融研修院的人才培养优势，大力培养高层次的金融人才，引导、资助高校与金融机构合作建立金融博士后工作站，完善金融人才教育培训体系，积极培养银行、证券、保险，尤其是国际金融方面的复合型、创新型、国际型、实战型人才，全面提升横琴金融人才质量。建立金融人才培养专项基金，每年从基金中拿出一定资金支持在横琴金融机构、行业协会及高校举办高水平的金融论坛活动。通过举办高层次金融论坛和学术交流，宣传横琴的金融产业，为横琴更广泛参与国内外交流与合作提供更大的平台。

参考文献

[1] 白鹤祥:《中国区域性金融中心建设研究：重庆建设长江上游金融中心的对策和路径》，北京：中国金融出版社，2009年。

[2] 曹雪峰:《提升区域金融中心形成潜力的政策措施研究——以成都为例》，西南交通大学2015年博士学位论文。

[3] 曹源芳:《中国区域金融中心体系研究——以金融地理学为理论视角》，北京：中国金融出版社，2010年。

[4] 车欣薇:《中国区域金融中心体系建设研究》,《金融经济（理论版）》2013年第20期。

[5] 陈凡、韦鸿:《“一带一路”战略下武汉打造区域金融中心升级版的思考》,《武汉金融》2016年第11期。

[6] 陈应春:《深圳建设区域性金融中心的战略与策略》，深圳：海天出版社，2004年。

[7] 冯德连、葛文静:《国际金融中心成长的理论分析》,《中国软科学》2004年第6期。

[8] 韩春廷:《中国金融发展与经济增长关系的实证研究》,《经济科学》2001年第3期。

[9] 雷永健:《对成都建设西部金融中心的思考》,《西南金融》2003年第12期。

[10] 黎平海:《我国区域金融中心建设与发展研究》，暨南大学2008年博士学位论文。

[11] 李成、郝俊香:《金融中心发展的理论、总结与展望》,《上海金融》2006年第11期。

[12] 李光荣:《关于建设金融中心几个争论问题的思考》,《中国城市经济》2004年第12期。

[13] 李嘉晓:《我国区域金融中心发展研究》，西北农林科技大学2007年博士学位论文。

[14] 李豫:《借鉴新加坡经验，尽快将上海建成国际金融中心》,《金融研究》2001年第8期。

[15] 梁卫平：《区域金融中心与区域经济增长的实证分析》，《经济研究导刊》2017 年第 24 期。

[16] 林广志、刘毅：《粤港澳大湾区发展报告（2019—2020）》，广州：广东人民出版社，2021 年。

[17] 刘国宏：《中国区域金融中心综合评价研究》，《开放导报》2011 年第 3 期。

[18] 刘衍、韩立岩、张金清：《迪拜和阿布扎比金融发展对横琴的启示》，《国际金融》2021 年第 7 期。

[19] 刘悦：《区域金融中心演化机理的统计研究》，湖南大学 2017 年博士学位论文。

[20] 王传辉：《国际金融中心产生模式的比较研究及对我国的启示》，《世界经济研究》2000 年第 6 期。

[21] 王力：《中国区域金融中心研究》，北京：中国金融出版社，2008 年。

[22] 王明国、王春梅：《区域金融中心形成理论与青岛区域金融中心建设的战略选择刍议》，《华东经济管理》2010 年第 8 期。

[23] 张承惠：《金融改革须重视金融基础设施建设》，《重庆理工大学学报（社会科学版）》2013 年第 10 期。

[24] 张晓燕：《金融产业集聚及其对区域经济增长的影响研究》，山东大学 2012 年博士学位论文。

[25] 赵伟、马瑞永：《中国区域金融增长的差异——基于泰尔指数的测度》，《经济地理》2006 年第 1 期。

[26] 周天芸、岳科研、张幸：《区域金融中心与经济增长的实证研究》，《经济地理》2014 年第 1 期。

5 第五章

粤港澳大湾区金融科技发展与区域金融中心建设

本章基于金融科技的概念界定，以及对区块链、大数据、云计算和人工智能发展历程的梳理，立足于粤港澳大湾区金融科技发展的现状，分析湾区金融科技发展特点以及发展困境，并指出未来的发展方向。针对新技术的产生与应用以及随之产生的监管问题，本章详细分析了金融科技的潜在风险与国内外监管现状，并指出金融科技对区域金融中心建设所具有的重要意义，从而对大湾区金融科技发展及其助力澳门金融行业发展等课题提出一些政策建议。

第一节 金融科技的概念界定及发展历程

2011 年以来，金融科技已经发展到 3.0 时代，开始步入广泛应用阶段。这一时期，金融科技发展更加注重场景应用以及数字化发展，金融业务边界逐渐模糊。一方面，金融科技不仅推动金融机构数字化发展，在产业数字化等更广阔的领域也推出更多金融流程与服务，即金融科技所带来的业务模式、流程产品等金融创新日益超出金融业的边界，特别是在 5G 和区块链等技术发展的基础上，金融科技将在产业数字化等领域产生更加广泛的应用，这使得金融业务边界更为模糊。另一方面，发展金融科技的主体金融机构和金融科技公司突破相互竞争状态，步入紧密合作阶段。同时，金融科技在产业数字化与智能化发展的过程中将发挥更大的作用，并广泛应用于新兴领域；人们在经济生活中将会更多地进行金融科技的相关实践，开展多元化的金融业务，促进金融服务的发展和效率提升。

一、金融科技的概念

20 世纪 90 年代，“Smart Card Forum” 提出了金融科技（Financial Technology，FinTech）一词。2011 年，美国硅谷正式提出 FinTech 的概

念。由于金融科技仍处于发展初期，在不同区域、不同行业所表现出的业务模式和业务形态并不完全相同。爱尔兰都柏林国家数字研究中心（NRDC）把金融科技定义为一种“金融服务创新”，并认为这个名词可以广泛应用于任何科技领域，包括前端消费型产品等。2016 年，金融稳定理事会（FSB）发布的《金融科技的描述与分析框架报告》对金融科技给出工作定义：“金融科技是指技术带来的金融创新，从而对金融市场、金融机构或金融服务的提供方式造成重大影响的业务模式、技术应用以及流程和产品。”中国人民银行在 2019 年 8 月颁布的《金融科技（FinTech）发展规划（2019—2021 年）》中继续沿用此定义（目前已成为全球共识），并指出金融科技在中国的发展以创新驱动、数据依托、智能风控、规模经济、产品竞争为主要特征。[①]

在既有“金融科技”概念的基础上，本章对“金融科技”概念的界定如下：金融科技是指通过区块链、大数据、人工智能、云计算、信息安全和物联网等技术手段，推动金融机构、金融服务和金融市场在业务模式、业务流程、产品应用和技术应用等方面实现创新的金融活动。

二、金融科技技术手段的发展历程[②]

（一）区块链发展历程

区块链技术的发展经历了加密货币、智能合约和大规模应用三个阶段。

第一阶段，区块链 1.0 阶段。中本聪于 2008 年发表的“比特币白皮书”标志着第一个区块链[③]应用诞生。区块链最早的呈现方式是数字

---

① 此处转引自冯永琦、张浩琳、邱晶晶：《粤港澳大湾区金融科技发展研究》，《横琴智慧金融研究院/吉林大学横琴金融研究院经济研究报告汇编》2020 年第 3 期。

② 本部分主要参考王倩：《金融科技标准与金融科技企业认定》，《横琴智慧金融研究院/吉林大学横琴金融研究院经济研究报告汇编》2021 年第 3 期。

③ 狭义的区块链是指一种将数据区块按时间顺序相连组合而成的链式数据结构，也是一种使用加密技术确保数据不被篡改和伪造的分布式账本；广义上讲，它是指一种新的分布式体系结构和计算范式，它使用块链式数据结构来验证和存储数据，使用分布式节点来生成和更新数据，使用密码来确保数据安全，并使用智能合约来编程和操作数据。区块链具有三个要素：交易、区块和链。

货币，它为数字化支付、转账和汇款指明了新方向。比特币是其中最知名、最成功的应用。这一最具代表性的发明，是一套加密账本和一套异于传统记账方式的新式记账方法。比特币的新型记账方法具有去中心化、不可伪造、不可篡改、可追溯的优点，但无法在链上开发其他的程序，例如无法写入智能合约。它的主要应用场景是支付和流通。

第二阶段，区块链 2.0 阶段。区块链进入可编程应用，同时发展出自治组织和智能合约，并已受到金融业的重视，延伸至股票、债券、贷款等资产类型。该阶段与第一阶段区别在于，它在数字货币的基础上加入了智能合约，并允许开发基于数字货币的其他应用。以太坊（Ethereum）是其最著名的代表之一。在区块链 2.0 中，以太坊相当于一条基础链，即底层结构，其计划是建立一个全球性的大规模协作网络，任何人都可以在上面执行运算和开发应用层，进而为实现区块链的很多应用场景和功能奠定基础。区块链在这一阶段的主要创新，体现为以太坊的智能合约，即支持所有人在上面编写智能合约①，且确保签署合同后无人可以违约。只要满足条件，系统会自动执行合同约定的条款。但区块链在这两个阶段均存在着技术缺陷，无法支持大规模的商业应用开发。因为其交易速度无法提升，比特币的交易速度为每秒 7 笔交易，以太坊不超过每秒 20 笔交易，这将导致网络的堵塞，用户无法完成交易。

第三阶段，区块链 3.0 阶段。区块链将构建一个全球性的分布式记账系统。区块链可以确认、计量和储存互联网上代表价值的每个信息和字节的产权，以便在区块链上追踪、控制和交易资产。此时，更复杂的智能合约、超级账本使其超越金融领域，可以记录任何能以代码形式表达出来的事物，应用范围将会扩大到整个社会。区块链有可能成为“万物互联”的一种最底层的协议，在社会治理的多个领域，如身份认证、域名、公证、审计、仲裁、签证、投票、物流、医疗、邮件等领域得到广泛应用。

---

① 智能合约是以代码形式定义的一系列承诺合同，它在无需第三方的情况下仍可以保证合同得到执行，且没有人能够阻止其运行。

（二）大数据发展历程

“大数据”作为一个新词，最早出现在1997年美国国家航空航天局武器研究中心的大卫·埃尔斯沃思（David Ellsworth）和迈克尔·考克斯（Michael Cox）的数据可视化研究中。① 1998年，一篇题为《大数据科学的可视化》的文章发表在了《科学》杂志上。这是大数据作为一个专业术语首次正式出现在公共期刊上。

21世纪的第一个十年是互联网产业的快速发展时期。2001年，美国Gartner公司率先研发出了大数据模型。同年，DougLenny提出了大数据的3V特征——量（Volume），即数据量；速（Velocity），即数据输入和输出的速度；类（Variety），即多样性。2010年，美国信息技术顾问委员会发布了一份题为“数字未来规划”的报告，详细描述了政府工作中大数据的收集和使用情况。大数据作为一个新名词，开始引发理论界的广泛关注，其概念和特征也在进一步丰富，相关的数据处理技术如雨后春笋般层出不穷，大数据开始彰显活力。

2011年，IBM研制的沃森超级计算机，以每秒扫描和分析4TB数据的速度打破了世界纪录，大数据计算自此达到了一个历史峰值。随后，麦肯锡全球研究院（MGI）发布了《大数据前沿报告》，详细介绍了大数据的技术框架及其在各个领域内的应用。2012年在瑞士举行的世界经济论坛上，一篇名为《大数据，大影响》的报告正式宣布了大数据时代的到来。2012年4月19日，美国软件公司Splunk在纳斯达克的成功上市，开启了大数据处理公司的上市之路。②

2011年之后，大数据的发展迈向全面繁荣，越来越多的学者对大数据的研究不再局限于基本的概念和特性，而是拓展到数据资产和思维变革等多个角度。大数据也渗透到各行各业之中，原有行业技术的不断

---

① 大数据是指在一定时间范围内，传统软件工具无法捕获、管理和处理的数据集。它是一种海量、高增长率和多样化的信息资产，需要新模式处理才能具有更强的决策力、洞察发现力和流程优化能力。大数据有三层含义：一是数据量大、来源和类型多样的数据集，二是新型的数据处理和分析技术，三是运用数据分析形成价值。

② 此处转引自王倩：《金融科技标准与金融科技企业认定》，《横琴智慧金融研究院/吉林大学横琴金融研究院经济研究报告汇编》2021年第3期。

变革和新技术的发明创新使得大数据的发展呈现出一片蓬勃态势。

（三）云计算发展历程

云计算技术最早可以追溯到1956年克里斯托弗·斯特雷奇（Christopher Strachey）发表的一篇有关虚拟化的论文。虚拟化是当今云计算基础架构的核心和发展基础，后来与计算、分布式计算等技术一同逐渐孕育出了云计算。

1999年，马克·安德森（Marc Andreessen）创建的LoudCloud是世界上第一个商业化的IaaS（Infrastructure as a Service，基础架构即服务）[①] 平台。2006年8月9日搜索引擎大会上，谷歌首席执行官埃里克·施密特（Eric Schmidt）首次提出“云计算”（Cloud Computing）的概念。云计算概念引发了互联网技术和IT服务的变革。云计算以公有云、私有云和混合云三种云计算形式出现，IT、电信、互联网等行业不断发展云服务。随着云计算的技术迭代，功能种类逐渐完善，传统企业逐步上云。

（四）人工智能发展历程

1950年，图灵测试诞生。“人工智能之父”艾伦·图灵（Alan Turing）指出，“如果一台机器能够通过电传设备与人类展开对话，且不被看穿其机器身份，则可以称这台机器具有智能”。1956年，美国达特茅斯学院举行的全球首次人工智能研讨会，标志着人工智能学科的诞生。

人工智能技术经历了高峰与低谷交织的波动发展，最终随着互联网技术的普及进一步走向实用化；同时，互联网加速了人工智能的创新研究，人机对弈也成为关注的焦点之一。1997年IBM“深蓝”超级计算机战胜了国际象棋世界冠军卡斯帕罗夫，成为首个在标准比赛时限内击败国际象棋世界冠军的电脑系统。2011年，IBM公司开发的人工智能程序Watson参加美国智力问答节目，打败两位人类冠军，赢得了100

---

① IaaS可以通过互联网提供服务器、操作系统、磁盘存储、数据库和信息资源。IaaS通常会按照“弹性云”的模式引入其他的使用和计价模式，即在任何一个特定的时间，都只使用特定服务，并为之付费。

万美元的奖金。2012 年，加拿大神经学家团队创造的虚拟大脑“Spaun”通过了最基本的智商测试，该虚拟大脑具备了简单认知能力、有 250 万个模拟“神经元”。2013 年，多个公司设立并推广深度学习。例如脸书公司成立人工智能实验室，为用户提供更智能化的产品体验；Google 收购了语音和图像识别公司 DNNResearch，以推广深度学习；百度创立了深度学习研究院等。2014 年，深度学习算法成功，语音和视觉识别领域识别率不断攀升，一款名为“尤金·古斯特曼”（Eugene Goostman）的聊天程序首次通过了图灵测试。2016 年 3 月 15 日，围棋世界冠军李世石惜败 Google 人工智能 AlphaGo。这次人机对弈让人工智能正式被世人所熟知并关注，人工智能市场开始了新一轮的爆发。

三、存在的问题

（一）技术问题

金融科技依赖于各类新型技术的发展，然而目前区块链、大数据、人工智能、云计算、信息安全和物联网等技术手段仍处于发展中。例如，人工智能技术仍然不能完全替代人类思考，当程序发生错误或者算法存在潜在缺陷时，金融机构和投资者会承受巨大的风险和损失。同时，为了确保信息的完整性以及服务器的正常运行，大数据技术对海量数据进行收集、整理和存储需要高昂的成本。传统金融机构 IT 系统普遍建立时间较长、复杂程度较高，对其进行升级改造以实现与云计算系统架构的融合存在较大的管理和运维困难。

（二）隐私安全问题

一般来讲，对数据的收集更加细致全面，相关模型的预测就可能更为精准，程序也会相应更加完善。然而，更多的数据除了增加数据处理成本和存储难度外，细分层面数据导致的信息安全风险也随之提高，有潜在的公众隐私信息泄露的可能。例如，近年来“网络爬虫”技术的迅猛发展导致一些目标网站的非公开信息被大量非法采集，该技术甚至成为不法分子进行非法信息交易的工具。此外，区块链虽然使得信息公开透明，但也导致金融消费者的交易数据、交易场所、身份等私人信息缺乏相应的保护，增加了隐私泄露的风险。同时，用于隐私保护的密码学新技术尚不成熟，如环签名、零知识证明、动态加密等技术容易导致数据膨胀、性能较低等问题，目前尚难以投入到大规模的实际应用中。

（三）金融监管问题

互联网等新型技术的发展，也为逃避金融监管提供了潜在的手段。例如，区块链的匿名机制使得非法交易更加难以控制。同时，人工智能技术所带来的伦理问题及其所引发的风险，也给监管部门带来巨大挑战。部分金融机构同时采用私有云和行业云，不同系统共存对其多云管理也提出了新的要求。云计算在可信基础环境、风控和审计要求、服务外包管理、云计算产品服务评估、安全管理责任认定等方面的监管合规要求和标准规则，也有待进一步完善细化。

第二节 粤港澳大湾区金融科技发展概况

目前，粤港澳大湾区的金融科技发展保持着良好的态势，但是发展中也存在一些问题。基于粤港澳大湾区的特殊制度环境，湾区内金融科技发展呈现出以市场需求和技术创新为主要推动力，金融科技公司为主要载体的特点。未来，针对粤港澳大湾区内经济发展不平衡、人才基础有待提高和金融政策实施有待加强的问题，应进一步提高金融服务的数字化水平，刺激金融科技相关服务的需求。

一、粤港澳大湾区金融科技发展特点

《粤港澳大湾区发展规划纲要》指出，应快速发展现代服务业，大力发展特色金融产业，推进深港金融市场互联互通和深澳特色金融合作，开展科技金融试点，加强金融科技载体建设。近年来，粤港澳大湾区金融科技发展稳步推进。根据浙江大学互联网金融研究院发布的《2020 全球金融科技中心城市报告》，深圳、广州和香港的全球金融科技中心指数（Global Fintech Hub Index，GFHI）分别排在全球的第 6、第 14 和第 15 位，金融科技产业排名分别为第 7、29 和 10。其中，深圳市是全球金融科技中心城市，金融科技上市企业数量、金融科技高融资未上市企业数量及全球金融科技高融资未上市企业融资总额，截至 2019 年 10 月分别排在全球第 6、第 5 和第 8 位。[①] 目前，粤港澳大湾区的金融科技发展整体呈现出以下三方面特点：

第一，发展不均衡。粤港澳大湾区各城市之间存在较大的经济发展差异，导致其金融科技发展区域分布不够均衡，金融科技主要集中在广

① 数据来源：浙江大学金融科技研究院。

州、深圳和香港这三个城市，空间结构整体呈现点状的分布，其他城市如东莞、佛山等仍然以传统的加工制造业和初级科技创新企业为主，缺少金融科技以及高端装备制造业等新兴工业，在金融科技方面仍有待发展。

第二，制度环境具有特殊性。粤港澳大湾区具有“一国两制、三个关税区和三种法律体系”的特殊制度环境，这就为粤港澳大湾区的跨境管理、生产要素流动等，提出了不小的难题，这也是我国其他城市群如京津冀、长三角等建设中不曾遇到的问题。粤港澳三地间居民跨境工作和生活，对三地公共服务提出更多和更新的要求。但由于社会制度和法律体系等的差异，三地在教育、医疗和养老等配套制度方面不能进行有效对接，跨境公共福利保障成为社会领域合作难以逾越的鸿沟。粤港澳三地政府虽对此做出了巨大努力，但因为三地完全迥异的基本医疗、教育、养老等社会保障制度和政策，实质上改进十分有限。金融科技的发展需要一揽子配套工程的实施，因而粤港澳大湾区的相关制度建设亟待改进。

第三，以市场需求和技术创新为主要推动力，以金融科技公司为主要推动载体。粤港澳大湾区凭借珠三角地区强大的制造产业体系和汇聚全球前沿的高科技产业与人才等诸多优势，已经成为连接国际先进技术到产品的重要平台。全球竞争与国际分工加速了全球创新资源的流动，也提升了粤港澳大湾区的集聚能力，大湾区内金融科技企业众多，发明专利量大，融资需求量也大，能够极大地促进金融创新资源的聚集，对整个大湾区的金融产业创新发展具有重大的支撑意义。金融科技公司通过前沿技术的研发与应用以及巨大的市场需求，正在成为推动粤港澳大湾区金融科技发展的主要载体。

二、粤港澳大湾区金融科技发展面临的困难

（一）地区经济发展不平衡

从城市经济发展现状来看，大湾区整体呈现东强西弱、内强外弱、城市间产业发展重叠同质等问题。根据 2020 年《广东省统计年鉴》、澳门特别行政区政府统计暨普查局网站，以及香港特别行政区政府统计

处网站的数据，2019 年粤港澳大湾区地区生产总值为 115787.82 亿元。香港、深圳、广州三地的地区生产总值超过大湾区生产总值的 65%；佛山、东莞、惠州和澳门四个城市的生产总值占到近四分之一；而珠海、江门、中山和肇庆四地的 GDP 规模仅占 10%左右。经济总量梯次差距明显。

从产业结构来看，各城市发展阶段差异较大。香港、澳门 9 成以上均是第三产业，广州、深圳仍存在较大的工业占比；东莞、珠海、江门和中山的第三产业已超过或持平第二产业；但佛山、惠州和肇庆工业仍占据主导。

从产业基础来看，广州、深圳和东莞为代表的城市，高新技术制造业占比较高，且已形成了以电子信息、人工智能、生物医药、新材料、汽车和新能源汽车制造等为代表的产业集群。珠江西岸则主要是家电制造、纺织服装、石油化工、电器机械等产业为主，支柱产业分散，优势产业不突出且规模偏小，虽在电子信息、汽车制造、生物医药等方面也有部分基础，但整体偏传统产业，两地之间存在重叠、重复性竞争。

总体来看，大湾区整体经济发展不均衡，呈现出东强西弱、内强外弱的特征，且地区之间有同质化趋势，差异化和协同性不足。

（二）人才基础有待改进

粤港澳大湾区虽然有着极富竞争力的人才引进政策，每年吸引大量人才进驻，但是一方面，人才会更倾向于选择香港、深圳和广州这样的发达城市，这导致人才引进的不平衡；另一方面，粤港澳大湾区，尤其是珠三角九市本土高校和顶尖科研院所数量较少，人才本土供应不足、稳定性较差，无法很好地满足金融科技的发展需要；相比之下，京津冀地区和长三角地区分别集合了清华大学、北京大学、南开大学、天津大学和复旦大学、上海交通大学等一大批中国顶尖学府。因此，粤港澳大湾区与金融科技发展相关的人才基础相对薄弱。

（三）金融政策协调有待加强

粤港澳大湾区是一个跨行政区划的湾区，涵盖了珠三角九市与香港、澳门两个特别行政区，存在“三种货币制度和不同的金融监管体系”。粤港澳大湾区强调生产要素的互联互通，跨越府区的城市集群是粤港澳大湾区的优势，但同时经济金融政策与金融监管制度的差异也对信息、资金等生产要素的自由流动产生重要影响。因此，在协调粤港澳三地在会计制度、企业信用信息、税收政策、金融体系等方面的政策差异，畅通资金流动，优化内地在港澳金融机构的设立、审批、经营，具体落实金融互联互通的政策等方面，仍需要进一步加强。

三、未来发展方向

（一）推进金融服务数字化

中国正处在经济增长动能新旧转换和增长模式由高速度向高质量转型的关键时期。快速发展的数字经济已成为带动我国经济增长的核心动力。《中国数字经济发展白皮书》指出，2020 年中国数字经济规模达到 39.2 万亿元，较 2019 年增加 3.3 万亿元，占 GDP 比重为 38.6%，同比提升 2.4 个百分点，数字经济已成为中国经济增长的新引擎。[①] 当前，我国数字科技服务金融已形成良性发展态势，粤港澳大湾区的金融机构应该加快提供数字化的金融业务，利用新技术降低成本，并提高效率。

（二）刺激金融科技相关服务的需求

目前，金融科技正在由金融电子化与网络化向金融智能化发展。金融科技促进了金融科技智能化的大变革，依托人工智能等新技术，开始以数字化、智能化打造科技金融新生态，助力金融行业提升服务水平。因此，要积极引导更多消费者、投资者使用数字化、智能化的金融服务，促进形成更富有经济效应的金融科技新生态。

① 数据来源：中国信息通信研究院。

第三节 金融科技监管

显然，金融科技发展会带来诸多风险。根据国内外金融监管现状和可资借鉴经验，粤港澳大湾区应采取沙盒监管模式以规避相关风险，完善监管制度并健全法律法规体系。

一、金融科技发展过程中潜在的风险

（一）金融科技导致的风险

1. 科技本身导致的风险

人工智能、区块链、大数据、云计算这些新技术应用于金融领域，在提高效率、节省成本、创造便利的同时，也带来很多问题。首先，金融科技目前仍处于发展阶段，完善与开发新技术需要投入大量的成本。其次，金融科技依托于电力设备或者网络，遇到停电、断网等情况，可能会导致信息丢失、交易中止、付款延迟等问题。最后，金融科技依托于虚拟环境，更容易造成隐私泄露，非法诈骗，非法洗钱等不良事件的发生，同时也增加了监管的难度。

2. 市场导致的风险

主要体现在以下几个方面：一是金融科技更容易导致信息不对称，产生道德风险和逆向选择；二是金融科技更容易导致不良竞争，如利用人工智能和大数据，卖方可以更容易地分析买方的特征，实行价格歧视，而且卖方也可以利用互联网的优势形成垄断；三是金融科技的相关服务需要专业人才，无形中增加了企业的成本；四是相对于传统金融模式对风险的审慎衡量，金融科技开展的小额分散业务以及高风险业务，无疑会增加系统性金融危机发生的可能性。

（二）伦理问题

金融科技的发展重新定义了人与人、人与社会之间的关系。新兴技术手段加速了组织发展和转型，特别是企业组织的数字化转型，隐私、信任、就业、身份等一系列伦理道德问题都将在一定程度上制约企业的创新发展。

伴随着数字经济发展，数据作为重要的生产要素，成为当今企业发展的重要驱动力、财富管理源泉和新兴管理手段。传统伦理学主要处理的是人与人之间的关系，而在数字伦理领域，就必须面对数据和人的关系问题。

大数据分析在管理供应链、医疗保健、监控设备以及创新产品和服务等领域的广泛运用，使得捕捉、分享、分析和使用大数据产生更多的潜在风险，如数据难以管理，不完整、不准确，大数据的不当使用及其导致的商业伦理问题，以及数据泄露事件频发，等等。

区块链的匿名性、开放性同样会引发一些伦理风险，包括责任风险及其责任归属等。数字货币支付正是在区块链技术的支撑下发展起来的，不可避免地面临着科技伦理层面的问题。在数字货币中最典型的案例，就是比特币因为安全性、隐私性、易受到攻击等问题经常导致币值大幅波动。而数字货币归属不明确，偷盗等不道德行为，也反映出该领域某些伦理规则的缺失。

人工智能技术发展的伦理问题则更为明显，主要体现在人工智能对人类的替代关系上。人工智能技术在哪些方面能够替代人类工作？人工智能又在哪些方面可以替代人类？人工智能发展在多大程度上会导致劳动者失业，又在多大程度上会通过替代重复性、低技能性劳动力，促使生产力提高？人工智能技术的发展要受到伦理关系的制约，否则将无法预料，对人类的生活造成重大负面影响，甚至重建人类的社会体系。

（三）监管困境

目前，金融科技的监管困境主要体现在以下两方面。

其一，法律制定与出台相对于新技术的出现存在滞后性。因此，在金融科技发展过程中，监管领域会存在法律尚未规定的“真空地带”，或与现行法律存在冲突，而金融科技应用于金融服务的各个领域，也提升了法律制定、监管实行的复杂程度。

其二，金融科技创新发展与先行金融制度存在矛盾。创新发展达到一定程度后，才能依据现有的案例、漏洞和经验实施监管，因而经常导致监管滞后于金融科技的发展。金融制度尤其是相关领域的法律，在短期内无法及时调整以适应金融科技的快速发展和普及，这在中国内地成文法体系下体现得尤其明显。

二、金融科技监管现状[①]

（一）国际监管

1. 金融稳定委员会（FSB）对金融科技的监管

Financial Stability Implications from FinTech 中将金融科技企业面临的风险分为三类，即运营风险、网络风险和宏观金融风险，并指出当局应确定对金融机构重要的第三方服务提供商的监督框架是否适当，关注减轻网络风险的困难，并考虑拥有获取现有和新的信息来源的能力。FSB进而提出，金融监管部门需要关注金融科技企业七个方面的问题，即跨境法律问题和监管安排、大数据分析的治理和披露框架、评估监管边界并及时更新、与不同的私营部门团体分享学习、进一步发展相关部门之间的开放沟通渠道、在所需专业知识的新领域建设工作人员能力以及研究数字货币的替代配置等。[②]

2. IMF 与世界银行对金融科技的监管

IMF 和世界银行集团在 2018 年年会上启动的“巴厘金融科技议程”（BFA，The Bali Fintech Agenda）中，明确提出了金融科技的高级别框架，指出要密切监控金融科技的发展以加深监管部门对不断演变的金融体系的理解；为促进金融体系的有序发展，应调整监管框架和监管实践；应推动法律框架现代化，为金融科技企业发展提供有利的法律环

① 该部分主要参考王倩：《金融科技标准与金融科技企业认定》，《横琴智慧金融研究院/吉林大学横琴金融研究院经济研究报告汇编》2021 年第 3 期。

② FSB.*Financial Stability Implications from FinTech*. June 2017.

境；应促进金融和数据基础设施的稳健发展；应鼓励国际金融科技监管的协调合作和信息交流，加强金融领域的集体监督和评估。

在 *Fintech*：*The Experience So Far* 中，IMF 明确提出金融监管部门应考虑系统性风险，要求金融科技企业保护消费者，支持竞争、防止寡头垄断行为。同时，监管的边界应是灵活的，避免在不受监管和被监管的边界之间的监管套利，确保系统性风险得到控制，监管目标得以实现。①

在 *Focus Note Fintech and Financial Inclusion* 中，世界银行把开发技术并将其应用于金融市场的科技创业公司均称为金融科技企业，并指出金融科技企业需要基础设施、政策和监管框架的支持。②

3. 巴塞尔委员会（BCBS）对金融科技的监管

在 *Implications of Fintech Developments for Banks and Bank Supervisors* 中，BCBS 提出，金融科技企业指的是金融行业的创新服务、商业模式（可由现有银行或非金融公司提供）或新技术初创企业。它认为，银行监管者对金融科技企业的监管应遵循以下十个原则：平衡银行体系的稳健和金融业有益的创新，确保有效的治理结构和风险管理流程，建立有效的 IT 和其他风险管理流程，保持对第三方业务的监管和对外包服务的控制，与公共部门合作以加强审慎监管，协调跨境金融科技业务的监管活动，评估监管模式并加强人员配置，探索新技术的运用以提高监管效率和效力，重塑监管框架并保持新业务模式进入壁垒，以及维护金融稳定并促进创新。③

在 *IFC Report on Central Banks and Fintech Data Issues* 中，BCBS 将金融科技企业分为三大类：第一类是新兴的金融科技公司，主要经营金融服务，并在各个细分市场取得进展，如提供支付、清算和结算服务（如支付处理公司），信贷（如 Neobanks）和投资管理（如 Robo-Advisors）；第二类是大型科技公司，提供金融服务作为其更广泛的活动的

---

① IMF. *Fintech*：*The Experience So Far*. June 2019.

② WB. *Focus Note Fintech and Financial Inclusion*. June 2021.

③ BCBS. *Implications of Fintech Developments for Banks and Bank Supervisors*. August 2017.

一部分——这一趋势也越来越引起政策制定者的关注；第三类是传统金融机构，其已经调整了商业模式来应对数字创新，在许多情况下是通过设立专门的内部部门、赞助新的金融科技公司或通过与外部合作伙伴合作来应对。①

4. 国际证监会组织（IOSCO）对金融科技的监管

在 *Research Report on Financial Technologies Fintech* 中，IOSCO 提出新的金融科技企业已经在传统实体中介的许多关键业务领域提供竞争产品和服务，包括支付、财富管理、投资银行、零售银行、贷款和资金职能等。此外，未来还有几个潜在的甚至更新颖的商业模式，包括人工智能驱动的研究、投资和交易；以及与自动执行合同相结合的分散、无边界的分类账，等等。

IOSCO 分别从金融科技的四个领域详细制定了相应的监管对策。这四个领域分别是融资平台、零售交易投资平台、机构交易平台和分布式账本技术。在融资平台领域，分别从进行一般招揽/未注册活动的风险、披露风险、信用风险/投资风险、流动性风险、运营风险/平台欺诈、失效风险等不同风险领域，提出了相应的监管策略；在零售交易投资平台领域，分别从机器人顾问和其他形式的自动化/数字财务、社交交易和投资平台、交易和投资自动化对监管机构的影响等三个角度提出监管策略；在机构交易平台领域，提出监管机构要加强监管，交易平台提供多种服务，其结构应符合现有的监管制度；在分布式账本技术（DLT）领域，总结了权威机构发布的有关 DLT 的文件，并提出相关建议。②

5. 国际保险监督官协会（IAIS）对金融科技的监管

在 *Report on FinTech Developments in the Insurance Industry* 中，IAIS 提出保险行业的金融科技企业是以保险行业为目标的新公司，即初创公司。这类公司瞄准了保险价值链的所有领域——从营销和分销，到承保和风险定价，最终到理赔。③

IAIS 分别从技术创新、框架调整、商业行为、合作和资源等五个

---

① BCBS. *IFC Report on Central Banks and Fintech Data Issues*. February 2020.

② IOSCO. *IOSCO Research Report on Financial Technologies*(Fintech). February 2017.

③ IAIS. *Report on FinTech Developments in the Insurance Industry*. February 2017.

方面，明确提出了未来要实施的监管框架。一是理解和评价技术创新。管理者需要了解创新是如何工作和应用的，以确保对新产品和业务模式进行充分的评估。监督者需要制定适当的准则，对新技术的使用负责，并确定在哪些原则下为市场创新提供支持。监管机构还需要平衡创新的风险与投保人和整个保险业的利益，并考虑如何创造适当的环境来促进创新。二是审慎调整监管框架。监管者和决策者需要审慎评估并适当调整他们的监管框架，包括新风险的评估和量化，关于第三方与保险技术公司合作的公司治理框架的变化等。三是调整商业行为的监管框架。用于维持客户关系的技术基础设施和应用程序需要满足对客户的公平待遇，并为客户提供合适并负担得起的建议和服务。四是与其他利益相关者的合作。利益相关者之间的合作和对话，如受监管机构、其他市场参与者、学术界、金融监管机构和监督者，以及其他管理技术和通信使用的当局，对于应对上述挑战至关重要。五是调整监管者的资源。监管者需要核实他们的工具和 IT 基础设施是否需要改进，并吸引和留住具备新的技术技能的人才。

（二）国内监管

1. 人民银行对金融科技的监管

2020 年，中国人民银行副行长潘功胜在就金融管理部门约谈蚂蚁集团有关情况答记者问中指出，对金融科技企业的监管应遵循三项原则：一是坚决打破垄断，纠正、查处不正当竞争行为，维护公平竞争市场秩序；二是坚持所有金融活动必须依法依规纳入监管，坚持金融业务必须持牌经营，坚持对各类违法违规行为“零容忍”；三是坚持“两个毫不动摇”，依法保护产权，弘扬企业家精神，激发市场主体活力和社会创造力，增强我国金融科技企业在全球的核心竞争力。

在《金融科技创新应用测试规范》中，中国人民银行对金融科技创新监管工具的运行流程进行了规范，明确了声明书格式、测试流程、风控机制、评价方式等方面要求，其中，申请机构是指从事金融服务创新的持牌金融机构或从事相关业务系统、算力存储、算法模型等科技产品研发的科技公司。[①]

在中国人民银行金融科技委员会召开会议研究部署2021年重点工作时，其从发展规划、规则标准、数据能力、科技赋能、监管科技、系统内外等六个方面提出对金融科技的治理策略，包括出台新阶段金融科技发展规划，健全金融科技监管基本规则和标准，出台金融业数据能力建设指引，实施金融科技赋能乡村振兴示范工程，深化监管科技应用，充分发挥系统内外部力量。

中国人民银行发布的《金融科技（FinTech）发展规划（2019—2021年）》[②]与《中国金融业信息技术“十三五”发展规划》[③]，都是从人工智能、区块链、云计算、大数据等技术层面，对金融科技提出详细治理策略。前者包括科学规划运用大数据，加强大数据战略规划和统筹部署；合理布局云计算，统筹规划云计算在金融领域的应用；稳步应用人工智能，稳妥推动人工智能技术与金融业务深度融合；加强分布式数据库研发应用，做好分布式数据库金融应用的长期规划。后者强调加强金融科技（Fintech）和监管科技（Regtech）的研发与应用，例如稳步推进系统架构和云计算技术、大数据技术、互联网金融相关技术、区块链与人工智能等新技术的开发与应用研究。

2. 银保监会对金融科技的监管

在金融科技企业重点发展方面，银保监会在《关于2021年银行业保险业高质量服务乡村振兴的通知》中提出，要积极推动金融科技和数字化技术在涉农金融领域的应用，推动农村数字金融创新，提高农业保险的数字化、智能化经营水平。[④]《银保监会国新办新闻发布会答问实录》则从供应链金融的角度，提出运用金融科技优化供应链金融服务，鼓励银行业金融机构、政策性银行、商业银行开发供应链业务系统，加强业务合作。[⑤]《关于推动银行业和保险业高质量发展的指导意

① 中国人民银行：《金融科技创新应用测试规范》（JR/T 0198—2020）。

② 中国人民银行：《金融科技（FinTech）发展规划（2019—2021年）》。

③ 中国人民银行：《中国金融业信息技术“十三五”发展规划》。

④ 中国银保监会：《中国银保监会办公厅关于2021年银行业保险业高质量服务乡村振兴的通知》。

⑤ 中国银保监会：《银保监会国新办新闻发布会答问实录》（2020年3月13日）。

见》，则从银行保险机构对金融科技的运用层面提出，银行保险机构要夯实信息科技基础，充分运用人工智能、云计算、大数据、区块链、生物识别等新兴技术。[①]《中国保监会全面推进政务公开工作方案》则提出加强大数据建设，建设数据开放平台，运用信息技术探索新媒体平台，并加强保险业信用体系建设。[②]

在小微企业金融服务方面，银保监会于2015年提出商业银行要结合金融系统深化改革和大数据等网络信息技术广泛应用的新趋势；2017年则提出鼓励银行业金融机构进一步利用新技术、新手段，创新小微金融服务模式；2018年更是提出各银行业金融机构要加强与互联网、大数据、人工智能的深度融合；2019年继续提出大中型商业银行要充分发挥技术、资源优势；2020年坚持提出积极运用金融科技，优化金融服务；2021年进一步提出加强金融创新，充分运用大数据、区块链、人工智能等金融科技。

3. 证监会对金融科技的监管

证监会将金融科技界定为大数据、云计算、区块链、人工智能等在金融行业推广应用的创新科技。在鼓励证券公司加大信息技术和上述科技创新投入的同时，还从监管科技的角度提出，应加快推进科技和业务的深度融合，全面提升监管科技和行业金融科技发展水平；强化科技对监管的有效支撑，大力促进、提升行业科技安全管理水平。

在金融科技企业监管方面，证监会在《以新理念引领新发展，投资者保护工作迈上新台阶》中从两个方面提出对金融科技企业的监管原则。一方面，要建立必要的容错机制，严惩滥用科技之名、行金融违法之实的行为。另一方面，要适应科技发展和投资者年龄结构变化趋势，充分利用互联网技术以及新媒体等传播工具，节约监管资源，提升服务效率。[③] 在《深入学习贯彻党的十九大精神大力推进新时代资本市场法治建设》中，证监会从法律制度的角度切入，提出法律制度要主

---

① 中国银保监会：《中国银保监会关于推动银行业和保险业高质量发展的指导意见》。

② 中国保监会：《中国保监会全面推进政务公开工作方案》。

③ 中国证监会：《以新理念引领新发展，投资者保护工作迈上新台阶——阎庆民副主席在首届“中小投资者服务论坛”开幕式上的讲话》。

动跟上科技进步的步伐，有针对性地安排监管制度，赋予监管机构与科技创新发展水平相适应的执法科技手段与执法权限。① 在《推动金融科技创新助力资本市场发展》一文中，证监会从监管科技的层面提出了对金融科技的治理方案，主张大力发展监管科技，不断提升监管的科技化、智能化水平，以维护“公开、公平、公正”的市场秩序。②

三、金融科技监管应采取的措施

（一）沙盒监管

为了应对新兴起的金融创新，监管机构最重要的任务是找到一种平衡，除了确保消费者利益外，也不会阻碍创新的进一步发展。总体而言，监管可能影响经济的长期绩效和竞争力，特定监管体系如何应对金融科技创新发展以及如何在有效应对风险的同时适当鼓励金融创新，都仍需探索。其中，“沙盒监管”的应用，可以为找到这种平衡提供解决方案。

沙盒监管使金融科技带来的金融创新能够在监管机构控制的“测试环境”中，就其金融产品和商业模式的可行性获得评估，同时在特定时间段内免除某些监管义务。测试是在实际消费者的参与下进行的。每个沙盒的共同特点是，它们只允许在特定时间（通常为6—12个月）内在真实市场环境下测试创新，并且只涉及预定数量的客户。在此期间，监管机构放弃遵守某些预定的监管要求。对于金融科技相关的沙盒监管，应对消费者或客户显示其金融创新的内涵，并且金融科技带来的金融创新要在总体上符合市场准入要求，这是进入测试的必要条件。如果该服务在测试中证明是可行的，则可以进行实际的市场进入。③

按照英国金融行为监管局（FCA）的定义，沙盒监管是一个“安全空间”，在这个安全空间内，金融科技企业可以测试其创新的金融产

① 中国证监会：《深入学习贯彻党的十九大精神大力推进新时代资本市场法治建设》。

② 中国证监会：《推动金融科技新助力资本市场发展》。

③ 根据 Fáykiss P.，D. Papp，P. Sajtos，Á. Trös（2018）的观点。

品、服务、商业模式和营销方式，而不用在相关活动碰到问题时立即受到监管规则的约束。更为通俗的说法是，监管者在保护消费者和投资者权益、防控风险的前提下，通过主动合理地放宽监管规定，减少了金融科技创新过程中的规则障碍，鼓励更多的创新方案积极主动地由想法变成现实，在此过程中实现金融科技创新与有效风险管控的共赢局面。

（二）粤港澳大湾区沙盒监管模式及金融科技创新监管模式的探索①

粤港澳大湾区最早进行沙盒监管的是香港，香港金管局于 2016 年 9 月率先展开。香港监管机构对于金融科技创新尤为重视。2017 年 9 月，香港的证券及期货事务监察委员会和保险业监管局分别上线了各自的监管沙盒。证监会沙盒的运营主体被称为合资格企业，从事的活动和业务受到香港法例的规管，所以还需先取得适当的牌照。香港金管局的沙盒面向计划在香港运用或推行金融科技及其他创新科技项目的认可机构，主要是银行及其合作的科技公司。香港金管局的沙盒制度相对更有弹性，欢迎机构与其就进入沙盒进行个别讨论，以便在监管上作出合适的弹性安排；香港保监局的监管沙盒，主要面向计划在香港推出保险科技及其他科技项目的保险公司，除了申请主体不同外，保险科技沙盒的申请条件和其他要求与金管局沙盒基本类似。

随后，广州和深圳相继推出金融科技监管模式。2020 年 6 月 5 日，广州市地方金融监管局印发《广州市地方金融"监管沙盒"试点工作实施意见》。《意见》指出，广州将在小额贷款公司、融资担保公司等地方金融领域开展监管沙盒试点工作，这标志着广州成为全国首个在"7+4"地方金融领域开展监管沙盒试点的城市。该《意见》在项目准入环节设置测试项目"负面清单"；在监管机构方面，广州金管局也和各区负责部门相互配合。合作主要体现在，广州金融监管局负责试点的组织运行和监管工作；各区金融工作部门负责测试项目的推荐、属地管理和风险处置化解工作；广州金融风险监测防控中心负责日常性事务管

① 本部分主要参考杜卓雅：《粤港澳大湾区沙盒监管的探索性研究》，《横琴智慧金融研究院/吉林大学横琴金融研究院经济研究报告汇编》2020 年第 3 期。

理工作，提供金融监管科技支持；试点的机构负责提出测试项目申请，拟定并执行测试方案，旨在履行风险防控化解、金融消费者保护第一责任人职责，等等。

2020 年 7 月 31 日，深圳公布了第一批金融科技创新监管名单，共包括 4 个项目，应用类型主要是金融服务和科技产品，见表 5-1①。首批创新应用突显金融普惠、技术示范和风险可控三大特性。金融普惠体现在，试点项目探索运用科技手段赋能金融服务提质增效、惠民利企，助力疫情防控和复工复产，优化中小企业信贷融资，增强信用服务支撑作用，推动粤港澳大湾区生产要素融合发展。技术示范性体现在，从申请机构看，首批创新应用主体包括招商银行、微众银行、中信银行、百行征信和华为等头部机构；从试点项目看，首批创新应用通过运用区块链、大数据、云计算、人工智能、智能终端安全芯片（SE）和可信执行环境（TEE）等信息技术手段，推动金融转型升级、服务实体经济、促进普惠金融发展和防范化解金融风险。风险可控性体现在，此次试点通过构筑“机构自治、社会监督、行业自律、政府监管”四道安全防线，引导持牌金融机构、科技公司在依法合规、风险可控前提下，探索运用新兴技术手段驱动金融创新。在首批试点项目中，首次出现了服务境外人士的金融科技产品。国内唯一一家个人征信公司百行征信的信用普惠服务也入围其中。2021 年 1 月 12 日，中国人民银行深圳市中心支行公示第二批 4 个拟纳入深圳金融科技创新监管试点的创新应用，见表 5-2。②

表 5-1　深圳金融科技创新监管试点（第一批）

序号	创新应用名称	应用类型	申请机构
1	百行征信信用普惠服务	金融服务	百行征信有限公司

① 中国人民银行深圳市中心支行：《深圳金融科技创新监管试点应用公示（2020 年第一批）》。

② 中国人民银行深圳市中心支行：《深圳金融科技创新监管试点应用公示（第二批）》

（续表）

序号	创新应用名称	应用类型	申请机构
2	基于 TEE 解决方案的智能数字化信用卡	金融服务	中信银行信用卡中心、华为软件技术有限公司
3	基于智慧风控的面向产业互联网中小企业融资服务	金融服务	招商银行
4	基于区块链的境外人士收入数字化核验产品	科技产品	前海微众银行、中国银行深圳分行

资料来源：中国人民银行深圳市中心支行。

表 5-2 深圳金融科技创新监管试点（第二批）

序号	创新应用名称	应用类型	申请机构
1	平安好链供应链金融服务	金融服务	平安银行
2	基于人工智能的出口点上跨境人民币收款服务	金融服务	工商银行深圳市分行
3	基于人工智能的中小微企业供应链融资服务	金融服务	兰州银行
4	基于大数据的智能风控产品	科技产品	深圳微众信用科技股份有限公司、农业银行深圳市分行

资料来源：中国人民银行深圳市中心支行。

（三）实施沙盒监管的意义

探索沙盒监管试点具有重要意义，因为金融科技风险防范难度大，扩散范围广，创新型企业识别难度大。伴随着中国金融科技的快速发展以及监管金融科技风险的必要性日益增强，沙盒监管为在可控的小范围内对防控风险与防范措施提供了重要的现实检验场景。监管沙箱作为金融领域首次引入的一种全新监管工具，打破了传统的监管思维，可视为一种监管创新。Goo J J, Heo J Y（2020）选择了 9 个先行实施沙盒监管的国家或地区进行了比较与回归分析，结果表明，监管沙盒通过消除监管不确定性，在增加风险资本流入的金融科技风险生态系统中发挥了重要作用。这主要体现在两个方面：一方面，监管沙箱的引入具有促进风险资本投资金融科技行业的作用。在高新技术产业中，风险投资的激活是产业早期成熟的重要因素。风险投资总额的显著增加，可以证明监管沙箱正在系统地作为一种实用的放松管制装置发挥作用。另一方面，监管沙箱的引入提供了一种政策效应，其通过在新兴行业金融科技初创企业中采用灵活和包容的商业模式来消除不确定性，从而降低了法律和制度风险。因此，政府在通过平台和政策支持新兴产业的同时，还通过提供友好的商业法规在创新的可持续性方面发挥着重要作用。

第四节 金融科技发展对区域金融中心建设的重要意义

金融中心是金融资源聚集的地区，金融中心的建设过程就是吸引资金的过程。在新兴技术不断发展的时代，已有学者指出金融科技的重要价值，金融科技将通过推进金融资源集聚，助力金融中心的建设。本节通过分析中国香港与新加坡对金融科技的支持，以及金融科技的发展趋势，进一步明确金融科技对琴澳两地建设区域金融中心的重要意义。

一、金融科技的作用

科技的发展是推进经济增长的重要动力，通过互联网、区块链、大数据、人工智能、云计算等技术手段推动金融创新同样对构建金融中心具有重要意义。21 世纪以来，互联网技术的应用不断被普及和推广，改变了人们生活的固有模式。随着科技的不断进步，各类金融科技也快速发展。

已有很多学者指出金融科技通过改善信息不对称性在微观层面促进企业创新，提高了企业专利申请的平均数量（李春涛等，2020）；在宏观层面提高了地区全要素生产率，并通过溢出效应同时提高了周边地区的全要素生产率（唐松等，2019）。Chen et al. （2019）的研究则证明金融科技创新对创新者和整个金融部门都很有价值；但是，其对于某些金融行业、某些类型的金融科技可能会产生不利影响。

金融科技整体上主要从三个方面对琴澳金融中心建设起作用：一是区块链、大数据、云计算和人工智能等金融科技的市场规模将快速扩张，成为推动琴澳地区金融发展和产业多元化的新动力。二是随着各项金融科技之间交叉融合的深入，彼此之间的界限也将越来越模糊，多种科技的互相依存将是未来发展的大方向，同时每一种科技的应用范围也将扩大至社会各个层面，从而推动琴澳两地融入金融科技兴起的浪潮。三是促进琴澳两地金融监管的相应创新。虽然金融科技的发展带来了诸多机遇，但是风险与创新并存，随着金融科技演化出多种多样的新型商业模式，有必要强化金融监管创新。

二、金融科技与金融中心建设的案例

考虑到地理环境、经济发展、人口规模等情况，在澳门建设区域金融中心的过程中，中国香港和新加坡的金融科技发展对澳门的借鉴意义最为明显。中国香港与新加坡政府在推动金融科技发展上均起到重要作用，涵盖领域包括运营环境、市场辐射以及金融监管等。

中国香港重视金融科技的发展并为金融科技企业提供了相应的政策和营商环境支持。香港地区因为实行低税率和自由贸易的政策，吸引了大量外来资金，也为金融服务的发展和金融模式的创新提供了平台与机遇。2017 年，香港提出改动税制，符合资格的研发活动开支，首 200 万元可获 300%扣税；余额也可获得 200%扣税，扣税额不设上限。[①] 同年，香港金管局推出七项举措推动智慧银行，包括全面接通零售电子支付的“转数快”；金融科技监管沙盒由 1.0 升级至 2.0；促进在香港引入虚拟银行；推出“银行易”以简化监管要求和提升客户体验；制定开放应用程式界面框架；加强跨境金融科技合作；提升金融科技研究和人才培训。[②] 这些措施可以促进香港银行业的发展，将银行与科技发展相融合，以此提升银行产品和服务的质量。在 2021 年 6 月，香港金管局公布《金融科技 2025》策略，进一步推动香港金融科技的发展，其中的五个重点领域包括：银行数字化、数字货币研究、发挥数据基建潜能、扩展金融科技人才库和利用政策支持发展。[③]

与香港实行低税率的制度类似，2018 年新加坡将原有的研发开支

① 中国银行（香港）：《香港与新加坡金融科技发展水平比较及前景分析》。
② 香港金融管理局：《智慧银行》。
③ 香港金融管理局：《金融科技 2025》。

税务扣减从150%提升至250%。① 2021年上半年，新加坡共有43家金融科技公司获得了高达7.25亿美元的融资资金，超过了其在2020年全年的融资总额。其中，超过四分之一的企业为加密货币公司，数字支付的融资总额就达到了4.94亿美金。网约车“独角兽”Grab的子公司Grab Financial Group就属于这一类。根据该公司2021年1月的公告显示，由于消费者广泛采用Grab平台相关服务，其2020年总收入较2019年增长超过40%。在2021年，新加坡金融科技行业的消费者和投资者均大幅增加。从融资交易分布来看，投资者把重点放在加密货币与投资技术上。②

在金融发展的过程中，尤其是金融科技应用范围扩大的情况下，金融监管也显得至关重要，而金融科技的发展也同时可以丰富监管的内容。中国香港与新加坡均已推出沙盒监管、开放应用程式界面和对储值支付工具发牌。③

三、金融科技发展趋势与澳门区域金融中心建设

区块链、云计算、大数据和人工智能等金融科技近年来都保持良好的发展趋势，对金融中心建设的意义也逐渐变得不可忽略。通过新加坡金融科技企业的融资现状可以发现，金融科技产品本身对投资者具有相当大的吸引力，成为集聚资金的新动力。

区块链技术将通过改变融资模式，为地区集聚金融资本提供新路径。新冠疫情爆发以来，银行等传统金融机构遭受的冲击颇为严重。面对营收下降与利润率紧缩，银行不得不快速适应新的金融环境，以满足数字时代客户的新需求。引入区块链等金融科技将有利于银行等传统金融机构简化运营流程，推动运营数字化。银行与传统金融机构与区块链技术结合，这无疑将为琴澳建设区域金融中心创造新路径。

人工智能的应用也将推动金融产业的发展。人工智能的商业化在欧

---

① 中国银行（香港）：《香港与新加坡金融科技发展水平比较及前景分析》。
② 大华银行（VOB）：《2021年上半年新加坡金融科技：创新中心》。
③ 中国银行（香港）：《香港与新加坡金融科技发展水平比较及前景分析》。

美发达国家和地区应用落地较早，如今更是全球科技企业布局的重点。为实现应用场景创新，人工智能将在制造、教育、医疗、金融等不同领域与实体经济融合，并引发实体经济变革，使人类社会加速进入低成本、大范围、高效益的普惠型智能社会，从而迈向“AI+”时代。人工智能与实体经济的深度融合有助于金融产业的创新和发展。

大数据与云计算、人工智能等技术的结合将创造新的金融模式，推进金融中心建设进程。数据资源的储存与共享为公共服务数字化与智能化水平的提升提供了技术上的保障，大数据应用基础设施的普及是地区搜集并处理信息的基本要求，这些都是建设区域金融中心必不可少的技术支持。

2021年9月1日，澳门金管局与香港保监局签署《金融科技谅解备忘录》，深化澳门与香港在金融科技领域的合作，共同促进金融产业的创新。[①] 港澳两地在金融科技上的合作使得粤港澳大湾区在金融产业发展上更进一步，强化了金融监管协作的沟通机制，共同建设成了金融科技创新的交流平台。此外，澳门金管局着力培养现代金融人才，加强澳门金融人才储备建设，通过开设金融培训活动、鼓励澳门居民考取国际认可的金融专业资格等方式，逐步建设澳门的专业金融人才团队。这些都将成为澳门发展金融科技，并进一步建成区域金融中心的推动力。

① 澳门金融管理局：《金融科技谅解备忘录》。

第五节 大湾区金融科技发展与澳门金融的未来

目前，粤港澳大湾区金融科技的探索与发展已取得了丰硕成果，包括区块链贸易融资平台的发展、智能制造产业以及“金融科技+”医疗健康保险等。这将对澳门金融业发展以及产业多元转型起到积极作用，尤其是在助推澳门中小企业融资、债券市场发展以及人民币国际化等领域，金融科技都将提供新的平台。

一、大湾区金融科技的探索性进展

（一）区块链贸易融资平台的发展

1. 区块链贸易融资优势

区块链是用于记录交易和资产所有权的去中心化协议，它与集中式协议不同，依托于互联网运行，参与者每个人都拥有并且自动更新他们自己的账本，因而是分布式的。区块链的核心创新点在于去中心化信用，能够不依靠中心机构的信用背书构建金融市场，成为“金融脱媒”的重要实践，也对传统金融机构、金融服务模式产生巨大冲击，将在贸易融资、跨境转账、供应链管理和政府公共服务方面均能发挥重要作用。

从客户互动时效性、风险性来看，区块链贸易融资平台具有以下优势：

第一，提高效率。区块链通过多方共享，统一账本信息，打通贸易相关数据流，实现贸易各环节的实时跟踪和贸易融资的全流程管理；并通过数字加密和智能合约的自动执行，简化贷前调查、贷中审核、贷后管理等贸易融资相关流程；还通过纸质文件的电子化，提高单据的流转速度，进而提高效率。

第二，降低风险。基于区块链的贸易融资平台打通了多方贸易的相关数据流，有利于银行快速、准确地进行信息验证和对比，提高对贸易背景真实性的把握，极大地减少相关方人为造假的风险，避免重复融资及融资诈骗。

第三，减少成本。流程的简化和信息的实时掌握，将极大地减少银行人力成本的投入，解决投入产出比的效益问题。线下转线上免去了多渠道搜集信息的成本，银行可以以更少的人力投入去做更多业务，实现巨大的规模效益。同时，成本的降低有利于提高银行为客户提供个性化服务的积极性，允许银行根据客户实际需求制定个性化解决方案。

2. 粤港澳大湾区区块链融资平台发展

2018 年 9 月 4 日，由中国人民银行推动搭建的粤港澳大湾区贸易金融区块链平台在深圳正式上线试运行。该平台致力于打造立足粤港澳大湾区，面向全国，辐射全球的开放金融贸易生态。[①]

区块链贸易融资平台项目一期建成了基于区块链技术的贸易金融底层平台，在平台上可进行应收账款贸易融资等多种场景的贸易和融资活动。同时平台为监管机构提供了贸易金融监管系统，实现对平台上各种金融活动的动态实时监测。通过这一平台，对于企业而言，一是实现了贸易融资的快速办理。原来线下十几天才能完成的贸易融资，在材料齐全的情况下，通过该平台操作，时间最快只需 20 多分钟。二是降低了融资利率，中小微企业的贸易融资成本可能会降到 6%以下。自区块链贸易融资项目推出以来，参与该平台的银行和公司数量持续增加。截至 2020 年年初，该平台已经连接了 44 家银行和 1898 家公司，处理了超过 900 亿元的交易。[②]

（二）粤港澳大湾区智能制造的发展与金融支持[③]

1. 大湾区智能制造的发展与金融服务需求

粤港澳大湾区经济运行仍存在产能过剩、经济增长内生动力不足等

---

① 中国人民银行深圳中心支行：《央行联手与银行开发区块链平台　中小微融资成本或降至 6%以下》。

② 杜卓雅：《粤港澳大湾区区块链贸易融资平台发展》，《横琴智慧金融研究院/吉林大学横琴金融研究院经济研究报告汇编》2020 年第 2 期。

③ 本部分主要参考李世斌：《金融支持横琴新区智能制造实现路径》，《横琴智慧金融研究院/吉林大学横琴金融研究院经济研究报告汇编》2020 年第 2 期。

问题，亟须通过构建现代化产业体系增强新可持续发展的能力。2019年2月发布的《粤港澳大湾区建设规划纲要》明确提出，要深化供给侧结构性改革，着力培育发展新产业、新业态、新模式，支持传统产业改造升级，加快发展先进制造业和现代服务业；应推动制造业智能化发展，以机器人及其关键零部件、高速高精加工装备和智能成套装备为重点，大力发展智能制造装备和产品，培育一批具有系统集成能力、智能装备开发能力和关键部件研发生产能力的智能制造骨干企业。

因此，中国人民银行、银保监会、证监会、外汇局在联合发布的《关于金融支持粤港澳大湾区建设的意见》中明确指出，应加强科技创新金融服务。可以预见，加快推动智能制造业发展将成为粤港澳大湾区经济增长的核心动力。相应地，伴随这一过程，将会出现大量新的金融需求。其主要表现在四个方面：

第一，智能制造业的发展存在大量的资金需求。研发投入、设备采购及改造等环节均需投入大量资金，以格力智能制造工厂为例，前期需进行全自动管路成型一体化、空调外机全智能化线体、钣金自动冲压线等智能装备的投资。各企业尤其是中小微企业现有资金可能无法满足自身需求，需要借助一定的金融工具予以支持。

第二，智能制造产业链条中不同企业存在不同的金融需求。如智能制造上游研发及设计企业对于人才、信息等创新要素的需求更大且承担风险能力较低，智能制造生产企业对于智能设备及管理人才的需求更大。不同企业存在不同类型的金融需求，这就要求金融机构能够针对不同企业存在的痛点难点提供个性化的金融服务。

第三，智能制造生产方式的转型升级对金融提出了新的要求。智能制造对传统制造业生产方式进行了根本性的变革，在要素投入上的把控更加精准、生产周期进一步缩短，这就要求金融机构能够准确识别智能制造企业在不同阶段的金融需求，为其提供更加精准和方便快捷的金融服务。

第四，智能制造的深入合作发展对于跨境金融的需求不断增多。智能制造业的发展离不开与世界各国的合作，大湾区在助力本地企业智能化转型的同时，也将加大对国际智能制造企业的引入力度，并且将在世界各国争夺智能制造市场的过程中助力本地智能制造企业“走出去”。

这就需要金融机构提供良好的跨境金融服务，助推国际智能制造企业“引进来”和本地智能制造企业“走出去”。

2. 发展智能制造业与金融支持的思路

目前来看，粤港澳大湾区金融参与智能制造业发展的广度和深度仍有待加强。一方面，在与传统大型制造企业展开智能制造产融合作的同时，还要兼顾产业链条上中小微企业的融资需求，尤其是照顾从事上游设计开发以及下游销售服务的中小微企业，它们由于缺乏必要的抵押资产且面临较大风险，获得传统信贷支持的能力有所欠缺。因此，金融机构应及时掌握这些企业的痛点难点及自身优势，提供具有针对性的金融服务。另一方面，要致力于将金融嵌入到智能制造全产业链当中，不断提高金融参与智能制造业发展的深度，针对不同环节的资金需求提供多样化的金融服务，如利用金融大数据、数字货币等金融科技手段，提高金融服务智能制造业的快捷度、灵活度及精准度。

随着智能制造业的发展，未来大湾区制造企业与世界各国在产业链合作、技术交流等方面的联系将会不断增强，由此形成了智能制造企业的跨境金融需求。一方面，大湾区应为进入粤港澳大湾区的境外企业提供更加便利化的金融服务，加大对于境外资本的吸引力度，在丰富资金来源的同时，有效发挥境外企业在管理、技术等方面的溢出作用。另一方面，大湾区也应对“走出去”的智能制造企业给予必要的金融支持，加快金融业的全球布局，助力琴澳智能制造业在全球市场的发展。

目前在智能制造业发展过程中，粤港澳大湾区应进一步开发和设计更具有针对性的金融产品，在充分发挥产业投资基金、股权债券融资等传统金融工具的基础性作用的同时，探索创新知识产权质押融资、融资租赁、产业链金融等新型金融工具在支持智能制造业发展中的应用，通过多样化的产品和服务满足不同类型智能制造企业的融资需求。

3. 智能制造业发展与金融支持的具体实施

（1）发展多层次资本市场，拓宽智能制造企业融资渠道

这主要有三个方面：一是建设以政府为主导的智能制造产业投资基金；二是充分发挥股权融资和债券融资作用，引导和支持符合条件的智能制造企业在中小企业板、创业板和区域性股权交易市场上市和挂牌融资，以满足其长期发展资金支持；三是支持智能制造业领域的资产证券

化，改善企业流动性状况，包括推进智能制造业融资租赁、债权、资产的证券化，拓宽制造业融资租赁机构资金来源，更好地服务企业技术升级改造。

（2）创新智能制造业金融产品与服务

第一，创新融资租赁服务智能制造方式。支持和鼓励融资租赁公司通过直接租赁、售后回租等业务，支持智能制造企业尤其是中小智能制造企业融资融物，推动融资租赁服务的转型和服务方式创新。

第二，大力发展产业链金融产品和服务。鼓励金融机构依托智能制造产业链核心企业，积极开展仓单质押贷款、应收账款质押贷款、票据贴现、保理、国际国内信用证等各种形式的产业链金融业务，有效满足产业链上下游企业的融资需求。探索云计算、大数据在智能制造产业链金融中的应用，在有效防范产业链金融风险的同时。及时捕捉智能制造企业的痛点难点，降低产业链条整体融资成本。

第三，开发智能制造业保险产品。由于智能制造业更加注重前期设备及研发投入，它们往往面临着较大的风险。因此，应鼓励保险公司发展企业财产保险、科技保险、专利保险、安全生产责任保险等保险业务，为智能制造企业提供多方面的风险保障；鼓励发展智能制造业贷款保证保险，支持轻资产型智能制造企业发展壮大；大力发展产品质量责任保险，提高智能制造品牌信任度。

（三）“金融科技+”医疗健康保险[①]

长期以来，中国一直致力于医疗健康保险体制、机制的改革。随着《国务院关于建立城镇职工基本医疗保险制度的决定》《中共中央国务院关于深化医药卫生体制改革的意见》等一系列文件的发出台，已经基本构建起以政府为主导的基本医疗保障为主体，其他多种形式的医疗保险市场主导的商业健康保险为补充，覆盖城乡居民的多层次医疗保障体系。目前，城乡基本医疗保险在国家公共卫生健康及医疗健康管理治

---

① 该部分主要参考邵学峰、李世斌、王迪、姚贝贝：《疫情影响下珠海市横琴新区“金融科技+”医疗健康保险先行先试研究》，《横琴智慧金融研究院/吉林大学横琴金融研究院经济研究报告汇编》2020 年第 1 期。

理等方面，发挥了重要的保障性作用；同时，随着市场经济的不断发展以及《关于促进社会服务领域商业保险发展的意见》等一系列支持性政策的推动，商业健康保险也获得较快发展，已经成为中国医疗保健体系中的重要组成部分。

随着互联网的广泛应用，特别是近些年来金融科技的加速发展，大大提高了诸多领域的运行效率、有效地降低了交易成本、拓展了活动空间和领域。在数字经济背景下，特别是随着区块链技术的逐渐应用，加快金融赋能医疗健康保险，推进跨境（跨区域）保障体系建设，也成为粤港澳大湾区建设智慧金融、健康宜居城市的新课题。尤其是随着新冠病毒疫情的爆发，加快医疗健康保险领域的金融科技及区块链技术的推广和使用，更加具有非常重要的作用。

在疫情暴发期间，内地多家医院加快了发展互联网医疗的步伐。多家医院开始提供远程咨询线上医疗服务，通过互联网远程会诊平台以及微信公众平台提供疫情方面的科普及咨询解答服务，构建了无接触医疗新模式，互联网医疗模式得到快速发展。然而，当面临突发疫情等情况时，医疗机构的救治措施及医疗健康保险资金即时结算措施不够完善，特定疾病的医药费豁免以及特定疾病险制度尚未完善。不仅如此，金融科技、数字经济及区块链等技术在医疗健康保险领域的应用还远远不够，甚至处于空白的状态，尚未在公共风险预警及防治方面发挥应有的作用。

因此，应加快把大数据以及区块链技术应用于公共风险的事前预警，健康风险的实时监控与响应，以及突发性公共事件的快速服务等方面；除此之外，为解决智慧金融发展过程中至关重要的数据问题和监管问题，也需要加快建设区块链技术及大数据技术。

二、助推澳门金融及产业多元化发展

（一）澳门经济多元化发展的方向

澳门地理环境和历史地位特殊，社会经济发展过程复杂。它是东西方贸易的重要商埠，也是东西方文化交汇的城市之一。澳门的工业化始于 20 世纪 60 年代，进入 70 年代后，澳门社会经济获得了迅速发展，经济结构也随之发生了显著变化，澳门逐渐变成一个出口加工工业比较发达，博彩业和旅游业兴旺，建筑业、金融保险业迅速发展的城市。

澳门作为世界三大赌城之一，在产业结构方面，博彩业占据主导地位。博彩业占澳门生产总值的50%左右。博彩业促进了澳门特区的经济发展，但潜在的问题是经济结构脆弱，特别是面对疫情的冲击，澳门产业结构单一、缺乏经济增长动力和活力的问题迅速暴露出来。此外，新加坡、东京等超级城市解禁博彩业，越南、柬埔寨等东南亚国家也开始发展博彩业，澳门面临的国际竞争越来越激烈。经济适度多元化，在澳门已经是多年以来的共识。

债券的发行具有规模大而收益率偏低的特征，债券交易主要以场外交易为主，证券交易所并不是债券发行的必要条件。因而，在面对澳门产业结构单一，以博彩业为主的问题时，优先发展公司债券等相关业务，可以成为有效促进经济适度多元发展的切入点。在现阶段，澳门应重点推动债券市场的发展。澳门金融业发展具备资金流动自由、金融体系稳定、税率比较低，以及国际联系比较紧密等优势，这些条件都为澳门金融业提供了非常好的基础。因此，可以通过推动澳门债券市场的发展，助力澳门经济多元化，澳门金融业快速发展。

澳门紧密联系着葡语系国家及其商圈，其背后的市场空间与金融资源值得关注。葡萄牙是首个签署共建“一带一路”谅解备忘录的西欧国家，巴西是“一带一路”沿线拉美地区的主要经济体之一，这些国家在中国“一带一路”倡议推进过程中具有重要地位。此外，澳门所连接的葡语商圈市场广阔，资金资源丰富，这也为澳门发展金融业提供了有利条件。

（二）通过金融科技助推澳门金融业发展

1. 澳门中小企业融资

中小企业对地区经济增长具有非常重要的作用，但由于中小企业的规模小、资源稀缺，其资金来源受到限制，金融科技为解决中小企业融资难提供了新的解决思路。金融科技简化了融资流程，可以获取拥有资金的贷方的更多信息，也可以更容易地将小额闲置资金整合变成一笔可用于投资的大额资金，同时通过互联网、大数据等技术手段，还可以更容易地掌握融资企业的经营状况，并且评估其还款能力。

中小企业的发展可以吸收大量劳动力，促进市场良性竞争，在科技高速发展的时期，也为创新贡献了新动力。中小企业作为澳门产业多元化方向发展的重要力量，金融科技如果可以帮助其解决融资问题，将有助于澳门企业良性生态循环。

2. 澳门债券市场发展

由于债券具备有很多天然优势，澳门应优先发展公司债券等相关业务，将其作为有效促进澳门经济适度多元发展的切入点。2020 年 9 月以来，中国债券市场对外开放步伐加快——降低债市准入门槛，简化管理要求及相关流程，扩大外商投资范围。然而，截至 2021 年 9 月，在澳门发行并上市的债券仅有 11 项，发行总金额共计 17.11 亿美元，其中还包括中国国家财政部发行的两笔金额共计 20 亿人民币的人民币债券。为了促进澳门债券市场的繁荣与发展，应该通过金融科技的手段，更高效地寻找到适合在澳门发行债券的企业或机构，广泛吸引投资者，扩大澳门债券市场的体量，促进澳门金融业发展。

大数据可以追踪企业发行债券的信息，这将特别适用于没有在证券交易所上市的澳门债券。此外，人工智能能够分析企业的财务信息、经营状况、融资需求以及还款能力，对企业债券进行更为综合的评级。此外，债券可以在区块链上进行结算，主要优势是速度更快、更灵活。

3. 推进琴澳人民币离岸市场的建设

金融科技的发展将助力琴澳两地推进人民币国际化，使其发展成为重要的人民币离岸市场。粤港澳大湾区是具有流通三种货币，实行三套金融政策的区域，香港和澳门两地都是按权重排在前十的人民币离岸市场，然而 2021 年 7 月香港人民币交易占全球的份额达到 75.24%，而澳门仅占 1.12%。[①]《粤港澳大湾区发展规划纲要》明确提出“在澳门建立以人民币计价结算的证券市场”。2020 年，澳门特区行政长官贺一诚也提出，将在澳门设立跨境人民币结算中心。金融市场上流通人民币的增加，是提高人民币跨境需求的途径之一。如果澳门成立证券交易所，

---

① SWIFT. *RMB Tracker Monthly Reporting and Statistics on Renminbi (RMB) Progress towards Becoming an International Currency*. August 2021.

随着以人民币计价的证券数目的扩大，人民币国际货币地位也将提升。澳门可以通过与横琴金融的深度合作加快人民币离岸市场的建设。随着金融科技的发展，琴澳两地贸易自由化程度和水平也会相应提高，投资环境也将逐步改善，经济合作向外扩展，市场需求无疑会大幅增加，这都有助于澳门建立人民币计价结算的证券交易市场，促进澳门产业多元化的形成与发展。

参考文献

[1] 杜卓雅：《粤港澳大湾区区块链贸易融资平台发展》，《横琴智慧金融研究院/吉林大学横琴金融研究院经济研究报告汇编》2020 年第 2 期。

[2] 杜卓雅：《粤港澳大湾区沙盒监管的探索性研究》，《横琴智慧金融研究院/吉林大学横琴金融研究院经济研究报告汇编》2020 年第 3 期。

[3] 冯永琦、张浩琳、邱晶晶：《粤港澳大湾区金融科技发展研究》，《横琴智慧金融研究院/吉林大学横琴金融研究院经济研究报告汇编》2020 年第 3 期。

[4] 霍学文：《关于云金融的思考》，《经济学动态》2013 年第 6 期。

[5] 李斌、邵新月、李玥阳：《机器学习驱动的基本面量化投资研究》，《中国工业经济》2019 年第 8 期。

[6] 李春涛、闫续文、宋敏、杨威：《金融科技与企业创新——新三板上市公司的证据》，《中国工业经济》2020 年第 1 期.

[7] 李世斌：《金融支持横琴新区智能制造实现路径》，《横琴智慧金融研究院/吉林大学横琴金融研究院经济研究报告汇编》2020 年第 2 期。

[8] 孙国茂、范跃进：《金融中心的本质、功能与路径选择》，《管理世界》2013 年第 11 期。

[9] 邵学峰、李世斌、王迪、姚贝贝：《疫情影响下珠海市横琴新区“金融科技+”医疗健康保险先行先试研究》，《横琴智慧金融研究院

/吉林大学横琴金融研究院经济研究报告汇编》2020 年第 1 期。

[10] 唐松、赖晓冰、黄锐：《金融科技创新如何影响全要素生产率：促进还是抑制？——理论分析框架与区域实践》，《中国软科学》2019 年第 7 期。

[11] 王迪：《企业数字化转型的技术伦理问题及金融科技的未来》，《横琴智慧金融研究院/吉林大学横琴金融研究院经济研究报告汇编》2020 年第 3 期。

[12] 王迪：《"双循环" 背景下以琴澳跨境合作促进澳门产业链升级与完善》，《横琴智慧金融研究院/吉林大学横琴金融研究院经济研究报告汇编》2020 年第 4 期。

[13] 王倩：《金融科技标准与金融科技企业认定》，《横琴智慧金融研究院/吉林大学横琴金融研究院经济研究报告汇编》2021 年第 3 期。

[14] 赵琪、徐维军、季昱丞等：《机器学习在金融资产价格预测和配置中的应用研究述评》，《管理学报》2020 年第 11 期。

[15] BCBS. Sound Practices: Implications of Fintech Developments for Banks and Bank Supervisors. August 2017.

[16] BCBS, IFC Report on Central Banks and Fintech Data Issues. February 2020.

[17] Bruno Biais, Christophe Bisière, Matthieu Bouvard, Catherine Casamatta. (2019). The Blockchain Folk Theorem, *The Review of Financial Studies*, *32* (5): 1662-1715.

[18] Candraningrat I, Abundanti N, Mujiati N, et al. (2021). The Role of Financial Technology on Development of MSMEs. *Accounting*, *7* (1): 225-230.

[19] Chen, M. A., Wu, Q., & Yang, B. (2019). How Valuable is FinTech Innovation? . The Review of Financial Studies, *32* (5): 2062-2106.

[20] Fáykiss P., D. Papp, P. Sajtos, Á. Trös, (2018) Regulatory Tools to Encourage FinTech Innovations: The Innovation Hub and Regulatory Sandbox in International Practice. *Financial and Economic Review*, *17* (2), 43-67.

[21] FSB. *Financial Stability Implications from FinTech*. June 2017.

[22] Goo J J, Heo J Y. (2020). The Impact of the Regulatory Sandbox on the Fintech Industry, with a Discussion on the Relation Between Regulatory Sandboxes and Open Innovation. *Journal of Open Innovation: Technology, Market, and Complexity*, *6* (2): 43.

[23] IOSCO. IOSCO Research Report on Financial Technologies (Fintech). February 2017.

[24] IMF. *Fintech: The Experience So Far*. June 2019.

[25] Jonathan Chiu, Thorsten V Koeppl, Blockchain. (2019). Based Settlement for Asset Trading. *The Review of Financial Studies*, *32* (5): 1716-1753.

[26] Mark A Chen, Qinxi Wu, Baozhong Yang. (2019). How Valuable Is FinTech Innovation?. *The Review of Financial Studies*, *32* (5): 2062-2106.

[27] SWIFT. RMB Tracker Monthly Reporting and Dtatistics on Renminbi (RMB) Progress towards Becoming an International Currency. August 2021.

[28] WB. *Focus Note Fintech and Financial Inclusion*. June 2021.

[29] 澳门金融管理局:《澳门金管局与香港保监局签署谅解备忘录 加强金融科技合作》。

[30] 深圳市人工智能行业协会:《2021 人工智能发展白皮书》。

[31] 香港金融管理局:《金融科技 2025》。

[32] 香港金融管理局:《智慧银行》。

[33] 中国银行(香港):《香港与新加坡金融科技发展水平比较及前景分析》。

[34] 中国信通院:《中国数字经济发展白皮书》。

[35] 中华人民共和国中央人民政府:《粤港澳大湾区发展规划纲要》。

[36] 中国人民银行:《金融科技创新应用测试规范》(JR/T 0198—2020)。

[37] 中国人民银行:《金融科技(FinTech)发展规划(2019—2021 年)》。

［38］中国银保监会：《中国银保监会办公厅关于2021年银行业保险业高质量服务乡村振兴的通知》。

［39］中国银保监会：《银保监会国新办新闻发布会答问实录》（2020年3月13日）。

［40］中国银保监会：《中国银保监会关于推动银行业和保险业高质量发展的指导意见》。

［41］中国银监会：《中国保监会全面推进政务公开工作方案》。

［42］中国证监会：《以新理念引领新发展，投资者保护工作迈上新台阶——阎庆民副主席在首届“中小投资者服务论坛”开幕式上的讲话》。

［43］中国人民银行深圳市中心支行：《深圳金融科技创新监管试点应用公示（2020年第一批）》。

［44］中国人民银行深圳市中心支行：《深圳金融科技创新监管试点应用公示（第二批）》。

［45］中国人民银行深圳中心支行：《央行联手与银行开发区块链平台　中小微融资成本或降至6%以下》。

［46］浙江大学互联网金融研究院司南研究室：《千帆竞发，器利者先——2020全球金融科技中心城市报告》。

6 第六章

“双循环”新发展格局下琴澳跨境金融发展新路径

“双循环”新发展格局旨在充分发挥内需潜力，联通国内外两大市场，利用好两种资源，以促进形成国内外循环相互促进的全球大循环模式，打造新面貌新水平的开放化经济体系。澳门地处“双循环”新发展格局下的“重合地带”，有利于连通国内国际两大市场，实现资金、人才等要素资源的高效循环流通，充分发挥“双循环”服务平台及跨境融合发展的先锋作用，为构建“双循环”新发展格局注入强劲动能。但由于澳门自身地理空间及产业发展模式受限，难以进一步推动经济产业的多元化发展，而横琴与澳门地理位置接壤，具备开放化的金融市场及多方位资金盈利渠道，使得琴澳跨境合作具有得天独厚的发展优势。以“双循环”新发展格局背景为依托，探寻琴澳间跨境金融发展新路径，对于推动琴澳两地经济创新性、多元化快速发展，加速推进“双循环”新发展格局形成具有重要现实意义。

第一节 琴澳跨境金融发展的背景及意义[①]

“以国内大循环为主体，国内国际双循环相互促进”新发展格局的提出，在保障国内经济稳健发展的同时，为跨境经济交流合作及金融创新融合发展提供了极佳的时代机遇及政策环境。在此背景下，琴澳两地积极推进跨境金融发展，寻求金融创新融合发展新路径具备极佳的客观条件和丰富的现实意义。

① 该节写作重点参考了张蓓：《新发展格局下跨境金融发展挑战和机遇》，《横琴智慧金融研究院/吉林大学横琴金融研究院经济研究报告汇编》2020年第4期。

一、宏观经济政策背景

（一）“双循环”新发展格局的政策支持

以习近平同志为核心的党中央立足于中国发展环境及历史阶段的改变，以“十四五”规划及建成社会主义现代化强国为依托，提出了“以国内大循环为主体，国内国际双循环相互促进”的新发展格局构想。新发展格局的提出主要是基于外部压力和内部动力两个方面：外部压力主要是指全球经济可能陷入长期性停滞状态，单边主义与贸易保护主义使得经济全球化面临停滞不前甚至分崩离析的风险。从图 6-1 可以明显观察到，自 2011 年以来全球经济增速呈现连续下降状态。同时，比经济增速下行更令人担忧的是全球贸易减速。面对全球经济增长停滞，贸易增速下降，保护主义上升，加上中美贸易摩擦加剧等诸多变局，中国不得不采用新的“破局”手段，构建“双循环”新发展格局就是其中之一。

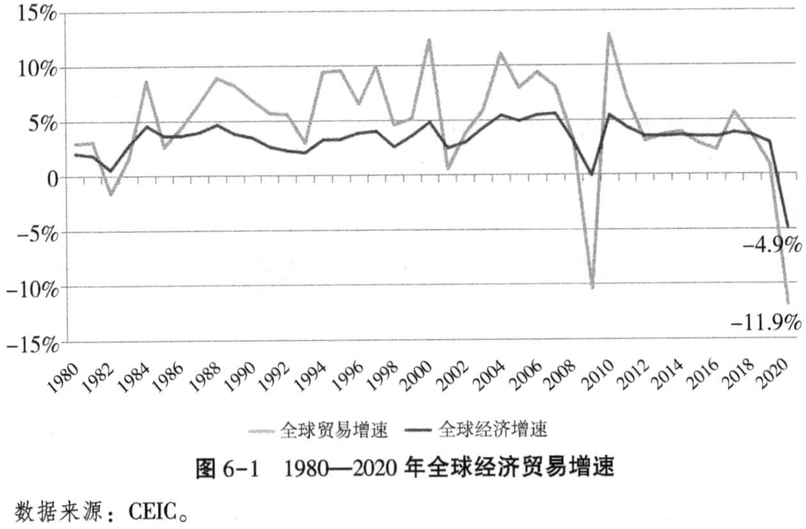

图 6-1 1980—2020 年全球经济贸易增速

数据来源：CEIC。

“双循环”新发展格局产生的内部动力主要是国内经济发展壮大和增长转型的需要。从图 6-2 中以发现，自 1978 年以来我国外贸依存度

(进出口总额与 GDP 比值)呈现波动上升状态，明显体现出国家经济的外向型发展特征。同时，过去十几年间，净出口经济贡献率指标一直在正负之间不断波动，相对于外贸依存度来说并不显著，这也是我国经济体量不断发展的结果。

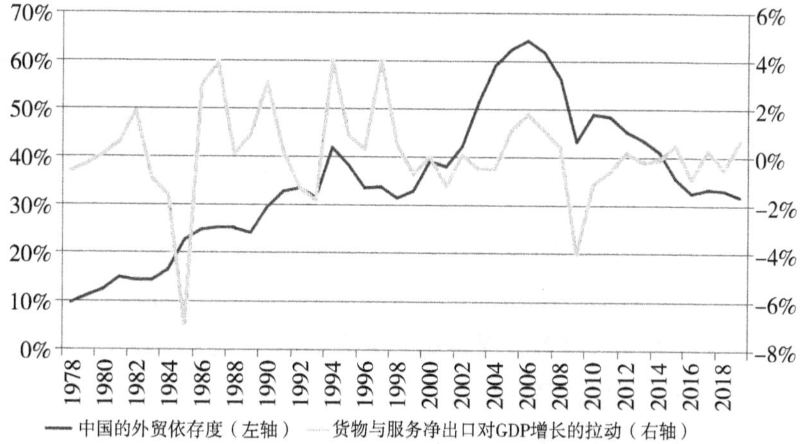

图 6-2　1978—2018 年我国经济对外依存度与净出口贡献率

数据来源：Wind。

“双循环”旨在通过推进“一带一路”建设，形成国内外循环相互促进的全球大循环模式。通过发挥内需潜力，联通国内外市场，更好地利用两个市场、两种资源，在引领塑造新发展、新形态的经济全球化过程中，打造新面貌新水平的开放化经济体系，为国内外产业链及供应链安全发展提供稳定环境，从而更好地支撑我国经济安全快速发展。

粤港澳大湾区作为我国打造高质量发展典范的先锋地带，既承担着推进全面化开放新局面的战略重任，又体现着新时期促进港澳地区融入国家整体发展布局，推进“一国两制”事业创新化发展的实践要求。基于“双循环”新发展格局提升大湾区金融开放化交流水平，打造开放的市场化环境，对于促进琴澳跨境金融发展有着积极有力的支持作用。

（二）后疫情时代全球经济金融发展面临的挑战

1. 经济发展所面临的挑战

（1）经济长期发展呈现低增长态势

总体而言，疫情可能使全球经济陷入更长时间的低增长状态。世界银行预测，疫情冲击下世界经济在2021年到2022年短暂反弹后可能还将处于一个比较低的增长态势。世界银行的首席经济学家卡门·莱因哈特（Carmen Reinhart）提出，将会有三方面因素导致世界经济复苏之路十分漫长：一是全球贸易萎缩，经济形势不振；二是失业率难以在短期内恢复，部分失业者将永久退出劳动力市场；三是经济萧条和粮食危机，使部分贫穷国家经济发展水平发生倒退。

相对来看，劳动力市场中受疫情冲击影响更为严重的当属妇女、青少年、低教育程度人群等缺乏市场竞争力的团体，这部分人群在疫情冲击之下更容易被替代或者退出市场。除此之外，随着经济自动化及机械化的发展，逐渐出现一种过度自动化趋势。按以往经验来讲，自动化程度的提高会促进劳动生产率的提升，从而提供更多的工作岗位。但过度自动化表现出机器代替人力却未能提高劳动生产率的状态，这进一步加重了劳动力市场的失衡现象。

（2）疫情冲击下潜伏性威胁逐渐显露

疫情冲击对于经济发展的威胁性也开始逐渐呈现出来。主要表现在以下三个方面：

第一，“信念伤痕”逐渐现身且影响日益增强。所谓信念伤痕，可以理解为受新冠疫情等黑天鹅事件的影响，经济主体对未来作预期时可能会更多地考虑发生极端事件的可能性，减少投资行为，从而对经济增长造成负面影响。

第二，随着新兴经济体与发展中国家在全球产业链中地位进一步提升，全球经济规则体系亟须完善。据统计，处于发达水平的经济体平均年增长速率仅能维持在1.4%，对比而言，新兴经济体及发展中水平经济体增速可高达5.58%。按购买力平价（PPP）计算，新兴与发展中经济体GDP总量占世界经济比重从1990年的36.68%上升至2019年的59.67%。疫情期间，亚洲新兴和发展中经济体疫情防治举措明显更有效率，生产活动率先开始恢复，这将进一步提升其在世界经济格局中的地位。但是，现有全球经济规则仍停留在西方发达国家主导的阶段，新兴及发展中经济体在规则制定方面仍旧缺乏话语权。同时，发达经济体出于对长期存在的结构性问题以及国内各种矛盾逐步加重的考虑，必然会通过改变规则的方式为自己身谋取更多、更大的利益，从而加剧国际间经济冲突，使全球经济的长期发展面临更多的挑战。

第三，单边主义和贸易保护主义的出现成为影响全球经济发展的重要因素。受限于单边主义和贸易保护主义等因素，贸易全球化呈现停滞状态。据 WTO 在 2019 年发布的总干事年报：自 2018 年 10 月起短短的 1 年时间里，WTO 成员国间新出现了 102 项限制贸易的措施规定，除关税及数量限制外，还有更加严格的清关程序等，总共涉及了大概价值 7500 亿美元的产品，同比上一年大幅提高了 27%。随后，疫情期间关税和非关税贸易壁垒、以及贸易惩罚措施数量激增，进一步抑制了全球货物及服务贸易活跃程度，全球贸易市场陷入低迷期。

2. 全球金融市场所面临的挑战

（1）金融市场与实体经济呈现脱钩趋势

从全球金融发展趋势来看，后疫情时代全球金融市场与实体经济呈现进一步脱钩趋势。为应对新冠疫情冲击下全球市场所产生的不良反应，许多经济体通过实施量化宽松政策为市场注入大量流动性，但受限于政策效用边际递减，量化宽松政策所带来的资金是否能够真正对实体经济产生支持作用，成为愈发值得怀疑的问题。量化宽松政策若不能有效地支持实体经济，资金要追求收益就只能投向股市、房市等市场，造成虚拟经济与实体经济更加严重的脱钩，严重影响就业水平和经济增长。

（2）国际货币体系的不确定性逐步增强

在现行国际货币体系的整体构架之中，美元始终占据着至关重要的地位。新冠疫情的冲击虽使得全球经济体系面临着巨大的动荡，但美国在货币金融领域的主导地位依旧难以撼动，美元体系依旧可以持续。从宏观经济领域来看，新冠疫情是一场全球性的外部冲击，在重创美国经济的同时，也对其他发达经济体造成重大伤害，全球发达经济体之间陷入“比烂”状态。美国凭借其极具广度和深度的金融市场以及由大规模美元交易所形成的网络外部性，始终把持着独一无二的货币权力。同时美国强劲的科技创新能力及无与伦比的未来增值预期使得美国在享有美元资产本身所具有的安全性和流动性之外，也更有利于吸引外部资本特别是私人资本流入所带来的流动性。美国经济相较于其他发达经济体并非“最烂”，美元在国际货币体系中的地位依旧难以撼动。①

同时新冠疫情冲击后全球经济复苏并未呈现出均衡状态，在此背景下，美国等主要发达国家货币政策的调整对于全球流动性特别是新兴经济体的影响是十分显著的。在新冠疫情冲击下，新兴市场和发展中经济体资本外逃趋势上升，流动性风险和债务危机迫在眉睫。但美联储等主要发达国家的中央银行实施量化宽松的货币政策，向金融市场注入流动性，全球资本流动方向发生逆转，新兴市场和发展中经济体资本流动“转出为入”。然而对于新兴市场和发展中经济体来说，政府债务大都存在于国内私人银行资产负债表上，而不是中央银行资产负债表上，随着发展中经济体政府债务占国内生产总值比重与发达经济体的差距日益缩小，其受发达经济体货币政策变化的影响程度将会更大。当美联储面临通货膨胀上升压力，而退出量化宽松操作、收紧货币政策时，可能会使流动性风险上升，并引发债务危机。②

（3）非银行金融机构的脆弱性

非银行金融机构（NBFI）在面对疫情冲击时显露出的脆弱性，也是全球经济运行的一个潜在的不稳定因素。非银行金融机构作为金融服务实体经济的重要组织之一，在促进经济发展和金融稳定中发挥着重要的作用，但非银行金融机构的监管和运营存在许多不稳定性因素，使得其发展存在着许多脆弱性及不稳定性。一方面，相较于商业银行，非银行金融机构更灵活、更突出，受众客户的信用评级往往也比较低，再加上提供的金融服务或者金融产品期限长且其价值可能会因为股票价格、利率或者汇率的影响而出现较大的波动，从而非银行金融机构的市场风

① 该部分重点参考了横琴智慧金融研究院/吉林大学横琴金融研究院研究成果，包括李晓：《如何判断美元的国际地位》，“横琴智慧金融研究院”公众号，2021 年 10 月 25 日。

② 莫里斯·奥布斯特菲尔德、王宇：《全球非均衡复苏下：美联储政策转向对新兴市场和发展中经济体的影响与应对》，《金融发展研究》2021 年第 12 期。

险也更大；另一方面，受限于金融技术革命及金融衍生物产品的复杂多变和价值难以估计等性质，非银行金融机构业务运营风险大大增加，同时其也要求专业从业人员必须具有更强的环境适应能力和创新精神，这就使得非银行金融机构管理风险及操作风险大大增加。① 最后，对非银行金融机构的监管也存在不足，以美国非银行金融监管为例，我们不难发现：美国非银行金融机构的监管法规和监管机构较为分散，难以捕捉各类非银行金融机构之间的风险传导；同时出于资源合理配置及刺激创新发展等目的，美国更偏向于采用信息披露、公平交易等措施规范投资行为，加强投资者保护，对非银行金融机构的监管也侧重于投资者保护和合规交易，缺乏对市场风险及其传导的防范措施。② 所以，非银行金融机构在拓宽了资金配置渠道、提高金融服务效率和创新水平的同时，其发展的稳定与否也关系着全球金融体系及经济发展的稳定。

二、琴澳发展跨境金融的意义

（一）把握“双循环”新发展格局的时代机遇

“双循环”新发展格局在保障国内经济稳健发展的同时，为跨境经济交流合作提供了极佳的发展机遇及政策环境，有助于推动我国金融市场及金融服务领域不断地开拓创新，实现金融创新水平、开放水平、服务水平的持续提升，打造包含跨境投融资及跨境交易结算等业务在内的立体化、全方位的跨境金融体系。进一步加大跨境金融发展力度，不仅可以有效地提升境内外各类企业资金配置效率，也有利于拓宽境内外投资者共享我国发展机遇的途径，同时还为审慎推进人民币国际化提供助力。

澳门优越的地理位置刚好处在“双循环”新发展格局的重合地带，是目前港澳台三地中对内地依赖性最强的地区。这在为澳门带来前所未

① 覃晓双：《浅析后疫情时代非银行金融机构的机遇与风险》，《营销界》2021 年第 24 期。

② 益言：《对美、欧非银行金融机构监管的反思及改进建议》，《中国货币市场》2021 年第 3 期。

有的发展机遇的同时，也对其提出了更高水平的要求。澳门应当积极融入“双循环”发展进程，连通国内国际两大市场，以促进资金、人才等要素资源的高效合理流动，发挥“双循环”服务平台及跨境融合发展的先锋作用，为构建“双循环”新发展格局注入新的动能。由于澳门地理空间有限，产业结构单一，亟须进一步发展的空间。横琴作为紧邻澳门的对外发展的前沿地区，具备辐射国内外市场的显著优势，因而琴澳开展跨境金融合作既符合构建“双循环”新发展格局的要求，又能够把握跨境经济合作的新机遇，为澳资企业或“一带一路”沿线葡语系国家提供必要的经贸合作机会和有力的金融支持，并增加珠海的金融竞争力，带动两地金融产业协同发展。

（二）深化琴澳融合协作，促进澳门产业多元化

澳门社会经济受其地理位置及历史要素的影响，呈现出较为复杂的发展过程。澳门工业化发展始于20世纪60年代，后又借助内地改革开放的春风发展出出口加工业，但博彩业一直是其支柱性产业；回归祖国以后，澳门社会安定，旅游业及会展业也呈现出旺盛的发展潜力和势头。现今，澳门已经成为以博彩业为支撑，旅游业、金融业、建筑业及会展业蓬勃发展的现代化都市。

然而，总体来看，澳门博彩产业体系及其单一化的金融业务结构导致其资金流规模巨大、资金沉淀深厚但投资渠道匮乏、投资收益不足，因此，拓阔资金投资渠道及盈利模式，提高投资的盈利水平将成为今后澳门经济产业发展的核心所在。横琴具备开放化金融市场及多渠道的资金盈利模式，具备得天独厚的双方开展深度合作的条件。琴澳跨境金融合作的开展，不仅有利于深化琴澳两地合作互融，更能充分发挥双方优势，盘活澳门资金池，形成资本集聚的规模效应，为澳门产业经济多元化发展开辟新路径，为琴澳两地经济持续健康发展和提高国际影响力注入新鲜动力。

第二节 琴澳跨境金融发展的现状及问题①

琴澳之间地理位置相近、资源要素互通、产业优势互补，发展跨境金融具备得天独厚的优良条件，并已取得了一系列的显著成果。但是受两地政策制度差异及市场与政府间协同难一致等影响，琴澳跨境金融发展也存在着一定的阻碍。本节主要对琴澳两地金融发展及合作现状，以及跨境金融发展所面临的问题与挑战进行分析。

一、琴澳金融产业发展现状分析

（一）澳门金融产业发展现况

如上所述，澳门产业结构相对单一，博彩业及其相关产业占据经济体系的绝对地位，但需要指出的是，近年来澳门特色金融产业表现出强劲的生命力。澳门现有的金融体系主要由银行业与保险业两大支柱构成，金融中介机构、货币兑换商店等中小型金融企业其构成其金融运转的基本脉络。其中，银行业是澳门金融体系中规模最大、影响最深的支柱产业，并呈现出蓬勃的发展态势据统计，截至2020年年底，澳门注册银行数量高达30家，其中外地注册后于澳门开设分行的银行数量高达19家，澳门本地亦有11家银行注册。除此之外，澳门银行业发展规模也呈现上升状态，相较于2019年，银行资产规模上涨了17.4%，其存贷款余额规模及资金利息与运营盈利水平也有显著增幅，已成为澳门金融体系中的支柱力量。相比于澳门银行业，保险行业在金融体系中相对较弱。截至2020年年底，澳门共有25家保险机构，其中11家为本地保险机构，14家为外地保险机构。截至2020年年底，人寿保险保费

① 该节重点参考了邱晶晶：《深化金融科技合作对接琴澳产业适度多元发展》，《横琴智慧金融研究院/吉林大学横琴金融研究院经济研究报告汇编》2020年第4期。

总额为2626亿澳门元，占保险业总保费的91%；非人寿险业务趋于平稳，其资产规模、市场占有率和保费收入均稳定在10%左右。银行及保险业在推动澳门金融业快速发展的同时，也不可避免地具有结构单一、抗冲击能力差、发展途径受限等一系列问题，尽管澳门在不断采用“融资租赁”“财富管理”等途径拓宽金融业发展方式，但受限于产业结构及市场规模，其仍需要寻找更有效的新发展路径。

表6-1 2018—2019年澳门融资租赁业务概况

（期末数字）

	2018年	2019年	变动（%）
A. 有效的融资租赁相关贷款及融资租赁公司的子公司合约数目	74	116	**56.8**
涉及特定融资租赁项目的贷款及合约数目	9	24	166.7
B. 未偿还融资租赁相关贷款及待收租金[1]（千澳门元）	**18,371,500**	**22,918,339**	**24.7**
涉及特定融资租赁项目的余额	1,564,809	3,838,316	145.3
C. 未偿还融资租赁相关贷款占有关银行贷款总额[2]的比重（%）	**2.1**	**2.4**	**0.3个百分点**

附注：（1）包括澳门银行的相关贷款及融资租赁公司的子公司合约。
（2）仅包括有提供融资租赁贷款银行的贷款总额。

数据来源：澳门统计暨普查局。

表6-2 2018—2019年澳门财富管理业务概况

（期末数字，除特别指定外）

	2018年	2019年	变动（%）
A. 客户数目	**278,195**	**313,320**	**12.6**
高端客户数目[1]	68,958	76,948	11.6
B. 投资组合的市场价值（千澳门元）	**198,396,374**	**243,619,378**	**22.8**
资金类及存款	136,147,344	142,118,749	4.4
证券及基金	61,322,432	99,848,326	42.8
其他	926,599	1,652,302	78.3
C. 手续费及佣金收入总额（期内数字，千澳门元）	**325,727**	**471,124**	**44.6**
D. 手续费及佣金收入占非利息收入的比重（%）	**4.8**	**6.3**	**1.5个百分点**

附注：（1）高端客户为委托管理的资产值达300万元或以上（或等值）的客户。

数据来源：澳门统计暨普查局。

（二）横琴金融产业发展现状

横琴新区作为我国第三个国家级新区且作为广东自贸区不可或缺的组成部分，在建设初期便选定商务金融服务、休闲旅游及人文创意、中医药保健和高新科教研发作为主要的产业发展方向，并通过自身产业结构选择和发展带动珠海经济结构提升，拉动珠海整体 GDP 的增长。"横琴元素"已经成为提升珠海产业结构高度的核心动力。

横琴新区始终将金融服务业作为重点发展产业，在政策上对金融产业发展予以全面支持，始终坚定不移地推动创新化金融发展，鼓励金融市场、产品及业务开拓新的发展空间，同时一直致力于深化大湾区金融融合发展，旨在打造"传统+新兴金融机构"协同发展的全领域、多层次金融生态体系。

新冠疫情的蔓延增大了全球经济下行的压力，横琴新区经济发展也受到了很大的冲击，尤其是文旅业、跨境商贸等重点产业遭受重创，反观金融业却在疫情期间依然保持了稳健发展的良好态势。截至 2020 年第三季度，横琴新区（含保税区）金融类企业合计 5620 家。其中，银行业及支付机构 27 家，证券业及期货金融机构 14 家，保险业机构 28 家，新兴金融类企业 5551 家。金融业增加值 121.68 亿元，增速 12.9%，占全区 GDP 的 35.58%，拉动经济增长 3.7 个百分点，是影响经济增长的绝对主力。

表 6-3　2020 第三季度横琴金融及类金融企业进驻情况

银行及支付机构	商业银行	24	新兴金融类	私募基金管理人	556
	金融租赁	1		私募基金	1373
	财务公司	1		股权投资及创业投资	2222
	第三方支付	1		资产管理	712
	小计	**27**		融资租赁	442
证券及期货机构	证券公司及其分支机构	5		商业保理	29
	公募基金管理公司	3		交易平台	6
	特定客户资产管理公司	3		典当行	2
	证券公司从事资产管理公司	1		特许兑换机构	7
	基金销售	2		小额贷款公司	3
	小计	**14**		融资担保	2

（续表）

保险业机构	保险公司	16	新兴金融类	互联网金融公司	2
	保险代理公司	10		金融服务	75
	保险经纪公司	2		金融科技	24
	小计	**28**		财富管理	35
外资企业	港资企业	132		其他金融	61
	澳资企业	28		**小计**	**5551**

数据来源：珠海市统计局。

二、琴澳跨境金融合作发展现况

2019 年 2 月，《粤港澳大湾区发展规划纲要》明确提出大湾区要实施创新驱动发展战略。横琴新区身处大湾区发展的重要窗口，作为粤港澳深度合作示范区和国家“一带一路”倡议中海上丝绸之路的重要节点，一直致力于培育创新驱动体系，构建高水平开放型经济平台。而澳门受经济规模的影响，传统金融发展空间较局限，产业多元化深度发展不得不寻求外在突破。横琴自贸区在地理位置上与港澳、珠三角相互辐射，处在珠港澳地域战略区域核心，有条件也有优势与澳门在金融领域形成深度合作，共融发展。

2019 年 3 月，横琴推出跨境办公试点。在试点前期阶段主要以横琴总部大厦为依托推进跨境金融业务开展，形成了囊括财富管理、融资租赁、金融科技等澳门特色金融业务及企业机构在内的产业发展结构雏形。因此，澳门在跨区域合作发展决策时须精准选择，在中央支持下与横琴开展全面深度合作，目标是推进两地金融监管规则对接，包括金融监管机构定期联席会议、信息披露及互换、金融从业人员资质互认、金融产品互通等，将“横琴—澳门”打造成为我国金融开放压力测试区，最大力度实行金融“沙盒监管”，探索系统性、制度性金融开放。

在深化对澳金融合作方面，粤港澳跨境金融合作（珠海）示范区已于 2019 年 10 月成立，旨在为澳门特色产业多元化发展注入新的生命力，促进澳门经济重振活力。虽然面临疫情和国际形势的严峻挑战，但是琴澳的金融合作依旧保持良好的态势，截止到 2020 年 8 月底，横琴新区注册的澳资企业总数超过了 3000 家，注册资本超过 850 亿，澳资企业占横琴新区外资企业总数比重达到58.79%。其中，澳资金融类企业28家，注册资本22.05亿元，已初步形成产业集聚效应和示范效应。

目前，琴澳跨境金融服务业呈现出蓬勃发展的一面。人民币跨境业务领域呈现出十分迅猛的发展态势，在加深琴澳合作共融的同时也促进了澳门金融业务多元化发展。在中国人民银行大力推动创新发展跨境人民币业务的条件下，横琴新区目前拥有备案跨境人民币资金池7个，累计办理跨境人民币结算业务超7504亿元，人民币成为横琴自贸区区内跨境收支的第一大货币，跨境人民币业务已经成为横琴自贸区金融改革创新的标志。同时，琴澳两地跨境投融资便利化程度在不断提高。2015年7月，横琴金融改革在全国率先实施跨境人民币贷款业务试点，推进重点项目跨境人民币结算，这也成为粤澳合作产业园等澳门投资项目跨境融资的主渠道。截至目前，横琴新区已从港澳银行借入资金52亿元。2017年以来，横琴同步试点的贸易融资资产跨境人民币转让业务，推动了横琴与港澳地区信贷资产的互联互通。2019年11月，由澳门控股股份有限公司100%控股的礼达联马（珠海）股权投资管理有限公司，正式取得了外商投资股权投资管理业务资格；同月，广东省中国农业银行分行接入FT账户分账核算业务系统。此外，港珠澳大桥通车运营配套金融服务、“三地通保通赔”一站式跨境车辆保险服务也相继推出；珠三角9市金融消费保护机构与澳门世界贸易中心仲裁中心在珠海市签署《粤澳地区金融纠纷调解合作框架协议》。至此，珠海成为首批澳门代理开立内地个人银行账户试点业务的试点城市之一。

琴澳两地始终秉承着互惠共赢、共通有无的合作理念，坚持金融领域发展应当以市场化为导向，以实体经济发展为依托，共同预测规避金融领域系统性风险所造成的冲击和影响。两地一方面推动资金互通，不断推进资本便利化改革，简化企业借用外债手续，积极开展跨境贷款，探索资金双向流通、双向募集的投融资新路径。另一方面也加快建立更为规范统一的标准化规范体系，降低两地间因管理规则差异所造成的不确定性，力争为琴澳两地跨境金融深度合作发展营造良好的生长环境。

三、琴澳跨境金融合作中的问题与挑战

（一）琴澳两地制度差异显著

琴澳两地虽在地理位置上隔水相望，但受限于“一国两制”的制

度背景，双方在经济模式、法律体系、税收征管等方面存在着显著的制度差异，这也成为深化琴澳跨境金融合作的重大挑战。仅从税收征管的角度来看，中国内地实行的是居民管辖权与来源地管辖权双重标准，除了对居民纳税人在境内的收入征税外，还对其来源于境外的收入也按一定税率进行征税，同时对非居民纳税人在境内的收入也按照一定税率进行征税。而澳门更偏向来源地管辖原则，即依据属地原则确定的管辖权针对本地或非本地居民的本地所得进行征税。在实体税领域，内地主要以流转税为主体，具有税种多、税率高、征税面较宽等特点，而澳门地区税制结构主要以直接税为主体，税制简单，税种少、税基窄、税负轻，据2019年澳门财政局公布的数据，澳门直接税与间接税占全部税收总额的比重分别为95.3%和4.7%。[①]

琴澳两地跨境金融合作过程中必然涉及资金流动、业务往来、投资经营等经济活动，这些都与双方税收征管制度息息相关。由于琴澳两地的税收征管体系差异明显，容易导致税收征管冲突、利益分配失衡等问题。一方面，琴澳跨境经济活动中不可避免地涉及复杂的经济往来及利益分配，由于两地税收管辖权适用原则不同，容易造成重复征税等问题；另一方面，由于澳门地区相较于内地具有税制简单、税目少、税负低等特点，很容易产生偷逃税等问题。这些问题的存在容易造成要素区域间流动失衡、税收分配不均等一系列后果，最终影响琴澳两地的经济合作与发展。基于两地在税收征管制度上存在的差异，且双方的税收征管部门在行政管理上处于相互平等、独立的状态，从而在面临税收管辖冲突及税源争议时，难以用内地管理模式中内部协商、直接领导的方法加以解决。除此之外，由于琴澳间金融法律规范与机构执行标准存在差异，许多具体法律法规的适用范围不一致，面对问题时，机构应对机制也存在不同，可能会造成双方信息交流的时滞性，难以及时有效地形成统一的应对措施，这对两地金融机构的协调与深度合作造成一定影响。

（二）金融监管缺失造成营商条件不完善

澳门作为著名的自由港及离岸金融中心，十分崇尚自由开放的贸易

① 林可妍、陈艳、陈靖怡：《粤港澳大湾区建设中的税制差异研究》，《特区经济》2021年第1期。

经济制度，旨在保证产品、资金等要素的合理化流动。政府领域采用统一化监管体系，澳门金融监管机构以外汇货币、金融保险业务等法律法规为依托，对银行、金融机构和保险公司等实施统一化的引领、统筹和监管，在行政长官政策制定推进的同时起辅助作用。澳门证券领域主要是通过银行或者金融机构以代理人身份交易香港股票的方式实现买卖，澳门不具备本土的证券交易场所，因此也只形成了银行、保险两大非营利性自律公会配合政府推动澳门金融法律体系的制定及发展，其证券监管协会或组织不具备行政效力。而这种单一金融机构监管模式虽然更适应澳门微型金融体系的现实需要，但不利于刺激企业间良性竞争且容易产生低效的官僚风气，降低监管工作有效性，阻碍金融监管健康发展。

横琴则更偏向于中国内地的金融监管模式，国家层面组建中国银行保险监督管理委员会，维护银行和保险领域合法稳健有序运行。地方层面，逐级设立地方监管局，与国家层面监管机构相互补充，打造“一委一行两会+地方监管”的新格局。这种金融监管模式虽然提升了金融监管效果，但其面临的共享信息及一致行动的困难也大大提升。“一行两会”在行政上是平等非从属关系，在信息的互通有无及协同协作监管方面作用有限，尽管监管联席会议机制有利于调整均衡部门间的利益冲突，但其解决上述问题的能力十分有限。在相同的市场上，单一金融机构所面临的金融监管机构不统一，所受到的金融监管约束不一致，很容易在利益最大化的驱使下促使市场局部投机行为的产生，引发非系统性跨市场风险。此外，分业监管模式还可能会导致一定程度的金融创新乏力。由于各级监管者对其所属范围内的金融活动进行直接监管，往往会表现出对风险过于敏感和谨慎的态度，对金融机构执行严格的资本要求，同时对创新性金融产品进行严格的合规检查，这进一步提升了金融创新及监管的成本，还降低了创新金融发展的动力。

尽管琴澳两地在金融监管方面进行了不断磨合和改进，但成熟适用的金融监管模式仍未建立。两地政府间金融合作管理经验尚有不足，协调监管及风险防控等方面依旧存在漏洞，缺少对重大风险识别和系统性金融风险防范的有效手段。而健全有效的金融监管体系是营造积极、稳定的金融营商环境的必然前提。当前，琴澳金融合作层次还不够深入，两地间金融机构互设数量仍旧较少且规模较小，金融市场融合程度较低，还未形成有效的市场分工，因此，琴澳间金融深度融合发展依旧面临着不小的阻碍。

（三）跨境协调能力存在较多限制

如上所述，琴澳间跨境金融合作有着得天独厚的地缘优势及深厚的合作基础。尽管澳门金融产业结构规模有限，但其金融机构管理体制及功能定位比较完善，整体金融市场表现出更为开放的特性，外汇领域限制更少，居民资金可以在内外部市场间进行自由流动，这有利于拓宽资金投资渠道，促进金融多元化发展；同时，横琴的兴起和发展为澳门金融业的跨境延伸提供了更为广阔的成长土壤，珠海深厚的产业基础也为其提供了丰富多样的投资机会，两地间资金与市场的互利互补促使金融合作进一步深入。目前来看，虽然琴澳两地间跨境金融合作发展较快，但在相关领域的跨境协调能力上依旧存在一些局限，两者的分工定位相对模糊，系统性管理协调机制运行效率不足，这使得两地签署的一系列跨境金融合作发展协议落实效果不显著，不利于有效推动两地之间金融产业的互联互通。

根据中共中央、国务院印发的《横琴粤澳深度合作区建设总体方案》和广东省人民代表大会常务委员会作出的《关于横琴粤澳深度合作区有关管理体制的决定》等有关规定，成立横琴粤澳深度合作区执行委员会承担横琴粤澳深度合作区（下简称深合区）经济和民生管理职能，实行深合区统一领导，依法履行行政管理和公共服务职能，负责具体开发建设工作。深合区统一领导机构的出现，在一定程度上减少了两地间领导机构不同所引起的系统性管理不足、政府间协作低效等问题，降低了跨境区域合作的管理、决策及执行成本，提高了区域间合作运行效率，但在两地间协作互通工作上依旧存在以下几点问题：

第一，区域间合作存在固有风险。区域间利益划分、纠纷协调、道德风险等问题，往往成为区域间经济合作发展的重要阻碍。首先，各地政府作为理性的经济主体，在经济合作事务之中必然会采用成本-收益分析的方式来作出自己的经济决策，在琴澳跨境金融合作过程中，虽然有着深合区执委会统一领导统筹整体开发建设工作，但公共成本如何分担、收益如何共享等问题仍难以避免，若是双方未能形成互利共赢的共识，很容易引发利益分歧。同时，合作双方作为独立的经济个体，出于自身利益最大化考虑，容易产生道德风险，影响合作效率。在面对跨境金融合作中各种复杂繁琐的公共事务和经济冲突时，若是区域协调机制不具备充分的有效性和约束力，经济事务纠纷也难以得到及时有效的解决。因此，如何实现统一领导下利益矛盾冲突的合理解决及利益主体的行为约束，是制约区域协调高效运行的关键。

第二，既存的制度意识障碍。琴澳两地在“一国两制”的特殊政治背景下，区域间合作不可避免地要面对行政制度壁垒与意识认知磨合等问题。深合区统一领导机构的成立虽然在一定程度上有利于突破两地间制度障碍，实现高效率的一体化决策，提高行政管理及政策执行效率，但是仍旧难以消除两地间制度意识差异所造成的影响。尽管琴澳两地在语言、民俗、人文等方面具有一定的同源性，但两地居民在价值观念、意识形态和文化影响来源等方面具有明显的异质性。除此之外，两地在利益观念导向上也不尽相同，澳门对横琴定位更多是支持澳门经济延伸发展、拓宽产业多元化空间；而横琴则希望通过与澳门形成互融共通的合作发展趋势以带动当地经济增长，建立开放发展优势。① 双方意识观念的差异及利益导向的不同使得两地间协调合作必然会面临更多的阻碍，影响着两地协作共融发展。

（四）市场环境差异导致金融合作基础相对薄弱

跨境金融业务的推进与发展离不开金融业本身的发展，只有自身基础足够深厚才能为金融业协作、互通及创新性发展提供必要的土壤。

一方面，琴澳间跨境金融合作除区域协调能力不足外，金融要素流通受限也是制约其发展的重要因素。琴澳金融深度合作发展必须以跨境资金自由流动为基础，然而琴澳双方在行政体制及经济制度方面的差异在一定程度上对金融发展要素在两地间的自由流通造成阻碍。尽管广东省占据着大约三分之一的全国跨境人民币结算总额，但其中绝大多数的资金在跨境过程中沉淀于香港地区成为离岸资金，而琴澳的参与程度较低，缺乏有效的跨境融资流通平台，金融资源流动规模小、质量不高。除此之外，由于琴澳两地在货币出入境流通及汇率税收制度方面存在一定程度的差异，金融市场要素的互流互通难以有效实现，这不利于实现

① 盛力：《粤澳合作中的跨域协同治理研究》，《国家治理》2021 年第 24 期。

琴澳深度金融协作创新发展。[①]

另一方面，琴澳两地本身的金融基础相对薄弱。从澳门现有的经济发展形势来看，虽然金融业是四大支柱性产业之一，但受限于市场规模及其经济整体发展水平，金融基础体系依旧存在不够健全、结构单一、潜力不足等问题，在金融法律法规、基础设施建设、人才储备引进等方面仍有短板。澳门金融法律体系主要沿袭了葡萄牙的法治体系，多数金融业法律制度均于回归前便已颁布并执行，如《金融公司法律制度》（1983 年）、《澳门金融体系法律制度》（1993 年）、《融资租赁公司法律制度》（1993 年颁布）、《风险资本公司法律制度》（1995 年颁布）等。虽然这些法律规范在不断地进行修订与更新，但许多细节已无法满足目前澳门金融业发展的需要。同时，澳门金融基建也相对薄弱。2018 年 10 月 19 日，澳门唯一的场内金融交易所 MOX 正式成立，这无疑改写了澳门证券市场的历史，但 MOX 也仅限提供债券业务。除此之外，因人口规模及产业生态体系限制，金融专业人才短缺成为限制澳门金融发展的一大障碍。由于澳门在投行、会计师、律师等行业发展上滞后，金融会计与经纪人才是其一大短板。同时，随着澳门产业多元化发展及特色金融的兴起，新业态金融高尖端科技人才也成为战略资源，但澳门目前的移民及就业政策不利于人才的吸纳及发展，从而导致现前专业人才储备不足的局面。

横琴作为粤港澳大湾区发展建设的核心之一，地处粤澳融合发展的阵地前沿，近年来在现代金融领域展现出强劲的增长态势和深厚的发展潜力。但横琴金融产业发展时间相对较晚，金融产业体量未能形成足够规模，金融业务还停留在相对传统的领域，金融基础比较薄弱。横琴金融产业基础设施虽在快速规划建设中，但依旧难以满足琴澳两地深度金融合作的需要。同时，横琴虽享有国家政策的大力支持，但依旧难以突破制度限制及资源约束。一方面，横琴金融产业需遵从中国内地的法律规范体系及政务管理模式，可能会面临制度性差异或行政效率损失所带来的不利性；另一方面，横琴自身的教育生态水平及人才引进能力也难以解决现阶段跨境金融发展所面临的人才稀缺问题。

---

① 王开茹：《粤港澳大湾区跨境府际协作机制研究》，广西民族大学 2020 年硕士学位论文。

第三节
琴澳跨境金融发展的国际经验——以欧盟为例[①]

欧盟区域金融协同发展有着悠久丰富的实践经验，其金融协同运行机制、政策和法律规范等都具备良好的借鉴价值。本节在借鉴国际经验的基础上，结合我国国情推陈出新，统合琴澳两地金融发展要素，最终促进两地间金融协同发展与一体化建设。

一、欧盟跨境保险服务及监管模式

（一）欧盟金融领域发展所存在的问题

纵观欧盟经济一体化进程不难发现，欧洲各国极其注重通过制定法律法规促进经济自由化，并在各成员国间进行金融服务领域内的改革创新，以建立金融一体化、贸易自由化的区域经济体系。自 2008 年美国次贷危机引发全球金融危机后，欧盟迅速采取应对策略，对其现有的金融监管体系进行改革，并将存在的主要问题梳理和归纳为以下四点：一是金融监管机构对信用和流动的理解不足，对新金融产品的风险估算不足，资金面难以应对企业风险冲击；二是金融监管执行不严格，缺乏必要监督管理及实际审核机制，金融产品缺乏有效监督措施；三是金融监管实施力度不够，缺乏有效的风险预警机制以及应对金融公司治理缺陷的有效监管措施；四是金融监管政策本身存在缺陷，监管机构对市场流

① 该节写作重点参考了陈煜：《琴澳跨境金融合作的国际法治经验借鉴》，《横琴智慧金融研究院/吉林大学横琴金融研究院经济研究报告汇编》2020 年第 4 期；李小飞：《欧盟跨境保险服务及监管模式对粤港澳大湾区保险融合发展的启示》，《横琴智慧金融研究院/吉林大学横琴金融研究院经济研究报告汇编》2020 年第 4 期。

动性监管不足，同时缺乏对银行资本的限制性要求，导致衍生品信用过度扩张，缺少有效的信息交流及应急处置机制。① 这些问题的存在，迫使欧盟迫切地需要改革现有的金融监管机构以应对全球性金融风险。

（二）欧盟金融监管体系

为充分发挥审慎监管作用以提高抵御金融市场系统性风险的能力，欧盟建立了全新的金融监管架构，主要由两大部分构成：欧洲系统性风险委员会（European Systemic Risk Board，ESRB）和欧洲金融监管系统（European System of Financial Supervisors，ESFS）。

欧洲系统性风险委员会在新监管体系中主要发挥宏观审慎监管职能，以确保欧盟金融业稳健发展，其职责包括监测、评估和预警影响金融稳定的主要威胁并提供建议，以改善系统性风险导致的金融系统脆弱性。欧洲系统性风险委员会的成员包括欧洲中央银行负责人、欧盟各成员国中央银行负责人、欧盟委员会执行委员、欧盟金融监管机构负责人等，另外欧盟各成员国金融监管机构代表和欧盟经济与财政专门委员会负责人也以观察员的身份列席会议。欧洲系统性风险委员会并非独立的法人机构，只是欧盟委员会的议事机构，虽然可以评估风险并提出对策建议，但仅具有参考性而非约束性。

欧洲金融监管系统主要负责微观监管事责，是由三个欧盟层面的金融监管机构组成的网络，包括欧洲银行业监管局（European Banking Authority，EBA）、欧洲保险与职业养老金监管局（European Insurance and Occupational Pension Authority，EIOPA）和欧洲证券监管局（European Securities Authority，ESA）。其是基于各成员国监管机构之间的伙伴关系、充满弹性和补充的原则设立的监管机构，负责统一和协调欧盟辖区内金融监管环境，避免各成员国间因金融监管差异而导致冲突。其主要目的在于，通过建立共享交流机制来加强欧盟层面的规则制定和监管执法，促使各成员国监管机构集中于公司监管，同时确保公司所在国监管机构在制定政策时考虑到整个欧盟金融系统的稳定性，通过有效解

① 林斌：《国际金融危机后欧盟保险监管体系改革进展及对我国的启示》，《国际纵横》2017 年第 1 期。

决跨境风险、强化对金融集团的有效监管以营造良好的经济金融环境。

欧洲金融监管系统的三个组成机构均为独立的金融监管机构，主要负责欧盟辖区内各自领域的微观审慎监管，肩负着搭建欧盟统一金融监管标准、加强监管欧盟系统内重要金融机构和协调各成员国金融监管制度差异的重任。[①] 其中，欧洲保险与职业养老金监管局属于独立法人单位，系欧盟金融监管系统的重要成员，对欧洲议会和欧盟委员会负责。其核心职责是维护保险系统的稳定性、保险市场和保险产品的透明度，以及保护保险消费者、保单受益人和养老金计划成员的权益。欧洲保险与职业养老金监管局与欧洲系统性风险委员会是互补关系，欧洲保险与职业养老金监管局一方面向欧洲系统性风险委员会提供微观审慎监管信息，这有助于欧洲系统性风险委员会更好地研判系统性风险发生及启动应急机制；另一方面欧洲系统性风险委员会也向欧洲保险与职业养老金监管局提供早期风险预警和监管建议。

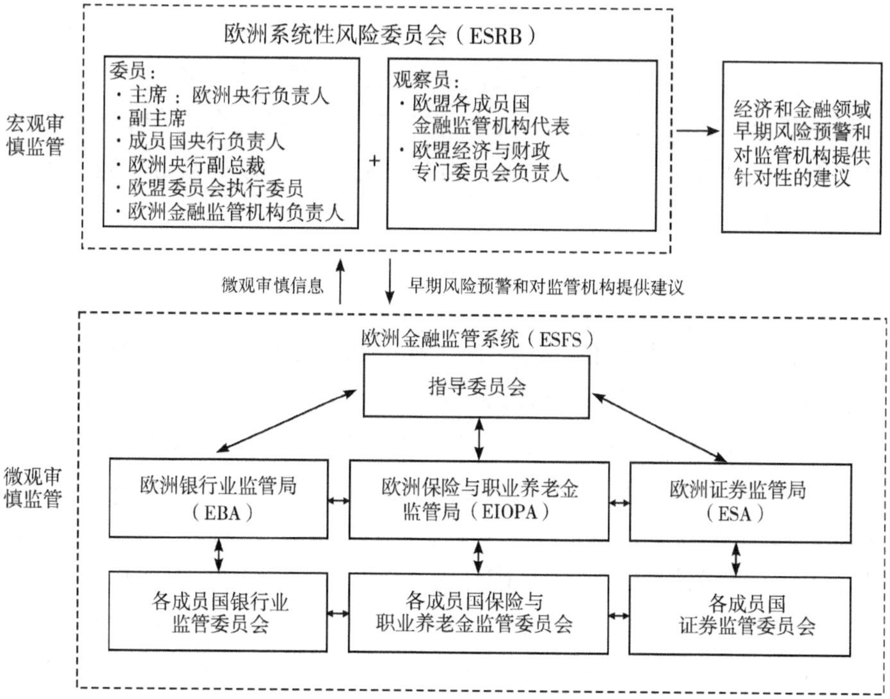

图 6-3　欧盟金融监管框架

---

① 张孟霞：《论欧盟金融监管改革与启示》，《政治与法律》2011 年第 5 期。

二、欧盟经验对琴澳跨境金融发展的启示

（一）健全金融协同法律体系

健康完善的法治环境是推进社会高速发展的基石，而行之有效的法律实施与保障机制也是促进金融领域改革创新与进步不可或缺的因素。

欧盟通过健全金融法律一体化体系有效地推动了金融行业发展，有力地激发了欧盟的经济活力。欧盟在致力于推动证券、银行、保险及风险投资等金融市场一体化发展的同时，不断地健全完善法律政策体系，极大地促进了金融领域兼具广度和深度的协同发展。

琴澳两地受限于"一国两制"的制度背景及法律文化差异，在金融法律规范标准及适用领域必然存在许多矛盾与冲突，从而导致法律法规执行效率及约束不足，跨境合作中的法律问题更加复杂难测，无形之中增加许多的协商成本和法律风险。借鉴欧盟经验，琴澳之间应当统合两地金融法律体系相关法律法规及政策文件，分析利弊以寻求形成符合琴澳两地共同利益的一体化金融法律体系，兼顾两地人文、制度及产业发展需求，减少不必要的法律冗余与冲突。琴澳跨境金融合作过程中可针对特定金融领域实施试点，在实际发展过程中不断建立健全行之有效的金融法律协同体系。

（二）优化金融一体化监管模式

欧盟通过金融监管的一体化把大都市圈乃至欧洲金融监管的安全和防范定划为一体。金融一体化的发展开端于英国，2000 年英国的《金融服务与市场条例》把以往多方监管模式向一体化的金融监管方式转变，即成立了高度监督权的英国金融服务管理局（Financial Service Authority，FSA）监管机构，负责英国金融市场的全面监管。德国于 2001 年也将三个分散的金融监管机构合为一体，成为德国整个金融市场的权威。根据英、德的经验，欧盟于 2004 年颁布《金融工具市场指令》，对金融市场的监管作出了新的完善，以法治的形式重新确立了金融监管的权威模式。《欧盟金融监管体系改革》于 2010 年通过并正式运转，这就形成了一个以中央监管机构为协调，以各成员国具体监管为主的一种超越国家的金融监管体系，这对欧洲金融监管以及金融市场协同发展

起到了至关重要的作用。在一体化的欧洲金融措施中，各国大力发展金融业，对金融的市场准入有所放松，特别是对银行的监管，政府转换了之前的管制严格的措施，采取了对监管放松的政策以激励金融行业的竞争，使得欧洲所有成员国的银行业迅速扩大发展起来。

琴澳地区受限于“一国两制”下两种制度、两种市场的现实，在金融一体化监管方面与欧洲存在许多共性。琴澳跨境金融监管执行效率不足及管理审核机制存在缺失等问题难以解决，同时缺乏对金融创新性产品必要的风险评估及一体化标准下的监督审核机制，存在一定程度的监管冲突及浪费。参照欧盟一体化金融监管经验，琴澳两地应致力于构建统一的宏观审慎监管体系，建立两地间金融监管协调机制，完善跨境金融市场的风险监测与评估机制。再者，琴澳可参考借鉴 2017 年《巴塞尔协议Ⅲ》中修订后的监管模式，通过多重指标的立体监管模式来弥补统一监管的缺点，即引入流动性覆盖率（LCR）以及净稳定融资比例（NSFR）两大指标。通过以上两个指标对大湾区内银行的短期流动性压力以及资产负债期限之间匹配程度进行量化评估监控，同时利用杠杆率监控标准来完善资本充足率的监管缺陷，从而加强对潜在重大风险的识别及系统性跨境金融风险的防范，防止风险过度集中。

第四节 深化琴澳跨境金融发展的对策建议[①]

本节针对琴澳跨境金融合作发展过程中所面临的问题和挑战，结合欧盟经验及琴澳现实发展状况提出了几点对策建议，主要包括加强两地政府间金融协作力度、完善琴澳跨境金融法律协同体系、发展金融科技助推跨境金融合作及发展区块链技术赋能跨境金融发展。

一、加强两地政府间金融协作的力度

（一）促进两地破除合作制度障碍

“一国两制”的特殊背景是琴澳开展跨境金融合作的独特优势，差异化的金融监管体系及不同的市场构架，促进了资本市场的多样化，不同的法律制度及社会环境在一定程度上为两地企业“走出去”提供了便利条件和优势互补，这些无疑是琴澳两地金融合作和融合发展的重大机遇。但是，两地制度体系的不同也对琴澳协同发展造成一定的阻碍。因此，琴澳两地政府应深化合作意识，创新政府间顶层设计，打破制度性差异，发挥琴澳两地优势互补，提高综合竞争力。一方面，要将澳门国际联系广泛、专业服务发达等优势，与横琴绝佳的区位优势和高效的行政管理及科教研发能力相融合，通过推进制度体制创新和顶层设计合理化，打造区域内高效便捷的资金往来、要素流通、信息共享，从而优化资源配置，以科技创新驱动带动区域间高质量协同发展，提升经济活

① 该部分写作重点参考了杨良平：《基于区块链技术的横琴跨境金融交易平台研究》，《横琴智慧金融研究院/吉林大学横琴金融研究院经济研究报告汇编》2020 年第 1 期；兰健、赵志琦、谢文帅：《横琴建设跨境金融综合服务平台可行性研究》，《横琴智慧金融研究院/吉林大学横琴金融研究院经济研究报告汇编》2020 年第 1 期。

力和竞争力。另一方面，应促进各项政策协议落地实施，破除两地间的体制障碍及条件限制，逐步消除跨境金融服务业并购壁垒，充分调动各方合作积极性，以更好的激励机制推动琴澳合作不断深化，构建更加紧密的琴澳金融合作长效机制，为更多民众带来金融便利。

（二）优化营商环境助力深度融合

优越的营商环境是吸引资金、助推经济的必要前提。在这方面，横琴的发展潜力巨大，应发挥金融集聚效应，提升自身投资环境及服务意识，吸引外资入驻发展。对此应着重采取四个方面的措施：一是严格遵守外商投资法及实施条例，切实做好外商投资准入负面清单落实工作。二是完善外资合法权益保护机制，进一步健全投诉程序。三是加快研究出台利用外资新政策，多途径、多渠道推动大数据、人工智能、云计算等新兴产业的国际合作。四是引进优秀人才。营商环境建设离不开优秀人才。随着产业结构的优化提升，高新技术产业将逐渐成为金融投资及合作的重点，相关领域高素质人才的参与不仅有利于提高生产效率，带动产业升级，还可以对外部投资产生十足的吸引力。横琴新区应加强各类高端人才培养和引进，加大对应用创新性强、经济盈利基础薄弱的科研项目及高等教育领域的资金投入，拓宽海外引才引智渠道，精准对接国内外机构及社会各界高层次人才，积极开展引才引智活动。

（三）打造跨境金融综合服务平台

“双循环”新发展格局下的跨境经济深度融合发展，已经成为我国地区社会经济发展的核心战略之一。大规模资金保障作为各地区产业项目跨境合作的重要支撑，需要跨境金融合作的快速、深入发展。因而，对于未来琴澳两地的长远发展而言，打造高质量的跨境金融综合服务平台无疑具备十分重要的战略意义。

1. 有利于深化琴澳金融合作

横琴粤澳深度合作区承载着国家社会经济发展的特殊使命，不仅要以横琴为载体，通过创新合作机制与管理模式，共同打造跨界合作创新区，从而弥补澳门土地资源有限和劳动力短缺的劣势，为逐步改变澳门经济结构比较单一的问题提供新空间；更为重要的是要以制度创新为核心，实现两地的优势互补，促进内地与澳门经济深度合作。

因此，构建跨境金融综合服务平台有利于促进中葡经贸合作，对接葡语系国家市场需求，拓宽金融产业业务发展空间，为澳资企业及“一带一路”沿线国家的企业提供必要的金融服务支持，还有利于推动琴澳金融市场深度互通，促进澳门经济适度多元化发展。就目前来看，琴澳两地之间在金融规模、发展轨迹、制度差异、政策监管等方面还存在着许多改革、发展与合作的空间。搭建跨境金融服务平台，有利于拓宽跨境投融资渠道，刺激财富管理、融资租赁等涉澳特色金融产业的快速发展，打破澳门地域市场规模狭小、产业结构单一等束缚，实现产业多元化发展。

2. 有利于推动金融创新发展

随着琴澳两地跨境金融逐步深化发展，投融资跨境需求将呈现出井喷式增长，创新并健全两地投融资相关政策制度安排的需求也将不断增强。琴澳金融业融合的跨越式发展必须以各种针对性优惠政策为基础，降低区域内投融资成本，提升区域金融投资的吸引力，只有将两地间差异化的政策和制度安排与相互间的金融发展优势相结合，不断提升对国内外金融机构的吸引力，才能促进两地间具有特色的金融产业的创新发展。

通过创建跨境金融综合服务平台，可以针对不同类型的金融企业制定具有针对性的金融政策，如绿色金融、产业金融、区域金融及金融开放政策等，从而提高琴澳深合区金融政策支持的效率，进一步提升金融改革和市场开放水平，设计出更适合国内外市场的以人民币计价的通用金融产品，为推进人民币国际化进程提供良好的政策环境，提升琴澳金融的国际竞争力。

3. 有利于维护金融市场稳定

金融体系的稳定在很大程度上影响着宏观经济的稳定，同时，宏观经济基础也在很大程度上影响着金融产业的发展前景。在疫情冲击导致国内经济下行压力递增和中美贸易战等背景下，国际资本流动的方向及其趋势日趋复杂多变，控制资金外流与加强资金流动监管成为一项重要的课题。

在这种背景下，搭建跨境金融综合服务平台，针对深合区内金融机构制定一体化的结算监管制度体系，将外汇流动、资产负债等指标纳入监管，可以更加有效、准确地计量人民币流通数量，避免人民币非法流通以及管控外汇风险和外债风险。同时，为了更有效地应对国内外经济形势和资本流动方向的变化，在外汇市场脆弱性积累上升和资本外逃风险加剧的时期，可以运用融资杠杆率、风险集中度、流动性和期限匹配度、资金成本等指标，加强对跨境资金相机抉择的审慎管理，准确识别与外汇流动相关的宏观与微观风险，提升对外金融风险管理质量。而且，利用跨境金融综合服务平台可以引领跨境人民币结算业务发展，稳步推进人民币国际化。通过在合理范围内放宽外资金融机构准入限制，拓宽投融资渠道及便利化操作，以完善的法律法规及产权登记制度为依托，可以打造更为安全可靠的跨域贸易平台，拓展跨境人民币的业务范围，推进离岸金融产业的发展。

基于以上考虑，横琴深合区应坚持以政府为主导、企业为核心，营造“专家+管家”的服务模式，积极建设“横琴跨境金融综合服务平台”。通过平台建设集聚琴澳两地的金融机构，便利化琴澳投融资的咨询、交流及对接联动工作，全面、有效地收集和掌握跨境金融的业务规模、投资倾向等数据信息，在此基础上构建琴澳两地金融信息共建共享机制，积极助力跨境金融创新发展。

二、完善琴澳跨境金融法律协同体系

（一）构建政府间金融协同立法机制

粤港澳大湾区在金融发展上有着明确的功能定位，实现金融资源共享、打造金融一体化道路是粤港大湾区金融发展的必然选择。琴澳跨境金融合作作为大湾区金融协同发展的重要组成部分，如何构建双边金融协同立法机制，促进琴澳间金融资源有效融合，无疑是一项重要的课题。

我们认为，针对新兴的诸如金融科技领域的大发展，琴澳深合区至少应该在以下两个方面加强金融协同立法机制的建设：一是以特色金融科技产业为依托，尽可能使两地金融法律政策及法治原则保持一致或同步，推进金融科技的创新性发展；二是将示范性法律法规作为桥梁，渐进式消除两种制度、两种法域下的立法阻碍，在协商共议的基础上发展并不断扩大金融业务范围与规模，并将成功的金融协同立法经验推广到其他金融合作领域，以实现琴澳两地金融要素资源互通共享，早日实现金融一体化发展。

（二）推进两地金融法律制度互联互通

针对两地现行法律制度的状况，琴澳深合区有必要加强两地有关金融法律制度的协调，实现互联互通。首先，可在琴澳两地建立平衡有效的行政监查引导原则，将两地间法律矛盾及冲突置换到行政领域来解决，对于难以协商或利益分配不合意的情况，可在中央的授权协调下达成共识协议。其次，可以通过两地间金融立法的互联互通，提高货币清算效率，推动两地间及其对外金融业务的扩张与更高水平的开放，并将相关的成功经验向整个大湾区推广，以实现由点带面的全方位协同发展。

（三）建立琴澳两地共同的金融纠纷仲裁制度

针对两地金融合作以及市场扩张过程中可能面临的法律纠纷及冲突，有必要在两地间建设高度专业性、权威性的金融纠纷仲裁制度，或可共同引入国际通用的替代性纠纷解决方式（ADR）解决两地的金融纠纷，推进跨境金融国际化发展。因此，两地有必要建立专业化的跨境金融纠纷诉讼解决机制，通过专门法院诉讼判决的形式来解决有关纠纷。对此，可以先在某一金融领域进行试点工作，然后再将其经验扩大至其他金融领域，逐步形成系统的纠纷解决机制，为两地金融融合树立法治保障。此外，行政裁决也可以作为解决金融纠纷的重要途径。两地政府可以在自身法律体系框架下通过行政方式协调纠纷，寻求解决问题的最优方式及最大公约数。

三、发展金融科技助推跨境金融合作

（一）推动金融科技与琴澳特色金融共同发展

琴澳特色金融的发展要立足于开放包容的政策环境，紧跟金融科技创新步伐，发现亟待解决的问题，积极探索“金融科技+特色金融”的应用场景，努力发挥金融科技在跨境金融、供应链金融、电子支付等领域的技术优势。横琴作为粤澳深度合作发展的主要载体，在积极配合澳门发展特色金融产业的同时，一方面既要大力支持技术创新，探索大数据、云计算、区块链等技术同金融场景融合发展；另一方面，也要注意防范金融风险，坚决打击以金融科技之名进行诈骗和非法集资的活动。

琴澳应以金融科技为技术手段，积极推动两地金融融合升级。横琴应充分发挥本地区位优势，聚集粤港澳大湾区在数据联通、跨境资产投资管理、跨境支付等方面的产业资源，着重吸引金融、科技资源入驻，推进各地区金融科技互联互通；对金融科技创新投资企业的成果给予奖励和保护，对云计算、大数据、区块链、人工智能等新技术在金融领域的应用提供支持和鼓励；积极培养金融科技创新型人才，成立金融科技监管实验室，为金融科技参与者提供用于开发和测试的优良环境，探索金融科技解决方案。

（二）发展金融科技升级跨境金融体系

1. 打造智慧化数字投融资平台

首先，利用金融科技实现投融资供需高效衔接。利用数字化金融手段汇集融资企业、中介机构、金融机构等多方数据资源，通过区块链技术实现企业信息流、业务流、资金流的安全长效存储；再通过信用评级、模型分析等客户评价体系，获取企业的融资需求，筛选出潜在的优质项目资源；而后，通过对资金供给方的基础信息分析，对资金供给方的风险偏好、产品要求、投资策略等特征作出判断；最后，由专门团队瞄准特定的客户群进行定向服务，促成供需双方的有效对接。同时，也可通过金融科技的数字化手段丰富投资产品体系，满足不同领域的投融资产品需求。根据全球主要证券交易所在资产数字化方面的探索经验，目前主要有基于区块链技术的债券发行、证券通证发行（STO）、资产证券化、股权融资等应用场景，比如纳斯达克于2015年推出的首个基于区块链技术的私募股权平台 Nasdaq Linq，该平台通过区块链技术支持企业向投资者私募发行“数字化”的股权，提升了相关业务自动化程度及信息的透明度和可审计性，有利于满足不同群体的投融资需求。

其次，通过数字化基础设施建设降低金融交易的风险成本。积极探索证券市场基础设施数字化转型，将区块链技术应用于基础领域，搭建基于区块链技术的中央证券存管系统，证券交易系统，登记托管、清算结算和支付系统。在交易环节，实现全天候、实时处理、跨机构、跨行业的订单执行及撮合；在清算交收环节，实现端对端对接，高效实时处理资产转移和变动，降低风险和成本；在资产、资金托管环节，实现交易流的不可篡改、账目自动保管、合约自动执行，降低操作风险和成本。同时，搭建数字化监管体系，通过运用数字监察系统、企业画像、智能风控系统等数字技术主动识别和监控风险。

2. 以科技融合提升跨境交易便利性

首先，构建琴澳跨境数据高效交流平台。横琴作为粤澳跨境金融合作示范区，要尽快融入广深港澳金融科技的创新走廊当中，加强金融软硬环境基础设施建设，不断完善琴澳两地跨境金融信用信息基础设施建设。琴澳特色金融产业的协同发展势必加强两地金融互联互通，因此必须要构建行之有效的琴澳跨境数据交流平台，推动金融机构信用信息的互联共享。运用互联网、大数据、云计算等金融科技手段在跨境融资中引入信用评级机制，推动征信产品在金融、经济和社会管理等领域的应用。

其次，构建琴澳数据资产跨境管理平台。琴澳两地应在集成电路、人工智能、工业互联网、生物医药等重点领域，开展数据跨境流动安全评估，建立数据保护能力认证、数据流通备份审查、跨境数据流动和交易风险评估等数据安全管理机制。同时，琴澳要积极参与数字产业国际合作，加大对数据的保护力度。探索数据服务采集、脱敏、应用、交易、监管等规则和标准，推动数据资产的商品化、证券化，探索形成大数据交易的新模式。建设数字贸易平台，提供数字版权确认，评估交易流程，并对涉及关键技术、平台安全、数据安全和个人隐私的服务贸易，加强综合监管，最终形成制度成果。

3. 创新发展金融监管新路径

首先，琴澳两地应合理开放数据接口，利用金融科技协同监管。提升融合金融科技监管能力，横琴金融监管部门应高度重视解决数据泄露的风险，在充分利用数据处理问题的同时做好数据的保存、甄别及保护工作，划分数据隐私，为金融监管及产业安全健康发展奠定基础。同时，琴澳两地监管部门相关机构应通过疏通现有监管平台接口，借助新兴信息技术，并对不同部门数据进行导入，完成各部门数据对接。继而根据对接数据，对相关数据再次进行筛选与分类，剔除无效监管数据，并将分类后的数据进行模块化划分，在保证数据有效性的同时，实现监管机构与被监管主体间数据的实时传输与共享；同时，各类金融机构可以借助此项技术与监管机构即时沟通，满足合规要求。此外，琴澳两地监管机构应该制定相关规则，对企业获取客户数据的方式进行改革，确保客户能够明确数据走向。对数据的运用分析应该在保障客户权益的基础上进行，同时对涉及泄露、滥用客户信息的行为应当建立问责处罚机制。还可以通过建设信息共享平台、制定信息共享规则或以“开放式”理念统筹金融科技行业发展等方式，打破“数据孤岛”和数据垄断。

其次，以金融监管科技水平的提升来增强风险预警处理能力。如若利用金融监管科技对金融科技公司的经营行为进行实时监测，可以考虑建设区域性的行业云平台，将同类型金融科技公司纳入相应云平台进行实时监测和管理，通过模型技术来实现不同规模企业之间的信息比对，及时发现运营异常的企业。通过大数据平台全天候不间断采集金融科技公司运营信息，实现对金融科技公司运营风险信息的高效、全方位分析和处理，及时发现违法违规经营线索。通过区块链技术，让金融监管机构、金融科技公司同时上链，实现金融科技公司信息可查询和交易可追踪，杜绝虚假信息和不实宣传。同时，对每笔资金附加智能合约，一旦出现违反合同约定使用资金的行为，资金将被立即冻结并在区块链上进行广播，通知金融监管机构对违规使用资金问题进行及时处置。

四、发展区块链赋能跨境金融发展

区块链本质上是一个去中心化分布式账本，拥有高可靠性、流程简化、交易可溯等特性，有利于解决经济金融领域中的信任问题，从而极大地提高金融运行效率。区块链技术的最大特点是共享、不可篡改、资产数字化和可追溯性。其核心功能在于奠定客户间坚实的信任基础，创造了可靠的合作机制，在跨境金融领域具有广阔的运用前景及优势。

（一）发挥区块链优势赋能跨境金融交易

1. 降低交易成本，缓解跨境融资难问题

传统跨境金融交易过程往往存在着交易真实性认定和重复融资认定两大问题。一方面，由于交易链条长、涉及范围广，跨境交易过程中资金流、信息流处理主要依赖线下纸质单据的运转，其中存在人工干预过多，运转效率低，操作风险高等问题；另一方面，由于各金融机构的信息不共享、不对称，容易导致重复融资，最终增加企业的融资成本。而区块链数据的不可篡改性，可降低信息操作风险，防止重复融资和超额融资，降低企业融资成本，同时也大大提升融资效率。可以说，通过跨境金融区块链服务业务，可以有效解决跨境金融交易过程里，中小微企业“融资难、融资贵”问题，同时也能推动跨境金融业务向着规范化、合规化方向发展。

2. 减少融资风险，增强跨境主体融资意愿

传统跨境融资业务中，银行往往缺乏便捷有效的核查质押物真实性的渠道，而且为防范重复融资，通常银行需要在事后将企业的融资情况与外汇局收付汇、海关进出口量进行分析比较。但是，由于银行间缺少质押物的信息共享，它们往往难以掌握企业在同业融资领域的具体情况。而跨境金融区块链交易技术可提供真实可靠的质押物信息，同时增强银行间融资信息的实时互动及有效核验，从而及时遏制重复融资风险，提高银行融资业务效率、增强银行融资业务办理意愿。

3. 提高监管效率，实现监管与服务的有机统一

传统跨境金融交易中，监管部门一般需花费大量精力去监测、核查虚假欺骗性融资交易，监管过程繁琐，监管效率也难以达到预期。而在跨境金融业务和监管过程中融入区块链技术规则，可将银行、企业融资业务办理流程中的真实信息及时准确地呈现在监管部门的面前，及时发现解决交易过程中的问题，优化便利融资业务流程。在实现真实性监管目的的同时达成跨境金融服务的目标，实现“监管即服务”的有机统一。

（二）完善跨境区块链金融生态体系

1. 加强顶层设计，组建跨境金融区块链交易平台

琴澳两地金融部门应协同银行业协会等金融管理机构发挥沟通能动性，在充分协商的基础上，结合区块链技术优势及商业银行自身经营特点，促进区块链跨境清算及商业银行领域区块链技术应用的顶层设计，实现技术与业务的契合匹配与相互促进，减少商业银行与区块链技术融合时的浪费。此外，促进跨境金融交易区块链应用统一标准的建立，其中最主要的是选择适合银行业业务特点的共识机制，编制银行业区块链智能合约。只有通过不断完善顶层框架设计，努力提升区块链标准化程度，才能为横琴区块链跨境金融平台的建设奠定稳固基础。

2. 开展区域合作，加强区域间区块链技术交流

琴澳两地应充分利用地缘优势，积极组建大湾区相互间的区块链技术联盟，增强同行业技术交流。一方面，以地区发展现状及相关政策环境为基点，吸收国内外先进技术经验，积极探索区块链技术的应用与实践；另一方面，应与区块链技术公司深入交流，制定合作协议将合作范围推广至金融技术领域，进一步实现私有链模式向联盟链模式的转化，推动区域金融业务与区块链技术匹配融合，以吸引更多公司及金融机构参与，最大限度地利用区块链技术改善传统金融业务模式，服务实体经济发展。

3. 加大人才投入，提升核心技术创新水平

随着区块链技术的快速发展，价值的交换更加依托于物理主体、技术环境等因素，这便使得只有金融行业的专家能够掌握区域链技术并成为复合型人才时，才能将区域链技术应用到金融行业最为核心的领域，实现区块链技术在跨境金融交易中的操作与实践。因此，增加人才投入力度，扩大人才引进渠道，培养掌握区块链创新性核心技术的人才是琴澳深合区发展的重中之重。琴澳两地应建立更加有效的人才引进和培养体系，加强区块链的人才储备。同时，现有金融相关从业操作人员应加强学习区块链技术，适应新的技术以提升自身创新能力，达到学以致用、为客户提供更加便捷的服务。

参考文献

[1] 巴曙松、朱元倩、乔若羽等：《区块链新时代：赋能金融场景》，北京：科学出版社，2019。

[2] 陈广汉：《深化粤港金融业合作：构建金融改革创新综合示范区》，《广东经济》2014 年第 2 期。

[3] 蔡凯龙：《金融数据共享引发全球金融变革》，《金融时报》，2017 年 11 月 3 日。

[4] 何运臻、冯旅帆、侯志远：《欧盟跨境就医管理模式对中国跨省异地就医的经验借鉴》，《中国卫生政策研究》2018 年第 11 期。

[5] 李彦、王鹏、郭彦晗：《珠澳跨境金融合作的现状、挑战与对策研究》，《特区实践与理论》2020 年第 6 期。

[6] 林斌：《国际金融危机后欧盟保险监管体系改革进展及对我国的启示》，《国际纵横》2017 年第 1 期。

[7] 刘绪光、肖翔：《金融科技影响金融市场的路径、方式及应对策略》，《金融发展研究》2019 年第 12 期。

[8] 李雨桐、张芳芳：《基于区块链技术的跨境支付存在问题及解决建议》，《现代经济信息》2018 年第 15 期。

[9] 鲁啸军：《基于区块链技术的对俄跨境支付金融平台的研究》，《对外经贸》2019 年第 2 期。

[10] 李伟：《金融科技发展与监管》，《中国金融》2017 年第 8 期。

[11] 林可妍、陈艳、陈靖怡：《粤港澳大湾区建设中的税制差异研究》，《特区经济》2021 年第 1 期。

[12] 莫里斯·奥布斯特菲尔德、王宇：《全球非均衡复苏下：美联储政策转向对新兴市场和发展中经济体的影响与应对》，《金融发展研究》2021 年第 12 期。

[13] 秦文岩：《互联网信息科技在金融监管创新中的应用》，《南方金融》2021 年第 7 期。

[14] 覃晓双：《浅析后疫情时代非银行金融机构的机遇与风险》，

《营销界》2021 年第 24 期。

[15] 盛力：《粤澳合作中的跨域协同治理研究》，《国家治理》2021 年第 24 期。

[16] 唐士奇、邱岚、王小雨：《深化粤澳金融合作的思路与措施》，《南方金融》2013 年第 40 期。

[17] 饶玉亮：《粤港澳大湾区银行业互联互通研究》，广东省社会科学院 2020 年硕士学位论文。

[18] 王开茹：《粤港澳大湾区跨境府际协作机制研究》，广西民族大学 2020 年硕士学位论文。

[19] 杨玲：《粤港澳大湾区服务贸易发展前景及对策分析》，《特区经济》2021 年第 10 期。

[20] 益言：《对美、欧非银行金融机构监管的反思及改进建议》，《中国货币市场》2021 年第 3 期。

[21] 杨宇焰：《金融监管科技的实践探索、未来展望与政策建议》，《西南金融》2017 年第 11 期。

[22] 邹韵：《欧盟跨境医保管理对发展粤港澳大湾区商业医疗保险的启示》，《商业经济》2020 年第 8 期。

[23] 张孟霞：《论欧盟金融监管改革与启示》，《政治与法律》2011 年第 5 期。

[24] 张雪：《区块链在商业银行跨境清算中的应用研究》，河北金融学院 2018 年硕士学位论文。

[25] Monsoon Blockchain. Monsoon Blockchain Partners with Industry Giants in the US and Asia to Engineer the Next Generation of Fintech. *Information Technology Newsweekly*. 2020.

第三编

琴澳产业多元化及其金融支持

7 第七章

琴澳产业多元化及其金融支持

推进琴澳地区产业多元化是粤澳各界持续研究并将继续探索的重要课题。为此，本章围绕琴澳产业多元化进行了三方面讨论，致力于对当前各界达成较大共识的方向和经验作系统性梳理，希望为后续研究提供参考。首先，本章就横琴发展历程作系统梳理，基于横琴支持澳门发展的现状，指出应以系统性的视角看待澳门、珠海两地在横琴发挥作用中的依托角色，综合发挥两地各自的要素禀赋优势。其次，本章分别就世界宏观形势、中国经济增长新格局和粤港澳大湾区的制度产业条件进行分析，指出横琴应从自身的个性特征、产业基础、制度优势和历史文化资源角度出发，凭借高水平的对外开放和要素集聚，建设好现代服务业体系和适度的高端研发制造，以此为澳门产业多元化打下坚实基础。最后，产业经济的发展离不开金融体系的支持。本章基于琴澳地区产业多元化的现有尝试，从框架性视角把握金融支持产业发展的站位、路径和策略，为琴澳发展提出三点建议。

第一节 横琴助力澳门产业多元化的现状及其依托

经过近 30 年的筹备和建设，横琴粤澳深度合作区终于站在历史潮头，成为粤澳合作的核心平台和试验区。在横琴支持澳门产业多元化建设的过程中，政策规划部门应从框架性的视角看待地区统筹发展，妥善综合利用澳门、珠海的各自优势，促进两地合作实现“1+1>2”的效果。

一、横琴粤澳深度合作区的社会经济发展情况

2021 年 9 月 17 日，横琴粤澳深度合作区管理机构揭牌，琴澳经济一体化正式进入新阶段。横琴作为国家支持澳门经济发展与多元化的重要抓手，经历了四个重要的发展时期：

第一个时期是横琴经济开发区阶段。早在 1992 年，中共广东省委

即批准成立横琴经济开发区，珠海市横琴经济开发区管理委员会也于当年正式挂牌成立。2002年，广东省与澳门达成共识，确定把横琴岛作为珠海、澳门两地合作的重点，全面开发横琴岛的旅游经济，横琴正式成为珠澳合作的桥头堡。

第二个时期是泛珠三角横琴经济合作区时期。2003年，在粤澳合作联席会议上，两地提出探索横琴开发的工作构想。这一构想于翌年概括为"共同开发、利益共享"的方针。2006年11月28日，由广东省发展与改革委员会和珠海市政府联合提交的《横琴岛开发建设总体规划纲要》经审议并原则通过，这次会议上提出，横琴未来的四大主导功能包括科技研发、高新产业、会议商展和旅游休闲四大主导功能，标志着横琴支持澳门经济发展与多元化的构想基本确立。

第三个时期是横琴新区时期。2009年1月，中共中央政治局常委、国家副主席习近平同志宣布国家同意开发横琴岛。以此为标志，内地与澳门各级政府陆续通过了一系列重要政策文件，包括《横琴总体发展规划》(2009年6月)、《横琴总体发展规划》(2009年8月)、《粤澳合作框架协议》(2011年3月)、《横琴国际休闲旅游岛建设方案》(2019年4月)等。在此期间，横琴成为全国第三个国家级新区（2009年12月）和全国第三个国际性旅游岛（2019年4月）。为配合本区域建设，横琴先后划定粤澳合作产业园并被纳入广东自贸区范围。横琴新区成立以来，呈现出跨越式发展的态势。截至2019年，横琴新区生产总值已经达到461.13亿元人民币，较2011年增长了近56倍。

第四个时期是横琴粤澳深度合作区时期。2019年12月20日，国家发展和改革委员会发布消息称，按照中央决策部署，各部门积极支持在横琴设立粤澳深度合作区，构建粤澳双方共商共建共管的体制机制。2021年9月5日，中共中央、国务院印发的《横琴粤澳深度合作区建设总体方案》正式公布。该方案将横琴粤澳深度合作区的战略定位设定为："促进澳门经济适度多元发展的新平台、便利澳门居民生活就业的新空间、丰富'一国两制'实践的新示范，以及推动粤港澳大湾区建设的新高地。最终发展目标为到2035年，一国两制强大生命力和优越性全面彰显，合作区经济实力和科技竞争力大幅提升，公共服务和社

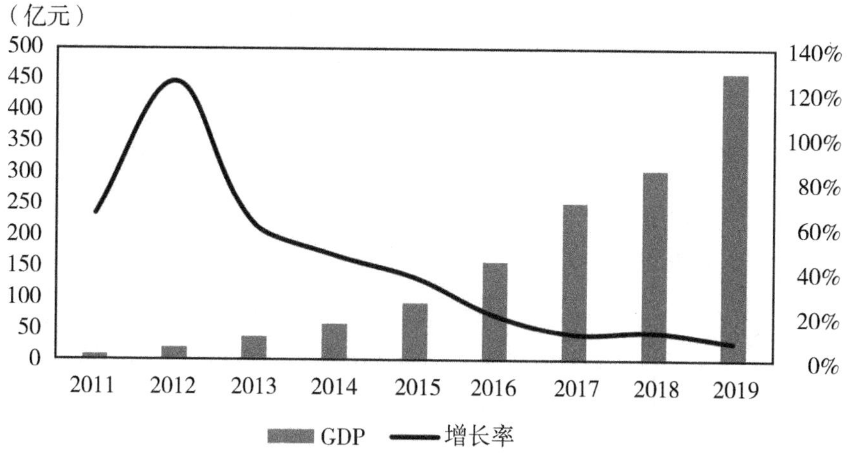

图 7-1　2011—2019 年横琴新区生产总值（GDP）及增长率

数据来源：珠海市统计局。

会保障体系高效运转，琴澳一体化发展体制机制更加完善，促进澳门经济适度多元发展的目标基本实现。”同年 9 月 17 日，横琴粤澳深度合作区管理机构揭牌，并依法承接原珠海横琴新区管理委员会有关权利和义务，横琴粤澳深度合作区开始正式履行新的历史使命。

二、横琴助力澳门产业多元化的重要依托

自横琴开发区建立以来，在国家改革开放和与地方经济发展的支持下，地区经济持续呈现跨越式发展的势头。迄今为止所取得的进步，离不开珠海和澳门两地社会经济发展所奠定的坚实基础。

（一）珠海的发展基础

珠海是中国改革开放初期设立的四个经济特区之一，经历了四十年的开发建设和快速发展，目前已成长为经济体量可观的现代化海滨城市。截至 2018 年，珠海市实现地区生产总值 2915 亿元人民币，为 2000 年规模的近 10 倍。珠海的产业结构随经济发展也得到了优化调整，第一、二、三产业比重由 2000 年的 4.5∶52.5∶43.0 调整为 2020 年的 1.7∶43.4∶54.9，第一、二产业比重稳中有降，第三产业比重显著提

升。产业结构向第三产业倾斜为珠海更好地对接澳门服务业奠定了牢固基础。

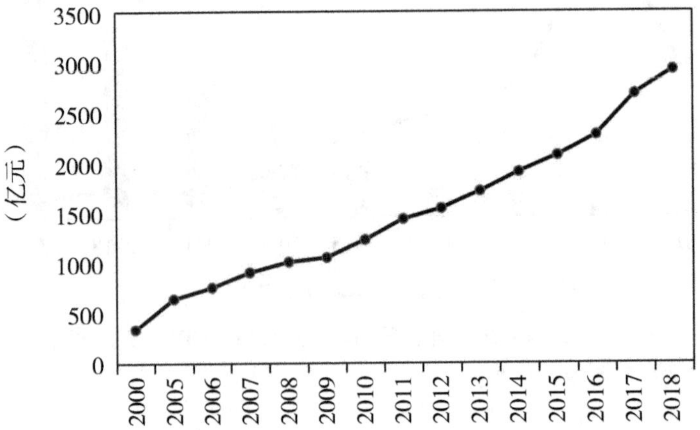

图 7-2 2000—2018 年珠海市 GDP 规模

数据来源：广东省统计局。

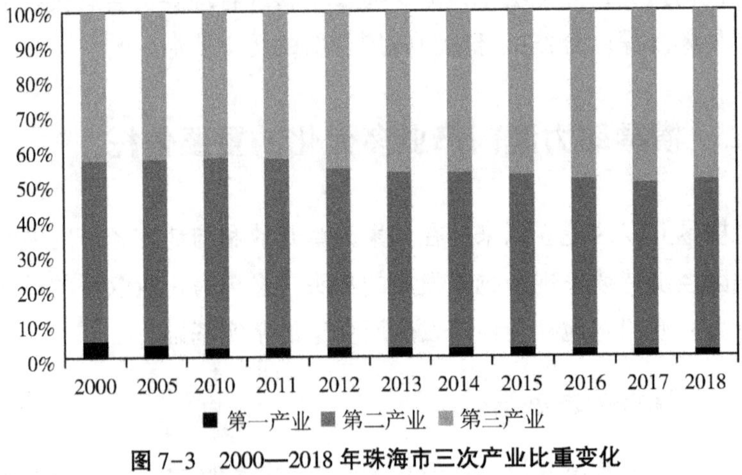

图 7-3 2000—2018 年珠海市三次产业比重变化

数据来源：广东省统计局。

（二）澳门经济现状与产业多元化发展趋势

1. 新冠疫情对澳门经济发展的影响

澳门回归以来，受惠于“一国两制”的制度优势，经济飞速发展，生产总值由2000年的497.42亿澳门元增长至2019年的4346.7亿澳门元，实现年均12.1%的高速增长。受新冠疫情的影响，预计澳门经济将出现较大幅度下降，居民就业和生活会受到较大的影响，大中小企业也将面对各种各样的困难和挑战。根据澳门统计暨人口普查局公布的数据显示，受全球新冠病毒大流行的影响，澳门2020年上半年的GDP较上年同期下降了58.2%，创下有历史记录以来的最大降幅。

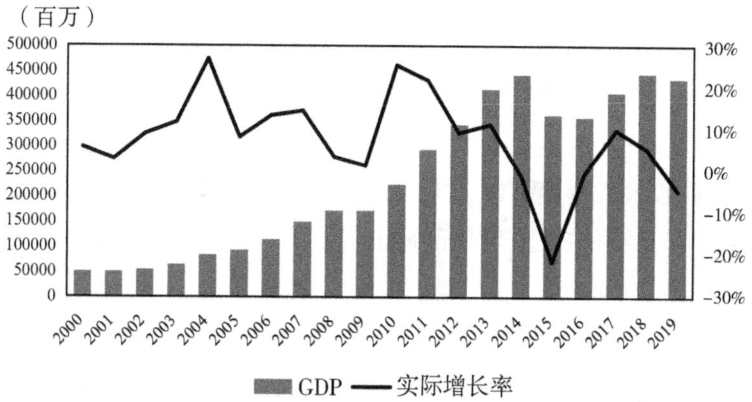

图7-4　2000—2019年澳门生产总值及实际增长率

数据来源：澳门统计暨人口普查局。

澳门对外依赖程度高，受粤、港地区影响大。在疫情冲击下，2020年春节假期后约10万内地劳动力未能如期返澳，这严重影响了澳门正常的社会生活。随着澳门“通关”政策的放宽，部分行业已经恢复生产，但与往年同期相比仍存在一定差距。在此背景下，澳门短期内出现大量闲置资金。在当前美国以及香港地区疫情形势仍较为严峻，经济形势不容乐观的情况下，澳门本币及锚币面临高通胀、大贬值，实质回报大幅减少的挑战。

此外，澳门贸易与投资受疫情冲击较大。投资方面，截至2019年11月，澳门在内地累计实际投资171.4亿美元，内地累计对澳门非金融类直接投资26.8亿美元。但随着疫情的发展，澳门对内地的投资，包括在大湾区50个大型投资项目，均被暂时搁置，投资面临极大的不确定性。进出口贸易方面，2020年上半年出口货值同比减少19.5%，其中再出口下降22.2%，本地产品出口增加3.5%；进口货值下降

29.2%；贸易总额为348.2亿澳门元，同比下降27.9%。

在此背景下，澳门政府积极采取逆周期调控措施以达到“保就业、稳经济、顾民生”的目标，依法适度动用财政储备，应对疫情的相关开支将超过500亿澳门元。当前，澳门经济处于有序恢复阶段。

2. 澳门产业发展现状

澳门产业发展结构较为特殊，主要以第三产业为主。以2018年澳门生产总值各产业占比为例，第三产业生产总值占比95.8%，其中占比前三的细分行业分别为博彩业（50.5%）、不动产业（9.6%）和金融业（6.6%）。自2002年澳门“赌权开放”以来，博彩业进入高速增长阶段，成为经济增长的主要动力。① 但近年来也显现出一些问题，2015年随着博彩业收入大幅度下跌，澳门经济出现剧烈波动。对博彩业的过分依赖导致澳门经济缺乏应对外部冲击的能力，严重影响到澳门经济可持续发展。

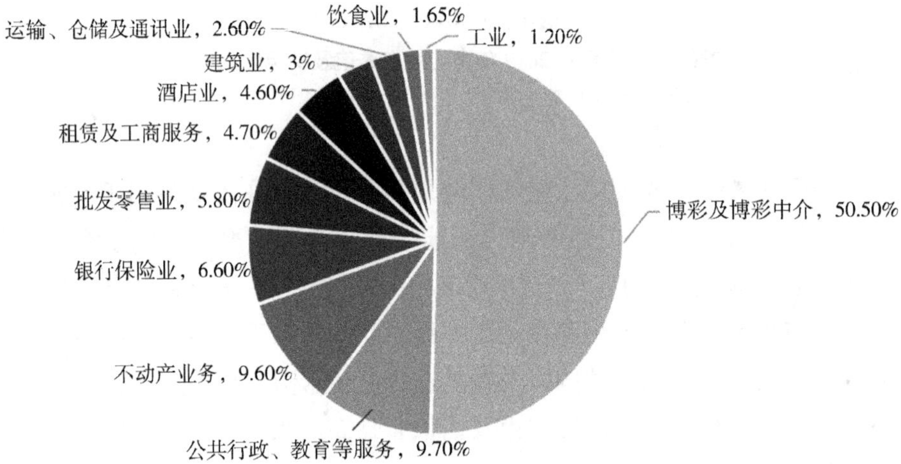

图7-5 2018年澳门产业结构分布

数据来源：澳门统计暨人口普查局。

澳门经济受疫情冲击巨大，博彩旅游业首当其冲而收益大幅度下降，各行各业亦深受影响。2020年2月4日，澳门新增2例新型冠状病

① 《赌权开放后的澳门黄金十年》，人民网，2013年1月24日。

毒感染的肺炎病例，其中1例在博彩企业工作。为防止疫情扩散，澳门特区政府决定2月5日起暂停博彩业及相关娱乐行业半个月；澳门公务人员留家工作，特区政府只保留紧急服务。这是澳门博彩业自1847年合法化以来第二次关闭赌场。受疫情和博彩业关停影响，2020年第2季度澳门博彩服务出口及其他旅游服务出口分别下降97.1%和93.9%，货物及服务出口下降29.6%和47.6%。封锁计划使得博彩行业的收入大幅降低，2020年6月博彩业毛收入降幅高达97%，截至2020年7月，2020年博彩业毛收入累计350.64亿澳门元，同比下降79.8%。

表7-1　2020年澳门每月幸运博彩毛收入

单位：百万澳门元

	月份毛收入	变动率	累计毛收入	变动率
2020年1月	22126	-11.3%	22126	-11.3%
2020年2月	3104	-87.8%	25229	-49.9%
2020年3月	5257	-79.7%	30486	-60.0%
2020年4月	754	-96.8%	31240	-68.7%
2020年5月	1764	-93.2%	33004	-73.7%
2020年6月	716	-97.0%	33720	-77.4%
2020年7月	1344	-94.5%	35064	-79.8%

数据来源：澳门博彩监察协调局。

伴随对疫情再次爆发的担忧，内地和境外前往澳门的旅客数量急剧下滑。2020年上半年，澳门入境旅客同比下降83.9%，客房平均入住率下降63.9%，参观旅客数同比下降94.9%，居民外游数下降90.1%。由于博彩旅游业是澳门的支柱产业，也是带动其他行业发展的主导产业，在一段时期内，保持博彩旅游业健康稳定发展，仍是保持澳门经济稳定的基础和前提。该轮疫情再次暴露了澳门经济结构存在的问题和风险，但由于本身受到空间和资源等方面的制约，澳门需要通过区域合作尤其是横琴开发，才能加大力度促进经济适度多元发展。

3. 澳门经济发展的独特优势

第一，澳门地区享有“一国两制”的制度优势。澳门辟为自由港已有百余年历史，长久实行自由贸易政策。税制简单、税率较低，以及特惠关税待遇等使得澳门与全球120多个国家和地区建立起了良好的经贸关系。澳门回归后，“一国两制”政策创造了良好的制度环境，维护了澳门与国际市场的长期密切关系。澳门是中西文化深入交融的城市，具有高度包容的特点，约5000个非正式但颇具权威的各界社团组织促成了协商文化在澳门社会运行中的有效实践，这成为澳门独特的非正式制度资源。

第二，澳门已建立起广泛而具有特色的国际关系网络。由于独特的历史，澳门一直与欧盟和葡语国家联系紧密。澳门回归后，参与的国际和地区性组织数量由51个增加至110余个，同国际市场建立了密切的关系网，这也促使澳门国际地位日渐提升。澳门还举办过许多区域性、专业性的国际会务和活动，营造了良好的外部发展条件和环境，其已成为中国与亚洲地区乃至世界进行经济、文化、科技联系与交流的重要渠道。

第三，澳门已建立起与国际接轨的城市管理体系。澳门博彩业具有较强的国际竞争力，自回归以后，特区政府进一步开放博彩经营权，竞争机制的引入和国际资本的流入促使澳门博彩业和高端旅游业服务质量不断提升。澳门城市文明程度和国际化程度较高，设立的“诚信店”机制激励各级企业在零售服务业专业水平上与国际接轨，强化了澳门国际购物城市的形象。

第四，澳门与珠海已经建立深厚的合作基础。受地理、历史和文化等综合因素的影响，澳门长期以来一直与珠海保持着相对紧密的合作。澳门产业结构单一，主要依靠博彩业和旅游业。珠海自建立经济特区以来，大力发展现代制造业和高新技术产业，与澳门形成产业互补。2015年挂牌成立的珠海横琴自贸区成为澳门、珠海协同发展的新窗口。据广州日报数据和数字化研究院测算，截至2018年，澳门与珠海两地跨城市专利合作比率达到15‰，远高于其他城市（与东莞的合作比率为3.6‰、与广州的合作比率为2.16‰）。[①]

① 数据来源：《粤港澳大湾区协同创新发展报告（2019）》。

（三）疫情冲击下的横琴经济发展

2020 年伊始，新冠疫情爆发并扩散，横琴产业多元化发展面临着巨大挑战。疫情增大了经济下行压力，横琴新区经济发展受到一定制约，加剧了岛内旅游企业尤其是大型龙头企业经营的困难程度，延缓了投资项目建设进度，加大了稳就业压力。2020 年上半年，横琴新区生产总值达 213.04 亿元，同比增长 0.1%；固定资产投资规模为 230.42 亿元，同比增长-17.8%；外贸进出口总额为 142.43 亿元，同比增长-6.8%。虽然广东省在全国率先开展复工复产，全力降低疫情对经济的影响，但作为进出口总值占全国 1/5 的外贸第一大省，其经济发展和进出口贸易仍受到了前所未有的冲击。

受疫情冲击，横琴新区不同产业的表现有所差异。横琴新区文旅业遭受重创。此次疫情规模化爆发恰逢春节假期，恰逢珠海文旅产业最重要的旺季，大量退单和节后封锁让众多企业持续现金流为零。2020 年 1 月 24 日，横琴新区各景点全部关闭，随后区内所有酒店、宾馆、民宿、公寓暂停营业，国际旅游岛的文旅产业按下暂停键。随着疫情形势逐渐好转，在横琴新区有关部门部署下，横琴企业陆续复工复产。2020 年 2 月 20 日，横琴新区宾馆、酒店开始复工；3 月，横琴芒洲湿地公园、新华书店横琴书笙馆、星乐度・露营小镇旗下星奇塔无动力世界园区、珠海横琴长隆国际海洋度假区的部分园区等陆续恢复营业。4 月 27 日，2020 横琴旅游市场重启发布会上《横琴新区应对疫情促进旅游市场消费扶持措施》发布，横琴新区社会事务局表明将新增 6000 万元资金助力横琴旅游市场恢复，以减轻旅游企业经济损失，拉动内需提振市场信心，帮扶旅游企业逆境突围。但文旅产业的全面恢复仍需要一段时间。

横琴新区跨境商贸形势严峻。随着疫情在全球蔓延，不少国家加大入境人员限制和进口产品检疫力度。加之世界经济严重衰退，国际贸易和投资大幅萎缩，进出口形势日益复杂。与此同时，随着国内疫情防控形势持续向好，中国率先推动企业复工复产，对进出口形成了有力支撑。截至 2020 年 6 月，横琴新区进出口总额累计 43800 万元，同比下降 51.6%（以境内目的/货源地计，下同）；其中，进口累计 3831 万元，同比下降 54.2%；出口累计 39970 万元，同比上升 20.7%。随着一系列稳外贸政策措施效应的持续释放，横琴新区出口值已逐渐回暖，但在我国外贸发展面临的不确定、不稳定因素明显增多的情况下，横琴进出口均恢复到正增长仍需时日。

企业生产经营困难。横琴企业复工陷入困境，集中表现在以下四个方面：第一，周转资金缺乏。自疫情发展至今，企业不但面临开工难、复工率低的困境，而且面对租金、工资、利息等必要支出持续的问题，这些都导致企业成本增加。同时，企业业务量急剧下降且成本大幅提升、融资成本更高且融资渠道相对较少也使得企业现金流出现问题。第二，供应链不畅。主要表现为企业的原材料、设备等供给不足，从而产生无法排产或生产过剩、库存积压、延期交货等问题。第三，服务链供给不足。疫情导致围绕企业生产经营的培训、技术、物流、广告、交通、后勤等外围服务大量减少，影响了企业的正常发展。第四，人力资源缺乏。主要表现为在疫情尚未结束的情况下，人员流动受限，致使企业专业人员以及生产工人出现暂时性短缺，极大影响了企业招工复工复产。

为坚决打赢疫情防控阻击战，帮助企业渡过难关，中央、珠海和横琴政府陆续推出一系列支持企业恢复生产的惠企政策，主要包括：第一，中央政府相继出台了财政、税收、金融等方面的政策，积极助力企业抓复工、稳生产。这些政策主要表现在加大融资支持、实施税费优惠、降低用电用气价格和社保费用、支持投资项目建设、应急补贴性优惠政策等五个方面，目的在于缓解中国经济的下行压力。第二，珠海政府响应国家的号召，积极推动具体政策的实施，主要包括劳动用工补贴、科技项目攻关奖励、贷款贴息补贴、贷款风险共担、个人金融业务保障、租金减免优惠、税费减免、税费延期缴纳、进出口业务支持、应急公共法律服务等。第三，横琴自贸区管委会积极跟进珠海政府相关政策并制定和实施了进一步的配套措施——《应对新型肺炎疫情帮扶企业共渡难关若干政策措施》，措施主要表现在减免租金及物业费，补贴企业员工社保费，延期纳税，延缴社保、给予贷款、贴息支持，项目期限顺延，以及组织中小企业进行政策扶持资金申报，为企业提供法律服务，鼓励科技协同攻关等九个领域。

令人欣慰的是，疫情期间横琴新区金融业保持稳健发展。在横琴新区文旅业等其他产业经历下行的情况下，金融行业对 GDP 的拉动达到近 48%。2020 年上半年，横琴新区金融业实现增加值 75.23 亿元，同比增长 9.5%；实现税收贡献 38.17 亿元，同比增长 4.14%。在深化对澳金融合作方面，横琴加快建设粤澳跨境金融合作示范区，成功引进 18 家涉澳跨境金融企业和服务机构入驻示范区，初步形成产业集聚效应和示范效应。由横琴新区金融服务局推出的“琴澳金融云课堂”系列公益课程及“琴澳金融直播间”线上品牌直播活动，受众超过 5 万人次。

疫情期间，尽管发展造成了一定冲击，但粤澳合作仍在不断深化。澳门政府提出希望更好地参与粤港澳大湾区建设，发挥好区域中心城市的辐射带动作用，更好地融入国家发展大局。其中，最为有力的抓手就是粤澳合作开发横琴。

2020 年上半年，珠澳在横琴开发方面迈出坚实一步。3 月，总面积 66428 平方米的横琴口岸澳方口岸区及相关延伸区旅检区域正式移交澳门，适用澳门特区法律管辖；4 月，珠海市横琴新区管委会与澳门都市更新股份有限公司签约，出让总占地面积约 19 万平方米的项目用地，兴建的“澳门新街坊”项目，可为澳门居民提供约 4000 套住宅，并设有生活、交通、教育、医疗、社区服务等配套设施。此外，琴澳地区积极探索新路径，疫情期间横琴新区澳资企业逆势高速增长。横琴首次实现澳资企业注册数量和注册资本“双向双倍增长”，澳资企业成为新增外资企业的主体力量。2020 年前 4 个月，横琴新区新增澳资企业 303 家，与 2019 年同期相比增加 1.23 倍；注册资本 11.58 亿美元，与上一年同期相比增加 5.85 倍。新增澳资企业占同期全区新增外资企业总数的 72.8%，澳资企业增幅大幅超越内资企业及其他外资企业。截至 2021 年 8 月底，横琴实有澳资企业超过 4500 家，注册资本超 1300 亿元，这也谱写了琴澳合作的新篇章。

第二节 琴澳产业多元化的多维背景

任何经济体的发展都不能脱离历史环境和社会制度架构，微型经济体更是如此。在世界经济层面，全球经济增长进入“新平庸时期”，经济基本面逐渐放缓成为不争事实，疫情叠加给这种低迷增长带来更多不确定性；[①] 就国家经济层面，面对内外部的环境变化，中国致力于构建“双循环”新发展格局，赋予经济增长不同的结构性逻辑；对琴澳自身发展而言，可供参考的维度则更加多元。琴澳地区作为湾区的重要节点，既拥有世界主要湾区的共性，包括地理位置沿海、历史发展悠久、跨境人口规模巨大且文化族群丰富；也具有自身独特的个性，如大国博弈的影响、历史上与欧洲国家的联系以及中央政府的坚定支持等。横琴作为第三个国家级新区，具有重要的战略地位，承担着支持澳门产业多元化发展的使命。在产业发展上，横琴应以现代服务业为主，适度发展高端制造业，通过高水平的对外开放和要素集聚，实现自身的历史性跨越。在此基础上，横琴也要特别重视自身和澳门的历史纽带以及悠久的航海文化，这在中国文化的发展中具有独特的重要性，可以转化为巨大的市场价值。

一、世界经济的新平庸时期与新冠疫情的外生冲击

近年来，世界经济发展呈现出日益严峻复杂的态势。从总量看，世界经济仍处于新平庸时期，增长动能逐渐减弱。2019 年，全球经济走势从“潜在下行”转向“实际下行”，约 90%的经济体 GDP 增速出现

① 2014 年，国际货币基金组织提出“新平庸”（New Mediocre）一词，意指世界经济增长乏力，市场预期持续低迷。参见《世界经济跨越“新平庸”需再发力》，新华网，2017 年 12 月 18 日。

下调。其中，制造业遭受最大冲击，摩根大通全球制造业 PMI 指数连续 6 个月位于荣枯线以下。从分配格局看，发达国家与发展中国家间的利益分配和产业竞争面临调整。长期以来，发达国家依靠科技和先进生产力占据了产业链的中高端位置，获取了全球价值链中的大部分利益。但随着发展中国家经济的崛起，全球价值链格局正在逐渐被打破。发达国家与发展中国家在全球价值链利益分配格局中的矛盾将日益凸显，这促使各国依据产业链分工的新变化争相发起或加入新的自由贸易安排。从治理格局看，以中国为代表的新兴市场与发展中国家的不断崛起，使得新兴发展中大国在国际事务中的话语权将进一步增强，世界区域竞争与合作格局正在出现重大调整。

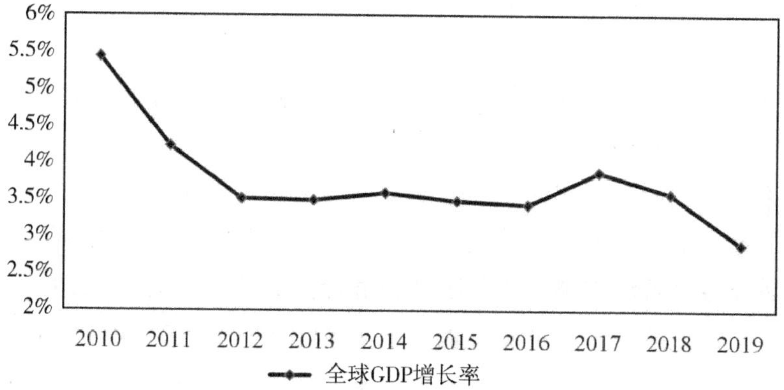

图 7-6　2010—2019 年全球 GDP 增长率

数据来源：世界银行。

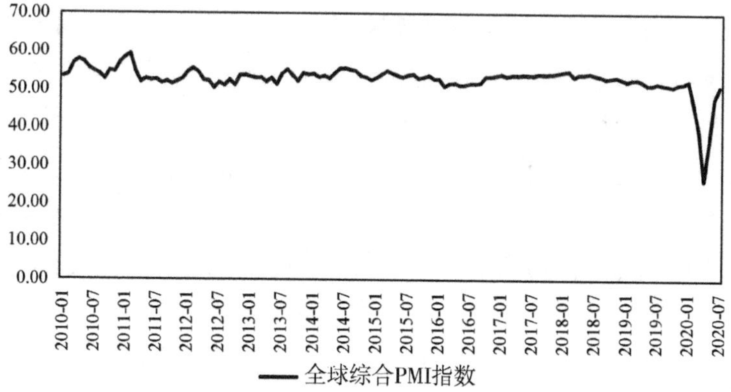

图 7-7　2010 年 1 月—2020 年 7 月全球综合 PMI 指数

数据来源：世界银行。

当前，世界经济发展的不确定因素仍然较多。主要体现在四个方面：一是新冠疫情的全球扩散导致各国合作更加困难，保护主义浪潮更加强化。疫情严重冲击了现行的全球经济治理体系，进一步暴露出旧有全球经济治理体系的结构性赤字状况。二是相应地，全球经济治理机制正在加快重构，美、欧、日三方多次发表联合声明，就国际经贸规则表达共同立场，拟修改与发展中国家相关的标准和规则，这些新规则一旦推行，势必引发发达国家和发展中国家之间的重大利益调整，影响世界经济稳定。三是主要发达经济体迟迟难以退出货币宽松政策，利率中枢处于历史低位，长期低利率使得政策调整空间收窄，全球金融系统的脆弱性在一定程度上加剧。四是世界大国博弈形势愈发严峻，这将对世界经济稳定带来负面冲击，增大我国经济下行的压力，迫使我国经济面临更多的风险和挑战。

然而，即便在这种外部形势恶化和压力剧增的条件下，横琴的社会经济发展仍然面临不少机遇。主要有以下三个方面：

第一，横琴有望成为区域经贸发展的重要对外窗口。此次新型冠状肺炎的爆发加剧了全球化分裂的进程。在这一背景下，区域经济贸易合作的重要性将日渐加强，各种区域经济合作机制和经贸合作组织正在快速更新、形成或发展。在此过程中，全球经济中心正在转向亚洲，亚洲经济正在成为全球经济增长的重要引擎。作为中国对外交流的重要窗口之一，横琴可以凭借区位优势和资源优势，在区域性经贸合作进程中成为承接外商投资与技术转移的黄金跳板。

第二，横琴将在强化中葡商贸往来中发挥重要作用。四十多年来，中国与葡语国家经贸联系日渐加强，横琴因毗邻澳门的特殊地缘优势，具有成为中葡经贸合作基地的可能。葡语国家超过二亿人口的大市场和一万亿美元的生产总值，使其成为庞大的消费市场；此外，八个葡语国家的矿产和石油资源十分丰富，也是重要的原料产地。横琴如果能抓住机遇，争取成为中国与葡语国家经贸合作的基地，那无论是在国家经济发展上，还是在能源外交战略上，均具有重要意义。

第三，横琴的制度环境优势有利于吸引更多的跨国公司。疫情暴发及其全球扩散引发许多跨国企业产业链断裂，这暴露出全球产业链具有高度脆弱性，并引发新一轮跨国公司全球产业链重构的浪潮，跨国公司将更加关注投资安全，投资所在地的制度环境、大国间的政治关系等因素将成为跨国公司的决策参考重点。横琴制度环境具有开放、包容和稳定的特征，完全有条件充分利用优势，增强对拉美地区和亚洲地区跨国公司的吸引力。

二、构建“双循环”新发展格局使中国经济进入新的发展阶段

从宏观角度上看，横琴粤澳深度合作区发展的一个重要背景，就是构建“双循环”新发展格局。这对于横琴、珠海乃至粤港澳大湾区的建设都具有十分重要的意义。习近平总书记2020年8月24日在经济社会领域专家座谈会上的讲话中特别强调：“新发展格局决不是封闭的国内循环，而是开放的国内国际双循环。我国在世界经济中的地位将持续上升，同世界经济的联系会更加紧密”，双循环新发展格局“是重塑我国国际合作和竞争新优势的战略抉择”。[①] 在促进澳门特区适度产业多元化的条件下，横琴如何使澳门融入粤港澳大湾区，融入国家的大发展；又如何利用好“一国两制”的制度优势，以及自由贸易港单独关税区和葡语国家商贸重大平台的优势，成为联通内外两个循环的重要桥梁或通道，促进澳门经济的多元化发展，无疑是一项十分重大的课题。

为了更好地理解“双循环”新发展格局的深刻内涵，不妨简要回顾一下中国改革开放的主要历程。可以将其归纳为三个主要阶段。

（一）对外开放的探索（1978—1991）

与“摸着石头过河”的“渐进式”体制改革相类似，这一阶段的对外开放总体上也是走的是一条“大胆地试、大胆地闯”的“渐进式”开放道路，采取的是“梯度开放”的战略。1980年深圳、珠海、汕头、厦门4个经济特区的设立，标志着中国对外开放正式起步。从1984年开放大连、秦皇岛、天津、烟台、青岛、连云港、南通、上海、宁波、温州、福州、广州、湛江、北海14个沿海港口城市，再到1988年设立

① 习近平：《在经济社会领域专家座谈会上的讲话》，新华社，2020年8月24日。

海南经济特区，开辟长三角、珠三角等沿海开放区；从1990年浦东新区的开放和开发，到1991年开放满洲里、丹东、绥芬河、珲春4个北部口岸，以及再到批准上海外高桥、深圳福田、深圳沙头角、天津港等沿海重要港口设立保税区，都展现了对外开放步伐渐次有序推进。这一时期，中国对外开放的特点是，改变与世界经济隔绝的封闭式发展模式，充分发挥比较优势，利用发达经济体劳动密集型产业外移的机遇，吸引外资，发展出口导向的劳动密集型制造业。这一时期对外开放的最大成就是在沿海（主要是珠江三角洲）发展了“三来一补”型工业，推动了加工贸易的发展，迅速形成了沿海地区参与国际大循环的发展格局。

（二）全方位对外开放格局的形成（1992—2001）

1992年邓小平南方谈话，确立了社会主义市场经济体制的改革方向，中国的对外开放也进入了全面加速推进的时期。1992年，中国以上海浦东为龙头，开放芜湖、九江、黄石、武汉、岳阳、重庆6个沿江城市和三峡库区，实行沿海开放城市和地区的经济政策。同时开放哈尔滨、长春、呼和浩特、石家庄4个边境和沿海地区省会城市，开放珲春、瑞丽、凭祥等13个沿边城市，进而开放太原、合肥、成都、西安、银川等11个内陆省会城市。2000年，国家又实施西部大开发战略，对外开放进一步扩大到广大西部地区。至此，中国全方位的对外开放地域格局基本形成。这一时期，中国的对外开放的特点是，利用国际国内两种资源、两个市场，加快国内的经济发展。在开放目标上，主要是抓住发达国家先进制造业转移的历史性机遇，建设国际先进制造业加工中心，大力推进中华民族经几代人努力尚未完成的工业化、现代化进程。总体来看，“两头在外”的国际大循环战略，抓住了新一轮经济全球化的发展机遇，成功构筑了承接国际资本和产业转移的平台，在中国特别是长江三角洲、珠江三角洲地区形成了国际先进制造业的加工中心，“中国制造”迅速风靡世界市场，中国工业化的进程以前所未有的速度迅猛发展。

（三）经济国际化（2001— ）

以 2001 年 11 月中国政府在多哈正式签署加入 WTO 的文件为标志，“出口导向”战略转为经济国际化战略。中国对外开放转变为全方位的开放，法律框架下可预见的开放，转变为与世界贸易组织成员之间的相互开放。中国经济全面而深入地融入了国际分工体系。“两头在外”国际大循环发展模式，不仅实现了连续多年的外贸顺差并积累大量外汇储备，更解决了经济发展初期的资金、外汇“双缺口”问题。在“两头在外”国际大循环发展模式中，中国人民用汗水和智慧，抓住了西方发达国家产业和技术扩散和转移的战略机遇，经过 40 年的奋斗，走过了西方发达国家几百年的发展历程，实现了中华民族几代人的工业化梦想。中国从经济全球化中受益的同时，也成为全球经济和贸易增长的最重要贡献者。根据世界银行公布的统计数据显示，2010 年中国制造业增加值超过美国成为世界第一制造业大国；2018 年，中国的制造业增加值占全世界的份额达到了 28%以上，成为驱动全球工业增长的重要引擎；在世界 500 多种主要工业产品中，有 220 多种工业产品中国的产量居全球第一。实践证明，市场和资源两头在外的国际大循环战略，获得了巨大成功。我们不仅收获了分工和贸易创造的巨大财富，培育了内需市场，更重要的是大大提升了创造财富的生产力。生产力比财富本身更重要，它为我国转向以国内大循环为主体、国内国际“双循环”相互促进的新发展格局奠定了坚实的基础。

“两头在外”国际大循环发展模式，是符合当时历史条件和国内外环境的正确选择。但是，近年来，随着外部环境和我国发展所具有的要素禀赋的变化，市场和资源两头在外的国际大循环动能明显减弱；与此同时，我国内需潜力不断释放，国内大循环活力日益强劲，通过国内市场拉动经济增长，利用国内、国际两个市场重塑国际合作和竞争优势的客观条件逐渐成熟。经过几十年的开放发展，中国经济总量已经跃居世界第二。中国作为一个拥有 14 亿人口和 4 亿中等收入群体的超大市场，人均 GDP 已经突破 1 万美元，拥有了更加巨大的内在经济活力和巨大的发展空间。特别地，目前我国已形成涵盖 41 个工业大类、207 个工业中类、666 个工业小类的独立完整的现代工业体系，是全世界唯一拥有联合国产业分类当中全部工业门类的国家，具备持续提供高质量产品的生产基础。

随着我国人民收入水平的不断提高，高质量的消费需求在经济发展中将扮演越来越重要的角色。实际上，自 2008 年国际金融危机以来，我国经济已经在向以国内大循环为主体转变，过度依赖外部市场的局面正在改变。未来一段时期，国内市场主导国民经济循环的特征会更加明显，经济增长的内需潜力会不断释放。

因此，构建“双循环”新发展格局有利于重塑中国在国际经济合作和竞争中的优势。这主要体现在以下四点：

第一，依托庞大的内需市场，可以充分发挥需求引领创新的作用，提升自主创新能力，突破“卡脖子”的关键生产环节和关键技术，构建强大的产业技术链，实现产业链分工地位的提升。这是关系我国发展全局的重大问题，也是形成以国内大循环为主体的关键。

第二，超大规模的国内市场优势，可以形成对全球优质要素的虹吸效应。疫情暴发导致的全球产业链中断，使得巨型跨国公司更加注重产业链的安全，因而将更加注重缩短产业链距离，使产业链更加靠近拥有巨大消费市场的国家和地区。它们中的相当一部分甚至将研发中心等创新要素配置到消费市场内部或周边，实施“逆向创新”战略。这无疑有助于我国发展创新型经济，推进产业升级，夯实参与国际竞争和合作的产业基础。

第三，充分发挥巨大需求的进口溢出效应，通过扩大进口所产生的制度性话语权提升作用、短板产业补齐作用、高端要素虹吸作用以及倒逼改革作用等，促进开放型经济高质量发展。

第四，利用国内大市场的规模优势，实现规模经济和差异化竞争优势，助推中国企业走出去，在全球范围内整合和利用资源，构建互利共赢的开放型世界经济。

为此，中国一方面要重点突破要素市场的改革难题，深化要素市场化配置改革，促进要素自主有序流动，提高要素配置效率，进一步激发全社会创造力和市场活力；另一方面，要加快制度型开放的步伐，即从以往“边境开放”向“境内开放”拓展、延伸和深化，建立形成与国际高标准经济规则相接轨的基本制度框架和行政管理体系。2020 年 9 月 4

日，习近平主席在2020年中国国际服务贸易交易会全球服务贸易峰会上致辞指出："纵观人类社会发展史，世界经济开放则兴，封闭则衰。服务业因其独特的轻资产、软要素等特点，更加需要开放、透明、包容、非歧视的行业发展生态，更加需要各国努力减少制约要素流动的'边境上'和'边境后'壁垒，推动跨境互联互通。"①

由此可见，构建"双循环"新发展格局首先是以国内的大循环为主。促进国内的大循环，需要以供给侧改革为主体，主要包括两点：一是要推动科技创新和产业结构升级，畅通供应链和产业链的堵点，这对于将科技创新作为重要战略方针的粤港澳大湾区来说至关重要；二是要贯通生产、分配、流通、消费各环节中的堵点，实现供给和需求的动态均衡。疫情影响下，2020年中国成为全球唯一实现经济正增长的经济体，但如上所述，疫情在供给侧和需求侧的冲击，对以外向型经济为主的澳门影响巨大。而实现供给与需求侧的有效链接，就需要积极参与国际大循环，形成全方位、多层次的开放格局。珠三角地区要抓住粤港澳大湾区建设的重大历史机遇，就需要推动三地经济运行的规则衔接与机制对接，以大湾区综合性国家科学中心先行启动区建设为抓手，加强与港澳创新资源协同配合，通过参与更高水平的国际循环促进产业升级。

因此，横琴面临三个重要机遇：

第一，横琴有望成为珠三角经济圈新的增长热点。中国已形成由南向北的三大经济圈，其中，珠三角经济圈成型最早，长三角经济圈是中国当前经济最活跃的地区，渤海经济圈则呈现出强劲的增长势头。但实事求是地讲，珠三角经济圈目前面临发展后劲不足、产业结构亟须升级的压力。横琴作为珠江西岸对外交流的纽带，其发展将强化西岸地区中心城市的功能，推动珠三角地区经济协调发展。

第二，横琴有望打造成为中国创意产业新兴基地。珠三角地区长期作为中国改革开放的前沿地带，先行先试已成为该区域的发展特色。未来在外商投资和经贸合作的推进下，以及在人才、信息快速流动的加持下，创新理念和创意产业将会得到大力引入。这些创意理念和新兴产业

① 习近平：《在2020年中国国际服务贸易交易会全球服务贸易峰会上的致辞》，新华社，2020年9月4日。

将会推动横琴产业转型升级，推动其成为国家级的创意产业聚集地。

第三，横琴有望成为中国下一个金融贸易服务中心。中国在推进新一轮高水平改革开放的进程中，需要建立形成与国际高标准经济规则相接轨的制度体系。横琴身处改革开放的前沿地带，有能力紧密跟踪国际经贸规则演进新趋势，以突破性改革为目标，促进金融、贸易体制领域的深化改革，提高国际竞争能力，成为与国际接轨的金融贸易服务中心。

三、琴澳产业多元化的导向与现实

（一）琴澳产业多元化发展的共性与个性

横琴粤澳深度合作区支持澳门产业多元化发展，首先应从自身条件与禀赋加以考虑，其中包括共性与个性两类因素。

从共性因素角度分析，区域产业多元化发展是在总结经验的基础上进行创新式的前进。通过对比其他国家的区域产业多元化发展模式，可以发现，美国东北部的大波士顿区和澳大利亚东部的悉尼区产业多元化的发展环境、发展条件与横琴当下之形势较为相近。大致可总结为以下四个共性因素：一是都属于沿海区域，即这三个区域靠近海洋，属于平海地区，并且有规模不等的港口；二是跨境发展历史悠久；三是跨境人群比例高，以波士顿、悉尼地区为例，两者移民比例较高，融合了不同的文化背景资源；四是语言文化丰富，三个区域的方言和外语技能对比周边城市来说，水平相对较高，以横琴为例，这个区域包含了普通话、粤语、英语、葡萄牙语等多种方言与语言。

从个性因素分析，影响琴澳产业多元化发展的个性因素是多样的，其中最重要的因素有以下三点：

第一，中美关系。当下中美关系已经从贸易争端升级为全方位的大国博弈，这种情势将会持续相当长时期，并在很大程度上成为琴澳产业多元化发展的制约因素。

第二，中国与西欧、东南亚、南亚、拉丁美洲的关系。澳门是历史上是对欧洲人开放比较早的港口城市，当时澳门经济的兴起与欧洲人的管理有很大关系。在中美关系日益严峻、复杂的条件下，澳门发展与西欧、南亚、东南亚以及拉丁美洲的关系显得更为重要。

第三，国家制度激励。国家重视粤港澳大湾区的示范作用，琴澳产业多元化过程可以从中争取更多的国家优惠待遇，争取政策的优惠与法律适用的宽松。由于横琴在法律、经济上的地位比较特殊，因而在发展过程中应当争取更多的政策优惠和法律宽松条件，构筑一套更加适用于新时期对外经济交流的法律体系。

（二）琴澳产业多元化发展的导向

总的来说，琴澳产业多元发展，要依托国际环境、构建“双循环”新发展格局、粤港澳大湾区建设和珠海特区高质量发展的背景，做好应对一系列新的风险挑战的准备，全面提高对外开放水平，建设更高水平开放型经济新体制，形成国际合作和竞争新优势。在这方面，琴澳深合区的产业多元化发展具有明确导向。

第一，从宏观角度看，横琴作为我国继上海浦东、天津滨海新区之后的第三个国家级新区，处于“一国两制”的交会点和“内外辐射”的结合部，地理位置极为优越，区位优势明显。在“双循环”新发展格局背景下，琴澳产业多元发展，建成联通国际市场和国内市场的重要桥梁，无疑具有重要战略意义。2019 年 2 月 18 日，中共中央、国务院印发了《粤港澳大湾区发展规划纲要》，对粤港澳大湾区的战略定位、发展目标、空间布局等方面作了全面规划，要求粤港澳大湾区不仅要建成充满活力的世界级城市群、国际科技创新中心、“一带一路”建设的重要支撑、内地与港澳深度合作示范区，还要打造成宜居宜业宜游的优质生活圈，成为高质量发展的典范。作为大湾区特区中的特区，琴澳深度合作区承担着特殊使命。实际上，早在 2015 年 4 月挂牌的横琴自贸区就已经被赋予了特殊使命：不仅要成为促进澳门经济适度多元发展的新载体，还要与澳门共同打造跨界合作创新区，弥补澳门土地资源有限和劳动力相对短缺的劣势，逐步改变澳门经济结构比较单一的问题，实现两地的优势互补。更为重要的是，横琴要以制度创新为核心，促进内地与澳门经济深度合作。

第二，从产业层面看，琴澳产业多元发展，就是要在重点发展现代服务业的同时，适度发展高端制造业（高新技术产业），构建开放型、现代化产业体系。现代服务业发展的重点，主要是智慧特色金融业、创新服务业、会展经济、跨境商贸、电子信息、物流运输、旅游休闲、文化创意，等等。因此，配合澳门建设世界旅游休闲中心，高水平建设珠海横琴国际休闲旅游岛；与珠海保税区、洪湾片区联动发展，建设粤港澳物流园；推进横琴澳门青年创业谷和粤澳合作产业园等重大合作项目建设；支持粤澳合作中医药科技产业园发展。支持珠海和澳门在横琴合作建设集养老、居住、教育、医疗等功能于一体的综合民生项目。这实际上指明了琴澳产业多元发展的大方向——服务业、制造业适度协同发展。澳门博彩业及相关服务业发展水平较高，然而制造业严重萎缩，服务业产业链的拓展受限。而珠海制造业较为发达，但高端服务业和高新技术产业发展不足。在“双循环”背景下，琴澳要发挥产业“衔接口”的优势，营造高端制造业发展的良好产业生态，培育有重要影响力的产业链，形成有竞争力的产业集群，破解澳门产业空间有限、实体经济发展不足、缺乏高端就业岗位等难题，形成产业链条的梯度协同发展。旅游业、中医药科技产业、智慧制造业、高新技术产业、特色金融是重点合作的领域。而且横琴新区已经开始发展智能制造业。横琴新区出台《横琴新区关于支持人工智能产业发展的暂行办法》，立足吸引国内外优质人工智能项目落户横琴，推动大科学基础设施与政策扶持的“双轮驱动”，打造粤港澳大湾区人工智能产业创新高地，目前横琴已与格力电器、三一（横琴）创新中心等多家知名制造企业展开合作，打造国家级智能科技融合产业示范基地，大力发展智能制造产业，助推澳门、横琴科技创新产业联动发展和区域经济转型升级。

第三，从发展的路径看，高水平对外开放，聚集高端创新要素，是琴澳产业多元发展的必由之路。作为“特区中的特区”，横琴新区处于珠海经济特区和澳门特别行政区的交汇点，联系欧盟及拉丁语系国家乃至全球市场，是我国参与国际竞争合作的重要开放平台和国际窗口。横琴的优惠政策叠加效应，有利于吸引境内外优质资源汇集，提升粤澳经济合作发展潜力。2019 年横琴实际利用外资 16.91 亿美元，同比增长 57.9%，占珠海市总量的 68%；外贸进出口总额 452.98 亿元，同比增长 80.7%，增速排名珠海市第一。如前所述，疫情冲击下跨国公司产业链重构的进程业已开启，横琴制度环境稳定，背靠经济发达的珠三角，完全有条件通过高水平的对外开放与产业多元化发展，吸引更多的跨国公司进驻，助力未来的经济发展。

（三）琴澳产业多元化发展的现实维度

从澳门的视角来看，其基本经济结构非常单一，博彩业占到总体规模的60%以上。这在产业多元化的进程中造成了很多问题。

第一，澳门与内地的经济关系和贸易结构失衡。双方贸易额在2015年达到顶峰以后，进入快速下降的过程，结构失衡严重。内地对澳门出口很多，但进口极少。这与澳门产业结构高度相关，因为它没有成规模的制造业和具有比较优势的服务业，经济结构单一，更多依靠内地进口。澳门特别行政区政府在内的各方都已认识到这一点，这从澳门特区政府历年的施政报告就可以看出。然而澳门方面十多年以来坚持提倡加大适度多元化发展，但实际上思想准备过程漫长，执行效果不甚理想。

表7-2　澳门特首施政报告中提出的产业政策

年份	与“经济适度多元化”相关的主题	博彩业以外的产业政策	报告特点
2008	加大适度多元化的推进力度	推进综合旅游，优化经贸平台，发展相关服务行业，推动传统制造业的转型和升级	
2009	加大经济适度多元化的力度	促进旅游业向客源多元化、产品多元化和服务优质化方向发展；支持会展业、文化产业、中医药产业、环保产业、物流业等新兴产业发展	
2010	继承并推行经济适度多元化的策略	培育新兴产业，成立文化产业委员会和会展业发展委员会，加快业界的发展成长	两个产业委员会
2011	推动区域合作发展，实现经济适度多元	推动会展、文化创意、中医药、商贸服务等产业发展，培育新的经济增长点	首次以区域合作推动经济适度多元化

（续表1）

年份	与“经济适度多元化”相关的主题	博彩业以外的产业政策	报告特点
2012	推动经济适度多元，提高民生综合水平	促进综合旅游关联产业的成长和升级；推动会展、文化创意、中医药、商贸服务等产业的成长	
2013	建设世界旅游休闲中心，推动经济适度多元发展	积极支持综合旅游以及相关产业的发展，加大扶持饮食、会展、中医药、文化创意等产业的成长	世界旅游休闲中心；非博彩元素
2014	努力实现社会发展蓝图，继续推动经济适度多元	继续加大力度培育会展、文化创意、中医药、资讯科技、物流等产业的成长	休闲产业
2015	促进经济适度多元	扶持文化创意、中医药等产业，培育环保产业；建立新兴产业统计指标体系，为指定产业政策提供参考依据	新兴产业统计指标体系
2016	促进经济适度多元	加大力度培育会展、文化创意、中医药等产业的成长，并完成三个新兴产业统计指标体系的编制	三个新兴产业指标体系
2017	深化区域合作，促进经济适度多元	逐步落实特区五年规划中培育新兴产业的各项计划，同时完善澳门经济适度多元发展统计指标体系。进一步落实《粤澳合作框架协议》，更好利用广东自贸区建设的契机，推进横琴粤澳合作产业园的建设。用好用足 CEPA 优惠政策，推进澳门与内地的服务贸易自由化	政策资源，区域内合作
2018	务实进取，共享发展	成立“一带一路”建设工作委员会；就澳门参与粤港澳大湾区发展规划收集社会各界的意见；为港珠澳大桥的通车作好跨境交通安排	

（续表2）

年份	与“经济适度多元化”相关的主题	博彩业以外的产业政策	报告特点
2019	把握机遇，均衡发展	认真总结澳门回归祖国近20年来的成功经验，为“一国两制”成功实践营造良好环境	
2020	抗疫情保稳定，疫后提振经济	适度加大公共投资；推动综合旅游休闲业复苏；鼓励私人投资，加大招商引资力度；扶助中小企业	疫情冲击及疫情后的经济恢复

资料来源：中华人民共和国发展与改革委员会。

第二，澳门本土产业结构失衡。博彩业的发展对本地其他产业的带动作用十分有限。除了对不动产和工商服务业拉动较大以外，其他产业的增幅都非常平缓，其中包括批发零售业、交通运输业、仓储业等。澳门地区主导产业对其他产业的正向外溢效应并不大，更加凸显出其经济结构的脆弱性。

四、琴澳产业多元化的未来

就当前两地产业合作的现状来看，要实现深度合作区的多元化发展，必须将以下四大产业作为未来重点。

一是高新产业。当前，澳门具备优秀的科研基础能力，集聚国际科研资源的便利渠道，以及面向国际国内双向开放的特殊地位。对于琴澳深合区未来的产业发展而言，首先应积极配合国家科技强国战略的实施，利用好澳门这个开放窗口，实现国际人才的集聚；其次，应充分释放大湾区的先进制造能力，牵引大湾区高端制造的转型升级；最后，凭借高附加值的制造业产品，利用“原产地规则”，绕开市场壁垒，为国家强大制造能力开拓新的市场。

二是中医药产业。中医药产业是澳门品牌工业的代表，长期以来一直是其发展的重点。澳门有中医药的生产制造能力，有使用、认同中医药的氛围，更有与国际接轨的标准体系，这对中医药这种附加本国文化的产品至关重要，因此，中医药产业也是澳门寻求多元化发展的一条重要的可行路径。

三是会展业。主要包括三个方面，一是消费品会展行业，包括衣食住行各方面所需要的产品种类；二是可将横琴建设成为零关税区域，从而使高附加值商品在横琴进出更自由，获得与上海和广州等城市之间的比较优势；三是相关展品可以在琴澳地区就地免税出售，具有价格优势。

四是大健康产业。发展大健康产业，最重要的就是要实现医用药品、医疗器械和医疗技术的三项同步，拉动海外的医疗需求回流。当前，在“健康中国”行动下，横琴有机会发展体育旅游、健康维护等业态，而中医药产业的发展，也可以进一步丰富健康护理、医疗服务方面的手段，提供中西医交融的健康产业。

此外，从中长期规划来看，琴澳经济发展还应重视从自身特色出发制定发展路径。主要包括六个方面：一是注重调整区域经济增长模式。横琴应根据国内外形势的发展变化，建立灵活的自动反馈机制，尤其要优化政府行政管理模式，使其更加具有弹性，适应产业多元化发展的需求。二是注重人才引进。琴澳深合区的建设与发展，离不开众多人才的引进，应该通过引进大批富有经验的建设者、管理者，为未来发展提供持续的人才动力。三是提高创业比例。创业比例是衡量一个区域经济生命力的重要指标之一，琴澳深合区产业竞争力的提升离不开创新，因而应注重提高产业发展中的创业比例，积极扶持创业单位与人员，尤其是扶持金融、科技类企业，吸引更多创业者到横琴创业。四是保护传统的渔民文化。横琴所富有的传统渔民文化是一笔重要的历史文化遗产。深合区应建立相关的渔民文化保护清单，将多种历史文化要素、人文要素等详尽保留，尽量对古建筑进行修护，保护渔民文化多样性。五是积极开展海洋科研创新工作。横琴作为一个国际休闲旅游岛，除了休闲之外，还应当注重海洋科研工作以及科研成果推广和落实。通过开展海洋科研，产生可观的经济效应和综合效应，例如可以成立横琴海洋生态保护科研基地、推广基地、示范基地，宣传横琴海洋发展与保护的科技创新，进而推动相关海洋产业链的发展。六是努力推广横琴海洋类运动文化。琴澳与珠海其他地区有非常好的海洋资源，有非常浓厚的海洋文化，可以建设一批世界一流的与海洋有关系的运动基地，举办与海洋文化相关的世界盛会，打造横琴科技加休闲的旅游产品及服务，吸引更多的人到横琴投资、消费、生活等。七是注重海洋生态保护。横琴是海滨城市，各种天然资源如空气、海水、植物、动物等构成了较好地与海洋有关的疗养条件，琴澳深合区应该在做好海洋生态保护的基础上，积极推进产业多元化发展。

第三节 金融支持琴澳产业多元化的前景与对策

琴澳产业多元化离不开金融支持。本节基于琴澳地区产业多元化的现有尝试，认为应以框架性的视角把握金融支持产业发展的站位和策略。因此，本节提出三点建议：第一，依据区位发展战略明确金融支持琴澳发展的定位；第二，立足粤港澳大湾区的要素禀赋优势促进琴澳经济发展；第三，渐进式推进金融支持助力琴澳经济多元发展。

一、依据区位发展战略明确金融支持琴澳发展的定位

在珠江口西岸核心城市规划中，以琴澳深合区作为新的增长点，实现粤澳合作，将其打造为香港、深圳、广州之外的国际金融枢纽新支点，成为切实可行的战略选项。珠江口东岸有香港、深圳两个不同层次的金融中心，但珠江口西岸的金融发展缺乏亮点，因而将横琴粤澳深度合作区打造为国际金融枢纽，具有特殊的意义。

现阶段琴澳深合区的四大产业，即科技研究和高端制造业、中医药等澳门品牌工业、文旅会展商贸产业与现代金融产业，都具有良好的发展势头。其中，金融业作为经济发展必不可少的重要产业，拥有大量的金融机构和交易市场，在保证自身独立性的同时，完成与其他产业的联动，能够有力支持本地区经济发展尤其是其他重点产业的发展。根据琴澳深合区的建设方案，科技研究和高端制造业、中医药等澳门品牌工业、文旅会展商贸产业都需要有强有力的资金与金融支持。

为了发挥现代金融产业的效用，琴澳深合区首先需要扩大金融产业的规模，然后才能将自己的辐射范围从本地发展到粤港澳大湾区，成为珠江西岸金融发展的支点，在大湾区建设国际金融枢纽中发挥独特作用；最后才可能将自身的金融服务进一步扩展到国内外，成为国际金融

枢纽的一个重要支点。

为了更好地实现这一目标，琴澳深合区需要打造四个“新”：一是金融市场开放“新高地”。横琴深合区将成为金融市场高度开放的区域，跨境资本能够自由流动，资本项目实现自由兑换。除此之外，横琴深合区也可以探索完善债券市场，促进人才和信息的流动，形成地方的金融资源龙头以及全球资源配置的高地，从被动适应外国市场，发展为主动影响全球市场。二是财富管理“新中心”。鉴于琴澳深合区毗邻澳门的地理优势及未来金融发展的前景，其很有可能成为财富高度集中的区域，伴随着消费资金自由流动规模的扩大，高水平的财富管理将应运而生。三是“一带一路”建设的金融服务“新基地”。葡语作为琴澳合作的语言桥梁，能够促使横琴深合区加强自身与葡语国家的联系，成为“一带一路”建设中连接我国与葡语国家的通道，成为人民币离岸服务中心、业务中心，进而打造“一带一路”建设中新的金融服务平台与基地。四是跨境金融监管深度合作“新试验区”。在“一国两制”的前提下，通过促进制度、关税、货币三种要素的深度融合，加强金融产业监管，成为推动跨境金融监管的开拓者和改革者。

二、立足粤港澳大湾区的要素禀赋优势促进琴澳经济发展

粤港澳大湾区是我国改革开放的先行示范区域，也是我国重要的经济增长和金融发展的先导区域，对全国经济具有带动作用。2017 年 7 月颁布《深化粤港澳合作促进大湾区建设框架协议》后，大湾区升级为国家战略；2019 年 2 月《粤港澳大湾区发展规划纲要》的颁布，更标志着大湾区发展、长三角区域一体化发展将相互配合，进一步完善我国改革开放新的空间布局。目前粤港澳大湾区已形成广佛都市圈、深港澳经济圈两大经济圈，形成以广州、深圳、香港和澳门为中心的大都市圈。粤港澳大湾区建设进入了一个新的历史阶段，它的发展必将带动珠江—西江经济带创新发展。

据全球金融中心指数（GCFI）的数据，在 2020 年全球金融中心城市排名中，前 20 位中有 5 个城市来自中国，分别为上海、香港、北京、

深圳、广州，其中粤港澳大湾区占有 3 席，是我国甚至全球金融中心城市密集度较高的区域。粤港澳大湾区成为我国重要的经济高地，成为联系国内外市场的重要金融枢纽。2020 年年末，粤港澳大湾区总人口约 8617 万，GDP 总量达 115155 亿元，占全国的 1/7，是我国经济增长最快、最活跃的区域之一，也是我国金融集聚度最高的区域之一。然而，粤港澳大湾区内部经济金融发展也表现出不均衡问题，这使得研究粤港澳大湾区金融集聚与经济增长的相互关系，探索发挥粤港澳大湾区金融集聚优势，支撑粤港澳大湾区经济快速增长，加快产业结构优化升级，具有重要的现实意义。

表 7-3　2020 年粤港澳大湾区各城市地区生产总值

排名	城市	地区生产总值（亿元）	地区生产总值较上年增长
1	深圳	27670	2. 8%
2	广州	25019	5. 9%
3	香港	22472	-3. 0%
4	佛山	10817	0. 6%
5	东莞	9650	1. 8%
6	惠州	4222	1. 1%
7	珠海	3482	3. 0%
8	江门	3201	2. 2%
9	澳门	3158	-2. 0%
10	中山	3152	1. 5%
11	肇庆	2312	2. 8%
	合计	115155	—

数据来源：各城市统计年鉴、国民经济和社会发展统计公报。

金融集聚是产业集聚的一部分。信息流是形成金融集聚的关键因素，金融类机构通过一定区域内大量活动产生的信息流，带来集聚的发生。金融机构集聚所产生的集聚效应和扩散效应，优化了金融资源的合理布局，从而出现了金融中心城市，如美国纽约、英国伦敦等都是伴随着金融集聚而形成的全球性金融中心。金融业集聚对周边城市的辐射效应是一种金融资源的补偿，可以加快金融机构在相应区域内的扩张。金融是现代经济的血液，也是经济的核心，是资源调配和宏观调控的工具，有助于实现资本高度集中。同时金融也引领和构建现代化产业体系，实现大规模的现代化生产经营，实现规模经济效应。反过来，经济的发展可以促进社会收入水平的提高，提升人们对金融投资、财富管理、理财服务的需求。因此，理解金融集聚与经济增长的相互关系便可以更好地为区域经济发展、金融发展提供更多的决策信息。

粤港澳大湾区金融集聚优势明显，金融从业人员和金融业增加值都显示出集聚现象且逐年增强，这为粤港澳大湾区特色金融业发展奠定了坚实基础。其中，珠海和澳门的金融从业人员也有一定程度的集聚。虽然珠江西岸金融总体量与深港穗有一定差距，但在开展金融市场对接、金融产品开发、金融基础设施建设、金融人才互动等方面仍具有相当程度的便利和优势。尤其是《粤港澳大湾区发展规划纲要》对珠海和澳门金融业发展寄予厚望，要将澳门打造成为中国—葡语国家金融服务平台，建立澳门—珠海跨境金融合作示范区，支持澳门和珠海发展特色金融业务。对此，我们提出如下几点对策建议。

第一，促进横琴金融业的多领域发展，服务澳门特色金融产业。粤港澳大湾区金融业发达，金融业集聚度高，从业人员密集，这是大湾区融合发展的重要支撑。珠海和澳门经贸往来密切，人员交流频繁，金融行业配合紧密，这为琴澳金融深度融合提供了前提保证。作为横琴新区重要的支柱产业，金融业在近年呈现出跨越式发展，在粤澳合作中可以发挥更大的作用，尤其在推动琴澳银保业务深度合作、深化对外开放和加强金融监管等领域发挥重要作用，并在财富管理、绿色金融、金融租赁、跨境保险（含海运保险、巨灾保险、出口信用保险）等领域进行创新，共同推进琴澳金融深度合作；建成澳门经济适度多元发展平台，拓展澳门居民生活就业空间。

在此过程中，跨境金融业务监管的核心是监管模式的创新，良好的金融监管模式是未来大湾区金融业发展的重要基础。大湾区当前的金融监管面临着三地金融监管体制和法律体系差异，监管合作模式必须通过创新才能更好地适应新的合作与发展需求。未来，可以通过协调监管模式，引入监管沙盒制度并予以不断完善。加强珠海与澳门金融主管部门在反洗钱、反恐怖融资领域的政策协调与信息沟通，加强跨境资本流动监管确保外汇资金流动风险可控、监管有序。尝试利用区块链技术完全去中心化的电子现金交易系统提高金融活动效率，通过构建以人民币结算的区块链跨境支付和交易系统，打造便利的跨境支付平台。

第二，借鉴欧盟“单一通行证”制度，做好金融监管。粤澳深度合作区在金融法律制度上可以借鉴欧盟“单一通行证”制度。粤港澳大湾区具有特殊的地位，在法律制度上采取了两种不同制度，导致三地在金融法律监管上难以做到统一，增加了监管难度。对比国际上跨区域合作的先例，欧盟的做法堪称范例，有效地解决了多个区域之间的融合发展问题。因此，粤港澳大湾区尤其是琴澳深度合作区可以借鉴欧盟在金融监管上的做法，实行“单一通行证”的服务管理模式。欧盟是由欧洲一些国家组成的联合体，每个国家都有自己的金融监管制度，遵循自己国家的法律体系。但由于欧盟区域范围内统一使用欧元作为流通货币，必须进行统一的金融监管体系。为了达到统一监管的目的，欧盟经过协商一致采用了“单一通行证”模式，即经所在欧盟成员国批准的金融机构，可以在任意其他成员国境内从事跨境金融业务，欧盟内部采用统一的金融交易系统、统一的金融保障机制、同一化的监管规则，其他成员国不能施加额外的监管要求。在欧盟采用“单一通行证”制度以前，欧盟的金融机构要想开展跨境金融业务，必须取得每一个打算开展业务的成员国金融监管部门的许可方可继续，这无疑增加了金融机构的业务负担，降低了业务效率。为了打破成员国之间开展跨境金融服务的壁垒，推动金融服务一体化，提升金融融合发展效率，欧盟一致通过将“单一通行证”制度作为欧盟金融市场的核心监管制度，其实施效果十分明显。粤澳合作也是在两种制度体系下进行的，完全可以参考借鉴欧盟的这种制度范例，降低由不同法律体系带来的监管难度。

第三，构建宽松、健全的金融环境。粤港澳大湾区要实现生产要素的自由流动，就必须首先建立货币和资本的自由流动（流通）机制，因而需要构建宽松、健全的金融环境。随着《粤港澳大湾区规划发展纲要》的实施，大湾区的融合发展对金融融合发展的需求日趋旺盛，进而需要在政策环境、法律环境、监管环境上进行改革以适应三地融合发展。在政策环境上，要进一步完善构建宽松的政策环境，金融主管部门要结合当地实际，出台或完善有助于大湾区金融融合的政策，为金融机构提供良好、宽松的政策环境。在法律环境上，主管部门要结合当地实际，探索建立具有大湾区特色的金融法律体系，为大湾区金融安全保驾护航。同时，要在法律框架体系内为金融企业提供精准需求信息，帮助企业化解金融风险，提供信息咨询与法律援助，为粤港澳大湾区金融一体化创造良好的金融环境。

三、渐进式推进金融支持琴澳经济多元发展

针对渐进式推进金融支持琴澳经济多元发展，我们提出四点具体对策建议。

第一，支持合作区打造中国—葡语国家金融服务平台。葡语系国家既包括葡萄牙这样的发达国家，也包括巴西这样的新兴市场国家。葡语系国家有超过2亿的人口规模，具有较大的市场发展潜力，是中国企业走出去的重要经济区域。中国与葡语国家合作关系的加强，需要双方可信赖的金融中介提供服务。澳门在这一过程中可以发挥重要的作用。澳门可以充分利用语言文化方面的优势，吸引葡语国家的银行等金融机构前来设立分支机构，将澳门建设为离岸金融中心，为葡语国家的金融机构进入中国内地市场提供跳板。

第二，鼓励社会资本按照市场化原则设立多币种创业投资基金、私募股权投资基金，吸引外资加大对区内高新技术产业和创新创业的支持力度。科技研发和高端制造产业作为合作区规划的重要产业，由于研发投入大且存在投资回报不确定等特点，传统金融服务基于稳健运营难以有效支持这类产业的发展。因此，发展创业投资基金、私募股权投资基金是支持该类产业的有效金融手段。基于合作区的特殊制度环境，可以探索私募股权投资、创业投资和风险投资基金双向募集、双向投资、双向流动等多种模式。

第三，支持在深合区开展人民币跨境结算业务，鼓励和支持境内外投资者在跨境创业投资及相关投资贸易中使用人民币。当前，人民币的国际化水平不断提高，但在全球支付中的占比仍然较低，借助合作区开展人民币跨境结算业务，可以扩大人民币的交易量，提升人民币的影响

力和国际化进程。此外，借助澳门这个平台，建设人民币清算中心，可以更好地服务葡语国家的人民币需求。

第四，加强合作区在民生金融问题上的交流与合作。深合区可以充分利用澳门税率低、人员流动便利的特点，支持澳门在深合区创新发展财富管理、债券市场、融资租赁等现代金融业，加快澳门金融业的服务外溢；也可以支持深合区对澳门扩大服务领域的开放，降低澳资金融机构设立银行、保险机构的准入门槛，进一步打通人民币资金双向流动的渠道，加速境内和境外银行业务的协同联动；最后，通过支持在合作区开展跨境机动车保险、跨境商业医疗保险、信用证保险等业务，不断吸引澳门居民前来横琴居住，推动两地一体化发展。

参考文献

[1] 陈煜：《琴澳建设湾区“蓝色经济中心”的文化资源与价值前景》，《横琴智慧金融研究院/吉林大学横琴金融研究院经济研究报告汇编》2021 年第 2 期。

[2] 丁学良：《产业多元化“三地一体”的考虑》，《横琴智慧金融研究院/吉林大学横琴金融研究院经济研究报告汇编》2020 年第 3 期。

[3] 黄奇帆：《如何理解内循环、双循环发展战略?》，《中国经济周刊》2020 年第 21 期。

[4] 洪慧瑛：《金融服务加快琴澳海洋经济发展》，《横琴智慧金融研究院/吉林大学横琴金融研究院经济研究报告汇编》2021 年第 2 期。

[5] 黄新飞：《横琴粤澳深度合作区的产业发展及金融支持》，《国际金融》2021 年第 11 期。

[6] 孔祥利、谌玲：《供给侧改革与需求侧管理在新发展格局中的统合逻辑与施策重点》，《陕西师范大学学报（哲学社会科学版）》2021 年第 3 期。

[7] 李晓：《关于琴澳产业多元发展的思考》，《横琴智慧金融研究院/吉林大学横琴金融研究院经济研究报告汇编》2020 年第 3 期。

[8] 兰健、周佰成、邵华璐：《经济抗疫背景下横琴新区惠企政策及其效应研究》，《横琴智慧金融研究院/吉林大学横琴金融研究院经济

研究报告汇编》2020 年第 1 期。

[9] 刘光明：《朝着推动形成新发展格局聚焦发力》，《经济日报》，2020 年 10 月 22 日。

[10] 李小飞：《粤港澳大湾区金融业集聚测度及琴澳金融业深度融合思考》，《横琴智慧金融研究院/吉林大学横琴金融研究院经济研究报告汇编》2021 年第 2 期。

[11] 刘少波、梁晋恒：《横琴合作区打造国际金融枢纽新支点》，《国际金融》2021 年第 11 期。

[12] 邱晶晶：《金融支持琴澳海洋产业多元化发展研究》，《横琴智慧金融研究院/吉林大学横琴金融研究院经济研究报告汇编》2021 年第 2 期。

[13] 乔晓楠、宁卢申、王奕：《工业化与双循环：对新发展格局的政治经济学探析》，《治理现代化研究》2021 年第 2 期。

[14] 徐金海、夏杰长：《全球价值链视角的数字贸易发展：战略定位与中国路径》，《改革》2020 年第 5 期。

[15] 习近平：《着眼长远把握大势开门问策集思广益研究新情况作出新规划（附讲话全文）》，《经济管理文摘》2020 年第 17 期

[16] 习近平：《在经济社会领域专家座谈会上的讲话》，《上海经济研究》2020 年第 10 期。

[17] 习近平：《正确认识和把握中长期经济社会发展重大问题》，《求知》2021 年第 2 期。

[18] 张二震、方勇：《经济全球化与中国对外开放的基本经验》，《南京大学学报（哲学·人文科学·社会科学版）》2008 年第 4 期。

[19] 张二震：《“双循环”发展格局下琴澳产业多元发展的思考》，《横琴智慧金融研究院/吉林大学横琴金融研究院经济研究报告汇编》2020 年第 3 期。

[20] 张明：《“双循环”新发展格局的构建以及澳门的潜在定位》，《横琴智慧金融研究院/吉林大学横琴金融研究院经济研究报告汇编》2020 年第 3 期。

[21] 张二震、戴翔：《更高水平开放的内涵、逻辑及路径》，《开放导报》2021 年第 1 期。

[22] Anas A, Xiong K. (2003). Intercity Trade and the Industrial Diversification of Cities. *Journal of Urban Economics*, *54* (2): 258–276.

[23] Brewer H L, Moomaw R L. (1985). A Note on Population Size, Industrial Diversification and Regional Economic Instability. *Urban Studies*, *22* (4): 349–354.

[24] Clemente F, Sturgis R B. (1971). Population Size and Industrial Diversification. *Urban Studies*, *8* (1): 65–68.

[25] Conroy M E. (1975). The Concept and Measurement of Regional Industrial Diversification. *Southern Economic Journal*, 492–505.

[26] Grillitsch M, Asheim B. (2018). Place-based Innovation Policy for Industrial Diversification in Regions. *European Planning Studies*, *26* (8): 1638–1662.

[27] Nachum L. (2004). Geographic and Industrial Diversification of Developing Country Firms. *Journal of Management Studies*, *41* (2): 273–294.

[28] Trendle B, Shorney G. (2003). The Effect of Industrial Diversification on Regional Economic Performance. *Australasian Journal of Regional Studies*, *9* (3): 355–369.

[29] Wan C C. (1998). International Diversification, Industrial Diversification and Firm Performance of Hong Kong MNCs. *Asia Pacific Journal of Management*, *15* (2): 205–217.

8 第八章

琴澳文旅产业发展与金融融合

产业融合是全球经济发展的大势所趋，也是世界各国推动产业发展的新选择，并逐渐成为产业提高生产能力和竞争力的重要方式之一。琴澳地区经济持续呈现跨越式发展，这离不开珠海和澳门两地的优良发展基础。在文旅产业与金融融合趋势不断加深的背景下，本章将结合我国及相关地区的文旅产业及旅游金融的发展概况，厘清两业的融合模式，并以横琴旅游业的发展条件及市场为基础，为琴澳文旅产业发展及金融融合提供相关建议。

第一节 琴澳文旅产业发展的外部环境和市场条件

文旅产业是朝阳产业，具有关联度高、就业容量大、产业关联性强、资源消耗低、综合效益好等特点，一直是带动区域产业发展、拉动经济增长的动力。随着我国国民可支配收入的提高以及假期制度的改革，旅游产业正在蓬勃发展，为经济增长注入源源不断的动力。

一、旅游产业发展概况

进入21世纪尤其是近10年来，我国旅游业经历了一个快速发展的阶段，在旅游总人数和旅游总收入上取得了巨大的突破，为提升GDP和解决就业作出了重大贡献。

（一）我国旅游业市场概况

据中国旅游研究院2020年3月发布的《2019年旅游市场基本情况》显示，2019年我国旅游经济继续保持较快增长，国内旅游总人数达60亿人次，比2018年同期增长8.4%，全年实现旅游总收入6.6万亿元，同比增长11%，旅游对GDP的贡献占据11.05%，带动旅游行业直接和间接就业人数7987万人，占全国总就业人数的10.31%。[①] 图8-1和图8-2则显示2010—2019年我国国内旅游总人次和国内旅游总收入的变化，从中可以看出，国内旅游总人次每年以不低于8%的涨幅递增，国内旅游总收入的增速始终保持在10%以上。

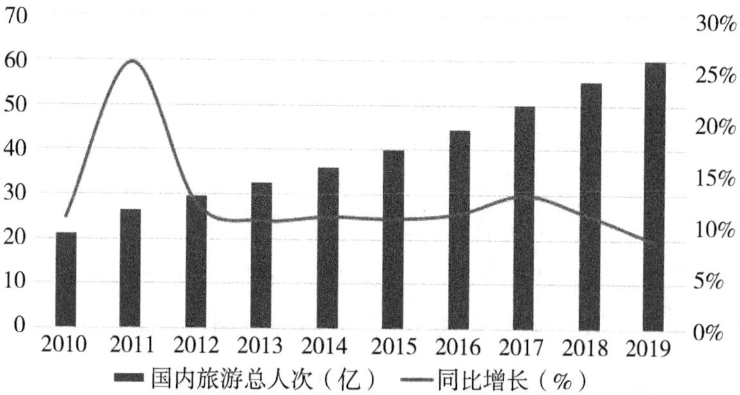

图8-1　2010—2019年我国国内旅游总人次

数据来源：中国旅游业统计公报。

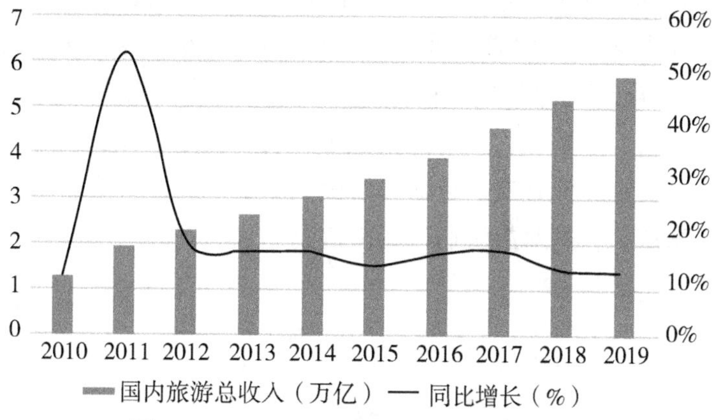

图8-2　2010—2019年我国国内旅游总收入

数据来源：中国旅游业统计公报。

根据中国旅游业统计公报的数据，近10年来，我国旅游资源不断开发，吸引了越来越多的境外游客入境观光旅游，入境总人数和旅游总

① 中国旅游研究院：《2019年旅游市场基本情况》。

收入保持平稳增长；随着我国国民收入的进一步提升，国民出境游也持续增长。但同时也应看到，由于我国国民财富相差悬殊，出境游和国内游的消费出现一定程度的差距。近5年我国旅游人均消费始终维持在1000元以下，2019年人均国内旅游花费945元，仅占居民人均教育、文化和娱乐支出2513元的37.6%、占全国人均消费的4.38%，与欧美日等发达国家相比，我国人均旅游消费不算高。随着我国经济水平的不断增长，我国旅游市场的潜力将得到提升，未来人均旅游消费潜力还将得到进一步释放。

综上，随着我国国民经济的快速发展，人民群众的物质生活水平有了长足的进步，精神文化需求越来越占有重要地位，而旅游业正好符合人们对精神文化的追求。从上个二十年实行的“五一黄金周”、“十一黄金周”到如今的分散小长假，都是旅游需求的外在表现。

（二）我国旅游业市场政策支持状况

当下我国城乡居民生活水平持续提升，居民旅游消费持续扩大。据国家统计局《中国统计年鉴2015-2019》数据，如图8-3所示，我国居民人均教育文化娱乐消费支出从2014年的1536元增加到2018年的2226元且逐年上升，居民人均教育文化娱乐消费支出占总消费支出比例基本维持在11%左右，相对比较稳定，表明我国居民的教育文化娱乐活动已成为日常消费开支，且随着居民生活质量的提升会越来越重视教育文化娱乐活动，这对旅游业市场来说是一大利好。

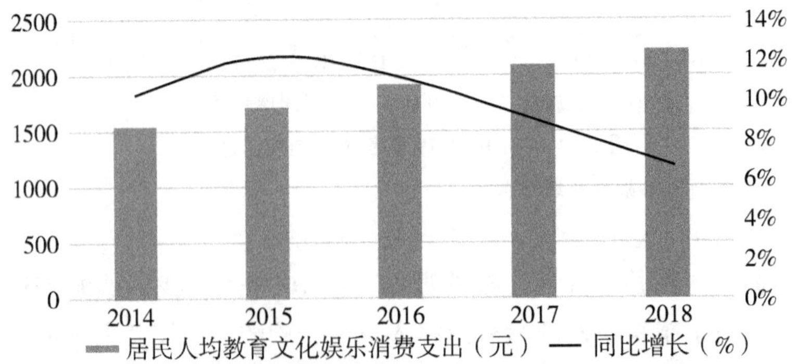

图8-3　2014—2018年我国居民人均教育文化娱乐消费支出

数据来源：中国旅游业统计公报。

为了顺应我国旅游业发展趋势和提升文化在旅游需求中的比例，各级政府部门颁布了一系列政策措施。表 8-1 列出了 2009—2019 年我国旅游业市场颁布的部分政策措施，从中可以看出，从中央到地方都非常重视旅游业的发展，为活跃旅游市场、促进旅游业对地方经济的建设作用，中央和地方政府制定了许多政策和指导意见，并为旅游市场提供了必要的基础设施建设和金融支持。

表 8-1　2009—2019 年我国颁布实施的有关旅游业市场发展规划文件

年份	颁发部门	文件名称	主要内容
2009	国务院	《关于加快发展旅游业的意见》	深化旅游业改革开放，加快旅游基础设施建设，推动旅游产品多样化发展
2011	中国人民银行、福建省	《关于金融支持福建省旅游业发展指导意见的通知》	丰富旅游业抵质押担保模式，创新旅游业大型项目信贷融资模式，努力拓宽旅游业多元化融资渠道，积极培育和发展旅游业保险市场
2012	中国人民银行等 7 部委	《关于金融支持旅游业加快发展的若干意见》	加强和改进对旅游业的信贷管理和服务，支持旅游企业发展多元化融资渠道和方式，规范发展旅游业保险市场，增强旅游保险服务
2013	国务院办公厅	《关于印发国民旅游休闲纲要（2013—2020 年）》	改善国民旅游休闲环境，推进国民旅游休闲基础设施建设，加强国民旅游休闲产品开发与活动组织
2014	国务院	《关于促进旅游业改革发展的若干意见》	推动区域旅游一体化，大力拓展入境旅游市场，积极发展休闲度假旅游，创新文化旅游产品，加强旅游基础设施建设，加大财政金融扶持
2015	国务院办公厅	《关于进一步促进旅游投资和消费的若干意见》	实施旅游基础设施提升计划，改善旅游消费环境，大力开发休闲度假旅游产品，积极发展“互联网+旅游”，落实差别化旅游业用地用海用岛政策，拓展旅游企业融资渠道

（续表）

年份	颁发部门	文件名称	主要内容
2016	国务院	《关于印发“十三五”旅游业发展规划的通知》	加快休闲度假产品开发，大力发展乡村旅游，大力发展海洋及滨水旅游，实施“旅游+”战略，拓展旅游发展新领域，优化空间布局，构筑新型旅游功能区
2017	国家旅游局、中国农业发展银行、中信银行	促进旅游产业发展支持乡村旅游扶贫工程合作协议	深化在金融支持旅游业发展政策措施方面的合作，双方在旅游投资项目库、乡村旅游及旅游扶贫、旅游投融资平台、旅游企业创新发展、区域旅游资源整合、“互联网+”旅游等领域开展合作
2018	国务院办公厅	《关于促进全域旅游发展的指导意见》	推进全域统筹规划、全域合理布局，加大财政金融支持力度，强化旅游用地用海保障，加大旅游基础设施和公共服务设施建设投入力度
2018	中国人民银行、新疆维吾尔自治区	《关于金融支持新疆旅游业高质量发展的指导意见》	要求金融部门从战略和全局的高度，围绕推动新疆全域旅游发展合理调配金融资源，创新金融工具和产品，提升金融服务水平，为旅游兴疆战略提供金融支撑
2019	国务院办公厅	《关于进一步激发文化和旅游消费潜力的意见》	推出消费惠民措施，提高消费便捷程度，着力丰富产品供给，推动旅游景区提质扩容，促进产业融合发展
2019	中国人民银行、甘肃省	《关于金融支持甘肃文化旅游产业加快发展的意见》	引导金融机构进一步加大对甘肃省文化旅游产业发展支持力度，创新文化旅游产业金融服务

资料来源：李小飞《粤港澳大湾区旅游金融融合及横琴新区应用研究》。

（三）粤港澳大湾区旅游发展概况

粤港澳大湾区处在两种体制的交汇地带，面朝大海，背靠青山，具有独特的地理、人文条件，有条件成为亚太地区的主要旅游中心之一。在对外政策日益开放、管理政策日益成熟、保护措施日益得当的当下，庞大的旅游客源，为粤港澳旅游的开发与建设带来前所未有的机遇。

港澳地区以金融、旅游等现代服务业为主，其服务业增加值占GDP 比重在 90%左右。香港位于中国南部、珠江口以东，西与中国澳门隔海相望，北与深圳市相邻，南临万山群岛。香港旅游业发达，被称为“购物天堂”，有传统的祖先宗祠、新界氏族围村以及坐落于闹市的庙宇。港岛、九龙、新界及离岛旅游资源丰富，文武庙、金紫荆广场等吸引了众多的游客前往，中西结合的风格形成了独特的港岛文化。澳门北邻广东省珠海市，西与珠海市的湾仔和横琴对望，东与香港隔海相望，南临南海。博彩旅游业是澳门的支柱产业和优势产业，也是带动其他行业发展的主导产业，在一段时期内，保持博彩旅游业健康稳定发展，仍是保持澳门经济稳定的基础和前提。

广东省旅游资源总体上呈现“山城海”的生态格局，旅游资源丰富。综观全省，广东旅游资源可分为中部都市旅游圈的岭南水乡与侨乡文化旅游、粤西旅游圈的山水文化旅游、粤北旅游圈的山水少数民族风情文化旅游和粤东旅游圈的潮汕客家文化旅游。海滨度假地分布在沿海地带，山地、温泉及其他类型度假地分布于都市圈的环形区域。

（四）琴澳文旅产业发展概况

珠海位于广东省珠江口的西南部，东与香港隔海相望，南与澳门相连，西邻江门新会、台山，北与中山接壤。设有拱北、九洲港、珠海港、万山、横琴、斗门、湾仔、珠澳跨境工业区等 8 个国家一类口岸，是珠三角中海洋面积最大、岛屿最多、海岸线最长的城市，素有“百岛之市”美称。

横琴新区充分发挥区位、环境和政策优势，吸引港澳和国际高端人才及服务资源，目标是发展七大产业，即休闲旅游、商务服务、金融服务、文化创意、中医保健、科教研发、高新技术。其中，横琴新区建设国际休闲旅游岛的规划备受重视。2019 年 3 月《横琴国际休闲旅游岛建设方案》发布，原则上同意横琴建设国际休闲旅游岛的方案。2019 年 4 月 9 日《横琴国际休闲旅游岛建设方案》印发并实施。[①] 由此可见，横琴新区发展旅游业具有强大的政策支持和光明的发展前景。

从产业合作角度看，澳门博彩业及相关服务业发展水平较高，然而制造业严重萎缩，服务业产业链的拓展受限。珠海制造业较为发达，但高端服务业和高新技术产业发展不足。在“双循环”背景下，琴澳可以培育有重要影响力的产业链，形成有竞争力的产业集群，破解澳门产业空间有限、实体经济发展不足、缺乏高端就业岗位等难题，形成产业链条的梯度协同发展。琴澳产业协同发展，现代服务业重点发展智慧特色金融业、创新创业服务业、会展经济、跨境商贸、电子信息、物流运输、旅游休闲、文化创意，等等。

目前，琴澳已经进行了深入的经济交流与合作。澳门滨海旅游业表现出强劲的增势。近十年来入境游客人数持续高涨，人均消费大部分在 1500 澳门元以上，这也带动酒店业及相关服务业快速发展，酒店及公寓入住率基本保持在 80%以上，有效支撑起了澳门“世界休闲旅游中心”的地位。澳门与珠海依托横琴国际休闲旅游岛和万山海岛打造海洋高端服务业的产业规划可以相互联动，通过发挥横琴新区的区位优势，促进琴澳滨海旅游互通，打造湾区旅游核心和“世界级海洋旅游度假胜地”。从而，构建起具有琴澳特色的陆岛岸、海陆空立体旅游格局，成为地区经济发展新的经济增长点。

2020 年以来，由于疫情，以博彩旅游业为主体的澳门经济受到巨大影响。截至 2020 年 7 月，2020 年澳门博彩业毛收入累计 350.64 亿澳门元，同比下降 79.8%。内地是澳门旅游博彩业最大的客源地，但受新冠疫情影响，内地访澳人数呈现断崖式下滑。旅游人数的减少，不仅影响了澳门旅游收入和博彩收入，而且影响了澳门可投资资金，一些大的投资项目冻结。横琴新区状况也不容乐观，新冠疫情增大了经济下行压力，加剧了岛内旅游企业尤其是大型龙头企业生产经营的困难程度，延

---

① 《国务院关于横琴国际休闲旅游岛建设方案的批复》，中华人民共和国中央人民政府官网，2019 年 4 月 1 日。

缓了投资项目建设进度，加大了稳就业压力。虽然相关部门采取了一系列措施减轻旅游企业经济损失，拉动内需提振市场信心，帮扶旅游企业逆境突围，但文旅产业的全面恢复仍需要一段时间。

综上所述，琴澳双方的旅游产业具有十分明显的互补优势且已经开展了深入的经济交流与合作，但受新冠疫情的影响，博彩、旅游产业受到的冲击在短期内难以消除，如何加强双方的金融合作，共同探讨一条适应当下的文旅产业发展与金融融合之路成为紧迫的任务之一。

（五）旅游产业发展趋势

旅游产业经过长期的发展，已经成长为一个多方位、多层面、多维度的综合性集群化现代产业体系。它的发展方向、发展模式及游客偏好也开始发生变化。

1. 全域旅游成为未来旅游业发展的新方向

所谓全域旅游，是指在一定行政区域内，在具有一定优势的主导产业、旅游产业中形成一个有机整体，各部门积极主动，充分利用有关目的地景点的所有要素，实现区域内资源的有机整合，为游客提供全流程、全时空的体验产品，充分满足游客全方位的体验需求。全域旅游在改变生活方式上以“互联网+”为依托，通过互联网帮助旅游成为智慧化的移动生活方式，为产业融合提供主渠道；通过线上线下的联动发展，促进全域资源的共建共享、旅游全要素的综合开发和全产业链的整体发展；在旅游业转型升级过程中以“旅游+”为核心，通过旅游业的发展将人流有效聚集到全域旅游目的地，形成旅游业与其他产业的高度融合，并通过旅游消费带动其他产业的消费和升级，进而有效促使和整合区域内的产业发展。

2. 生态旅游发展迅速

生态旅游，是指以可持续发展为理念，以保护生态环境为前提，以统筹人与自然和谐发展为准则，依托良好的自然生态环境和独特的人文生态系统，采取生态友好方式开展的生态体验、生态教育、生态认知并获得身心愉悦的旅游方式。现阶段全球旅游业正在进行重大转型，生态系统服务得到各国以及各级政府的高度重视，并被纳入到蓝色经济开发规划进程当中，生态旅游和自然旅游拥有非常广阔的发展前景。

3. 向休闲度假旅游转变

休闲度假旅游，是指占用更多休闲时间和可支配经济收入的旅游，休闲度假游可以丰富旅游产品的开发。近年来国内旅游市场选择休闲度假旅游的游客比例逐年上升。根据世界旅游组织研究，这种变化主要得益于人均收入的增长。休闲度假旅游需求对旅游目的地环境和产品质量的要求较传统观光旅游更高。

4. 邮轮旅游异军突起

邮轮旅游是一种利用游轮连接一个或多个目的地的旅行。这种形式的旅游开始于 18 世纪末，并在 20 世纪 60 年代蓬勃发展。邮轮旅游是休闲旅游业中增长最快的部门。从 1970 年到 2005 年，邮轮旅客数量增加了 24 倍，到 2011 年达到 1600 万人次。

二、旅游金融发展概况

旅游金融是旅游业与金融业跨界融合形成的新型业态，它以旅游产业为基础，以金融资本为纽带，通过对旅游的资本化运作，放大旅游资源价值，优化旅游产业发展。旅游业和金融业之间的相互渗透、相互影响，形成了资本融合，并在动态成长中积累大量资本。

（一）旅游金融基本情况

国内旅游金融市场起步于 2013 年，初始阶段的产品集中于货币基金、礼品卡等方面；2015 年，国内旅游金融迎来发展期，各旅游金融企业在消费金融、产业链金融等方面加强布局；2016 年以来，国内旅游金融市场的动作布局多数集中在旅游企业与银行等金融机构的合作。图 8-4 展示了国内旅游金融市场的发展历程。

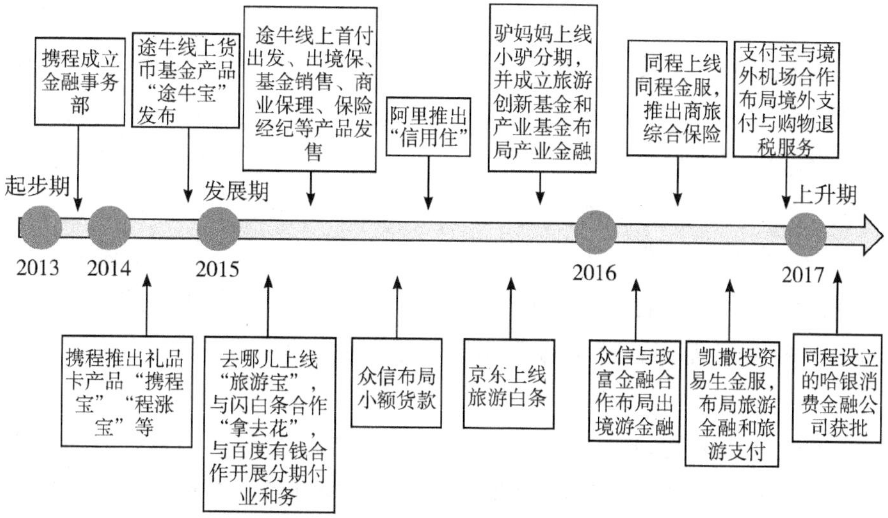

图 8-4　国内旅游金融市场发展历程

资料来源：李晓《关于琴澳产业多元化发展的思考》。

旅游业强大的融合力和发展潜力，使得旅游金融的产生成为必然。这对金融机构来说也是一大利好，在实体转型、结构调整、社会形象等方面都具有正向影响，同时巨大的金融消费需求对旅游业也具有一定的驱动作用。然而，金融信贷市场的信息不对称带来的逆向选择影响了金融机构的发展。在这种形势下，金融机构应从传统金融的思维逻辑转变到构建旅游金融信贷资产结构优化的逻辑。随着近年来人们消费观念和消费手段的升级、国家和地区旅游政策的扶持、互联网和大数据技术手段的运用，金融机构面临着市场、行业乃至整个产业结构调整的巨大挑战，这使得金融机构在创新经营管理模式、旅游产业链资金优化设置、金融利益链最大化等方面必须迎接挑战，提供特色金融服务，实现市场和自身的持续发展。

（二）旅游金融行业发展面临的机遇

由于我国旅游金融起步较晚，信用制度不够完善，消费市场发展尚不成熟，目前还面临着许多困难，但也带来了一定的机遇。

首先，随着我国经济体量的壮大及互联网科技的发展，旅游金融消费机会将越来越大。我国社会经济结构在过去的几十年里发生了较大的调整，社会相关法律和保障制度还未能及时建立，这很大程度上限制了人们的旅游消费尤其是旅游信贷消费。我国为个人提供贷款和其他信用消费的金融机构主要是商业银行，主要服务城市和发达地区乡镇，因此，金融机构的服务对象相对偏少，受众面窄，加上我国居民的个人消费主要是按照收入规划支出，居民一般会根据当期收入来决定是否开展金融消费和其他消费，这些都导致了旅游金融消费水平较低。随着我国经济持续向好，人们的可支配收入会持续增长，将来用于旅游金融消费的比例将逐步提高，这为今后我国旅游金融消费的发展提供了巨大潜力。

其次，当前我国经济处于转型期，内需扩大带来的消费升级为旅游金融行业的发展提供了难得的机遇。出口、投资和消费是拉动我国经济增长的“三驾马车”。其中，投资一直保持着较高的水平，投资在有效解决内外经济失衡的同时，也暴露出了诸如过度投资、产能过剩、高能耗等一系列问题。随着我国经济转变发展方式和当前新冠疫情对全球经济的持续性冲击，扩大内需已经成为我国经济社会发展的战略基点。因此，国家十分重视居民消费需求，出台了若干规定推动消费能力升级，落实供给侧结构性改革，以提升国内消费需求更好地为经济转型提供动力，为旅游金融行业发展提供契机。

最后，当前互联网和科技手段的不断发展，为各行业注入了更多的科技元素，为旅游金融产品开发和旅游服务方式创新提供了新的工具和手段。以往我国金融机构为居民提供的金融消费产品主要涉及房地产和汽车领域，而为旅游行业提供的金融消费产品和信贷产品相对匮乏。随着互联网和科技手段的发展，各种线上旅游平台的兴起将为客户提供多样化的产品和简单灵活具有差异化的服务，这将更加丰富金融机构的业务种类，提升当前处于低迷状态的旅游市场信心。

三、旅游业与金融业融合模式分析①

金融业和旅游业是看似相互独立但又有着必然联系的两个行业，旅游业对地区经济发展有重大贡献，推动着金融业的发展，而金融业也为旅游业的发展提供了巨大的经济支撑。随着旅游业的大发展及其结构、特征的诸多变化，两种行业之间的融合发展显得越来越迫切。

（一）旅游业与金融业之间的关系

从我国旅游业的发展过程看，在旅游业发展初期，旅游业处于较弱地位，金融占据了主导作用，单方面支持着旅游业的发展，这主要是因为在我国金融行业处于优先发展地位，在以供给为导向的金融系统下，银行业作为金融机构资金的主体地位，往往首先满足自身效益，而不以市场中处于较弱行业的需求为主。随着我国居民收入水平的提升以及假期制度的改革，人们对旅游的需求越来越旺盛，旅游行业在国民经济中的地位随之升高，金融对旅游业的促进作用更加明显；同时，旅游业开始引入互联网商业模式，由以往传统的线下模式转变为通过网络实现预订、支付、实地体验，金融已深入旅游业这一模式中的各个环节。互联网的普及改变了人们传统的支付方式和出行方式，金融业也正在由以供给为导向转向以需求为导向。金融业将通过互联网有效解决中小微旅游企业面临的信息不对称问题；旅游业的发展也将促进金融业的创新。同时技术手段的运用将使双方互相影响、互相渗透的程度更加深化。

1. 旅游业可以拓宽金融业服务范围，增加金融产品种类

旅游业具有高度的综合性，对周边产业的拉动作用明显，旅游业的快速发展既能扩大内需又能优化经济结构，可以促进周边餐饮业、交通运输业、酒店业等行业的发展。旅游业还能拓宽金融业服务范围，满足游客基本所需。在互联网时代，网上银行和第三方支付手段的兴起，加

---

① 该节写作重点参考了李小飞：《粤港澳大湾区旅游金融融合及横琴新区应用研究》，《横琴智慧金融研究院/吉林大学横琴金融研究院经济研究报告汇编》2020 年第 3 期。

速了金融机构优化支付方式和建设与推广旅游支付体系，延伸了金融的服务功能，金融机构通过扩大服务范围和提升服务质量，为游客提供了各种旅游金融卡服务。例如建行推出“国旅龙卡”等，旅游金融卡为游客提供了比较完善的服务；一些互联网金融机构也纷纷加入旅游行业，为游客带来更好的服务体验，比如京东金融推出在线支付方式“京东旅游白条”，兴业银行推出“随兴贷”等信贷业务，携程旅游网推出“携程宝”“程涨宝”等理财产品，也有一些互联网金融公司将旅游金融卡绑定保险产品，如增加意外伤害险等。旅游金融产品的不断创新增加了旅游服务的金融功能，拓展了金融业的服务范围，为旅游业的发展提供了必要的金融支持。

2. 金融业为旅游企业提供企业融资、信贷支持、支付结算等服务

金融是经济的血脉，资金是企业的血液，作为实体经济的旅游业自然离不开金融的支持。旅游作为新兴行业，在企业融资、信贷、支付结算等方面需要大量资金支持，这就需要金融机构为旅游企业提供相应的服务。在金融支持旅游企业融资方面，可以通过上市融资、联合成立产业基地、联合发行债券、旅游资产证券化（ABS）、PPP 模式等方式为旅游企业提供融资，解决旅游企业发展过程中遇到的资金难题。在金融支持旅游业信贷方面，相关旅游景点可以通过质押部分权益或企业担保等途径从金融机构获得贷款。在支持旅游业支付结算方面，金融业可以提供完善的结算服务，尤其是第三方移动支付越来越多地被人们接受，在购买门票车票、预定住宿、购买特色产品等方面都可以使用线上支付，这让游客体验到了便捷高效、安全可靠的旅游消费。

（二）金融业与旅游业的融合发展模式

根据旅游金融的发展水平，旅游金融一体化发展模式主要包括主动一体化模式、互动一体化模式和重组一体化模式三个阶段。

1. 主动一体化模式

主动一体化是旅游业和金融业融合的最低层次和最基本形式，是旅游业主动向金融业寻求支持、利用金融改变旅游业属性的过程。此阶段是金融业与旅游业融合的初始阶段，金融业与旅游业发展水平低，游客对旅游服务的需求简单，旅游业只能进行简单的服务与管理。金融业对

旅游业的支撑作用则体现在为旅游企业开发旅游资源、生产及销售旅游产品等环节；此外其也为游客提供门票支付、保险理赔等服务。通过这一阶段的融合发展，旅游业可以得到迅速发展，交通设施、保险服务等方面将有很好提升。

2. 互动一体化模式

互动一体化是旅游业与金融业融合发展的第二阶段，是两者要素之间互相交叉、互相渗透的过程。此阶段金融业与旅游业都有一定的发展基础，同时游客更高层次的需求使得金融业与旅游业开始主动寻求融合发展，金融不再是单向支持旅游业发展，旅游业也开始向金融业靠拢，促进金融业发展。现代旅游业为了开拓市场开始综合发展，融合新奇元素与互联网元素，这使金融机构的业务拓展更加明显，从而衍生出了更丰富的金融产品和更优质的服务平台。

3. 重组一体化模式

重组一体化是金融业与旅游业融合发展的第三阶段，这是一种更深层次的融合，诞生了一个新的产业形态——旅游金融。此阶段金融业与旅游业的发展水平都相对较高，金融支持的力度更大也更加明显，金融业直接关系到旅游业和游客的供给，金融支持覆盖了旅游业的所有产业端和消费端。这一模式以旅游业为主、金融业为辅。具体来说，旅游金融以旅游产业为平台，在运营过程中引入金融概念，使得投资方式由以往的财务投资转为产业投资，双方在融合中提升了各自的价值链，实现了“旅游+金融+互联网”的战略模式，为市场提供了多元化的产品和服务，提升了旅游的价值。

（三）旅游业与金融业一体化发展的典型模式

旅游业和金融业一体化发展经历过一段时间的磨合期，形成了一些典型的融合模式，主要包括以下几种。

1. 旅游产业链融资模式

按照从事旅游产品管理的产业链划分，旅游企业可分为：直接旅游企业，包括旅行社、酒店、交通公司等；协助旅游企业，包括服务公司、通讯设施行业、食品等生活服务部门和行业；开发组织，包括相关的政府机构、旅游科研机构等。表 8-2 列出了部分旅游企业和基础设施的融资方式、融资优势和提供的主要服务，从中可以看出，我国旅游产业的发展以资源利用为前提、市场营销为支撑、资本投入为杠杆，旅游融资方式有银行贷款、政府融资、发行债券、风险投资、股权融资等多种。

表 8-2　部分旅游企业和基础设施融资模式①

旅游产业	融资方式	融资优势	主要服务
旅行社	银行贷款、股东融资	现金流多	组织游客出游行程
传统酒店	银行贷款、股东融资	固定资产规模较大，现金流较多	住宿为主
景区	银行贷款、股东融资、政府融资、合作分成	固定资产规模较大，盈利能力强，现金流较多	观光、休闲为主
旅游演艺企业	股东融资、银行贷款	盈利能力强，现金流较多	旅游演出
旅游集团	上市、发行债券、银行贷款、股东融资、合作分成	产业面广，盈利能力强，现金流多	食、住、行、游、购、娱等
经济型酒店	风险投资	发展前景好，企业成长快	住宿、餐饮
旅游电商企业	风险投资	发展前景好，企业成长快	旅游出行信息、预订服务
旅游基础设施	政府融资、公私合营、国际金融机构贷款	国家政策支持	交通、硬件、会展场馆等

我国旅游企业的发展离不开国家开发性金融政策的支持，主要以国家开发银行提供“投、贷、债、租”为核心的金融服务，为旅游业积极拓展金融服务链，为旅游产业链各端提供多种形式的产业融资。开发性金融支持旅游业发展的模式，主要分为社区金融平台、地方政府融资

① 资料来源：李小飞：《粤港澳大湾区旅游金融融合及横琴新区应用研究》，《横琴智慧金融研究院/吉林大学横琴金融研究院经济研究报告汇编》2020 年第 3 期。

平台和国有资产融资平台。社区金融平台主要针对旅游产业园区的融资，由市（区、县）政府或园区管委会成立国有全资股份企业作为国家开发银行的融资平台，融资资金由国家开发银行划拨给平台，再由平台通过一定的方式发放给园区旅游企业，并由国家开发银行和该公司共同实施监管；地方政府融资平台是将政府所拥有的土地、基础设施和城市特许经营权等资源有效整合成为政府经营旅游基础设施建设的主要资源和还贷来源，由国家开发银行放大比例提供所急需的旅游基础设施中长期建设资金，其还款来源为财政预算以及基础设施带来的土地增值收益；国有资产融资平台是由市（区、县）政府组建借贷主体——国有资产发展有限公司，作为开展中小旅游企业贷款的合作平台，通过评估筛选一批成长性好、信誉佳的当地中小旅游企业，推荐到国家开发银行省级分行，由省级分行给予项目贷款支持。

2. “旅游+互联网平台”模式

随着互联网平台的发展，旅游企业逐渐融入电商平台并加快线上发展。这些企业为了拓展新的经济增长点，推出了旅游金融服务，在融资、信贷、理财、保险等方面拓展业务，主要包括以下三大业务模式：

（1）旅游电商平台的综合性金融服务模式

综合性旅游金融服务平台，是一种相对成熟的旅游服务平台和金融服务平台，可以为客户提供多元化的金融服务，服务范围涵盖境内和境外旅游消费金融产品，服务对象包含游客和旅游业各端的企业，其服务产品包括支付、融资、理财等。同时，综合性旅游金融服务平台将金融服务嵌入旅游服务，利用大数据技术分析游客和旅游企业的信用情况，为旅游企业提供信息服务，解决信息不对称可能带来的问题，降低旅游企业的风险，不断提升旅游服务效率。

（2）旅游电商平台的单一金融服务模式

有少数平台提供单一的金融服务产品，与旅游产品关联度不大。这类金融服务不需要大数据技术提供支撑，主要以理财产品为主，其通过理财产品吸引游客投资，风险相对较低，但与自身的旅游产品并无多大关联，并没有与旅游产品结合。旅游电商平台在刚刚介入金融业务时，一般采用此类单一的旅游服务模式，这种方式的准入门槛较低、开展方便、技术难度小。

(3) 非旅游电商的旅游综合金融服务模式

一部分电商平台以往曾是消费电商平台，近年来才开启转型，发展旅游服务，它们在金融服务领域拥有较好的基础，往往有独立的金融企业或金融部门，主要依托集团内部已相对成熟的金融资源服务旅游企业和游客。这类金融服务平台拥有丰富的大数据资源，不仅游客的旅游消费大数据，还有游客的日常消费大数据。其与旅游电商平台相比在大数据方面具有优势，通过对游客的旅游消费和日常消费进行梳理和比对，可以更好地判断游客的消费行为。这样的旅游服务模式打通了游客旅游消费和日常消费之间的壁垒，更有利于旅游金融服务创新，既可以提供完整的消费服务链，又能积累旅游企业和游客的长期大数据，更好地促进旅游金融服务的创新发展，提供更为精细的金融服务产品。

3. 旅游消费信贷模式

目前，我国旅游消费信贷，主要是银行体系的旅游消费信贷模式和电商平台的旅游消费信贷模式。

(1) 银行消费信贷模式

目前我国各大商业银行都有开展消费信贷业务，这也是银行系统的重要业务之一。商业银行提供的旅游消费信贷业务主要包括旅游信用卡、旅游消费信贷等。表 8-3 列出了部分商业银行推出的旅游消费信贷业务。

表 8-3 部分商业银行开展的旅游消费信贷业务①

银行名称	消费信贷产品	最长期限	贷款额度（元）	是否需要担保或抵押
中国工商银行	个人文化消费贷款	10 年	100 万	是
中国农业银行	随薪贷	5 年	最高 200 万	否
中国建设银行	个人消费贷款	5 年	最高 200 万	是
中国银行	个人网络循环贷款	1 年	最高 30 万	是

① 资料来源：李小飞：《粤港澳大湾区旅游金融融合及横琴新区应用研究》，《横琴智慧金融研究院/吉林大学横琴金融研究院经济研究报告汇编》2020 年 3 期。

（续表）

银行名称	消费信贷产品	最长期限	贷款额度（元）	是否需要担保或抵押
招商银行	个人消费贷款	30 年	最高 2000 万	房产抵押
兴业银行	随兴游	3 年	1 万—30 万	否
平安银行	平安新一贷	4 年	1 万—30 万	否
浦发银行	个人消费信用贷款	3 年	5 万以上	否

一般来说，旅游消费信贷业务的贷款年限为 3—5 年，贷款额度为 5 万—30 万左右，是否需要抵押根据贷款年限和产品而定。贷款人需要有合法稳定的收入和还款能力，门槛条件不算高，贷款额度和贷款期限合适，信贷方式也较灵活。这类旅游消费贷款的主要对象是年轻人，针对老年人的信贷产品缺乏，所以一些老年人无法享受到此服务，而我国老年旅游正逐步兴起，上述一些金融产品不利于促进老年人的旅游消费。

另一种旅游消费信贷是信用卡消费信贷，是信用卡发行机构为消费者提供一定的授权消费额度，消费者通过先刷卡消费后还款的消费方式。据《中国信用卡产业发展蓝皮书》显示，截至 2020 年，我国银行信用卡发行量或将超过 11 亿张。目前发行的信用卡均能用于旅游消费，一些知名旅游企业还与银行开展联名信用卡服务，为消费者旅游消费和其他消费提供折扣和积分服务。信用卡消费信贷的突出特点是申请便利、结算方便、还款期限灵活，在一定程度上成为了旅游市场的新宠。

（2）电商平台旅游消费信贷模式

随着互联网和电子商务的发展，诞生了许多电商平台如京东、阿里、途牛、同城、去哪儿等，这些电商平台通过互联网大数据，对旅游消费者的历史消费信用进行跟踪记录，并为其提供一定额度的信用消费业务。例如，京东推出的旅游白条业务、阿里推出的花呗业务、途牛推出的牛先花业务、同城推出的提钱游业务、去哪儿推出的拿去花业务等。这些旅游业务吸引了不少游客的关注，尤其是青年旅游者群体的关注。

4. 产业融合模式

目前，我国旅游业和金融业进行产业融合主要有两种模式：旅游并购金融和金融资本投资旅游业。第一种模式主要是旅游企业通过并购的方式进入金融行业或者通过获得金融牌照的方式开展金融服务；第二种模式主要是金融机构通过股权投资的方式进入旅游业。

（1）旅游并购金融模式

我国金融业准入门槛相对较高，从而对旅游企业进入金融业的资本要求也较高。以往一般只有大型旅游集团可以满足这一条，例如中国旅游集团等几家集团化公司，才有能力通过控股或者参股的方式进入金融领域。随着我国旅游市场的日益壮大和综合实力的不断提升，一些旅游企业逐步通过参股或控股的方式进入了金融服务业。据中国旅游研究院发布的《2019 年中国旅游集团发展报告——科技推动旅游业高质量发展》显示，我国旅游 20 强企业中有近 2/3 的企业进入了金融行业，这很好地促进了旅游业和金融业的有机结合。但报告同时也指出，旅游企业和旅游市场面临重要的战略机遇期和发展转折点，旅游企业要充分运用 5G、物联网、人工智能等技术手段充分探索“旅游+金融”和“旅游+科技”的战略方向和商业路径，为游客参与旅游营造良好的气氛，为游客旅游提供良好的金融服务，做好旅游产业链条。

（2）金融资本投资旅游业模式

我国旅游市场不断开放，旅游需求不断攀升，再加上金融行业的发展逐步走向融合发展，许多金融机构开始以参股形式进入旅游企业，特别是旅游类上市公司。大量基金公司、证券公司是旅游上市公司的主要流通股股东，从中分享旅游业的高收益。除银行外，证券、基金、保险等企业均可以以参股或控股形式进入景区、酒店、旅行社等旅游相关行业。据互联网信息显示，截至 2020 年 1 月，沪深两市上市的 25 家旅游企业大多都有金融机构参股，但控股的很少，如桂林旅游（上市代码：000978）、峨眉山 A（上市代码：000888）、黄山旅游（上市代码：600054）等旅游上市企业的前十大股东中多数为金融类企业，但这些金融企业仅占有相对较少的股份。

5. 金融业促进旅游业基础设施融资模式

如何完善旅游基础设施建设，满足日益增长的旅游业发展需求，是全域旅游黄金时代我国旅游业面临的重要问题。只有持续推进旅游基础设施建设的融资，使旅游基础设施朝着不断多元化的方向发展，才能使旅游业成为引领经济发展、社会长期发展的内驱力。

旅游基础设施建设包括各个景区公路的建设、停车场的建设、景区卫生和安全保护、日常的水电供应等最为基础的部分。长期以来，我国各地的旅游基础设施建设都是由政府出资修建，运作模式为非市场化模式，是一种具有公益性质的商业活动，这在一定程度上违背了旅游发展的市场法则，加大政府的财政支出而成为其负担。旅游基础设施具有市场化的经济属性，需要利用市场运行机制进行收费并获取相应的收益，从而促进其发展。因此，需要通过市场获得融资，为旅游业的发展提供必要的金融支持。下面介绍几种旅游业基础设施融资模式。

（1）BOT 融资方式

BOT（Build-Operate-Transfer）融资方式的实施流程一般可以分为建设—经营—移交，是私营企业参与基础设施建设，向社会提供公共服务的一种方式。在国际融资领域，BOT 融资模式具有有限追索权的特性，还有节省投资、便利、社会效益最大化等优点。这种融资方式在一些发展中国家的基础设施建设中取得了一定的成功，引起世界范围的关注，被当成是一种新的投资方式。在此模式下，虽然旅游项目的所有权仍属于地方政府，但在一定的协议期内，政府可以通过招标的方式吸引有资金能力和经营能力的开发商来承接旅游项目的开发、建设与管理，以此推动旅游项目的市场化，使旅游项目的建设过程和管理过程都能以市场化的方式进行。承接旅游项目的企业在整个过程中都要按照事先双方确定的协议运作项目并获得相应的收益，从而推动整个旅游项目流程向着市场化模式转变，这样的运作模式也能减轻政府财政压力。

（2）BTO 融资模式

BTO（Build-Transfer-Operate）融资模式是 BOT 融资模式的一种，实施流程可以分为建设—转让—经营。作为 BOT 融资模式的一种，BTO 模式具有 BOT 模式相同的特征，政府管理部门赋予民营企业对某一项目的特许权，由其负责建设与经营，政府管理部门不需要投资，只通过转让权利即可使该项目建成，并从中获得该项目产生后带来的极大的社会效益，特许期满后还可以回收该项目。投资者因为拥有一定时期的特许权而获得介入项目的机会，并赚取相应的利润。BTO 融资模式具有较好的投资效果，可以让政府利用民间资本，减少政府的财政压力，缓和了政府部门的财务负担，同时也能避免政府盲目投资带来的各种风险，为民营企业运营提供空间，提高旅游项目的运作效率。但在实际运作过程中，政府部门在项目建设期内参与较少，不利于项目建设的监督，可能会造成一定的风险。部分大型旅游项目的投资建设时间长、谈判成本较高、双方责任过于明确，这些使得项目的落实时间长，效率可能会变低。因此，此类投资方式在实际运用中要通过政府的实时监督、全过程参与确保双方利益得到保障，实现双赢。

（3）TOT 融资模式

TOT（Transfer-Operate-Transfer）融资模式即移交—经营—移交，是国际上较为流行的一种项目融资方式。旅游项目采用这种模式，将已完成的基础设施项目交付给有资质的民营企业，使其在协议规定的期限内履行项目管理权，并从中获得一定的经济效益。在此过程中，公司在接手项目时，必须向原建设投资者提供一笔资金，原建设投资者可以用这笔资金快速投资新的基础设施项目，从而促进旅游业的整体发展。从某种程度来讲，通过 TOT 融资模式可以很快盘活旅游基础设施存量，增加社会投资总量和资源合理配置，并以旅游基础设施建设带动旅游和市政建设等相关产业的发展，促进经济社会稳步快速发展，同时还能促使政府转变观念和职能。实施 TOT 融资，可以让政府真正体会到“经营城市”不再是一句口号，使得政府可以真正履行“裁判员”角色，把工作重点放在加强对旅游业的整体规划，引导社会资金的投入方向，更好地服务企业、监督企业的经济行为。

四、横琴旅游业的发展条件与市场分析

本节将对横琴旅游业的旅游区位进行分析，阐述横琴旅游业发展的自然条件及旅游客源市场等要素。

（一）横琴旅游业发展条件

本小节将对横琴旅游业的发展从旅游区位和旅游资源两方面进行剖

析，并基于此分析横琴旅游业发展特征。

1. *旅游区位剖析*

横琴新区位于珠海市南部。珠江口西岸的横琴岛，是珠海 146 个海岛中最大的一个，总面积 106 平方千米，毗邻港澳，南濒南海，是连接内地与澳门及世界各国的重要窗口，在推动粤港澳深度合作示范区建设中具有重要的战略地位。其交通条件优越，周边有香港、澳门、广州、深圳四大国际机场和珠海、佛山两个国内机场。随着港珠澳大桥、广珠城际轨道延长线、太澳高速、京港澳高速、金海大桥、横琴二桥等交通项目的推进，横琴新区将与全国直接相连，与港澳直接相通，地理位置极为优越。

2. *旅游资源现状*

横琴新区旅游资源较为丰富，现存的古迹有十字门古战场等，基于自然资源的景点有茫洲湿地公园、天沐河公园等。已建成的旅游项目有长隆海洋王国、石博园、三叠泉、横琴蚝生态园、天湖景区等 9 个，占地 124.17 平方米，投资总额 3.1 亿元；在建项目有东方高尔夫球场等。

目前，横琴旅游资源种类较多，但是数量较少。总体而言，横琴形成了以休闲度假为主的旅游特色，人文旅游资源较自然旅游资源更加丰富。

（二）市场需求分析

根据马斯洛的需求层次理论，随着低层次需求得到一定的满足，人们就会追求更高层次的需求。随着人们较低层次的需求得到满足，在追求较高层次需求的过程中，进一步激发了旅游需求。

1. *旅游需求影响因素*

从客观来讲，旅游需求是科技发展、生产力提高、社会经济发展的必然产物。其中，个人可自由支配收入的提升、交通运输方式的现代化、闲暇时间的增加是影响旅游需求的三个重要因素。

（1）个人可自由支配收入的提升。可自由支配收入是指个人收入中扣除应缴纳个人所得税和除去日常必要生活开支后剩余的部分。研究发现，我国人均旅游消费和人均 GDP 之间存在着高度的相关关系，这意味着人均 GDP 成为了影响旅游需求的最主要原因。人均 GDP 衡量了一个地区生活水平，人均GDP越高的地区的居民拥有更高的创造价值的能力，也拥有更高的收入水平和更高的购买能力，意味着该地区产生更高质量的需求，旅游需求是首当其冲的需求。

（2）交通运输方式的现代化。交通运输方式的现代化对现代旅游需求的产生及发展起到了很深的影响，旅游业的发展离不开交通运输，尤其是对远程旅游及国际旅游，交通运输更是显得重要。随着我国互联网和城市化进程的飞速发展，人们的出行方式、订票方式、咨询方式和支付方式发生了深刻的改变，人们获取旅游信息更加便利，尤其是便捷化、立体化的交通为旅游者提供了交通出行的便利。

（3）闲暇时间的增多。闲暇时间指人们在日常工作、学习、生活之余可以自由支配的时间。我国从1995年起实行每周5日工作制。1999年实施《全国年节及纪念日放假办法》，其中包含许多我国传统节假日。这都让我国国民拥有了更多的休闲娱乐时间。人们闲暇时间的增多，为旅游需求提供了一定的时间保障，人们更多的闲暇时间将更加促进我国国内旅游业的发展。

2. 横琴旅游客源市场

从横琴的基本定位与旅游需求来看，目标市场大致可分为以下几个客源市场。

（1）核心客源：粤港澳大湾区客源市场。基于横琴的发展规划，海岛旅游将成为横琴重点发展产业，未来前往琴澳旅游的游客可能具有资产能力强、消费能力高等特点。横琴新区位于珠江三角洲的核心地带，港珠澳大桥的开通极大地方便了港澳和珠三角地区的交通联系，更有利于横琴开拓港澳两地的游客市场。粤港澳地区经济实力强大，居民消费比较理性、成熟，消费水平较高，对服务和设施水平要求较高。加之横琴新区与港澳地区的优势互补，产业联系紧密，这些都加深了各地之间的往来，粤港澳大湾区的居民将成为横琴新区的核心旅游客源。

（2）主要客源：华南地区客源市场。旅游目的地与客源地之间距离的远近是决定旅游流量的重要因素之一。空间跨度大，意味着地理和文化差异大，虽然可能对旅游者构成强烈的吸引力，但也意味着交通费用高，交通占用时间多。华南地区较全国其他地区而言，距离横琴更近，空间跨度更小，便利的交通也减少了交通占用的时间。在休闲时间一定的情况下，去横琴新区旅游将成为一个更切实可行的计划，将旅游项目做好，制作好名片，横琴将成为目标人群休息度假的优先选择地。

（3）重要客源：全国乃至全球客源市场。横琴新区可以基于澳门珠海的影响力，通过长隆海洋王国等名片，延伸澳门服务产业链，吸引更远地区的人们前来旅游。海岛旅游与现代金融服务业相结合，可以推动岛内的金融机构积极开发资产管理、财富管理、金融租赁等服务，将横琴打造成世界知名的国际休闲度假岛。

3. 核心客源市场分析①

粤港澳大湾区是横琴新区最重要的客源市场，横琴新区处于此区域的核心，故应深入分析粤港澳大湾区客源市场消费特征，做到有针对性地满足市场需求。

粤港澳大湾区经济规模大，发展速度快，具备为旅游业发展提速的经济基础与前提条件。作为我国最具发展潜力的经济板块，粤港澳大湾区地理位置优越，港澳地区的旅游业发展的高起点可以带动大湾区旅游业的全面发展。纵览历年游客出行与旅游业发展概况，可发现粤港澳大湾区的旅游业具有以下几点特征：

（1）旅游格局。通过 2017 年大湾区内所有城市旅游收入占粤港澳大湾区旅游总收入的比例数据可知，大湾区形成了以广州、香港、澳门三个城市为核心的旅游资源群，三个城市的旅游收入占大湾区所有旅游收入的 70%以上。其中“香港-深圳-东莞-惠州”以国际化都市旅游、海滨休闲旅游为发展特色，“广州-佛山-肇庆”以综合都市旅游、历史文化旅游为发展特色，“澳门-珠海-中山-江门”以博彩娱乐旅游、海岛休闲旅游、游艇休闲旅游、历史村落旅游为发展特色。

（2）旅游花费。经济的高速发展和人民收入的不断提高，使人们的生活追求由物质层面转向精神层面，旅游已经成为人民生活中的刚性需求。港澳地区经济实力强大，居民消费比较理性、成熟，消费水平较高，对服务和设施水平要求较高。广东作为全国消费潜力最大的省份，

---

① 该节写作重点参考了裴长虹、吴滁心：《新理念、新路径、新探索——惠东县安墩镇践行“五大发展理念”总体开发构想研究报告》，北京：中国社会科学出版社，2017 年。

旅游消费不断增加。在旅游消费承受力越来越高的同时，大湾区游客以自助游为主，且其所花费的费用较团队游更高。

（3）旅游热点。在旅游热点认知方面，从交通方式上看，游客对高铁和绿道建设都表现出较高的关注度，同时更多的人表示愿意选择高铁作为出行方式。根据相关调查结果表明，以北京、上海、广州为中心的三大城市群出现轨道交通大幅度上升的现象。随着城市轻轨、高铁等轨道建设的完善，旅游交通的日益完善也成为吸引游客的重要因素。

（4）游客偏好。纵观粤港澳大湾区三大旅游资源群的发展特色，海滨休闲旅游、特色村落旅游已成为发展规划的重中之重。大湾区的旅游弱核心城市也开始通过海滨休闲旅游开发来带动城市整体经济发展。加之近年来人们收入水平的提高和消费水平的上涨，生态旅游、特色邮轮等休闲项目开始受到广大游客的青睐，这说明大湾区的海滨休闲旅游具有巨大的市场吸引力。

第二节 琴澳旅游产业发展规划和金融融合提升路径

旅游产业的发展规划离不开现状剖析和政策定位，而金融融合提升路径也基于此。本节将对琴澳地区的旅游产业发展规划进行宏观分析，并在宏观层面上介绍金融融合提升路径，然后简要介绍几项相关的旅游活动策划。

一、横琴旅游目标与定位

《粤港澳大湾区发展规划纲要》将横琴定位为粤港澳合作发展平台，担负着推进粤港澳深度合作示范的重要功能。其中就有配合澳门建设世界旅游休闲中心，高水平建设珠海横琴国际休闲旅游岛；与珠海保税区、洪湾片区联动发展，建设粤港澳物流园；推进横琴澳门青年创业谷和粤澳合作产业园等重大合作项目建设；支持粤澳合作中医药科技产业园发展。支持珠海和澳门在横琴合作建设集养老、居住、教育、医疗等功能于一体的综合民生项目。自《粤港澳大湾区发展规划纲要》印发以来，横琴新区聚焦跨境优势，在跨境办公、跨境通关、跨境产业、跨境金融、跨境旅游等方面持续发力，创新举措频出，跨境实效明显。表 8-4 展示了横琴国际休闲旅游岛建设方案的三步走规划。

表 8-4　横琴国际休闲旅游岛建设方案的三步走规划

时间	规划主要内容
到 2020 年	把旅游休闲产业培育成为经济支柱产业，初步建成国际海岛旅游目的地。实现澳门与横琴两地旅游资源要素互通互融、旅游产业错位互补，产业外溢效益持续增强，与港澳互联互通的旅游综合交通体系趋于完善，国际化旅游经营管理和服务标准初步形成，配合澳门世界旅游休闲中心建设初见成效。旅游产业的综合带动作用逐步提升，第三产业增加值占地区生产总值比重达 75%

（续表）

时间	规划主要内容
到 2025 年	旅游休闲产业规模进一步扩大，以旅游休闲产业为主导的产业体系进一步完善，携手港澳打造“一程多站”旅游线路基本成型，对澳旅游通关便利化水平全面提升，对横琴新区经济社会发展的带动作用进一步增强。配合澳门世界旅游休闲中心建设取得明显进展。旅游产业的综合带动作用显著提升，第三产业增加值占地区生产总值比重达 80%
到 2035 年	建设成为生态优美、景观丰富、配套完善、特色鲜明的国际休闲旅游岛，全域旅游产业体系基本形成，旅游休闲产业对经济社会发展发挥更加重要的龙头带动作用。具备较强的旅游产业竞争力和国际知名度，与“一带一路”共建国家旅游合作进一步加强，配合澳门建设世界旅游休闲中心成果丰硕

资料来源：《横琴国际休闲旅游岛建设方案》《国务院关于横琴休闲旅游岛建设方案的批复》。

二、琴澳旅游规划布局与金融融合路径

琴澳旅游规划是一个宏观的话题，需要从大处着眼，小处入手。整体而言，琴澳旅游规划离不开与湾区内其他城市的合作，也离不开各行业的整合，更离不开科技的助力。

（一）加强与湾区内其他城市的合作

在粤港澳大湾区发展过程中，产业发展是未来发展的重中之重，是城市群崛起的基础，而加强区域之间的协同发展则是经济发展的根本动力。粤港澳大湾区已经具备比较成熟的要素市场，未来各城市要根据当地的资源特点，以区域化发展角度对资源进行配置，实现优势互补、资源共享的发展模式。粤港澳大湾区首先要加强各城市之间的协调性，抓紧粤港澳大湾区国家战略实施的各项政策优势，主动对接“一带一路”倡议建设，深化基础设施互联互通、经贸合作和人文交流，加强粤港澳三地在文化、商业、旅游等方面的区域沟通协调，进行多层次的协商合作，发挥各自区位优势，不要盲目朝着一个方向发展。

（二）加强旅游、文化、商业的融合

虽然粤港澳大湾区各城市在自然资源、城市发展等方面具有一定的相似性，但是琴澳应该充分发挥自己的文化优势，并以此为基点，传播城市文化至世界各地，这对传播中国文化、岭南文化具有重要的现实意义，文化的传播也必将为促进经济的发展。在旅游产品上可体现文化、商业的融合，合理融入我国、大湾区、澳门、珠海文化的精髓，适当加入反映当地历史、建筑、绘画、音乐、神话传说等方面的元素，塑造具有当地特色的旅游产品。同时政府部门要加快体制创新，制定与区域协调发展相适应的政策机制，合理调配区域内的旅游、文化、教育、商业等资源，充分利用“一带一路”倡议优惠政策吸纳国际金融资本，完善本地区旅游市场的国际化建设。

（三）打造智慧型跨境旅游平台

近年来，横琴以其得天独厚的先天优势、极大的开发潜力，逐渐承担起承载港澳两地旅游资源外溢的责任。长隆国际海洋度假区的入驻，更是推动了横琴全域旅游的发展，使其呈现出百花齐放的欣欣向荣景象。2018 年，澳门入境旅客就超过 3580 万人次，横琴和澳门有着丰富的游客资源和潜力尚待挖掘。

目前，琴澳跨境旅游依然存在着旅客对交通路线、手续办理、景点和商户选择等信息不了解的问题。横琴可以与澳门联合打造“智慧型跨境旅游平台”，通过运用人工智能、大数据、区块链、云计算等技术，有效提升产业价值，提高服务水平，推动旅游业向“智慧旅游”转型。例如运用大数据技术，打造覆盖空中和地面的全体系大交通服务；并且帮助平台用户及时掌握当前的航班动态及交通信息，以最有效的方式获取最合适的产品和服务。旅游大数据的落地应用，还可为景区、旅行社以及酒店等提供智慧旅游解决方案，推动旅游产业链转型升级。另外，智能客服的应用也可以让用户在短时间内获得关于在机票、酒店等多种“入门级”问题的准确回复，提高服务质量与服务效率。

三、旅游活动策划

旅游活动不仅可以展示景区形象，更可以提高景区知名度和营造旅游品牌。横琴的旅游活动策划可以依托珠海、澳门的相关影响和本地的优越区位条件来进行。

（一）筹备中国海洋文化博览会

现在珠海最有名的是珠海航空航天博览会，每两年一届。可以借鉴此成功经验，举办中国海洋文化博览会，在这一活动中可以结合包括海洋权利、海洋资源开发、海洋环保甚至南海争端“双轨”协商的议题——吸引官方、非官方的南海论坛落地海洋博览会。还可以将澳门地区的葡萄牙历史传统与近一二百年珠海的移民传统相结合，将中国海洋文化的硬件软件资源与葡语系国家的海洋文化相互借鉴，打造具有特色和影响力的中国海洋文化博览会。

（二）建设横琴海洋类运动基地

横琴与珠海其他地区有非常好的海洋沿线，并且有非常浓厚的海洋文化，可以借鉴日照帆船锦标赛的经验，依托横琴的自然人文资源，建设世界一流的海洋类运动基地，举办与海洋文化有关的世界运动赛事，打造横琴“科技+休闲”的旅游产品及服务，吸引更多的人到横琴来投资、消费、生活。

（三）打造海洋科研创新基地

横琴的目标是要成为世界知名的国际休闲旅游岛，其性质除了休闲之外，还包括海洋科研。通过开展相关的海洋科研工作，可以产生客观的经济效应，例如成立横琴海洋生态保护科研基地、推广基地、示范基地等。借此宣传横琴海洋发展与保护的创新科技，吸引相关人士前来调研投资，带动商务综合旅游的发展。

（四）生态渔业模拟体验

横琴岛位于珠江口西岸，由天然岛屿组成，四面环海，横琴新区分为大、小横琴岛，两岛之间为十字门水域（即中心沟）。20 世纪 70 年代修筑起东、西大堤，将大、小横琴岛连成一体。环岛岸线长 50 千米。南部和北部多为山地，中部中心沟为东西向长条型养殖地。当地海洋文化浓厚，渔业资源丰富，具备开展生态渔业模拟体验活动，让感兴趣的人们驾船出海捕鱼，体验富有特色的渔业文化。

（五）开发琴澳特色邮轮、游艇航线

澳门与横琴毗邻且产业互补，双方距离相近且区域内海运条件优越、气候宜人，因此可以联合开发特色邮轮航线，将横琴的旅游项目作为澳门旅游项目的拓展和延伸。双方的旅游特色和目标定位决定了来此旅游的大部分游客可能具有资产能力强、消费能力高等特点，邮轮、游艇休闲旅游是目标群体钟爱的出行项目之一，双方联合开发可以拓展两地的旅游项目，增强区域的吸引力。

第三节 琴澳海洋休闲旅游及金融产品开发

珠海得天独厚的地理位置决定了发展海洋休闲旅游是其不二之选，而海洋战略新兴产业也是我国沿海地区发展研究的首要之选，基于此，海洋休闲旅游将成为琴澳的旅游业发展方向。本节将对大湾区的海洋休闲旅游发展概况进行阐述，并结合国内外的海洋旅游发展模式及状况，总结横琴新区发展海洋旅游的特点及开发策略，并介绍相应可实施的金融策略。

一、粤港澳大湾区海洋休闲旅游概览

整体而言，海洋旅游属于“蓝色经济”。广义上，“蓝色经济”包括从世界海洋和海岸创造可持续财富的全部经济活动。2017 年，在联合国实体、世界银行和其他利益相关方共同起草的《可持续蓝色经济金融倡议》中，不仅将蓝色经济的内涵由直接生产价值的业务部门扩展到旅游、文化、新城市和经济可持续发展等更广泛的领域，更强调了经济部门和相关政策配套是蓝色经济的重要组成部分。因此，地方政府和海洋相关部门的参与对于蓝色经济发展的质量至关重要。从价值部门看，蓝色经济有多种组成部分，既有渔业、旅游、海洋运输等传统海洋产业，也有海洋可再生能源、水产养殖、海底开采、海洋生物技术和生物勘探等新兴产业。

海洋战略新兴产业在近十年一直是我国沿海地区发展研究的重点。海洋战略性新兴产业是基于国家充分合理开发海洋资源考虑，以高新技术为导向，以海洋技术成果产业化为根本目标，顺应时代发展的生产和服务活动。海洋战略新兴产业主要包括海洋生物产业、海洋能源产业、海洋制造与工程产业、海水利用业、海洋运输产业、海洋旅游业以及深海能源业等产业。其涉及医药、养殖、运输、制造、旅游、能源等多个领域，对于海洋经济发展具有重大战略意义和实际意义，并且其所具有的特征决定了其高技术含量、低能耗、强发展潜力的优点。

在“蓝色经济”与“海洋战略新兴产业”的倡导和自身的区位条件下，发展海洋休闲旅游成为横琴的优先选择。海洋休闲旅游是指人们在一定的社会经济条件下，以海洋为基础，满足人们精神和物质需要而进行的海洋观光、娱乐和度假等活动所产生的现象和关系的总和。

粤港澳大湾区整体濒海，均不约而同地凭借自身条件依托海洋，发展有自身特色的海洋休闲旅游，区域市场争夺激烈，特别是广州、香港、澳门三个城市吸引了70%以上的游客，并且已经形成了各具特色的休闲产业集群。

在大湾区总体格局上，广州、香港、澳门是旅游中心城市，深圳、东莞、佛山、珠海形成了大湾区内旅游的次核心区域；肇庆、惠州、江门、中山则是大湾区内旅游的弱核心区域。大湾区内每座城市都有各自的特色旅游资源，结合每座城市在粤港澳大湾区的地位，可以简要将粤港澳大湾区划分为：“香港-深圳-东莞-惠州”以国际化都市旅游、海滨休闲旅游等为发展特色；“广州-佛山-肇庆”以综合都市旅游、历史文化旅游为发展特色；“澳门-珠海-中山-江门”以博彩娱乐旅游、海岛休闲旅游等为发展特色。

二、海洋旅游发展模式

海洋旅游在世界范围内发展历史悠久，但在中国起步较晚，因此有不同的发展状况及特点。

（一）国外海洋旅游发展状况

从20世纪90年代开始，随着《联合国海洋公约》的生效和《21世纪议程》的实施，海洋在全球的战略地位日益突出。为了在海洋时代有更大的竞争优势，美国、澳大利亚、日本、韩国等国都相继提出了21世纪国家海洋发展战略。

当前，海洋旅游业发展呈现出以下三大特点：

1. 海洋旅游在世界旅游业中所占比重不断增加

在全世界旅游收入排名前 25 位的国家和地区中，沿海国家和地区有 23 个，这些国家和地区的旅游总收入占到全世界的近 70%。

2. 海洋旅游在各国国民经济中所占地位日趋重要

在西班牙、希腊等国，海洋旅游业已经成为国民经济的支柱产业，甚至在有些国家，海洋旅游业已成为主要的收入来源，甚至占到国民经济比重的一半以上。

3. 热带和亚热带正在形成世界级海洋旅游目的地

目前，最具市场影响力的世界级海洋旅游目的地主要包括地中海地区、加勒比海地区和东南亚地区，南太平洋地区和南亚地区正在迅速成为世界海洋旅游的新热点。这些世界级海洋旅游目的地尽管开发时间和发展背景各不相同，但共同的特点都是很好地把握并且利用了各自拥有的内部条件和外部机遇。大多数世界级海洋旅游目的地具有优越的自然条件和独特的文化背景，这些特色不仅成为最有魅力的旅游吸引物，而且成为旅游目的地的独特形象代表。

（二）中国海洋旅游发展现状

我国传统海洋产业多依赖于资源、环境等，从海洋资源禀赋、产业贡献度以及产业发展水平等多个因素综合考虑，传统海洋产业涵盖了发展历史悠久的海洋渔业、海洋交通运输业以及近年来发展势头强劲的滨海旅游业等。表 8-5 展示了我国部分海洋旅游产业的相关政策措施。

表 8-5　我国海洋旅游产业相关政策措施

时间	政策
1992 年 12 月 4 日	批准首批国家级旅游度假区
2003 年 5 月 9 日	颁布《全国海洋经济发展规划纲要》
2010 年 1 月 4 日	颁布《国务院关于推进海南国际旅游岛建设发展的若干意见》
2011 年 6 月 30 日	批准设立浙江舟山群岛新区
十八大	正式提出海洋强国战略
2013 年	中国海洋旅游年

资料来源：《中科院地理所高级工程师、总规划师宁志中：提升海洋旅游产业地位推进海洋旅游更快发展》。

我国是海洋大国，海岸线长度3.2万千米，从东北的丹东开始一直到广西的防城港一线。面积500平方米以上的岛礁有6000多个，像浙江、福建、海南都是岛礁比较多、分布比较广的省份。随着人民生活水平的不断提高，滨海旅游业成为我国传统海洋产业中最突出的增长极。我国滨海旅游业增加值从2010年的5303.1亿元增长到2019年的18086亿元，每年增幅持续保持在10%左右，是我国海洋产业的重要组成部分。但是2020年新冠疫情导致我国滨海旅游业遭受重创，产业增加值降到13924亿元，增幅同比下降超过30%。

（三）海洋旅游的主要开发模式①

根据相关专业人士的总结，海洋旅游开发模式主要有六种。

1. 特色渔村模式

这种模式包含传统渔港的捕鱼养殖功能和特色渔村风情体验。游客可以亲自拉网捕鱼、织网晒网、品尝海鲜，吸引了越来越多的游客参与其中，篝火晚会、渔家号子、渔家秧歌等旅游活动使游客体验到了传统旅游所没有的乐趣。特色风情渔村模式适用于人文旅游资源丰富的海滨渔港，将成为我国未来海洋旅游业的重要模式之一。

2. 海洋产业园模式

这种模式更多强调的是产业融合，是一个旅游业与其他产业共同发展的平台，涉及文化、体育、金融、科研等众多行业。海洋旅游产业园可以包含海洋生物企业、海洋生物研究所等生产科研机构，也可以包含海洋生物博物馆或展览馆、海洋生物主题酒店等。我国现已具备建设海洋旅游产业园的基础，但仍存在很多问题，不是很成熟。

3. 海洋主题公园模式

主题公园作为一个开发完善的景区，集娱乐、休闲、购物和服务于一体，以独特的吸引力、普遍的适宜性而吸引着各个层次的游客，同时以其高门票、高消费、重游率高等特点吸引着投资者的投资建设。主题公园模式投资较大，并对相应的服务配套设施要求较高，在国内至今还

---

① 该部分编写主要参考刘家沂主编：《海洋文化遗产资源产业开发策略研究》，青岛：中国海洋大学出版社，2016年，第49—52页。

未被应用，这将是未来几年我国海洋旅游发展的新方向。

4. 旅游度假区模式

这种模式于20世纪80年代被引进我国并被广泛应用，至今已较为成熟。它对区位、交通、市场等有较高的要求，完善的旅游度假区包括旅游娱乐设施，以及食、住、行、购等基础配套设施。旅游度假区模式在未来几年里仍是我国海洋旅游发展的重点。

5. 邮轮、游艇模式

这种模式的发展与消费者的生活水平及收入水平紧密相关。随着近几年人民生活水平的持续改善和收入水平的不断提高，邮轮、游艇旅游在近几年快速发展，产品不断丰富，服务不断改善，并拥有了一定量的游客。邮轮、游艇模式至今尚未成为可独自生存的旅游项目，往往作为区域旅游资源中的一部分。

6. 综合海岛开发模式

新型的海岛开发模式集观光度假、购物休闲、娱乐表演、主题乐园、养生SPA为一体。新加坡的圣淘沙在区域的海岛风光基础上，不断地进行规划与建设，打造成为符合各种兴趣爱好、各个年龄段游客的度假胜地，成为国际知名的家庭休闲度假海岛。海岛开发模式为我国相关景区的开发提供了新的范本，并不断受到我国旅游业界的关注。

三、横琴海洋旅游特点

基于横琴独特的地理位置及自然资源，可塑性高、地理位置优越、人文景观独特以及拥有成功的旅游景点等为其发展海洋旅游提供了坚实的基础。

（一）可塑性高

横琴由天然岛屿组成，四面环海。这令横琴拥有独一无二的全封闭优势，成为全国少有的能够实现全封闭管理的自贸区。这有别于全国其他自贸区在不同程度上“隐于市内”，规划被迫与城市现有建筑、配套相结合，失去了独立自主性的特质。横琴全岛近90%可开发土地正在逐渐开发中，其可塑性走在全国前列。

（二）地理位置优越

横琴距香港仅 34 千米，港珠澳大桥通车后，香港到横琴的时间将只需要半小时。另外，横琴新区与澳门隔河相望，一桥相连，最近处相距不足 200 米。横琴将成为承接港澳高端服务业的重要基地和港澳人士休闲度假的最佳目的地。借助广珠城际轨道延长线、京港澳高速等，横琴又将与全国直接相连，与港澳直接相通。

（三）人文历史景观独特

横琴新区处于“一国两制”的最佳交汇点，与港澳一衣带水、地缘相近、人缘相亲、语言相通，经贸与文化的交流与合作源远流长。葡语系国家的海洋文化与中国近一二百年来向外走的海洋文化相互碰撞交融，形成具有当地特色的海洋文化。

（四）拥有成功的旅游景点

来粤港澳大湾区旅游，必到长隆旅游度假区打卡，珠海长隆现已成为最受游客喜爱的主题公园之一。珠海长隆包揽了多项吉尼斯世界纪录——最大的水族馆、最大的水族箱、最大的亚克力板、最大的水族馆展示窗。广州长隆水上乐园还获得世界主题娱乐协会颁发的“杰出成就奖”。其数据显示，该园区已连续六年（2013 年至 2018 年）游客人数居全球水上乐园榜首。

四、琴澳海洋旅游开发策略

海洋旅游的开发离不开政策的支持与引导，而横琴国际休闲旅游岛的定位便是其强大的政策支持。琴澳的协同发展需要两地整体布局、优化组合，从而厘清发展思路、探索发展经验。

（一）横琴国际休闲旅游岛定位

横琴面临的海洋旅游竞争激烈，从市场分析得出，项目的主要客户群体是大湾区的市民，而这些城市已经形成了各具特色的海洋旅游景点，尤其是广州、香港、澳门三个城市已经形成规模巨大的旅游产业集群，并拥有强大的品牌效应。基于如此巨大的竞争挑战，横琴项目定位应该打破同质化的开发模式。

从资源品位出发，横琴优越的地理位置以及长隆旅游度假区的成功已经展示了横琴作为国际休闲旅游岛的巨大潜力，但这些资源却不具有唯一性。因此，项目要在规划上超越单纯的观光旅游，以横琴自身的特色为背景，提炼出个性鲜明的主题文化。

从发展理念出发，多数海洋旅游产品都依赖于大都市的带动，大湾区次核心弱核心旅游城市的旅游发展都依赖于广州、香港、澳门三座城市旅游业的发展，这增加了发生系统性风险的可能。横琴项目的开发要突破区域局限性，就必须加强区域内产业的多元化，在促进区域内旅游互通和产业链延伸的同时，构建起具有琴澳特色的陆岛岸、海陆空立体旅游格局，建设成为大湾区旅游核心和“世界级海洋旅游度假胜地”。

（二）琴澳海洋旅游发展思路

第一，以长隆旅游度假区和横琴自身条件为基础，打造现代海洋主题公园集群。依托现有的品牌名片，以长隆旅游度假区为启动基础，将“文化、休闲、度假、旅居、生态、养老、金融、科研”等组合形成高附加值和高溢出效应。将旅游产业、金融产业、高端制造产业、科教研发产业等有效嫁接组合，从而提升横琴价值以吸引经营商和投资者，并推动整个地区旅游产业、金融产业以及其他相关产业的全面发展。

第二，结合整个区域的发展规划与产业合作，统筹考虑相关项目的整体开发。紧紧围绕国家推动建设世界级大湾区和实现社会主义现代化的发展战略，尽可能地实现整个地区的产业融合和相关的产业地区资金支持；通过与澳门地区紧密合作，充分发挥产业“衔接口”优势，营造高端服务业和高新技术产业发展的良好产业态势，利用澳门地区充足的资金和横琴新区优越的地理位置及相关扶持政策，培育有重要影响力的产业链，形成有竞争力的产业集群。

第三，全面考虑各相关利益主体的诉求，充分调动各利益主体的积极性。横琴国际休闲旅游岛的开发涉及开发商、当地居民和政府等利益主体的相关利益。因此，在开发过程中，必须全面考虑各方的利益诉求，尽力满足各方利益，有效调动不同利益主体的积极性，共同进行项目的开发建设。

第四，以金融支持琴澳文旅产业发展。发展产业最重要的是资金支持，而金融是最有效的融资途径。利用市场机制引入民间资金，筹集发展资金，促进旅游基础设施和景区的开发建设：通过政府、金融机构、旅游主管部门的共同努力，积极支持文旅企业发债融资——支持琴澳符合条件的文旅企业通过短期融资债券、中期票据等债务性融资工具，募集发展资金，拓展融资渠道。

五、相关金融产品开发①

（一）加强旅游企业和金融机构的业务合作

1. 旅游金融卡的开发设计

旅游金融卡的发展可以帮助游客解决旅游的资金短缺问题，促进游客开展旅游活动，从而帮助旅游企业扩大客户群体。旅游企业通过配合商业银行开发旅游金融卡，给予持卡人一定的优惠，能够促使持卡人转化为游客，这成为旅游企业吸引游客的重要渠道，也有利于提升企业形象、挖掘客户附加值。旅游金融卡可以作为旅游企业一个很好的宣传平台，通过在银行卡上印制旅游企业的特色信息，可以为旅游企业提供很好的宣传作用，旅游金融卡也为旅游企业了解旅游客户的金融消费数据、挖掘旅游客户附加值提供了很好的便利。当前横琴市面上主要的旅游金融卡有工银长隆联名信用卡，该卡可以让游客享受许多优惠政策，如主题乐园、演艺门票 5 折优惠，指定场所消费低至 8.5 折优惠等等。自 2015 年发行以来仅 6 个月就已累计消费金额达 12 亿元，可见旅游金融卡的市场可以为发卡行和旅游企业带来大量客流和现金流。

横琴旅游业和金融业发展迅速，旅游资源众多，旅游企业和金融机构应抓住机遇相互合作，积极利用互联网技术开发旅游金融卡，吸引客

① 该节写作重点参考了李小飞：《粤港澳大湾区旅游金融融合及横琴新区应用研究》，《横琴智慧金融研究院/吉林大学横琴金融研究院经济研究报告汇编》2020 年第 3 期。

户参与投资理财、旅游消费。

2. 网络旅游金融产品的设计创新开发

横琴应积极主动利用互联网大数据资源，将旅游资源和金融资源相结合，创新旅游金融产品，优化横琴产业链，扩大金融服务的形式和范围，积极开发更有体验感的互联网旅游金融产品。旅游企业可以与银行合作开发 app 或微信小程序或创建网上银行旅游支付平台；还可联合横琴各景区、酒店、旅行社、打车平台等多方开发旅游金融产品，通过互联网支付平台开展代收旅行社报名费、景区门票、酒店住宿预定、车票预订等业务。横琴新区各旅游企业可与相关保险机构合作为游客提供出行保障，联合促进旅游金融模式创新，并利用保险机构强大的销售渠道为横琴旅游业发展打开宣传通道。

3. 开发新的金融服务模式，以旅游业发展促进金融产业发展

积极探索个人旅游消费信贷产品，满足公众旅游消费信贷需求，建立旅游企业和金融企业的有效联结，充分利用信息沟通平台，引导金融机构参与旅游项目的规划、开发，形成旅游信贷和金融风险防控的长效机制。个人层面和企业层面，融合旅游业与金融产业，促进产业优化发展。

4. 加强宣传营销战略

充分发挥好互联网在旅游宣传上的优势，积极利用好“横琴国际休闲旅游岛”官方微博和“珠海横琴国际休闲旅游岛”微信公众号。当前微博平台上已有 19.7 万人关注，[①] 他们通过收藏、转发、评论和点赞等方式关注着横琴政务和旅游动态，政府可以充分调动两个互联网平台的积极性，通过转发抽奖、积赞有奖等活动利用互联网的营销优势进行大力宣传，吸引两个平台的用户来横琴旅游，提升横琴旅游金融产品的知名度和吸引力。网络的力度巨大，政府要充分好网络互动平台，加强相关平台的宣传推广，让一些旅游和金融相关单位通过官方微博账号宣传旅游金融产品，方便用户了解具体情况，实时掌握动态。运营账号的工作人员也要积极与其他一些有大量用户基础的媒体微博官方号互动，通过其庞大的用户群体进行宣传推广。要重视新闻媒体、自媒体的

---

① 数据截止时间为 2022 年 1 月 3 日。

宣传作用。

（二）政府加大金融支持力度

1. 加大政府对旅游金融发展的支持力度，增强主管和引导作用

首先，政府要积极出台旅游金融政策，从各方面帮助横琴旅游金融的发展。其次，相关部门要加强沟通，更好地发挥政府的主管作用，改善旅游金融环境。最后，政府要积极引导金融机构参与旅游项目投资，增强金融机构参与旅游金融的意识，使其更好地发展。

2. 深化与港澳地区合作，依托海岛资源，深度开发旅游特色线路

港珠澳大桥开通、横琴新口岸启用、珠机城轨运行等一系列利好消息，使得珠海和香港、澳门之间交通更为便捷，为横琴的旅游发展注入了活力，为横琴新区旅游业带来了更多的游客。这就要求横琴加强同港澳之间的区域旅游合作，其中最基本也是最容易实现的旅游合作方式就是旅游线路方面的合作。横琴与可以发挥海洋优势，充分利用横琴岛及周边海岛资源，与香港和澳门之间尝试推出新的旅游线路，实现互利共赢。

3. 发展琴澳文旅产业基金，协助文旅产业通过债券市场融资

横琴口岸作为国家级新区和自由贸易区，可结合疫情防控形势，尝试在通关正常化、便利化的前提下，携手澳门金融机构赋能琴澳文旅产业。可以通过市场化融资平台引导民间资金投资，募集所需资本，促进旅游景区内相关设施的开发建设、推动旅游业的结构升级以及挖掘和培育优质旅游上市资源，助力琴澳旅游产业复苏。琴澳两地可在疫情常态化防控下，通过政府、金融机构、旅游主管部门的共同努力，积极支持文旅企业发债融资。支持琴澳符合条件的旅游企业通过短期债券、中期票据等融资工具，筹措发展资金，拓展融资渠道。对于经营成熟、未来现金流比较稳定的文化旅游企业，可以鼓励在高质量未来现金流和收益权的基础上，尝试文化旅游项目资产证券化。符合国家政策规定的民营文旅企业发行债务融资时，可以鼓励中介机构适当减免费用，减轻琴澳文旅企业的融资负担。

4. 推进文旅产业精准创新，大湾区内试行跨境理财

在新消费升级的大趋势下，文旅产业精准创新已成为提高产业附加

值、实现高质量发展的必然选择。疫情背景下，大数据成为资本热衷的技术之一。文旅产业可借助数字金融的发展，提升旅游综合服务智慧化水平，通过智慧旅游小程序，满足游客购门票、游景区、听解说、查周边、找优惠等多种需求。启用景区人流预测、行业监管等大数据技术，提供欢迎短信、旅游报告分析、客流监控、视频会议、实时调度等服务，通过大数据平台中心实时监测客流动向，实现后疫情时期景区的安全有序运营。在当前澳门博彩业、旅游业受到疫情冲击的情况下，澳门居民的资金避险需求、资产管理需求增加。不妨借鉴股票通、债券通，方便澳门居民在内地银行开设理财账户，将外币兑换成人民币投资内地金融产品，实现资金双向流动。

参考文献

[1] 陈煜：《琴澳建设湾区“蓝色经济中心”的文化资源与价值前景》，《横琴智慧金融研究院/吉林大学横琴金融研究院经济研究报告汇编》2021 年第 2 期。

[2] 丁学良：《产业多元化“三地一体”的考虑》，《横琴智慧金融研究院/吉林大学横琴金融研究院经济研究报告汇编》2020 年第 3 期。

[3] 冯永琦：《粤港澳大湾区金融科技发展研究》，《横琴智慧金融研究院/吉林大学横琴金融研究院经济研究报告汇编》2020 年第 3 期。

[4] 李晓：《关于琴澳产业多元化发展的思考》，《横琴智慧金融研究院/吉林大学横琴金融研究院经济研究报告汇编》2020 年第 3 期。

[5] 李小飞：《粤港澳大湾区旅游金融融合及横琴新区应用研究》，《横琴智慧金融研究院/吉林大学横琴金融研究院经济研究报告汇编》2020 年第 3 期。

[6] 宁梓男：《疫情条件下琴澳产业多元化的金融支持路径研究》，《横琴智慧金融研究院/吉林大学横琴金融研究院经济研究报告汇编》2020 年第 3 期。

[7] 裴长虹、吴滁心：《新理念、新路径、新探索——惠东县安墩镇践行“五大发展理念”总体开发构想研究报告》，北京：中国社会科学出版社，2017 年。

[8] 邱晶晶：《金融支持琴澳海洋产业多元化发展研究》，《横琴智慧金融研究院/吉林大学横琴金融研究院经济研究报告汇编》2021 年第 2 期。

[9] 任桐桐：《"一带一路"背景下我国旅游金融发展研究》，《旅游纵览（下半月）》2020 年第 10 期。

[10] 石鑫：《国际旅游岛背景下旅游业对金融产业的影响研究》，《农村经济与科技》2018 年第 29 期。

[11] 唐蔚：《旅游基础设施融资模式探讨》，《财经界（学术版）》2019 年第 24 期。

[12] 王相萍：《珠海发展全域旅游的 SWOT 分析》，《现代营销（下旬刊）》2019 年第 5 期。

[13] 王亚芳：《金融业与旅游业的融合度及影响因素研究》，兰州大学 2019 年硕士学位论文。

[14] 余敏：《加强海洋生态建设促进海洋旅游的开发》，《中国海洋旅游高峰论坛论文集》，2009 年。

[15] 杨弋：《横琴开发背景下深化珠澳合作的思考》，《横琴智慧金融研究院/吉林大学横琴金融研究院经济研究报告汇编》2020 年第 2 期。

[16] 张静、宁凌：《粤港澳大湾区的旅游业发展策略研究——基于 SWOT 分析》，《当代经济》2019 年第 4 期。

[17] 张怡：《粤港澳大湾区背景下珠海文旅融合发展研究》，《老字号品牌营销》2019 年第 5 期。

[18] 张二震：《"双循环"新发展格局下琴澳产业多元化思考》，《横琴智慧金融研究院/吉林大学横琴金融研究院经济研究报告汇编》2020 年第 3 期。

[19]《中科院地理所高级工程师、总规划师宁志中：提升海洋旅游产业地位推进海洋旅游更快发展》，《中国旅游新闻报》，2020 年 6 月 17 日。

9 第九章

新发展格局下琴澳跨境电商发展的潜力与路径

跨境电商作为数字技术在国际贸易领域深度应用产生的一种贸易新业态，是推动我国传统外贸转型升级的新引擎。在国际贸易摩擦日趋增多、新冠疫情冲击的背景下，跨境电商成为拉动我国外贸增长、推动外贸新旧动能转换的重要力量。展望未来，全球范围内数字经济的蓬勃发展，将会给跨境电商产业带来更广阔的发展前景。在数字化转型加速向传统外贸领域推进的背景下，琴澳依托资源优势、地理位置优势以及政策优势合作发展跨境电商具有巨大潜力，也将在推动澳门经济适度多元和深化粤澳合作方面发挥重要作用。

2020年，习近平总书记多次强调要加快构建以国内大循环为主体、国内国际双循环相互促进的新发展格局，这是新时代下的重大战略转型，也是我国经济发展的必然选择。新发展格局下，琴澳跨境电商的发展面临着新的机遇，琴澳合作发展跨境电商将成为推动形成全面开放新格局、构建新发展格局的重要举措。因此，琴澳合作发展跨境电商具有战略意义，需要全面谋划与重点推进。本章将分析新发展格局下琴澳合作发展跨境电商的必要性与可能性，并给出政策选择的具体建议，以期推动琴澳跨境电商产业链的蓬勃发展。

第一节 中国跨境电商的发展历程及政策监管

跨境电商是指分属不同关境的交易主体，通过电子商务平台达成交易、进行支付结算，并通过跨境物流送达商品完成交易的一种国际商业活动；支付结算服务、物流服务、金融服务是跨境电商产业链的重要组成部分。从发展历程上来看，出口跨境电商的发展要早于进口跨境电商。随着技术的进步与政策法规的完善，我国跨境电商逐步规范化、跨境电商产业链也逐步健全。时至今日，我国跨境电商已在全球范围内处于领先地位。

一、跨境电商概述

（一）跨境电商模式

根据交易主体的类型可将跨境电商主要分成两类，B2B 和 B2C 模式。B2B 跨境电商，是外贸企业间依托互联网进行信息、产品和服务交换的一种商业模式，从本质上看是电子商务手段在传统外贸进出口过程中的应用。B2C 跨境电商，是企业面对个人消费者开展的跨境网络零售活动。此种模式颠覆了传统的购销模式，为中小微企业提供更多的连接海外市场的渠道。根据商品流的方向可将跨境电商分为出口跨境电商和进口跨境电商（图 9-1）。

图 9-1　跨境电商平台图谱

资料来源：网经社。

根据跨境电商经营品类的丰富程度，又可将其分为垂直型跨境电商和综合型跨境电商。垂直型跨境电商通常专注于某一细分领域的需求，商品种类较少，而综合型跨境电商所销售的产品种类繁多，涉及多个行业。

跨境电商网站大致也可分为平台型电商和自营型电商两种。其中，平台方负责搭建为商品卖家提供交易平台的第三方电子商务网站，而商品的物流与客户服务则均由卖家来负责；自营型电商除了要负责网站运营以外，还需要进行商品采购、销售和提供客服等。

因此，跨境电商可进一步分为如下四类：综合平台型、垂直平台型和综合自营型以及垂直自营型。目前，以上四类跨境电商企业在我国均有分布。

（二）跨境电商的优势

跨境电商的出现，使得我国国际贸易由“国内厂商生产—国内出口商采购—承运人—国外进口商—国外批发商—国外零售商—国外消费者”的模式，转变为“出口跨境电商—跨境物流体系—进口跨境电商—国外消费者”的新型外贸模式。这种新型外贸模式有如下优势：第一，降低各方交易成本。跨境电商模式通过缩减国际贸易的交易链条，使出口企业能够跳过传统国际贸易模式中冗长、复杂的中间环节，直接面向国外的进口企业和消费者，进而降低各方的时间成本、谈判成本、营销成本、信息搜寻成本和物流运输成本。第二，直面国际终端消费者。跨境电商模式下的外贸企业可以通过信息化手段克服传统贸易模式中过度依赖业务员的弊端，不仅能够直接面向终端消费者和企业进行销售，还可以牢牢掌握信息主动权。第三，降低外贸企业在基础设施建设上的投入。跨境电商模式使得外贸企业在基础设施上的投入会大幅减少，同时还能保证跨境贸易的顺利开展。第四，有利于传统外贸企业越过贸易壁垒，扩大贸易机会。跨境电商模式使得国外企业和消费者可以在全球范围内全天候搜寻产品信息以选择最佳的供应商和产品，这不仅能够打破时间上的壁垒也能打破空间上有形或无形的壁垒，对国际贸易自由化、便利化产生巨大影响。[①]

（三）跨境电商产业链

跨境电商产业链中除了处于核心地位的跨境电商平台，还包括其他的跨境电商服务商，提供的服务主要包括跨境物流、跨境支付、金融服

---

① 吴远仁：《跨境电商促进泉州外贸企业转型升级研究》，《泉州师范学院学报》2019 年第 4 期。

务等（图 9-2）。

图 9-2　跨境电商产业链图谱

资料来源：网经社《2019 年度中国跨境电商市场监测数据报告》。

1. 物流服务

（1）海外直邮模式。海外直邮模式是指国外供应商通过国际物流直接邮寄到国内（图 9-3）。国际物流方式包括：邮政小包、国际快件和包机运输。该模式过程简单，适合商品零碎且规模偏小的 B2C 电商。

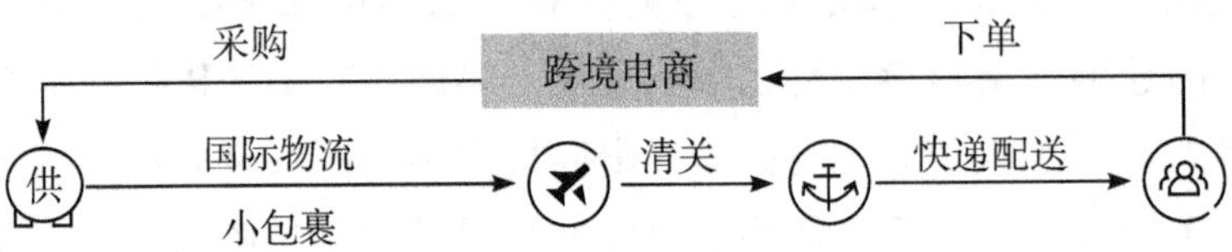

图 9-3　海外直邮模式

资料来源：艾瑞咨询《2018 年中国跨境进口零售电商行业发展研究报告》。

（2）保税备货模式。保税备货模式是指商家将出货量较大的单品提前从海外配送到境内保税区，在备案后，将商品存放在国内保税仓库（图 9-4）。在收到消费者的订单之后，从国内保税仓直接发货，物流时效高。保税备货模式是目前的主流配送模式，有利于企业降低运输成本，也降低了政府的监管难度。但是保税备货模式仍然存在诸多限制：一是能够通过此种方式进口的商品种类有限，二是该模式存在大量资金占用。

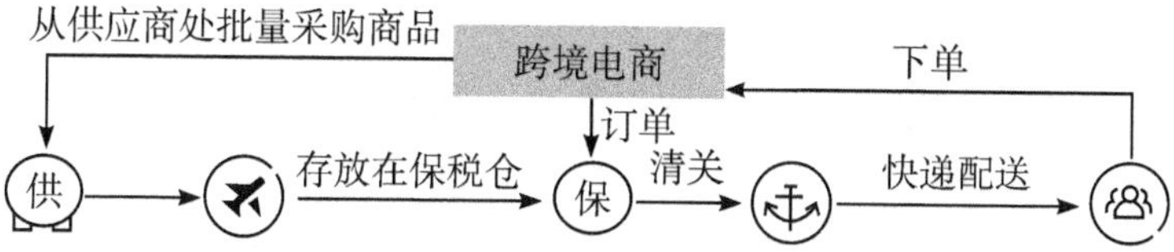

图 9-4 保税备货模式

资料来源：艾瑞咨询《2018 年中国跨境进口零售电商行业发展研究报告》。

（3）海外仓模式。海外仓模式是指企业在国外建立仓库，供应商先将消费者购买的商品集中配送至海外仓，再由海外仓进行配送（图 9-5）。由于海外仓建设成本较高，通常由跨境电商承担物流基础设施建设的责任，为商家提供仓储、分拣、配送的全流程服务。海外仓模式物流时效比海外直邮模式高，物流成本相对较低，但是对海外仓集货、清关能力等要求较高。

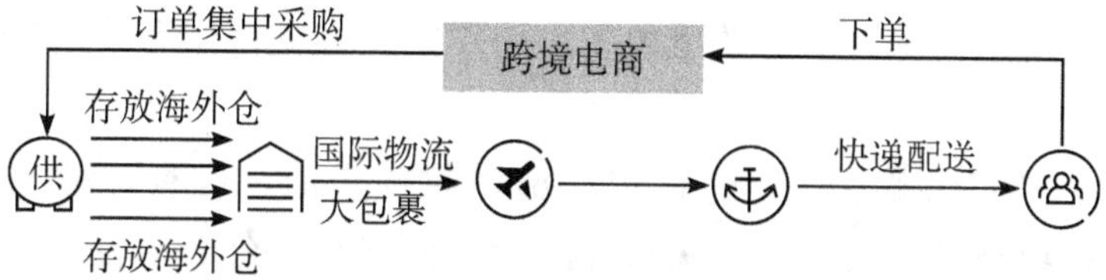

图 9-5 海外仓模式

资料来源：艾瑞咨询《2018 年中国跨境进口零售电商行业发展研究报告》。

总体来看，跨境电商的国际转运方式主要为空运和海运，其中保税备货模式更多采用海运，物流时效较弱，而海外直邮和海外仓模式为了保证物流时效性更多采用空运。目前主流跨境电商均有自己的国内段快递物流配送体系。具体流程如图 9-6 所示。

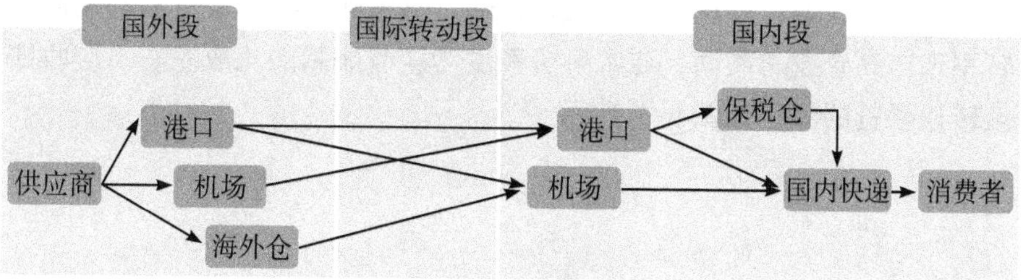

图 9-6 跨境电商物流流程

资料来源：艾瑞咨询《2018 年中国跨境进口零售电商行业发展研究报告》。

2. 支付与结算服务

跨境电商交易模式中，买方与卖方交易结算时需要通过结算工具和支付系统实现不同币种间的货币转换。目前，使用的跨境支付系统主要为 SWIFT 系统、人民币跨境支付系统 CIPS 和欧盟 INSTEX 系统。

（1）出口收款。出口跨境电商的收汇主要通过传统的支付方式和第三方支付方式两种。传统支付方式以银行电汇、信用卡支付、西联汇款等方式为主，通常适用 B2B 出口跨境电商大额跨境支付。传统支付方式被欧美等国用户广泛接受，具有安全性高、用户普及率高、费率高、到账速度较慢等特点。B2C 出口跨境电商主要是通过与 PayPal、支付宝（国际版）等第三方电子支付机构合作进行跨境收款。第三方支付机构的存在不仅降低了平台的开发成本及使用费率，更解决了跨境电商平台需要单独对接各个银行的困难，还可作为买家和卖家的中介在交易中进行货款监管，为用户提供更加友好的跨境支付操作。因此，目前大多数跨境电商出口平台的境内卖家使用第三方支付作为其主要的收款方式。①

（2）进口付款。进口付款和和出口收款类似，也有两种方式。一是通过传统付款方式，境内买家在跨境电商交易平台下单后，通过境内合作银行或支付机构，直接将货款支付给境外商家的合作银行账户。二是境内买家通过第三方支付机构付款，即境内买家在跨境电商交易平台下单后，通过境内合作银行或支付机构，将货款支付给境外商家的合作银行账户。

3. 金融服务

第一，应收账款转让模式。

应收账款转让模式是指贸易商为了尽快收回货款，将应收账款转让给保理公司、银行等机构获得融资，通过这笔融资再去进货，利用高周转率来提高企业总利润，通常融资额度为应收账款的八成左右。应收账款转让融资的流程如图 9-7 所示。

---

① 易观咨询：《中国跨境支付行业年度数字化专题分析》，2020 年 9 月 7 日。

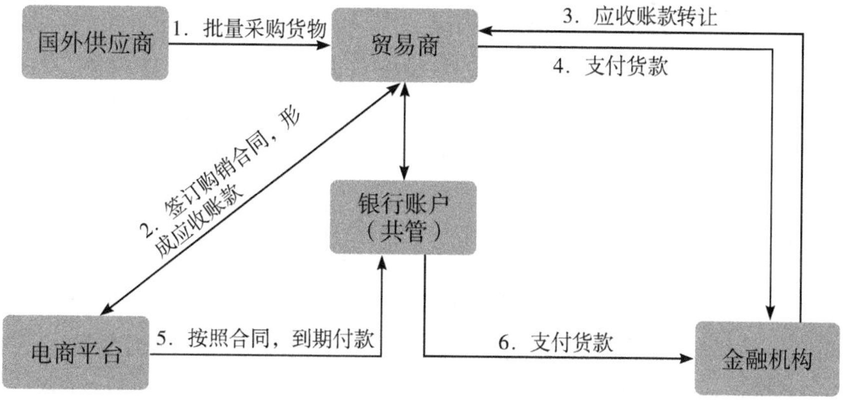

图 9-7　应收账款转让模式

资料来源：麻袋研究院。

第二，仓单质押模式。

仓单质押模式是指企业为了解决资金困难，利用企业产品的存货，包括原材料、成品、半成品等，以仓储公司出具的仓单为质押标的，向相关银行等金融机构申请相应额度的贷款。为了提高货物配送效率，一般贸易商会将货物先运到国内的海关监管的保税仓库内，等消费者网上下单后再通关发货。因此，必须将大量采购货物存放在海关仓库，挤占贸易商或者电商企业大量的资金，从而需要外部融资服务。授信方面，金融机构基于仓单质押融资要基于货物价格波动以及损耗来衡量，最高能做到货物价值的 70%-80%，期限一般不超过 6 个月，交易过程如图 9-8。

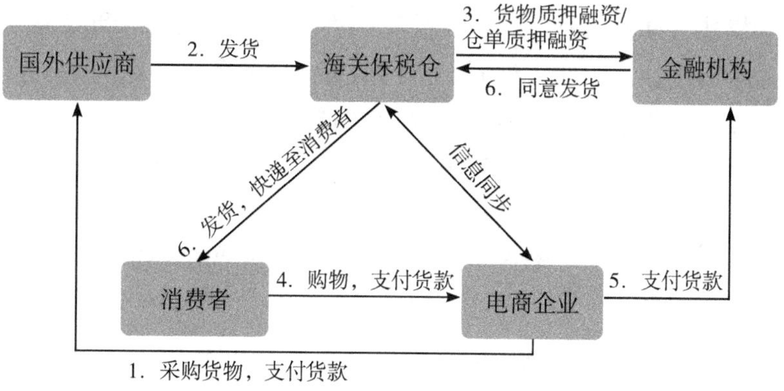

图 9-8　仓单质押融资模式

资料来源：麻袋研究院。

第三，大数据风控融资模式。

大数据风控融资模式，是指跨境电商行业中掌握大量商家交易信息、物流信息的参与者，凭借自身信息优势为跨境电商中小企业提供融资服务。资金供给方包括电商平台、物流企业、支付企业、跨境电商综合服务企业等。

电商巨头为了吸引更多的品牌商家入驻，提供融资服务就必不可少。而这些电商巨头本身就掌握商家的交易信息，沉淀了大量数据可供利用。为了解决商家融资问题，电商巨头一般通过体系内的金融公司提供金融服务，但由于单个平台交易量有限，给予的授信额度也有限，难以解决全部商家的经营需求。因此，跨境电商企业也会寻求其他资金来源，这使得跨境电商产业链上的支付公司、物流公司也开始提供金融服务。目前，已经有一些支付公司联合银行开发了类似产品。此外，物流公司掌握了商家进货和卖货的数据，如果能够了解客户电商交易数据，也可以很好地给客户提供授信服务。

二、中国跨境电商发展历程

（一）进口跨境电商发展历程

1. 1.0 阶段：代购时代（2005—2007 年）

这段时期由于留学生群体的不断扩大，个人代购随之兴起。国内消费者主要是留学生的亲戚朋友，群体较小，跨境网购的普及度不高。这种代购模式周期长、价格高，产品真伪难定，质量无法得到保障。随着代购需求的增加，一些人群开始专门购买海外商品，并在网络上售卖。

2. 2.0 阶段：海淘时代（2007—2013 年）

这一时期形成了常规的买方和卖方，国内海淘消费者主要通过国外海淘网站进行线上购物，消费者群体开始扩大。个人代购逐渐向更为规模化的公司运作转变，海淘平台形成，海淘商品的种类更为丰富，售后服务也逐步完善。

3. 3.0 阶段：跨境进口电商初期（2014—2015 年）

2014 年 7 月伊始，《关于跨境贸易电子商务进出境货物、物品有关监管事宜的公告》和《关于增列海关监管方式代码的公告》等相关政策文件相继发布，并于 8 月 1 日起正式实施，这些举措不仅从政策的角度对跨境电商予以认可，也认可了其在业内所通行的保税模式。此后，在各个相关政策的激励下，包括天猫国际、网易考拉、京东全球购等在内的大型平台不断涌现，改变了之前各种代购海淘等良莠不齐的现象，带动了跨境购物走向常态化。

4. 4.0 阶段：跨境进口电商成熟期（2016 年至今）

财政部、海关总署和国家税务总局于 2016 年 3 月 24 日联合发布了《关于跨境电子商务零售进口税收政策的通知》。此后，跨境电商行业竞争逐渐加剧，行业出现分化，众多小型跨境电商倒闭，市场集中度不断提高，逐渐形成了以天猫国际、京东全球购、洋码头、网易考拉海购等为领先梯队的行业格局，行业整体处于良性竞争状态。[①]

（二）出口跨境电商发展历程

1. 萌芽期（1999—2003 年）

从全球视角来看，我国的出口跨境电商起步较早，但在此阶段仍依附于传统外贸行业进行试水。其中阿里巴巴在 1999 年成立并成为我国最大的外贸信息黄页平台是其标志性事件。环球资讯、阿里巴巴等代表性企业此时以线下交易为主，互联网仅作展示用途。

2. 1.0 阶段（2004—2012 年）

作为国内首个为中小企业提供 B2B 网上交易的平台，敦煌网的成立标志着跨境电商开始独立成型走向 1.0 阶段。跨境电商 1.0 阶段的主要模式是 B2B 平台，主要功能是让企业与企业之间进行有效沟通和对接，以提升企业的竞争力和盈利水平，缩短产业链、供应链之间的距离。

3. 2.0 阶段（2013—2017 年）

2013 年被称为跨境电商的元年。各种相关政策相继出台，商务部出台多项措施对跨境电商发展予以支持，国务院出台支持外贸跨境电商的“国六条”；上海自由贸易试验区跨境电子商务试点平台也于该年 12 月 28 日正式启动，成为全国首个跨境贸易电子商务试点平台。企业方

① 华西证券：《跨境电商蓬勃发展，政策红利不断释放》，2020 年 7 月 9 日。

面，外贸电商转型升级，通过制定品牌化策略，并借助亚马逊“全球开店”服务对我国中小企业开放注册的机遇实现出海；同时移动端的跨境电商交易成为主流。此时，跨境电商产业发展进入了爆发期。

4. 3.0阶段（2018年至今）

《电子商务法》于2018年正式通过，这不仅为我国电子商务的发展奠定一个基本的法律框架，而且完善了对电商平台的监督和引导，开启了跨境电商的新时代。截至2020年4月，国务院分五批次共设立105个跨境电商综合试验区，有效地促进了跨境电商的发展。在企业方面，随着上下游产业链基本趋于完整，相关法律法规和促进政策落地完善，跨境电商逐渐规范化，头部企业的品牌认知逐渐成形，并形成一定程度的壁垒。此阶段，我国出口跨境电商开拓新市场成效明显，对“一带一路”沿线国家以及拉美国家的出口比重有所提升。

三、跨境电商的政策与监管

（一）总体政策

1. 跨境电商试点

2012年8月，国家发展和改革委下发《关于开展国家电子商务试点工作的通知》，批准上海等5个城市开展跨境贸易电子商务服务试点。试点主要围绕跨境电商B2C进行创新，以期在通关、检验检疫等领域取得突破性创新进展，且推动跨境电商B2C财税、外汇领域进行改革。试点主要针对跨境电商零售，即针对以快件或邮件方式通关的跨境电商存在难以快速通关、规范结汇及退税等问题，具体由海关总署组织有关示范城市开展跨境贸易电子商务服务试点工作。国家采取“先试点后推广、出口放开、进口审慎”的发展原则，在批复郑州、杭州、重庆、上海、宁波5个试点城市后，逐步扩大试点城市范围。截至2020年1月，进口试点城市已达87个，出口试点全部放开。

表 9-1 跨境电商进口试点

时间	地区或城市
2012 年 8 月	郑州、杭州、重庆、上海、宁波
2013 年 9 月	广州
2014 年 7 月	深圳
2015 年 10 月	天津
2015 年 12 月	福州、平潭
2018 年 1 月	合肥、成都、大连、青岛、苏州
2018 年 12 月	北京、呼和浩特、沈阳、长春、哈尔滨、南京、南昌、武汉、长沙、南宁、海口、贵阳、昆明、西安、兰州、厦门、唐山、无锡、威海、东莞、义乌
2020 年 1 月	石家庄、秦皇岛、廊坊、太原、赤峰、抚顺、营口、珲春、牡丹江、黑河、徐州、南通、连云港、温州、绍兴、舟山、芜湖、安庆、泉州、九江、吉安、赣州、济南、烟台、潍坊、日照、临沂、洛阳、商丘、南阳、宜昌、襄阳、黄石、衡阳、岳阳、汕头、佛山、北海、钦州、崇左、泸州、遵义、安顺、德宏、红河、拉萨、西宁、海东、银川、乌鲁木齐等 50 个城市（地区）和海南全岛

资料来源：笔者根据相关资料整理。

2. 跨境电商综合试验区

跨境电商综试区是由国务院批复、商务部牵头、国家相关部门和城市所在辖区的省级政府具体推动，主攻跨境电商 B2B 创新发展，兼顾 B2C 发展的新政策。国务院分五批次共设立 105 个跨境电商综合试验区。（表 9-2）综试区的顶层设计一直在调整改进，杭州综试区借鉴跨境电商试点相关提法，第二批综试区则提出跨境电商 B2B 相关环节的创新，第三批综试区中又增加了包容审慎有效的监管创新理念。①

① 刘洋：《中国跨境电商创新发展报告（2019）》，北京：社会科学文献出版社，2019 年。

表 9-2 跨境电商综试区

批次	时间	城市或地区
第一批次（1 个）	2015 年 3 月	杭州
第二批次（12 个）	2016 年 1 月	天津、上海、重庆、合肥、郑州、广州、成都、大连、宁波、青岛、深圳、苏州
第三批次（22 个）	2018 年 7 月	北京、呼和浩特、沈阳、长春、哈尔滨、南京、南昌、武汉、长沙、南宁、海口、贵阳、昆明、西安、兰州、厦门、唐山、无锡、威海、珠海、东莞、义乌
第四批次（24 个）	2019 年 12 月	石家庄、太原、赤峰、抚顺、珲春、绥芬河、徐州、南通、温州、绍兴、芜湖、福州、泉州、赣州、济南、烟台、洛阳、黄石、岳阳、汕头、佛山、泸州、海东、银川
第五批次（46 个）	2020 年 5 月	雄安新区、大同、满洲里、营口、盘锦、吉林、黑河、常州、连云港、淮安、盐城、宿迁、湖州、嘉兴、衢州、台州、丽水、安庆、漳州、莆田、龙岩、九江、东营、潍坊、临沂、南阳、宜昌、湘潭、郴州、梅州、惠州、中山、江门、湛江、茂名、肇庆、崇左、三亚、德阳、绵阳、遵义、德宏傣族景颇族自治州、延安、天水、西宁、乌鲁木齐

资料来源：笔者根据相关资料整理。

（二）税收政策

1. B2C 进口跨境电商税收政策

2016 年 4 月 8 日，财政部、海关总署和国家税务总局联合发布《关于跨境电子商务零售进口税收政策的通知》，这次改革被称为“四八新政”。在此之前，B2C 进口跨境电商的商品被视作物品，企业只需缴纳旧行邮税。在这种情况下，B2C 跨境进口商品的税负低于按传统贸易方式进口的同类商品。这形成了不公平竞争，有违税收中性原则。四八新政后，采取海外直邮方式入境的商品需缴纳新行邮税，新行邮税在税率档位和大小方面都有调整；选择国内保税仓清关的商品，企业应当缴纳跨境电商综合税，其中包含关税（限值内税率为0）、70%增值税与70%消费税。四八新政在短期冲击了跨境电商的成本优势，但减少了不规范的进口跨境电商经营，有利于有供应链优势的跨境进口电商脱颖而出。近年来，进口跨境电商税率调整变化如表9-3所示。

表9-3 进口跨境电商税率调整

时间	税种	税率变化	征税对象
2016年3月	关税	限额以内为0	限额内商品
	进口环节增值税、消费税	按法定70%征收	限额内商品
2016年9月	消费税	由30%下调为15%	高档化妆品 （普通化妆品免征）
2018年4月	增值税	原17%、11%的增值税率下调至16%、10%	所有品类
2019年3月	增值税	原16%、10%的增值税率调整为13%、19%	所有品类

资料来源：笔者根据相关资料整理。

2018年11月，财政部、海关总署和国家税务总局又联合发布了《关于完善跨境电子商务零售进口税收政策的通知》，该通知明确了相关税收政策，将跨境电子商务零售进口商品的单次交易限值由人民币2000元提高至5000元，年度交易限值由人民币20000元提高至26000元。

2. B2C出口跨境电商税收政策

在B2C出口跨境电商发展早期，企业难以享受到增值税、消费税退（免）税政策，无形之中增加了出口商品的成本，降低了产品的竞争力。2013年，国务院办公厅转发商务部等部门《关于实施支持跨境电子商务零售出口有关政策的意见》，其中增值税和消费税免税或退税政策体现了对跨境电子商务零售出口的政策支持。2018 年，财政部和国税总局发布了《关于跨境电子商务综合试验区零售出口货物税收政策的通知》。通知指出，自 2018 年 10 月 1 日起，对综试区中未取得进货凭证但符合一定条件的零售出口企业的货物，试行增值税、消费税免税政策。该项政策对出口退（免）税进行了简化，避免了 B2C 出口中小微企业因为缺乏单据而造成的出口退（免）税困难。2019 年，国税总局在《关于跨境电子商务综合试验区零售出口企业所得税核定征收有关问题的公告》中进一步指出，从 2020 年 1 月 1 日起，对出口未取得相关进货凭证货物并享受增值税、消费税免税政策的企业，实行核定征收企业所得税的办法。这解决了采购成本不能在所得税税前扣除的问题，进一步降低了企业税负。

（三）监管政策

2020 年 6 月以前，海关仅对 B2C 跨境电商做出了相关规定，采用“9610”“1210”监管代码对 B2C 跨境电商的进出口进行监管。2020 年 6 月 13 日，海关总署发布了《关于开展跨境电子商务企业对企业出口监管试点的公告》，明确在广州、深圳等 10 地海关进行跨境电商 B2B 出口监管试点，并增列了“9710”“9810”等监管代码。企业可以根据自身业务类型选择相应方式向海关申报。不同海关代码对应的通关流程如表 9-4 所示。

表 9-4　海关监管代码

	模式	代码	流程
进口	海外直邮	9610	符合条件的跨境电商平台或企业与海关联网，消费者在平台下单后，平台将订单、支付单、物流单三单的数据传输给海关，商品通过邮件、快件等方式运送，需要通过海关邮件、快件的监管场所才可以入境，按照跨境电商零售进口商品征税。一些“长尾”商品多通过此模式进口

（续表）

	模式	代码	流程
进口	保税备货	1210	符合条件的电商平台或企业与海关联网，电商企业根据市场销售情况提前将一些热销产品备货至保税区，海关特殊监管区域或者保税物流中心管理运送到的商品，企业需向海关申报，海关实行账册管理。境内消费者下单后，电商平台将订单、支付单、物流单传输给海关，同时提交清单。海关按照跨境电商零售进口商品进行征税，经过三单对碰、清单核放，产品出区送达到消费者手中
出口	一般出口	9610	符合条件的跨境电商平台或企业与海关联网，境外个人在平台下单后，平台将订单、支付单、物流单三单的数据传输给海关，商品以邮件、快件方式运送出境。目前该模式是跨境电商出口的主流模式，2017 年占到跨境电商出口的 97.7%
	B2B 直接出口	9710	依托于跨境电商平台，境内企业和境外企业交易成功后，境外企业收到跨境物流运送的出口货物
	B2B 出口海外仓	9810	境内企业依托跨境物流将货物出口到海外仓，在跨境电商平台达成交易后，境外购买者从海外仓获得商品

资料来源：笔者根据相关资料整理。

第二节
跨境电商发展现状

近年来，我国跨境电商整体规模呈现高速增长态势，跨境电商交易额占我国货物进出口总额的比例逐步攀升，即使在新冠疫情时期传统国际贸易遭受冲击的背景下，我国跨境电商仍逆势增长，数字化转型继续加速向传统外贸领域推进。从贸易方向上来看，出口跨境电商规模约占跨境电商整体规模的八成，但进口跨境电商的规模增速更快。从交易模式来看，B2B 模式交易规模占总规模的比重较高，且稳步增长；B2C 模式虽然基础较为薄弱，但仍保持较快增速。

一、跨境电商整体规模呈现高速扩张

近年来，跨境电商行业高速增长，交易额占我国货物进出口总额的比例逐步攀升。如图 9-9 所示，2018 年我国跨境电商市场规模为 9 万亿人民币；接下来的 2019 年增速迅猛，相较前一年增长了 16.7%，规模达到 10.5 万亿人民币。2014—2019 年五年间跨境电商的年均复合增长率达 20.1%。2020 年受新冠疫情的严峻考验，我国第一季度货物贸易进出口总值比上年同期下降 6.4%，跨境电商受到一定的冲击，但是疫情也促进了线上购物消费习惯的形成。我国国内疫情防控形势趋于稳定，国家一系列稳外贸举措持续推进，都将继续推动国内市场潜力释放。

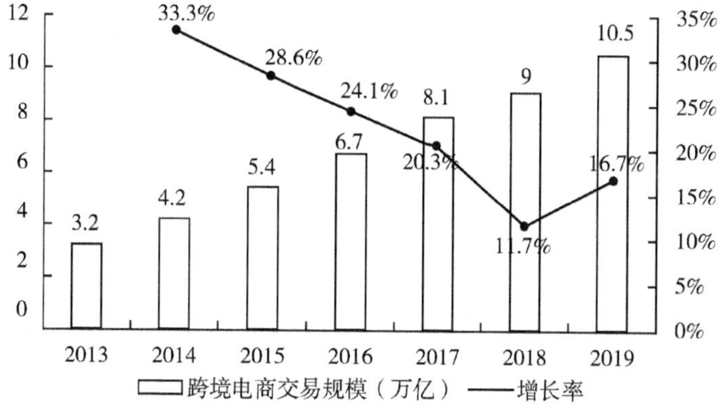

图 9-9 跨境电商规模高速增长

资料来源：网经社《2019 年度中国跨境电商市场监测数据报告》。

跨境电商交易额占我国货物进出口总额的比例逐步攀升，跨境电商渗透率①不断增高。2019 年我国进出口总值 31.54 万亿人民币，跨境电商交易规模占进出口总值的 33.3%，而 2013 年仅为 12.2%。通过图 9-10 可见，跨境电商渗透率的逐年增长，这表明跨境电商在助推传统贸易发展中起到的作用日益显著，对进出口贸易的贡献不断增大。

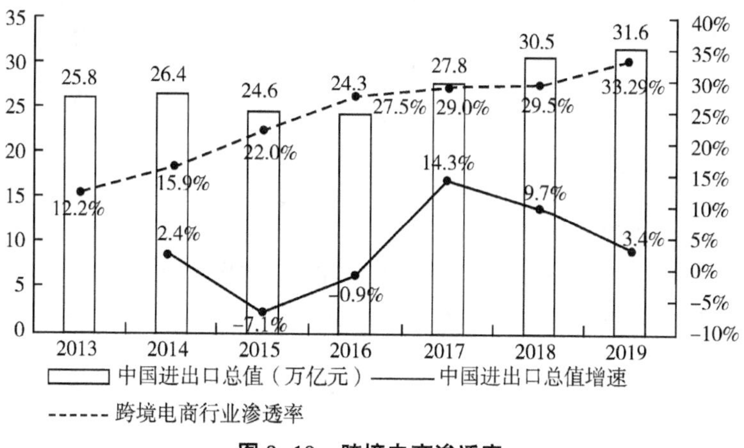

图 9-10 跨境电商渗透率

资料来源：网经社《2019 年度中国跨境电商市场监测数据报告》。

① 跨境电商渗透率指跨境电商交易额占我国货物进出口总额的比例。

二、进出口二八分，进口贸易增速更快

如图 9-11、图 9-12 所示，从贸易方向来看，出口贸易约占八成，但进口贸易增速更快。跨境电商市场进口比例持续扩张的同时，进出口结构相对稳定。在疫情之前的 2019 年，我国国际贸易竞争优势持续提升，出口品牌效应初步显现，开拓新市场的成效明显，这从对“一带一路”沿线和拉美国家上升的出口比重中可见一斑。在国际需求结构趋向小额化、个性化的新特点下，跨境电商零售进口可以在满足国内消费者对国外商品个性化需求的同时，发挥鲶鱼效应，促进国内同类产业升级，助力国内产业结构调整及发展。

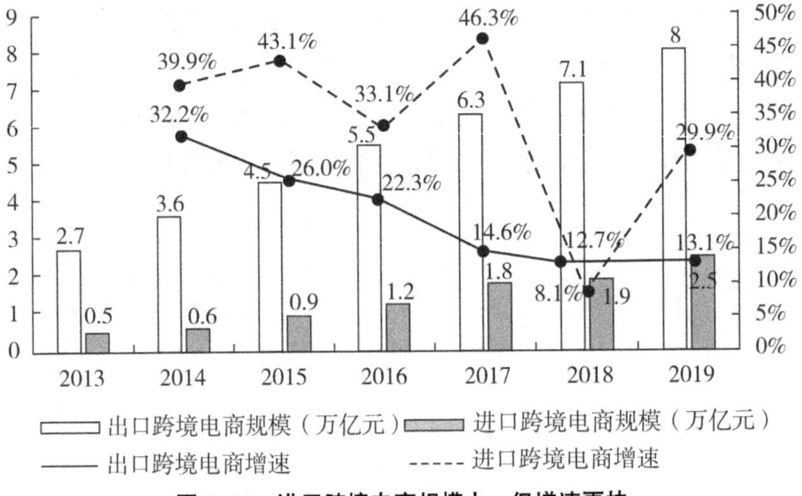

图 9-11　进口跨境电商规模小，但增速更快

数据来源：网经社《2019 年度中国跨境电商市场监测数据报告》。

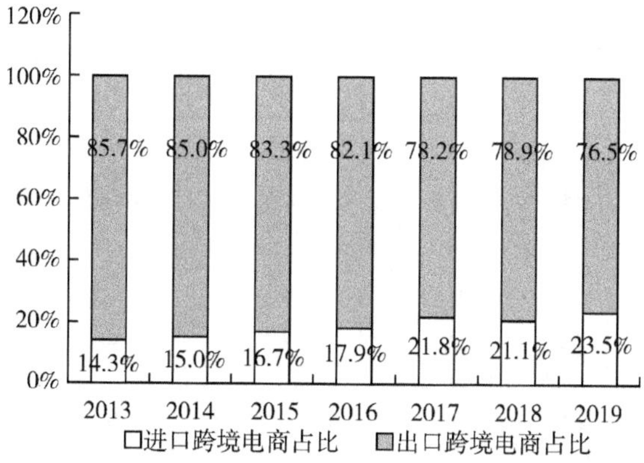

图 9-12 进出口跨境电商规模呈现二八分，进口占比不断扩大

资料来源：网经社《2019 年度中国跨境电商市场监测数据报告》。

三、B2B 和 B2C 八二分，B2C 增速远超 B2B

从交易模式来看，B2B 模式占比较高但 B2C 模式增速较快。从图 9-13 可见，B2B 模式交易规模稳步增长，2019 年已达 8.5 亿人民币。而 B2C 模式基础较为薄弱，经过 6 年的高速增长，2019 年达到了 2 万亿人民币。如图 9-14 所示，从交易规模上看，进出口 B2B 模式份额占到约 80%，B2C 模式占近 20%，且差距有持续缩小的趋势。

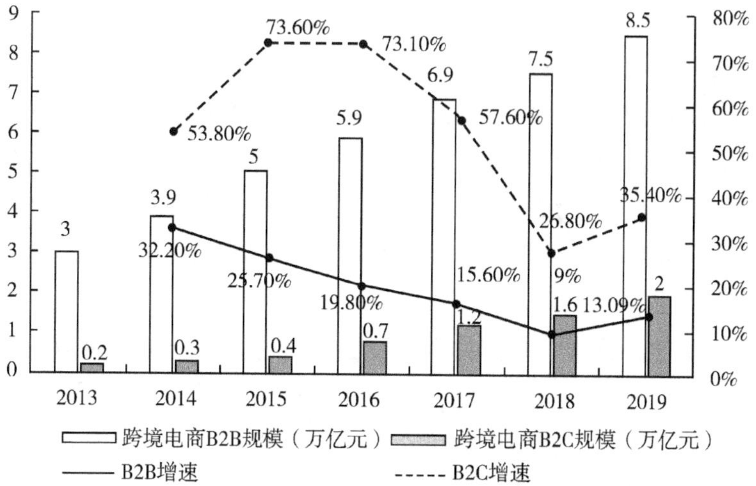

图 9-13 B2B 交易规模远超 B2C，但增速显著低于 B2C

资料来源：网经社《2019 年度中国跨境电商市场监测数据报告》。

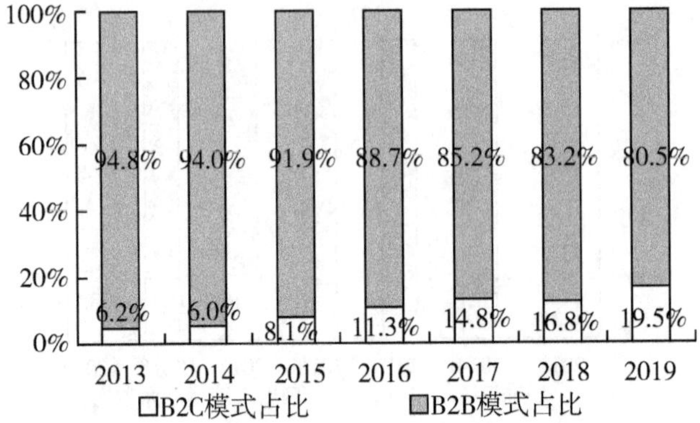

图 9-14　B2C 交易规模扩大至总规模的两成

资料来源：网经社《2019 年度中国跨境电商市场监测数据报告》。

四、疫情冲击传统国际贸易，跨境电商逆势增长

在传统国际贸易遭受疫情冲击的背景下，跨境电商则逆势增长。海关总署数据显示，2020 年上半年，海关跨境电商监管平台进出口增长 26.2%。跨境电商进出口在线成交增速达 6.7%，明显领先于同期整体进出口增速，总值超过 6000 亿人民币。在疫情冲击下，跨境电商出口企业受到的负面影响较小，反而迎来了一波发展高峰。疫情冲击下的跨境新业态也在迅速发展，如直播、云展会和数据赋能等表明数字化转型正在传统外贸领域加速推进。

新冠疫情倒逼新经济、新业态的发展，跨境电商发展转危为机。从政策层面来看，政策密集出台加大对跨境电商的支持力度。2019 年年底以来，我国新设"59+46"个跨境电商综合试验区，鼓励多种投资投入建设海外仓。跨境电商 B2B 监管方式开启试点，进一步升级了跨境电商监管体系。

从企业层面看来，疫情冲击对我国跨境电商企业全球供应链的各项能力提出更高的要求。实践中，跨境电商积极应对人员、原材料、物流等方面的问题，及时调整企业策略；在应对挑战中实现了跨境电商企业经营能力的提升，采集能力的提高，全球产业链布局的进一步优化。

第三节 新发展格局下琴澳跨境电商发展新机遇

新发展格局是新时代的重大战略转型，是我国经济发展的必然选择。推动跨境电商等新模式新业态的发展，是我国促进外贸转型升级、推动形成全面开放新格局的重要举措；是满足消费升级需求，提升国内消费者福利水平的重要途径。琴澳合作发展跨境电商，对于推动澳门经济适度多元和深化粤澳合作方面有重要作用。

一、新发展格局下发展跨境电商的重大意义

第一，进一步提升对外开放水平，促进高质量对外开放。中共十九届五中全会通过的《中共中央关于制定国民经济和社会发展第十四个五年规划和二〇三五年远景目标的建议》提出，实行高水平对外开放，开拓合作共赢新局面。“十四五”规划将高水平对外开放诠释为“更大范围、更宽领域、更深层次”的对外开放。我们可以从三个视角来思考高水平开放：一是能不能实现“以开放促改革”，借力破解我国经济体制改革在深水区久攻不克的难题；二是能不能促进我国经济的高质量发展；三是能不能助力遏制逆全球化浪潮，并为下一轮全球化高潮打下基础。

习近平总书记在第三届中国国际进口博览会开幕式讲话中也提到，“中国将秉持开放、合作、团结、共赢的信念，坚定不移全面扩大开放”，“中国将推动跨境电商等新业态新模式加快发展，培育外贸新动能”。[①]

① 习近平：《在第三届中国国际进出口博览会开幕式上的主旨演讲》，新华社，2020年11月4日。

跨境电商综试区扩容是新时代中国持续推进对外开放，促进外贸转型升级，推动形成全面开放新格局的重要举措。跨境电商综试区再次扩容，有利于全面复制推广前两批跨境电商综试区探索形成的成熟经验和做法，在全国范围内形成良性发展的跨境电商生态圈。①

第二，推动制造业服务化发展，促进制造业企业融入国际化分工体系，逐步提升在全球价值链中的位置。2016 年 12 月，《关于加强国际合作提高我国产业全球价值链地位的指导意见》发布，提出“主动打造互利共赢的全球价值链，顺应互联网等信息技术发展带来的新机遇，鼓励企业加快制造与服务协同发展，通过创新商业模式实现价值链攀升”。长期以来，我国制造业被处于全球价值链的低端部分，一直处于微笑曲线的底部，发展潜力和成长空间被极大地压缩。遭受比较优势丧失和价值链低端锁定的双重压力，我国制造业面临“大而不强”的严峻形势。作为新的商业模式，跨境电商可以突破时间和空间的限制，重构传统外贸组织形式，以互联网为发展平台，构建生产者、中间商和消费者的网络化关系，通过减少中间流通环节、降低信息不对称性、共享制造企业资源、加快市场反应速度、精准匹配供给需求等提高交易效率，提升贸易便利化水平，打造中国制造走向世界的新路径。

跨境电商的市场准入门槛和成本较低，为中小企业进入国际市场开创了新渠道。跨境电商极大地弱化了地理位置因素在贸易中的角色，依托互联网打造的网络化空间，将国内生产者和国外消费者聚集在虚拟的平台中，通过减少中间环节、缩短贸易距离、降低中间成本等来提高交易效率，实现了买卖终端的直接对接。

第三，进口跨境电商满足消费升级的需求，提升国内消费者福利水平。2018 年中共中央、国务院印发的《关于完善促进消费体制机制进一步激发居民消费潜力的若干意见》，强调要突破深层次体制机制障碍，适应全国人民分层次多样性的消费需求，保证基本消费经济、实惠、安全，培育中高端消费市场，形成发展势头良好、带动力强的消费新增长点。2019 年，我国人均国内生产总值首次突破 1 万美元。消费

---

① 韦大宇、张建民：《中国跨境电商综合试验区建设成果与展望》，《国际贸易》2019 年第 7 期。

作为经济增长的主动力作用进一步增强，最终消费对 GDP 的贡献率为 57.8%，高于资本形成总额 26.6 个百分点。消费升级提质加速，恩格尔系数为 28.2%，较上年下降 0.2 个百分点；全年全国居民人均消费支出 21559 人民币，较上年增长 8.6%。人均 GDP 的增加，代表可支配收入也在增加。收入决定消费，这就意味着我国消费规模还将持续整体扩大，消费升级也可以持续推进。伴随着我国居民消费升级和与之带来的消费者对产品质量和种类要求的提高，消费者开始追求更具差异化和品质化的商品，跨境电商平台恰能满足消费者对高品质商品的追求。

二、RCEP 利好跨境电商长期发展

2020 年 11 月，15 个成员国经贸部长正式签署《区域全面经济伙伴关系协定》（RCEP）。自此，RCEP 成为目前世界上人口规模最大、成员组成最多元、发展潜力最大的自贸区。

RCEP 要求 15 个成员国均承诺降低关税、开放市场、减少标准壁垒，提出了远高于世贸组织要求的开放水平，要求各国货物贸易的整体开放水平应超过九成。我国签署 RCEP 后首次实现了与世界前十大经济体签署贸易协定，我国对外签署的贸易协定也达到 19 个，自贸伙伴达到 26 个。预计到 2025 年，RCEP 将带动成员国出口多增长 10.4%，对外投资存量多增长 2.6%，GDP 多增长 1.8%。①

目前，我国与东盟 10 国，韩国、澳大利亚、新西兰等国本身就已经签订了双边自由贸易协定，在此基础上跨境电商商品进口本身就是零关税。RCEP 尽管对跨境电商的直接影响较小，但提振市场信心的作用非常大。尤其是在当下疫情肆虐、贸易保护主义和单边主义抬头的情况下，RCEP 的签署有效提振了全世界对多边主义和国际贸易经济增长的信心。从长期来看，RCEP 的实施将会从多方面促进跨境电商的发展：

第一，发展跨境电商成为各方共识。RCEP 非常明确地支持电子商务的跨境经营，独立站等跨境电商新业态获得了非常重要的国际规则保

---

① 《为区域和全球经济增长注入强劲动力——解读区域全面经济伙伴关系协定签署》，新华网，2020 年 11 月 16 日。

障。RCEP 对跨境电商领域进行了明确的制度规范，如电子认证签名、在线信用保护和网络安全等。我国在现有法律框架之下，也制定了数据流动和信息存储的规定。RCEP 具体条款指出，任一组织不得要求把主体使用或部署计算设施在其领土内作为在其领土开展业务的条件，任一组织不得阻碍用于商业的信息跨境传输。RCEP 缔约方覆盖了全球 30%的 GDP 和人口，同时横跨东亚三大经济体和东南亚的主要国家。近年来，东南亚市场潜力巨大，已成为跨境卖家们的必争之地。各类电商模式都能在东南亚地区找到身影。

第二，协议区域内规则统一，降低了经营风险和不确定性。跨境电商经营涉及不同国家，存在着政策风险，对于我国出口企业来说，以往外贸出口最大困惑之一就是，各国国际贸易标准差异化太大，贸易协定变化多端，比如说原始产地规则、投资政策、服务贸易政策等。而 RCEP 对原有“10+1”自贸协定的规则进行了拓展，明确规定了经济技术、中小企业等领域的合作内容。① 协定区域内规则会更统一和规范，这对于外贸出口企业来说可以大大降低经营风险和不确定性。目前，我国也为促进跨境电商发展提出了诸多新举措，这将有助于其他成员国借鉴我国发展经验，为制定全球跨境电商规则体系作出贡献。

第三，进一步优化区域的供应链和价值资源。RCEP 将促进区域内各要素的自由流动，可以最大程度创造价值和整合资源。近年来，头部跨境电商企业为实现品牌化和外国本土化相继布局海外仓。RCEP 区域内规则统一以后，区域内的投资者进入了一个国家等于进入了区域内的全部国家，大幅提升了投资效率与稳定性。

第四，降低关税，提升出口产品竞争力，降低跨境进口成本。RCEP 协议的签署将在很大程度上取消和消减区域内关税壁垒，极大地扩张区域内贸易活动。更重要的是，RCEP 有望在较短时间内实现贸易自由化，最终实现区域内 90%以上的货物贸易零关税。其中，中日两国间首次就自贸区零关税协议安排达成共识是 RCEP 最大的突破之一。日本是我国第四大贸易伙伴，未来我国产品进入日本市场所遭遇的压力将

① 中华人民共和国商务部国际司：《商务部解读〈区域全面经济伙伴关系协定〉》，《中国外资》2020 年第 23 期。

得到很大缓解，这有利于我国跨境出口卖家减少出口成本，增强产品在日本市场的竞争力。此外，关税的降低也会促使进口商品的价格明显下降，可以让消费者买到更低廉优质的海外商品，特别是区域内的产品，这将进一步促进跨境电商进口行业的发展。

第五，加速跨境电子商务监管方式的数字化进程。RCEP 在各项监管措施上进行便利化改革，目的是提升货物贸易效率，降低贸易成本和缩短物理时间，促进统一市场。同时，鼓励在标准、技术法规和合格评定程序认证中减少不必要的技术性贸易壁垒。在海关程序和贸易便利化方面，RCEP 鼓励简化海关通关手续，鼓励采用高效化海关管理手段，如采取抵达前处理、信息技术运用等。RCEP 鼓励各方在技术法规以及合格评定程序方面的信息交流与合作。① 更有意义的是，RCEP 鼓励推进无纸化电子认证，除法规特殊要求外，参与方应该鼓励应用互认的电子认证，不得否认电子签名的法律有效性，电子文档与纸质文件具有同等法律效力。我国跨境电子商务监管模式创新及技术平台在这方面也有一定的先发优势，很有可能被 RCEP 参与方借鉴、参考及推广应用。

三、多重优势叠加，琴澳合作发展跨境电商产业潜力巨大

（一）澳门具备中葡合作资源优势

葡语国家遍布四大洲，包括巴西、葡萄牙、安哥拉、莫桑比克、几内亚比绍、佛得角、东帝汶等，拥有约 2.6 亿人口，市场发展潜力大。由于历史、语言、文化关系，澳门特区与葡语系国家一直保持着传统而广泛的联系。② 早在 2003 年，中央政府就牵头在澳门创立中国-葡语国家经贸合作论坛，并确立了澳门作为中葡经贸平台的角色。中国-葡语国家经贸合作论坛以促进和发展经贸为主题，发挥澳门的纽带作用，为

---

① 《为区域和全球经济增长注入强劲动力——解读区域全面经济伙伴关系协定签署》，新华网，2020 年 11 月 16 日。

② 史昊宇：《浅析澳门特区的经济适度多元发展——以特色金融产业为切入点》，《经营与管理》2020 年第 9 期。

推动中国内地、葡语国家和澳门特区的共同发展做出贡献。[①] 2013 年，中央政府进一步明确支持澳门特区政府建设“三中心”——葡语国家食品集散中心、中葡经贸合作会展中心、中葡中小企业商贸服务中心。2015 年 4 月 1 日，中国-葡语国家经贸合作及人才信息网开通，为中国与葡语国家提供诸如中葡双语人才及专业服务数据库、葡语国家食品数据库、中国及葡语国家会展信息、葡语国家相关的经贸信息及当地营商法规信息等服务，方便企业、投资者、商户获取信息资料。在 2019 年发布的《粤港澳大湾区发展规划纲要》中，澳门被赋予了中国与葡语国家商贸合作服务平台、人民币计价结算的中葡金融服务平台及葡语国家人民币清算中心的定位，这亦凸显出澳门在联系中国与葡语国家中的桥梁作用。

（二）疫情冲击下澳门亟须产业多元化

澳门作为外向型的微型经济体，对外部经济环境具有极高的依赖性。新冠疫情冲击下，澳门产业结构单一、过度依赖博彩业、经济韧性不足等问题被暴露出来，经济明显收缩。因此，加快推动经济适度多元势在必行。融入粤港澳大湾区发展是破解澳门发展局限的根本途径。而横琴作为粤澳深度合作区，将在推动澳门经济适度多元和深化粤澳合作方面发挥重要作用。作为贸易自由港和独立税区，澳门可以与横琴在商业上形成互补。而做好珠澳合作开发横琴这篇文章，建设横琴粤澳深度合作区，更是珠海新一轮发展的总牵引。[②]

（三）横琴跨境电商政策完善，琴澳合作潜力巨大

横琴毗邻港澳，目前能够开展零售出口业务（9610）、保税出口业务（1210）、跨境电商 B2B 直接出口业务（9710）和跨境电商出口海外仓业务（9810）。2020 年 9 月 1 日，跨境电商 B2B 模式正式在珠海落地。跨境电商 B2B 模式下，出口商品可采用“跨境电商”方式进行转

① 齐鹏飞：《浅析澳门回归 15 年“一国两制”特色的经济发展之路》，《当代中国史研究》2014 年第 6 期。

② 《促进澳门经济适度多元化发展》，《珠海特区报》，2020 年 4 月 30 日。

关与全国通关一体化，极大简化了传统贸易流程，能有效节省企业相关成本和扩大销路。跨境电商 B2B 出口政策，特别是海外仓退货政策，有效解决了企业的后顾之忧，为企业拓展海外市场、大胆“走出去”提供有力支持。此外，海关跨境电商 B2B 出口政策有利于降低企业的运营成本，对企业是重大利好。

2021 年 9 月，中共中央、国务院发布《横琴粤澳深度合作区建设总体方案》，方案指出要打造促进澳门经济适度多元的新平台，构建与澳门一体化高水平开放的新体系，这为横琴跨境电商发展带来了新的发展机遇。①

2020 年以来，新冠疫情席卷多国，国际形势不确定性、不稳定性明显增加，全球产业链备受挑战，然而随着国内消费市场的开放和国内消费结构的升级，以及我国跨境电商政策逐渐丰富与完善，跨境电商进入了新的发展机遇期。身处粤港澳辐射区位的横琴更是借势政策东风，发挥产业集聚效应深耕跨境电商市场。2020 年 7 月，大湾区首个跨境直播电商基地启用，落地横琴。基地依托毗邻港澳和辐射拉美 24 国的平台优势，旨在打造为国内唯一一个与澳门深度合作的示范性直播电商基地，唯一一个以珠澳本地供应链为依托的跨境特色直播电商基地，为澳门经济适度多元化发展提供了更多可能性。② 2020 年 8 月 25 日，珠海大横琴置业有限公司成功签约唯品会，为横琴引来了一支跨境电商“主力军”，丰富了跨境电商集聚式发展生态圈。③

---

① 《澳门青年备战“双十一”忙：横琴跨境电商拥抱新机遇》，中国新闻网，2021 年 11 月 10 日。

② 《大湾区首个跨境直播电商基地启用，落地横琴》，南方网，2020 年 7 月 19 日。

③ 《唯品会入驻横琴 ICC 抢跑跨境电商新赛道》，中国经济网，2020 年 8 月 28 日。

第四节 推动横琴新区跨境电商产业发展的具体建议

针对横琴新区跨境电商产业发展中所面临的问题，本节提出了推动跨境电商产业发展的具体建议：推动跨境电商企业创新发展，促进传统外贸企业转型升级；培育完整的跨境电商产业链，物流领域着重提升效率，支付领域创新跨境人民币业务、降低支付成本，金融领域推出综合金融服务、探索供应链金融；利用大数据构建跨境电商信用管理体系，降低信息不对称带来的交易风险；引进人才与完善培养机制双管齐下，切实解决跨境电商发展中人才匮乏问题；抓抢机遇，推动跨境电商升级为数字贸易。

一、推动跨境电商企业创新发展

（一）促进传统外贸企业转型升级，实现产业深度融合

2019 年 12 月国家发改委发文支持构建粤澳双方共商共建共管的体制机制，优化“分线管理”政策，并且鼓励探索在民商事法律适用、贸易等领域深化改革，构建与国际规则高度衔接的营商环境，促进澳门经济适度多元发展。广东自贸区横琴片区自 2015 年正式挂牌成立到 2020 年底，区域内澳资企业总数突破 3500 户，尤其是 2019 年增加近 1300 户。以横琴·澳门青年创业谷为例，该孵化区域吸引澳门企业 170 家入驻，孵化 250 个新的创新创业项目，大批澳门青年到横琴就业。[①] 2020 年初以来，澳门特别行政区长官贺一诚多次与广东省以及珠海市相关领导进行会谈，围绕加快落实横琴粤澳深度合作区建设深入交换意见。时任珠海市委书记郭永航指出横琴粤澳深度合作区有多个产业特别

① 《珠澳共此琴妙手著文章》，《珠海特区报》，2020 年 12 月 31 日。

具有发展前景，包括特色金融、跨境商贸等，两地未来会在各领域继续深化合作、资源互补，翻开共同开发横琴新篇章。为此，横琴应该进一步鼓励区域内的传统外贸企业积极利用跨境电商平台加快信息收集、产品创新，规范企业自身经营管理与财务制度，并支持企业运用大数据、5G、VR 等信息化技术手段，丰富线上商品展示展销形式，助推企业智能化数字化发展，促进传统外贸企业转型升级，实现产业深度融合。

（二）积极开拓新兴市场，依托澳门加强与葡语国家在跨境电商领域的经贸合作

近年来，虽然欧美市场依旧是我国跨境电商市场发展的主要方向，但随着新兴市场互联网覆盖率与移动终端普及率的逐渐提升，以及消费者购买能力的不断增强，其逐渐放开跨境电商政策，有望成为我国跨境电商新的发展方向。《粤港澳大湾区发展规划纲要》多次提及澳门建设“中国与葡语国家商贸合作服务平台”“人民币计价结算的中葡金融服务平台”及“葡语国家人民币清算中心”的定位，显示出澳门是连接中国与葡语国家的重要桥梁。中国海关总署数据显示，2018 年中国与葡语国家进出口贸易总额为 1473 亿美元，其中第一位巴西占 75.2%，第二位安哥拉占 18.8%，第三位葡萄牙占 4.1%，前三位总和已占 98.1%。澳门土地稀缺、人口基数小、本土商品单一，不适合成为跨境电商的买方和卖方，但是澳门拥有服务中葡经贸合作的资源、网络和经验。因此，横琴可以将澳门作为中葡跨境电商发展的窗口，开拓跨境电商发展的新蓝海。

（三）鼓励企业开展差异化竞争，重视消费者需求与自身品牌打造

近年来，在跨境电商交易中，B2C 模式发展较快，意味着越来越多的个人消费者直接参与到跨境贸易之中，并且随着收入水平与生活品质的提升，消费者更加青睐更具品质化、差异化的商品。因此，提供定制化、专业化的产品与服务，成为外贸企业提升竞争力、抢占国际消费市

场的关键。亚马逊海外购的报告指出，消费者的选择日益多样化，长尾[①]商品的销量增长明显。从广州跨境电商综试区的发展情况来看，广州市依托制造业优势，在 B2B 跨境电商出口上发展迅速，其中服装、母婴用品、化妆品、电子产品等传统行业出口规模较大。但广州跨境电商产业进入门槛低、跨境交易产品同质化严重，低价竞争态势明显。随着跨境电商进入品牌高地时代，同质化或非品牌产品受到了较大制约。[②]

对此，横琴政府应当为跨境电商企业塑造自有品牌形象提供有利的政策保障，例如完善法律法规、健全管理制度、为跨境电商企业提供便利服务等，并积极支持和引导生产型企业“走出去”，鼓励企业参加国际商品交易博览会、国际进出口交易博览会、进口展示展销会等线上线下活动，提高企业和商品曝光度，扩大中国制造的品牌影响力；其次，跨境电商企业应在加强品牌营销的同时，保证商品与服务的质量，注重产品与服务的创新，增加客户黏性从而培育稳定的客户关系。

（四）积极开展跨境电商直播营销新模式，拓宽销售渠道，提高消费体验

作为我国社交电商最热门的模式，直播带货随着短视频平台的崛起迎来了快速发展，网络直播营销是进化了的视频营销。强大的社会影响力以及优质内容的输出，使得网络直播营销成为目前为止效果和转化率最好的一种视频营销模式，特别是在服饰、美妆产品、养生保健产品、母婴育儿产品和新奇特产品上具有强大的竞争力。在进口跨境电商直播方面，杭州综试区走在创新前列。2019 年 4 月，杭州海关联合天猫国际打造跨境直播 IP“了不起的保税仓”，开启保税仓直播新模式。同年 9 月，杭州综试区与网易考拉联合打造保税仓网红直播间，上线“海外直播溯源”和“探秘保税仓”两个特色栏目。2020 年 4 月，天猫国际

---

① 长尾，指那些原来不受到重视的销量小但种类多的产品或服务由于总量巨大，累积起来的总收益超过主流产品的现象。

② 李晓沛、丁朵：《广州综试区：跨境电商“广州模式”的新思维新趋势新发展》，《跨境电商蓝皮书：中国跨境电商发展报告（2020）》，北京：社会科学文献出版社，2020 年，第 321—334 页。

与杭州综试区、钱塘新区管委会、钱江海关提出共建“全国首个跨境保税仓直播基地”，采用每月固定4—6场的“周播”模式。保税仓直播以保税仓实景实地直播，通过内容化、互动化、场景化的方式，让消费者直观感知海外商品跨境进口保税链路，降低了决策成本，提高了消费体验。对此，横琴应当鼓励生产贸易企业、外贸进出口企业与跨境电子商务平台、境外平台、境外自媒体服务商（MCN机构）等合作，积极开展跨境电商直播营销新模式，优化和完善境内营销网络，拓宽销售渠道，提高消费体验。

（五）支持独立站发展，抢占跨境电商新风口

独立站凭借多重优势有望成为跨境电商新风口。

第一，品牌独立站是打造自主品牌，提高品牌形象的路径之一。第三方跨境电商平台处于跨境电商产业链的核心地位，从事跨境电子商务的外贸企业大多数都是通过第三方跨境电商平台参与国际贸易，但这种模式在发展过程中的问题也进一步凸显：一是外贸企业过度依赖第三方电商平台，缺乏一定的自主性，不利于提升企业自有品牌的形象；二是外贸企业难以直接获取用户数据以实现精准营销以及准确把握客户的需求偏好；三是外贸企业在第三方平台上的运营费用越来越高。[①] 因此，品牌自建独立站越发重要。

第二，对于跨境电商而言，品牌独立站可以减少依附于第三方平台的可能性，提高管理运营的自主性。企业可以直接获得一手用户信息用于精准营销与产品研发设计。利用产品销售所产生的数据分析消费者的偏好与购买周期实现精准营销，并且可以利用与客户互动过程中所收集的用户信息，进行产品的研发与改进，加快产品的上新速度。

第三，品牌独立站可以使企业与消费者建立起更为持续、直接的联系。通过渠道把控与会员管理体系的构建，企业可以第一时间将产品上新、品牌价值、折扣优惠等最新消息传达给客户。

因此，横琴应支持与引导有条件的外贸企业向独立站的方向发展，帮助外贸企业打造良好的品牌形象。一方面政府应规范独立站的运营，

① 佘彦飞：《中国跨境电商时代是否真的到来？》，《服务外包》2020年第8期。

加大独立站的风险控制力度，保护卖家与消费者的数据安全；另一方面应为独立站卖家提供良好的营商环境，帮助跨境电商卖家对接国外的独立站运营思维，落实产品质量，优化供应链管理，做好口碑营销，提升独立站品牌的国际与国内知名度。[①]

二、培育完整产业链生态

近年来，跨境电商发展迅速，已经逐步形成了包含供应商、零售商、跨境物流仓储平台、跨境支付平台、外贸综合服务平台在内的完整产业链，实现了线上线下深度融合，“关”“税”“汇”“检”“商”“物”“融”一体化的发展模式。此外，跨境电商参与主体不断增加，行业内与跨行业之间开始了深度融合与创新。在政府的积极引导下，前两批跨境电商综试区对资源进行深度整合，打造了完整的跨境电商生态圈，完成了产业集聚与融合创新，促进了跨境电商的快速发展，其中上海、深圳、广州、郑州等地充分利用跨境电商综试区与自贸试验区的双重优势，合理规划跨境电商产业布局，延伸产业链、提升价值链，积极引进跨境电商平台企业，推动出口跨境电商优势品牌国际化。[②] 因此，横琴推动跨境电商产业的快速发展也需要积极打造生态系统，引进跨境电商平台、跨境物流服务商、跨境支付服务商、清关服务商、税务服务商等，把跨境仓储物流、跨境支付、跨境金融服务与外贸综合服务整合形成完整的产业链与生态圈，为区域内跨境电商企业提供全方位综合服务，强化跨境电商产业集聚发展与融合创新。

（一）提升智能物流效率

1. 智慧物流

菜鸟物流通过以下三点提升了物流效率，值得借鉴学习。一是与境

① 鲁旭、付兴嘉、乔柏源：《跨境电商的独立站发展趋向与提升对策》，《对外经贸》2021年第10期。

② 钊阳、戴明锋：《中国跨境电商发展现状与趋势研判》，《国际经济合作》2019年第6期。

外物流企业合作。菜鸟物流背靠阿里巴巴强大的渠道资源，与英国、俄罗斯、西班牙等国家100余个邮政公司或物流公司开展深度合作，借助其现有成熟的国际物流网络体系，覆盖了全球200多个国家和地区，服务于全球80多个国家和地区的跨境电商企业。二是物流企业智能化水平快速提高。菜鸟网络采用电子物流面单链接物流合作商和消费者，实现了包裹跟踪在线化；同时搭建仓配供应链智能规划平台，充分利用大数据分析挖掘功能，为商家提供智能选仓、分仓、预测等功能，解决货物分拣、调拨、入库、上架、补货无序问题。三是完善境外终端配送网络。菜鸟物流与全球速卖通、法国B2C包裹运营服务商雷莱斯柯林斯公司达成合作，通过其拥有的5000多家法国线下配送网店为法国用户进行配送交付，极大地提高了终端配送时效。

因此，横琴应全面发展智慧物流，推进大数据、云计算、物联网及地理信息等技术应用，优化跨境电商物流业务流程，积极探索更加高效的物流途径，形成完善的跨境物流供应链；推进区块链技术的应用，优化跨境物流的各个环节，解决传统跨境物流体系中信息难以追溯、信息透明度低、流程不规范等问题。针对三段式物流标准不统一、多式联运衔接不高效、物流运输不规范等问题，建立衔接国际的智能物流运输标准和规则。一是探索解决国际物流运输工具的标准不统一，规范跨境电商国际物流运作流程，真正实现运输资源的高效整合和无缝衔接。二是基于物联网等信息技术应用，建设智能物流仓储、物流信息和物流运营服务系统，搭建衔接顺畅、优质高效的国际智能物流分拨配送和运营服务体系。三是衔接国际统一的物流运输标准规则，包括综合性国际物流运输平台规则、国际海运单证规则、国际航空运输单证规则、国际铁路运输单证规则、国际货代管理规则、国际物流运输工具标准规则等，实现全球跨境物流“一单到底”。从而建立起强大、智慧、高效、便捷、安全的跨境电商物流网，推进“陆海空”联运物流通道和设施建设，实现国际和国内物流无缝对接，国内物流网干线与支线、仓位与末端的有效联通。

2. 海外仓

跨境电商海外仓模式是指我国境内企业在境外目的国建设或租赁仓库，通过多种物流方式提前将商品批量出口到境外仓库，待电子商务平台完成交易后，将商品直接从本地海外仓送达境外消费者。

目前，跨境电商海外仓模式主要包括两种类型。一是自营海外仓，跨境电商卖家在海外市场设立仓库，只为本企业提供仓储、库存管理及配送等服务。自营海外仓是大型跨境电商企业的选择，可根据业务需要对海外仓进行相应调整，以满足企业个性化需求。自营海外仓卖家对于商品“门到门”服务流程拥有自主权，可把控仓储和配送环节，但相对来说成本较高，需要强大的实力和充沛的资金支持，经营过程中还要面对多文化员工管理、法律税务和运营风险等问题。二是平台型海外仓，大型跨境电商交易平台在主要消费市场建设海外仓，只为平台上的卖家提供仓储、配送和退换货的一站式配套物流服务。平台型海外仓以亚马逊 FBA 最为典型，运作最为成熟，配送时效快，专业化程度较高，很少存在错发漏发及库存问题，已经成为海外仓服务的标杆。海外仓模式解决了传统跨境出口物流模式的诸多痛点，得到越来越多跨境电商企业的重视。海外仓模式由原先的“先有交易，后有物流”转变成“先有物流，后有交易”，将跨境的长线物流转变为“最后一公里配送”。

海外仓是跨境电商海外销售本土化的关键基石，从多方面提升跨境出口企业竞争优势。第一，提高企业物流配送时效，缩短订单周期。海外仓模式通过批量运输，减少中间转运环节，极大缩短了商品的整体物流时间。在消费者下单后，跨境电商企业第一时间通知海外仓进行商品分拣和包装，快速实现商品本土发货配送，有助于缩短订单周期、加速资金回笼、提高资金使用率。第二，降低企业物流成本，提高企业利润。海外仓商品一般从生产厂家批量采购，采购价格低于零星采购；采用一般贸易形式报关，可申请退税，相当于降低采购成本；通过海运或空运批量运输和集中报关，降低了跨境货物运输、商检、报关等手续的频率，大幅缩减费用；海外仓模式相比传统直邮物流模式，大大降低了破损丢包率。这些都降低了跨境电商企业的整体物流成本，提高了企业的利润率。第三，突破物流限制，助力企业开拓新品类。包裹、快件物流方式对大货、重货、泡货、带电产品等有诸多限制，因此大部分直邮类跨境电商卖家往往集中销售轻小件商品。海外仓模式打破了商品重量、体积、价值的限制，体积大、重量大、价值高的商品，如户外用品、园艺、家具、灯具、大型汽配、机械产品等，都可以通过海外仓模式进行经营销售。第四，提高企业售后服务水平，提升消费者购物体验。在跨境交易中，消费者的退换货问题和商品破损丢失引起的补货问题，一直都是困扰直邮物流类跨境电商卖家的难题。跨境直邮模式要完成一次补货或退换货，耗费时间长，经济损失大；海外仓模式很好地解决了企业售后服务问题，可实现退换货和二次配送，优化了消费者的购物体验，增加购物黏性。第五，优化本土化服务，树立企业品牌形象。海外仓尤其是卖家自营海外仓，除了提供海外仓储、物流配送等基础服务外，还能及时收集海外市场对产品和卖家的一线反馈，掌握产品销售国的消费需求和购买习惯，帮助企业改进产品设计或研发生产出消费者认可的产品，树立企业品牌形象。

因此，在新冠疫情全球蔓延、国际经贸活动大幅收缩的背景下，横琴政府部门应出台政策大力支持海外仓的建设，鼓励跨境电商企业与跨境寄递服务企业在境外建立海外仓，为企业扩大海外仓布局提供强有力的支撑，加快全球物流供应链和境外物流体系的建设速度。海外仓虽有诸多优势，但同样也存在资金要求高、运营风险高、经营难度大、库存压力大等方面的问题，因此横琴跨境电商企业应合理评估自身的风险承受能力，对于大型跨境电商企业可考虑自营型海外仓模式，注重效率的提升，树立良好的品牌形象。而中小型跨境电商企业则可考虑平台型海外仓模式以减少成本与风险。

（二）创新跨境人民币支付业务

目前，国外跨境电商平台网站的商品很少使用人民币进行标价和结算，由于商品标价环节为人民币计价的第一个环节，跨境电商应当更多使用人民币标价，迈出跨境贸易计价结算的第一步。[①] 人民币跨境支付结算系统（Cross-Border Interbank Payment System，CIPS）是中国人民银行组织开发的跨境人民币独立支付系统，可向境内外参与者提供跨境人民币资金清算服务和结算业务。CIPS 也是符合国际标准的重要金融基础设施，CIPS 的建成运行是我国外汇市场基础设施建设的里程碑，标志着人民币跨境支付的现代化支付体系已经建成。CIPS 具有多方面

① 李虹含：《跨境电商与人民币国际化》，《中国金融》2016 年第 3 期。

优势：一是CIPS的建成和运行使得为跨境电商企业提供支付结算服务的第三方支付机构与银行，既可以使用外币进行跨境结算，又可以使用本币为跨境电商企业提供支付结算服务，丰富了原有跨境资金支付结算的渠道，为跨境电商企业的跨境人民币结算和清算提供了便利。① 对于跨境电商参与者而言，用跨境人民币支付结算，可以避免汇率损失，降低交易成本，实现资金及时到账。二是CIPS清算路径清晰，可查询交易，业务结算成本低。报文设计简单明了，报文类型丰富且具有可扩展性，便于银行和监管部门操作、管理。

积极探索数字货币在跨境电商中的应用，促进贸易便利化。新冠疫情的全球蔓延加速了各国推进央行数字货币的进程。我国央行所研发的数字货币和电子支付工具也正式进入了测试阶段。数字货币取代纸质货币是必然趋势，在推动货币互换，便利化跨境电商的过程当中，支付和结算具有至关重要的作用。② 将数字货币应用于跨境贸易当中可以为跨境电商支付结算提供极大的便利，也有助于推动人民币国际化进程。

区块链能够为传统跨境支付结算体系的升级和优化提供技术支撑，例如基于区块链技术研发的数字货币可以充当外汇兑换的中介，区块链可以为银行提供技术支持和底层协议，助力建设去中心化的全球付款系统，从而降低对成本高昂的SWIFT、CHIPS通道的依赖以构建多元化的跨境支付体系。基于区块链技术的跨境支付能够使交易双方直接实现点对点支付，使交易过程更加公开透明，从而可以提升支付效率、降低支付成本以及支付过程中的信用风险。国际贸易会涉及多种货币结算体系，因此处于不同国家、使用不同货币的交易主体需要通过金融机构层级代理才能进行结算，这样不仅会使交易主体面临较高的手续费，还会降低结算的效率，增加交易的时间，使其面临更多的不确定性。区块链本质上是一个去中心化的分布式记账系统，因此将区块链技术运用于跨境支付结算之中，利用其点对点支付的特点，可以减少支付结算的环

① 肖成志、祁文婷：《人民币国际化和跨境电子商务对跨境人民币支付清算及国内第三方支付的影响研究》，《区域金融研究》2016年第11期。

② 《清华大学教授柴跃廷：跨境电商国际合作需要政府和企业共同努力》，《新京报》，2020年9月6日。

节，使支付结算无需依赖第三方支付机构，并且能够实时支付、实时到账，从而提升跨境交易的效率，其透明度高、信息可监测、可追溯的特点还会降低交易过程中的信息不对称，提升交易的安全性，极大地优化跨境电商的支付环境。区块链作为去中心化的分布式账本技术目前已被京东全球购、天猫国际等电商巨头所应用，并将逐步应用于跨境电商综试区中促进整个跨境电商行业的发展。

因此，横琴应创新跨境人民币业务，鼓励跨境电商平台多用人民币进行标价结算，提升人民币跨境支付体系的国际影响力，支持银行业金融机构与第三方支付机构积极开展业务合作，降低跨境电商企业面临的利率风险与汇率风险。另外，银行业金融机构与第三方支付平台应积极探索利用区块链技术来降低跨境支付与结算的成本，积极与外汇局合作搭建跨境金融区块链服务平台，提升跨境支付业务的效率与安全性。

（三）以综合金融服务促进供应链金融发展

创新数字金融，推动金融机构为跨境电商提供综合的金融服务方案。金融机构应将支持跨境电商发展纳入到自身发展战略规划之中，并根据跨境电商行业发展的实际需要、跨境电子商务市场的运行情况与发展趋势制定具体的支持措施，不断完善和优化跨境电商金融服务体系，助力跨境电商行业的转型升级。金融监管部门应建立起一套比较完整的跨境电商金融服务体系标准，鼓励支持引导金融机构为跨境电商服务，从而发挥政策合力推动跨境电商快速发展。[①] 2020 年 2 月，宁波银行成为全国首家对接外管跨境区块链平台的银行，并创新运用大数据风控技术，推出了全国首创的线上化融资产品——出口微贷。通过数据模型自动核算授信额度，为出口企业提供全线上操作、无抵押的纯信用贷款。宁波银行版“杭信贷”同步发力，通过引入政策性担保，拓宽中小出口企业融资通道，解决出口企业“融资难、融资贵”的难题。中国银行在 2019 年 11 月创新推出跨境电商综合金融服务方案 2.0 版本。该方案汇聚中国银行多年来服务跨境电商市场积累的丰富经验，旨在为跨境

① 贺捷：《金融创新如何“护航”跨境电商——以葫芦岛为例》，《当代金融家》2019 年第 12 期。

电商市场各参与主体提供全方位综合金融服务。方案重点打造“聚、融、通”三大服务体系，同时围绕进口电商、出口电商、综合服务机构等三大跨境电商生态主体，提供综合金融服务解决方案，覆盖跨境电商行业面临的撮合、融资和支付等核心业务诉求。一是创新推出专项跨境电商支付结算产品——“中银跨境 e 商通”，针对第三方支付机构跨境电商业务场景提供反洗钱、结售汇、申报、跨境汇款与清算等金融服务。二是在原有线下跨境撮合服务的基础上，发挥全球化优势，加强金融科技应用，收集境外供应商的需求，按销往地域、标的行业等维度分类集中，组织开展在线视频对接，降低沟通成本，辅助提升对接效果，促成贸易意向达成。三是积极尝试依托工商、海关、跨境电商平台等外部数据，积极运用大数据、云计算等技术，将跨境业务场景与普惠金融服务进行融合，提供在线化的创新融资服务。

积极探索供应链金融，降低企业成本，提升产业链各方价值。供应链金融是指从供应链产业链整体出发，运用金融科技手段，整合物流、资金流、信息流等信息，在真实交易背景下，构建供应链中占主导地位的核心企业与上下游企业一体化的金融供给体系和风险评估体系，提供系统性的金融解决方案，以快速响应产业链上企业的结算、融资、财务管理等综合需求。① 过去，贸易金融、供应链金融领域的最大风险在于“萝卜章、假合同”，金融机构无法准确判断融资意图的真实性。为破解这一难题，金融机构除了要加强与供应链核心企业的合作外，借助区块链、物联网等新技术实现线上化风控监测也将是主流的发展方向。

因此，横琴要从提升产业链整体金融服务水平、探索提升供应链融资结算线上化和数字化水平，加大对核心企业的支持力度并提升中小微企业应收账款的融资效率以及增强对供应链金融的风险保障支持等方面稳步推进供应链金融的发展。在提升产业链整体金融服务水平方面，金融机构应与政府部门以及核心企业加强信息共享与合作，依托核心企业构建一体化的信息系统、风险管理与信用评估体系，与实体企业建立更加紧密的联系；同时银行等金融机构应为产业链供应链提供融资、结算

---

① 《八部委力推供应链金融发展：加快实施商业汇票信披露，防范核心企业侵占中小微企业利益，看要点解读》，《证券时报》，2020 年 9 月 22 日。

和资产管理等全方位综合性的金融服务，提升金融服务实体经济的协同性和整体性。

（四）支持外贸综合服务企业发展

随着跨境电商的蓬勃发展，外贸综合服务企业也应运而生。外贸综合服务企业能够整合行业资源，支撑跨境中小企业的发展，其重要作用已经得到广泛认可。外贸综合服务企业按照服务方式不同，可分为平台型外贸综合服务企业和垂直型外贸综合服务企业。其中平台型外贸综合服务企业一般拥有强大的信息技术平台支撑，平台服务用户更为广泛，涉及进出口贸易链条中的各类企业，根据服务企业类型提供差异化服务产品。由于产品覆盖面较宽，产品跨度较大，平台型外贸综合服务企业面临着专业化程度较低、用户体验度较差等问题。相比之下，垂直型外贸综合服务企业的平台定位更加明确，用户类型固定，通常围绕某一特定产业的企业或其关联性企业，可为用户提供更加专业的全方位服务，用户体验较好、更加稳定。

典型的外贸综合服务企业有河南保税集团、一达通、卓志供应链、豫满全球等。以下对于一达通和河南保税集团进行具体说明。深圳市一达通企业服务有限公司于 2001 年成立，是我国第一家中小企业外贸综合服务平台。公司主要为中小企业提供金融、通关、物流、退税、外汇等服务。过去，一达通围绕出口中小企业的外贸综合服务为主，实现了平台化+产品化的运作，其出口综合服务 3+N（3 指通关、外汇、退税，N 是指物流、金融等服务）以及出口代理服务 2+N（2 指通关、外汇服务），成为外贸综合服务平台的标准服务产品，为中小企业走出国门提供了便捷通道。除了传统外贸服务产品，一达通还不断丰富服务品种，创新服务方式。目前已经成为可提供交易、物流、报关、退税、外汇、金融贷款等一站式服务的外贸综合服务平台。河南保税集团以完善的贸易供应链、物流供应链、金融供应链服务平台为载体，以跨境电商大数据服务中心为共享手段，全面覆盖跨境电商行业全链条上的中小跨境电商、网商，紧密聚合跨境贸易产业链上的各大服务商群体，打造了一个跨界融合、平台共享的供应链商业生态圈。河南保税集团已经建成并拥有强大的贸易供应链网络，可为用户提供贸易链条上的商品采购销售、仓储物流、营销推广以及金融增值服务。中小跨境电商企业依托河南保税集团的供应链服务，可有效降低企业运营成本。河南保税集团物流供应链按照“国内外两个集疏中心、两个海关、国际运输、境内干线运输、集疏中心内操作、境内外终端配送”的模式满足进口、出口贸易的“一站到家”需求。河南保税集团凭借平台沉淀的跨境电商大数据，目前已形成集基础支付结算功能、融资功能、个性化增值服务功能于一体的综合方案，能够全面满足客户的金融需求。①

横琴应积极引入外贸综合服务企业，探索促进外贸综合服务企业发展的支持政策与规范其运营的管理模式，为外贸综合服务企业提供通关便利、出口退税便利、外汇管理便利、金融服务便利等，以多方面举措支持外贸综合服务企业为跨境电商企业提供一站式的综合服务，提升外贸综合服务企业的服务效率，从而减少跨境电商企业的运营成本。

三、利用大数据构建跨境电商信用管理体系

近年来，跨境电商整体规模呈高速增长，但由于缺乏系统且完善的信用评价体系，交易双方均面临着信息不对称所带来的交易风险，这成为制约跨境电商发展的重要因素。

信用管理体系的构建能解决跨境电商线上化、虚拟化交易模式下，买卖双方信任度较差、成交量低等问题，营造互信互惠的商业环境。中国互联网商务金融研究院院长张云起及其团队的研究表明，可以通过电商平台交易数据、第三方数据与网络轨迹数据三个维度来构建大数据征信采集结构，这三个维度的数据既包括动态数据与静态数据，又包括传统数据与非传统数据，且数据覆盖面广，能够满足数据采集的要求。②刘章发的研究进一步完善该框架，结合跨境电商实际状况，对每一准则

---

① 王岳丹：《跨境电商典型综合服务企业分析报告》，《中国跨境电商创新发展报告（2019）》，第 292—299 页。

② 张云起、孙军锋等：《信联网商务信用体系建设》，《中央财经大学学报》2015 年第 4 期，第 90—99 页。

下的具体指标进行分析和提炼，具体如图 9-15 所示。①

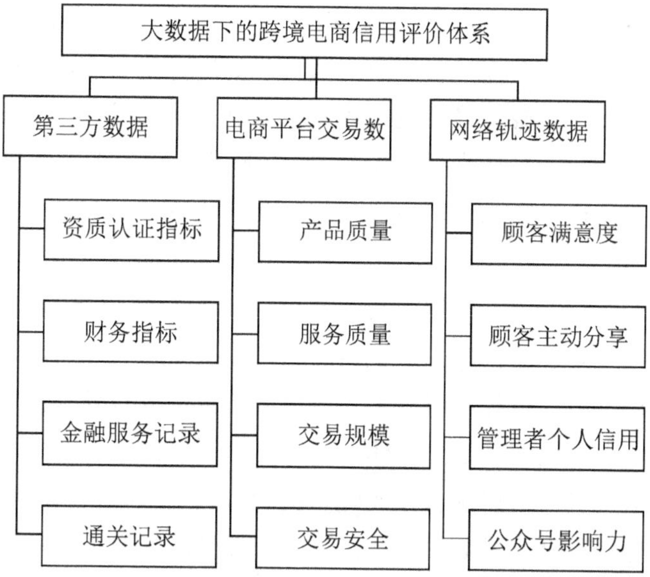

图 9-15　大数据下跨境电商信用评价体系

杭州和郑州两地在利用大数据构建信用管理体系方面已经做出了卓有成效的尝试，可以为横琴提供借鉴。杭州综试区通过线上大数据平台，汇聚政府部门、电商平台和互联网数据，通过平台层、政府端、市场端多方合力，形成电商诚信信用联动生态圈。全过程分为采信、评信、用信三个环节。前期采信通过 28 个杭州市政府部门传输数据至平台数据仓库；在评信中匹配政府部门提供的企业“黑白样本”，再根据企业资质、信用历史、履约能力等指标对企业进行信用评分；最后在用信环节为不同信用评级的企业提供差异化服务，优质企业可享受绿色通道、物流账期延长、对接优质服务商等服务。② 郑州海关根据“由企及

① 刘章发：《大数据背景下跨境电子商务信用评价体系构建》，《中国流通经济》2016 年第 6 期，第 58—64 页。

② 朱世欣、王岳丹：《杭州综试区：打造数字丝绸之路战略枢纽的新实践、新探索》，《跨境电商蓝皮书：中国跨境电商发展报告（2020）》，北京：社会科学文献出版社，2020 年，第 286—297 页。

物”的监管理念，以跨境电商企业为单元，通过整合分析企业在海关“事前、事中、事后”的全链条信息，对企业进行精准画像，并评估风险等级，形成“风险画像”监管模式，实现差异化管理，提升监管效能。搭建跨境电商风险防控体系。结合跨境电商交易各个环节和节点，建设与之配套的智能仓储物流、风险监控和数据分析等辅助管理系统，利用信息化手段，自动监测和筛选潜在风险点；深入研究跨境电商贸易方式，建立符合其特点的统计办法，初步建立了跨境电商统计监测体系。①

大数据技术保证了数据收集的精准性与时效性，其广泛应用为跨境电商信用评价体系的构建带来了新的思路。横琴可利用大数据技术对跨境电商交易与活动过程中所产生的海量动态数据进行管理，从而以多渠道、多维度、多层次的数据构建高效的信用评价体系，有效缓解跨境电商活动中信用缺失带来的各种问题。例如可利用金融机构、税务部门等的数据、电商平台交易数据与评价数据、社交网络数据，一同构建跨境电商信用评价指标体系，再利用上述指标构建跨境电商信用评价模型，对跨境电商企业进行评分，便于为不同信用评级的企业提供差异化的服务。这对于改善贸易环境、降低服务风险、提升服务效率具有重要的意义。

四、引进人才与完善培养机制双管齐下

随着跨境电商的迅猛发展的大背景下，跨境电商专业人才匮乏的情况日益凸显，而横琴处在跨境电商发展初期，高质量的复合型跨境电商人才将是影响跨境电商发展的重要因素。结合其他综合试验区经验，提出如下建议。第一，采取鼓励措施招才引才。横琴跨境电商发展和外贸基础，与沿海发达城市比相对较弱，因此要支持跨境电商企业积极引进跨境电商领域高端人才，对电商人才提供相应的待遇与发展机遇，提升

① 王岳丹：《郑州综试区：“四路协同”助力郑州跨境电商“乘风破浪”》，《跨境电商蓝皮书：中国跨境电商发展报告（2020）》，北京：社会科学文献出版社，2020年，第308—320页。

对各地电商人才的吸引力。第二，鼓励市内高校申请开设跨境电子商务专业，健全高校跨境电商专业人才培育体系。珠海市内一共有六所大学，其中暨南大学珠海分校和中山大学珠海校区为一本院校。如果市内所有大学均能开设电子商务相关专业，每年将为跨境电商产业输送数量可观的专业人才。以杭州为例，杭州高校人才培养体系建设紧跟社会人才发展需要。2020 年，跨境电子商务专业作为新设的 51 个专业之一正式被纳入教育部《普通高等学校本科专业目录（2020 年版）》，杭州高校积极申请，浙江外国语学院、杭州师范大学钱江学院获批开设跨境电子商务专业。此外，目前杭州综试区已经在 38 所高校开设跨境电商课程，也开展线上实操和线下实训相结合的培训班，每年培养高校毕业生 6000 余人、社会跨境电商人才 3 万多人次。第三，建立跨境电商产学研合作机制，鼓励外贸综合服务企业、跨境电商企业和高校合作开展跨境电商人才培训孵化，理论与实践相结合，培育跨境电商实用型复合型人才。例如阿里巴巴旗下 Alibaba. com 就已开展“百城千校百万英才”计划，联合政企校及专业培训机构，通过短期高效的理论+线上实操方式，培育跨境电商复合型、实战型人才。“亚马逊全球开店 101 · 时代青年计划”项目自 2018 年启动，通过由亚马逊全球开店与国内高校建立的合作项目，协助支持高校开设跨境电商出口的培训课程。项目已在杭州、宁波、厦门及深圳四大城市开展，参与学生超过千人。第四，加强本地企业和人才培养体系建设。通过搭建跨境电商人才培训和企业孵化平台，创办电子商务大讲堂，举办跨境电商论坛和沙龙等多元化措施，切实解决国内电商专业人才国际化转型、传统外贸企业数字化升级、跨境电商中小企业规模化发展过程中面临的人才匮乏、融资不畅、运营不精等问题。

五、推动跨境电商升级为数字贸易

跨境电商是数字贸易在商务领域的重要应用。根据商务部国际贸易经济合作研究院发布的《全球服务贸易发展指数报告（2018）》，结合 OECD 和美国历年数字贸易报告中的观点，数字贸易可以分为数字货物贸易、数字服务贸易以及数据贸易。数字货物贸易包括跨境电商以及交易对象为数字货物的贸易，数字服务贸易包括服务贸易数字化内容（数字旅游、数字教育、数字医疗和数字金融等）和数字内容服务贸易（数字媒体、软件贸易等），数据贸易包括搜索引擎、通过云提供的数据服务和数据的跨境流动。①

跨境电商的开展依托互联网，基于云计算、大数据等信息技术，并产生了货物贸易，完全属于数字贸易范畴。目前，跨境电商通过跨境电商交易平台，仅需完成一键点击动作，就能够实现国家间供给侧与需求侧精准匹配，改变了传统国际贸易的交易方式和物流渠道，推动了新的贸易趋势、贸易格局的产生。跨境电商作为现阶段数字贸易从理论研究到实践发展的重要应用，其实践发展将会加速助推数字贸易时代的到来。未来，服务产业将与数字信息技术深度融合，衍生更加智能化、定制化的贸易和服务产品。因此，国际数字贸易交易标的包含有形和无形的货物及服务，是跨境电商货物贸易的补充和延伸；从应用上看，目前跨境电商所覆盖的产业范围仍受产业形态的限制，传统企业的转型升级及产业生态体系建设仍有较大局限性，但国际数字贸易作为虚实贸易融合的新形态，将重构传统的产业链、生态圈，重塑全球贸易规则和秩序。因此，数字贸易是跨境电商高质量发展的远期目标。

目前，加速推动数字贸易和数字经济发展，已成为全球共识，受到政商学各方的广泛关注。2019 年 6 月，二十国集团（G20）大阪峰会期间发布的《大阪数字经济宣言》，显示了各国在数据流动和电子商务国际规则制定等方面推动数字经济发展所做的努力。跨境电商的出现，通过数字化链条为远隔千里的买卖双方架起了一座桥梁，大大提升了交易的便利化程度。作为现阶段国际数字贸易的主要应用，跨境电商推动着国际数字贸易的快速发展。

我国目前也在多方面积极推进数字贸易的发展。一是制定数字贸易相关政策。2020 年 11 月，国务院办公厅印发《关于推进对外贸易创新发展的实施意见》，明确将有序推动重点商品进出口管理体制改革，促进跨境电商等新业态发展，以模式和业态创新增添动力，大力发展数字

① 李钢、张琦：《对我国发展数字贸易的思考》，《国际经济合作》2020 年第 1 期。

贸易。在国家的大力支持和引导下，天津、上海等城市出台了促进数字经济、数字贸易发展的行动方案，全力推进发展数字贸易。二是推动国际数字贸易谈判协定。为加快推动新一轮国际贸易规则的制定，2015年商务部推动了《GMS跨境电子商务合作平台框架文件》，提出了框架性的合作原则，希望促进各成员国之间的经贸合作和信息交流，加强各成员国电子商务国际合作，实现优势互补，促进共同发展。2019年12月，中共中央、国务院印发《关于推进贸易高质量发展的指导意见》，提出要提升贸易数字化水平，形成以数据驱动为核心、以平台为支撑、以商产融合为主线的数字化发展模式，积极参与全球数字经济和数字贸易规则制定，推动建立各方普遍接受的国际规则。三是提出建立国际数字贸易载体。2016年，阿里巴巴创始人提出建设世界电子贸易平台（eWTP）作为国际数字贸易发展的主要载体。eWTP由市场交易平台和服务监管平台组成，利用互联网技术建立公共性基础平台撮合供需双方，实现货物交易、服务贸易和政府监管功能。目前，eWTP已在马来西亚、卢旺达、比利时、埃塞俄比亚建立了数字贸易枢纽。

从全国来看，目前跨境电商园区和平台主要针对实体商品开展跨境交易，缺少数字产品与服务、数字化知识与信息数字贸易等服务类、技术类的跨境贸易。因此，横琴要抢抓数字贸易发展机遇，加快推进跨境电商和新一代信息技术深度融合发展，建设数字贸易交易平台，培育数字贸易的核心竞争力。一是推动跨境电商和大数据、区块链的深度融合发展。加快发展区块链和数字签名等数字技术，加大在制造业、物流、金融等领域的应用，发展精准营销和智能营销，创新“社交+电商”的商业模式，为跨境电商和消费者提供个性化、定制化服务，推动跨境电商从“流量经济”向“信任经济”转变。二是建设数字贸易交易促进平台。探索开展数据采集、流通和使用的合规管理，加大对跨境贸易的监管力度。探索建立数字贸易交易平台，加强与海外电商资源的精准对接，与海外电商开展推介、信息、项目对接、版权服务、社交媒体、搜索引擎、数字内容平台等领域的合作，集聚一批全球领先的数字贸易平台型企业和境内外促进机构，建设跨境电商的数字内容和产品资源库。三是拓展数字贸易交易内容。进一步深化服务贸易创新试点，支持制造业服务化、服务业数字化发展，加快推动跨境电商从产品进出口向

“产品+服务+技术”进出口转型升级。

参考文献

[1] 贺捷:《金融创新如何“护航”跨境电商——以葫芦岛为例》,《当代金融家》2019 年第 12 期。

[2] 李钢、张琦:《对我国发展数字贸易的思考》,《国际经济合作》2020 年第 1 期。

[3] 李虹含:《跨境电商与人民币国际化》,《中国金融》2016 年第 3 期。

[4] 林智勇:《2019 年中国跨境电商行业十大动向》,《计算机与网络》2020 年第 2 期。

[5] 刘洋:《中国跨境电商创新发展报告(2019)》,北京:社会科学文献出版社,2019 年。

[6] 鲁旭、付兴嘉、乔柏源:《跨境电商的独立站发展趋向与提升对策》,《对外经贸》2021 年第 10 期。

[7] 刘章发:《大数据背景下跨境电子商务信用评价体系构建》,《中国流通经济》2016 年第 6 期。

[8] 马述忠、房超、梁银锋:《数字贸易及其时代价值与研究展望》,《国际贸易问题》2018 年第 10 期。

[9] 齐鹏飞:《浅析澳门回归 15 年“一国两制”特色的经济发展之路》,《当代中国史研究》2014 年第 6 期。

[10] 中华人民共和国商务部国际司,《商务部解读〈区域全面经济伙伴关系协定〉》,《中国外资》2020 年第 23 期。

[11] 佘彦飞:《中国跨境电商时代是否真的到来?》,《服务外包》2020 年第 8 期。

[12] 史昊宇:《浅析澳门特区的经济适度多元发展——以特色金融产业为切入点》,《经营与管理》2020 年第 9 期。

[13] 王春娟、张珊:《区块链技术在跨境电商的应用现状及对唐山市跨境电商综合试验区发展的影响》,《现代营销(经营版)》2020 年第 10 期。

[14] 韦大宇、张建民：《中国跨境电商综合试验区建设成果与展望》，《国际贸易》2019 年第 9 期。

[15] 吴远仁：《跨境电商促进泉州外贸企业转型升级研究》，《泉州师范学院学报》2019 年第 4 期。

[16] 肖成志、祁文婷：《人民币国际化和跨境电子商务对跨境人民币支付清算及国内第三方支付的影响研究》，《区域金融研究》2016 年第 11 期。

[17] 张大卫、喻新安、王小艳、潘勇：《跨境电商蓝皮书：中国跨境电商发展报告（2020）》，北京：社会科学文献出版社，2020 年。

[18] 张云起、孙军锋、王毅、耿勇、张雷：《信联网商务信用体系建设》，《中央财经大学学报》2015 年第 4 期。

[19] 钊阳、戴明锋：《中国跨境电商发展现状与趋势研判》，《国际经济合作》2019 年第 6 期。

[20] 周彩艳：《中小跨境电商出口面临的瓶颈与对策》，《中国经贸导刊（中）》2019 年第 12 期。

10 第十章

琴澳财富管理的发展方向及对策建议

财富管理（Wealth Management）起源于欧洲，已有200余年历史。随着全球市场的高净值人士和非高净值人士的财富额与日俱增，财富管理的客户群体数量增加、产品种类多样化、数字化和可持续发展趋势凸显，发达国家与发展中国家越来越重视财富管理的行业发展。因此，本章围绕财富管理的发展情况、财富管理中心的经验借鉴、琴澳财富管理行业的状况和建议四个方面进行讨论。第一节基于财富管理的客户群体、经营机构、发展趋势，梳理了全球和中国财富管理的行业发展现状与趋势。第二节以新加坡和中国香港两个亚太地区的财富管理中心为例，分析二者财富管理行业发展过程中的优势，尤其是简单优惠的税制、成熟的人才培育机制、多样化的产品设计。第三节通过琴澳两地的经济、金融、法律制度现状分析琴澳财富管理行业发展的可行性。第四节则根据新加坡和香港财富管理的发展经验对琴澳财富管理的行业发展提出七条针对性的对策建议。

第一节
全球化背景下财富管理的发展状况与趋势[①]

财富管理泛指以客户为关注点，通过全面的、个性化的金融规划帮助其财富降低风险、保值增值乃至传承的手段与模式。同时，财富管理根据客户不同阶段的财务需求，以现金管理、信用管理、保险规划、税务规划、投资组合、子女教育规划、退休或遗产安排、慈善事业等方式管理其资产与负债。本节从财富管理的客户群、机构及行业发展趋势的角度切入，梳理全球及中国财富管理的行业发展情况。

① 该节写作参考了宁梓男：《粤澳金融融合发展下的财富管理重点方向》，《横琴智慧金融研究院/吉林大学横琴金融研究院经济研究报告汇编》2020年第2期。兰健：《横琴发展智能投顾新探索：本源、异化与发展》，《横琴智慧金融研究院/吉林大学横琴金融研究院经济研究报告汇编》2020年第2期。

一、财富管理的对象与机构

（一）财富管理的客户群

财富管理的客户群一般是高净值人群，即资产额或个人可投资资产额较高的人群，他们是社会群体中的小部分。这部分人群对财富的追求已经从“守富”向“享富”转变，对投资产品的种类、组合和理念的需求也更为复杂。

在过去的观念中，高净值人群似乎是最富有的1%群体，但这种定义仅仅阐释了高净值人群的稀有性，没有对高净值群体在所有客户群体中的地位做出更为精确的定位。如今，财富管理行业对高净值人群的划分标准较为统一，基本是资产额或个人可投资资产额高于100万—170万美元的区间的人群。①

以波士顿咨询公司（BCG）为例，它根据个人资产额定义财富管理的客户群，并对高净值人群进行细分。个人资产额小于25万美元的人群为零售人群，个人资产额在25万—100万美元的为富裕人群，个人资产额在100万—2000万美元的为普通高净值人群，个人资产额在2000万—1亿美元的为上层高净值人群，个人资产额超过1亿美元的为超高净值人群。通过BCG公司对高净值人群的划分可以看出，财富管理的客户群体不再专注于高净值人群，开始有“向下兼容”的势头；高净值人群不再是传统意义上的极少数富人群体，而是财富值相对较高的社会群体；且高净值人群内部也出现了群体细分，甚至随着近20年全球财富额和资产规模的飙升②，衍生出超高净值人群的概念。

---

① 不同公司或机构对于高净值人群的划分标准不同，国内基本将个人资产或可投资资产超过1000万人民币的人群定义为高净值人群。

② 根据波士顿咨询公司、普华永道、麦肯锡等机构计算与预测，近20年，全球财富从80.5万亿美元增长至250万亿美元，平均增速超过5%，到2025年，全球财富可达到315万亿美元；全球资产规模从2015年的78.7万亿美元增长至112.3万亿美元，到2025年全球资产规模至少达到130.8万亿美元。

在全球范围内，高净值人群①呈现两种特点。一是高净值尤其是超高净值人群的数量持续增长。全球超高净值人士数量实现了 2.4%的增长，超过 66000 人，共持有 22 万亿美元的可投资资产。二是高净值与超高净值客户的分层分化不断加剧。超高净值客户数量的增长明显快于高净值客户数量的增长，超高净值客户的资金净流入增速几乎达到高净值客户资金净流入增速的 2 倍，财富管理机构对超高净值客户群的关注更甚以往。由于超高净值人群更加重视财富管理团队的专业性（例如财富管理顾问的复合专业背景、熟知不同地区的法律金融体系、包容的全生态投融资理念与价值主张等），各机构为了抢占市场份额将更多的重心放在超高净值客群上，而不是主张资产保值升值和数字化服务的高净值人群身上。

（二）财富管理的机构

1. 银行与私人银行

私人银行是银行业里面向高净值人群②，重点把握和维护中净值客户群，为其提供财产管理范畴服务的金融机构分支。其通过设立离岸公司、家族信托、环球财富保障等方式，为顾客节省税务和金融交易成本。银行进行财富管理业务的优势在于，铺设的网点数量多，账户体系强大，客户分层成熟，擅长债权类产品的运营；劣势在于，其客户群规模难以与第三方财富机构抗衡，高度依赖线下的网点维持客户群黏性，并且不擅长权益类产品的销售。

2. 证券公司

证券公司作为专门从事有价证券买卖的机构，在投资机构激烈的竞争下，选择了从代销金融产品到资产配置与财富管理的转型之路。为此，证券公司将金融产品的营销团队转型为财富管理的规划团队，不断

① 此处，高净值人群仍然指个人资产额或可投资资产高于 100 万—170 万美元的区间的人群。

② 多数银行高净值客户人均管理资产规模超 1000 万人民币。

扩充金融产品池[①]，专业团队的服务目标也定格为展现自身的服务价值。证券公司进行财富管理的优势在于，有众多资产市场的牌照，做市发行能力强，能较轻松地实现业务间的联动，积累风险偏好类型的客户群，并且擅长权益类的产品销售；但其劣势在于，需要付出大量成本激励销售人员。

3. 保险公司

保险公司是通过将收取的保费用于债券、股票、贷款等资产的投资，并获得收入的企业。由于保险产品具有天然的抵抗风险属性，保险公司在财富管理市场中的定位是产品收支平衡、提升客户生活品质，并有效针对高净值人群中的老年和家族客户群体，维持其家庭的财务稳定。保险公司经营财富管理业务的优势在于，其在长期投资的领域进行大量和深层的投入与研究，拥有独有产品[②]的发行资质和优质的人才储备；劣势在于，其财富管理风格尤为保守，导致收益率难以提升，资金主要源于集团资产，难以获得其他的业内业外资金。

4. 信托公司

信托公司是主营信托业务的金融机构。信托制度源于英国，是“忠诚守信”的体现，也是普通法的重要贡献之一，具有长期稳定的特征。由于信托财产的独立性、所有权与受益权分离以及信托资金便利的投资方式与灵活的投资方向，信托成为高净值人群与超高净值人群进行财富管理，尤其是家族财富管理的优先选择。信托公司经营财富管理业务的优势在于，能够在明确客户责任义务的基础上坚决秉持“忠诚守信”的原则，投资种类覆盖标准化和非标准化资产，投资领域横跨实业、货币和资本市场，因此具有较高的成单率。其劣势在于，信托公司主要面向极少数的超高净值人士，在一定程度上难以拓展客户群，再加上其经营的非标准化资金信托业务利润率较低、受政策影响大，极易陷入高成本低利润的困境。

---

① 金融产品池包括但不限于股票、债券、大宗商品、金融衍生品、信用衍生品、房地产按揭、资产规划等。

② 例如债权计划、股权投资计划、组合类保险资产管理产品。

5. 公募机构

公募机构是以公开方式向社会公众投资者募集资金并以证券为主要投资对象的证券投资基金机构，产品范围涵盖货币、股票、混合、债券。截至 2020 年年底，全球开放的、受监管的开放基金[①]规模达到 63.1 万亿美元。公募机构的优势在于其面向大众，投资目标、组合的透明度有保证，更加注重资产的安全性；公募机构的劣势则是高净值和超高净值人群较少优先选择公募产品，公募机构的投资理念与客群财富管理的目标重合度较低。

6. 私募机构

私募机构是以非公开方式向特定投资者募集资金并以特定目标为投资对象的证券投资基金机构，产品范围涵盖证券类、股权类、创业投资类、主权财富基金、捐赠基金、养老金计划等。2010 年至今，全球私募市场管理资产规模年均增长率约 12%，管理资产规模已达到 8 万亿美元，资产类别主要由私募股权、房地产、私人信贷、基础设施与自然资源构成。私募机构的优势在于，其对零售市场的关注、强大的数据运用水平以及 ESG 指标的高效落实；私募机构的劣势则是较为依赖变革管理对数据治理的支撑，调查研究过程过于严格，且部分机构的 ESG 指标有待完善。

7. 第三方财富管理机构

第三方财富管理机构，是指独立于基金公司、证券公司、保险公司和银行等大型金融机构，主要为客户提供综合性的财富管理规划服务和产品推荐的独立法人金融机构。第三方财富管理机构起源于西方国家，20 世纪 90 年代进入香港，2005 年开始在大陆开展相关业务。第三方财富管理机构以中立态度提供服务，根据客户个性化需求提供相应方案，并且注重投资者的教育问题。在欧美等发达国家，第三方财富管理机构在财富管理市场上占据的份额达到六成以上，在台湾、香港等地区也达到三成，而在大陆，占比还不足 5%。在大陆，第三方机构仍存有一定的问题。例如，监管存在一定缺失，准入门槛过低；部分机构只追求佣

① 受监管的开放式基金包括一般公募基金（不含 ETF）、ETF、机构基金，对应到中国相当于公募基金中开放式基金。

金，导致大陆市场进入恶性循环；缺少高层次人才，部分机构中的理财师不具备专业素质，影响第三方财富管理市场的长期健康发展。

二、财富管理的发展趋势

（一）可持续

ESG 是 Environment、Social、Governance 三个单词的缩写，代表生态环境、社会责任与公司治理三个元素。新冠疫情引发了全球对于可持续发展理念的重视，很大程度上改变了全客群对于自身财富的管理和投资理念，即在保值增值的基础上将与生态环境、社会责任与公司治理相关的理念纳入其中。因此，ESG 成为众多机构与投资者极为看重的非财务指标。ESG 投资对社会经济环境的要求较高，需要完善的监管政策以及足够的信息透明度。随着 ESG 类的产品发行规模不断扩大，越来越多的投资者和机构开始选择 ESG 产品，行业内的相关机构对信息披露提出了更高的要求，也衍生出专门负责分析投资者意向的投资公司或产品的环境信息调研的第三方机构。与收益目标相比，ESG 是一种强调伦理情怀的投资目标，其业绩优势仍然需要时间来检验。

《朗诗·中国 ESG 景气指数》曾对中国的 ESG 指数进行评定。为反映地方发展趋势，指数正式版在 ESG 全国指数之外（图 10-1）增加了我国各个省级行政区的 ESG 指数，目前以月度前十的形式进行公布。基于政策对于 ESG 发展的重要推动作用，省级指数中加入了地方绿色金融政策这一指标。全国指数采用 P-S-R（Pressure-State-Response 压力-状态-响应）模型，在环境（E）、社会（S）和公司治理（G）一级指数下分设 P-S-R 三方面共 9 个二级指标、26 个三级指标。

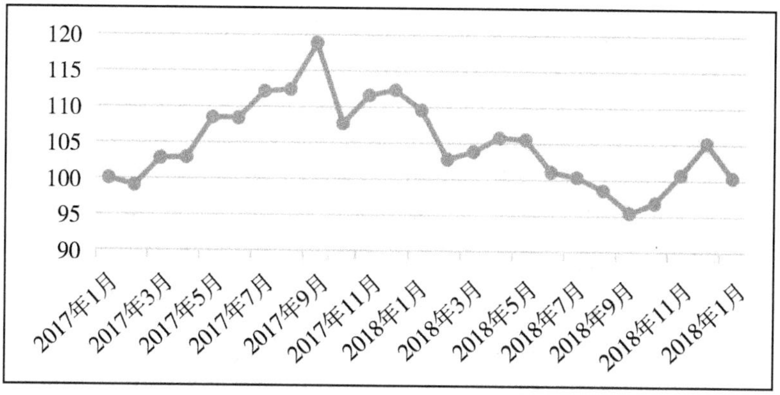

图 10-1 2017—2019 年中国大陆 ESG 总体指数

资料来源：笔者根据《2019 朗诗·中国 ESG 景气指数》数据绘制。

ESG 省级指数指标共 19 个，主要是在全国指数的三级指标中，选取适合划分至省级区域的指标。环境（E）指标主要反映环保政策，环境风险规避以及绿色企业发展；社会（S）指标主要反映产品质量、生产安全、劳工权益以及扶贫工作；公司治理（G）指标主要反映企业治理结构以及信息透明度。根据图 10-2，排名全国前十的省市的共同特征为环境指标得分最高，政府治理指标其次，社会责任指标最后。这在一定程度上说明环境经济和政府干预对各省市的影响较大，而企业的社会责任与收益的连接不够密切。其中，广东省的 ESG 指数全国第一。

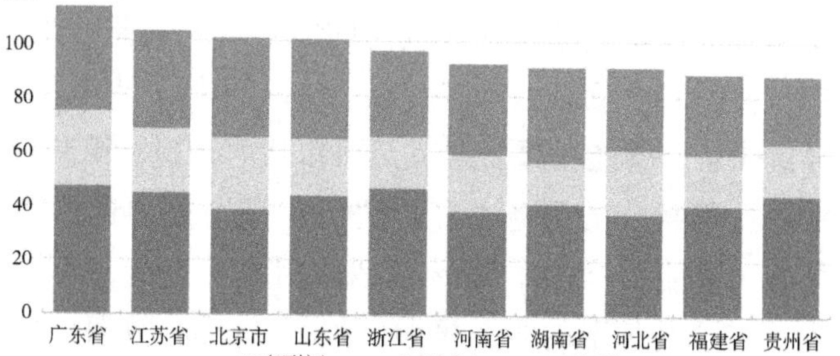

图 10-2 2019 年 1 月中国 ESG 省级指数（前十名）

资料来源：笔者根据《2019 朗诗·中国 ESG 景气指数》数据绘制。

（二）数字化

财富管理中的服务客户模式已经无法脱离数字化手段，其通过不断更新金融科技，丰富和创新金融产品池，将更精确和个性化的产品组合用最便捷的方式传送给客户，使客户真正理解自身的财富管理方向。从产品开发的角度出发，数字化手段令财富管理机构达到产品与内部科技升级的目的，逐渐将科技手段应用在运营体系中，因此产生了服务过程中的前端、中端和后台三个相互连接的运营层次，全方位吸收潜在客户，服务现有客户。从客户接受服务的角度来看，财富管理行业转变为买方市场后，逐渐形成投资者主导模式。原来客户通过面对面、电话、视频等渠道获得财富管理的信息与经理人的服务，现在客户能够享受前端科技给出的准确投资建议和信息披露，以及咨询顾问借助 AI 等方式给予的个性化服务。然而，财富管理机构仍然面临各种困境，运营成本居高不下、运营杠杆降低、利润压力持续不断。正是在此基础上，财富管理将从传统的科技创新模式与投资者主导模式转型为平台模式，进一步实现财富管理机构与客户之间的交互与适配。在众多科技手段中，智能投顾与全托资产管理服务平台的发展势头尤为猛烈。

第一，智能投顾（Robot Advisor）简称 RA。指虚拟机器人基于客户自身的理财需求，结合现代投资组合理论，通过算法和产品搭建数据模型，全流程统筹客户分析、大类资产配置、投资组合选择、交易执行、投资组合再平衡等业务。其两大核心要素分别是用户画像和智能资产配置。

智能投顾在实际业务操作中直接面向客户，尤其是中低净值人士，并收取 0.25%—0.5%的费用。如果签订的合同中涉及全权委托事项，并经客户确认同意，智能投顾公司甚至可以代客户进行账户交易，以及提供自动平衡投资组合的服务，客户仍有对理财账户的干预权与决定权。由此可见，智能投顾的本质形态是运用人工智能、不限于投资建议、24 小时监控交易情况的买方投顾。根据 Statista 数据，2016 年全球智能投顾管理资产规模 1280 亿美元，用户数量不超过 1 千万人；但预计到 2022 年，全球智能投顾管理资产规模与用户数量将达到 1.4 万亿美元和 1.2 亿人。

第二，全托资产管理服务平台（Turnkey Asset Management Platform）简称 TAMP。TAMP 通过提供共同基金、交易所交易基金打包账户（ETF）和特定账户在内的投资解决方案，以及会计对账、业绩披露、税务优化和信息报告等后台运营服务，为注册投资顾问（RIAs）、经纪人和家族办公室等提供全方位的资产管理服务。客户资产额越高，投资组合越复杂，服务效率就越高，因而 TAMP 最大的需求群体是提供财富管理服务的顾问。

三、近年来我国高净值人群的特点及财富管理的潜力

随着经济不断发展，中国涌现出大量富裕人群，促使金融机构加快金融创新。在新经济新动能的推动下，以企业中高级管理层与专业人士为代表的新富群体已成为高净值人群的中坚力量，其占全部高净值人群比例超过四成。在经济增长放缓、市场波动加大的背景下，高净值人群对市场风险认识加深，在重视财富保障及传承的同时更加关注财富长期积累，财富管理的意义进一步深化。面对复杂投资环境和多元配置需求，高净值人士更注重考察财富管理机构的专业性，对机构专业能力的要求进一步提高。当前，世界经济发展不确定性因素仍然较多，加之新冠疫情的影响，高净值人群的境外配置意愿有所降温，相比之下，在“一带一路”建设、国内资本市场加快开放等因素的驱动下，越来越多高净值人群的投资重心重回国内，中国财富管理的发展也将迎来新的机遇。

（一）高净值人群总量与结构

中国的高净值人群数量持续快速增长。如图 10-3 所示，中国的高净值人群数量自 2008 年起持续快速增长，12 年间从 30 万人增长至 262 万人。将高净值人群按资产数额分为两类，一类是资产额为 1000 万人民币至 5000 万人民币的人群，另一类是资产额为 5000 万人民币到 1 亿人民币的人群。前者的数量与高净值人群总量的增长趋势几乎一致，从 2008 年的 26 万人稳步增长至 2016 年的 166 万人；后者的数量近十年来趋于稳定，从 3 万人缓慢增长至 15 万人。可以说，中国财富管理行业的发展潜力巨大。同时，中国也成为仅次于美国的超高净值家庭数量第二多的国家，超高净值人群实现了的 16%的年度增长，预计到 2025 年

将增加246%（图10-4）。

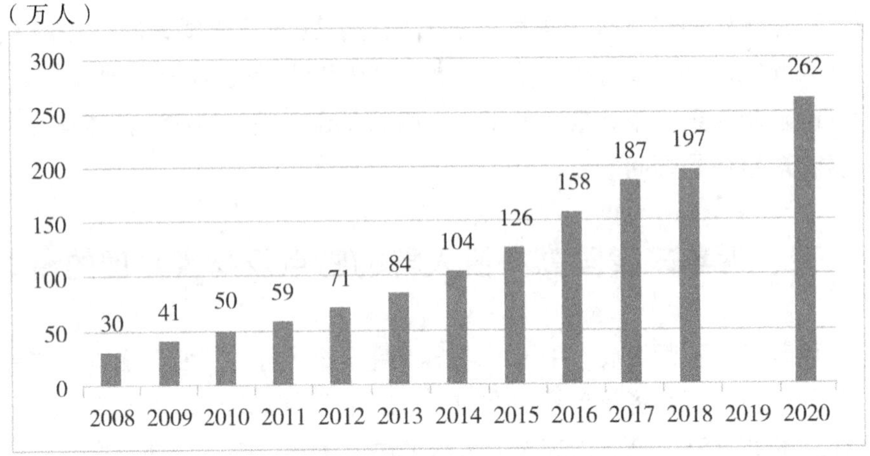

图10-3　2008—2020年中国高净值人群总量

注：2019年数据缺失。

资料来源：wind。

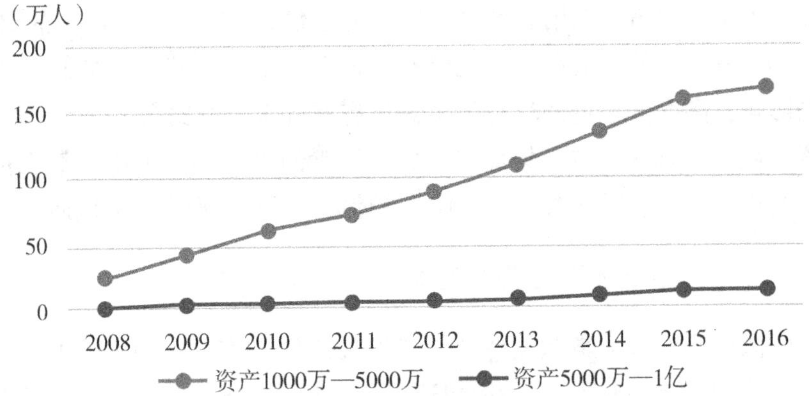

图10-4　2008—2016年中国高净值人群结构

资料来源：wind。

同时，中国高净值人群的集中度越来越高。多年来，广东省、浙江省、上海市、江苏省、北京市的高净值人群数量位列全国前五。五个省市高净值人群的数量占全国高净值人群数量的44%，高净值人群持有的财富占全国高净值人群财富的60%。

中国高净值及以上人群将会细分为更多价值主张相异的子客群。中国的高净值及以上人士有企业家、“创一代”、“创二代”、专业人士、家族办公室以及其他群体。这些细分群体核心的财富管理需求与期待的服务模式，往往具有鲜明的差别。例如，企业家的投资需求聚焦高效的、高收益的投资组合，创一代与家族办公室的需求聚焦量身定做的、全球范围的保值产品配置，创二代则更看重数字化的、实时的、以交易平台为辅助的管理服务，其他人群包括女性与老年人①，则更为侧重子女教育与养老退休金的财务规划，尤其厌恶风险，明显地对符合投资理念的投资顾问信任度较高。

（二）个人可投资资产总额及结构

近 15 年来，中国高净值人群的个人可投资资产总体规模呈现稳定的增长态势。根据招商银行统计，2020 年中国高净值人群共持有的可投资资产 84 万亿人民币，预计到 2021 年年底将达到 96 万亿人民币；中国个人可投资资产在 2020 年达 241 万亿人民币，2018 年至 2020 年的年均复合增长约 13%，预计 2021 年年底达到 268 万亿人民币（图 10-5）。随着高净值人群数量的增长，中国财富管理的行业发展空间更为广阔。

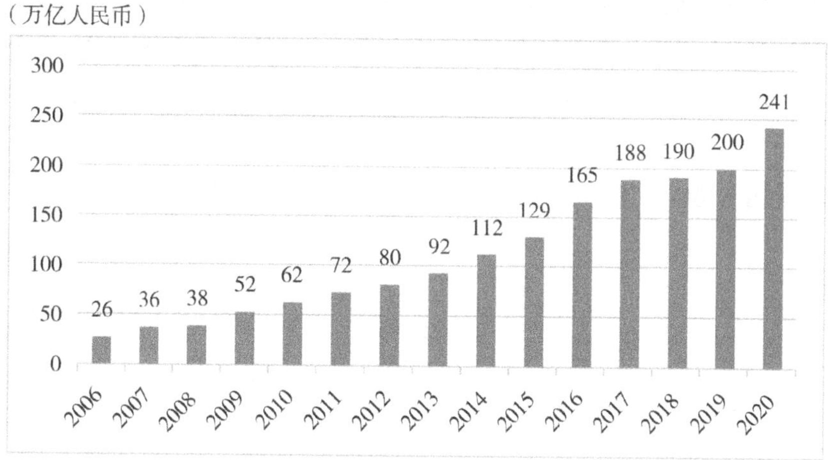

图 10-5　2006—2020 年中国高净值人群的个人可投资资产总体规模

资料来源：招商银行《2021 中国私人财富报告》。

---

① 一般指高净值人群中的女性和老年人，部分公司会根据婚姻状态进一步细分女性群体。

中国的高净值人群的个人金融资产增速将会越来越快。以个人的金融资产[①]计算，中国已经成为全球第二大财富管理的市场。截至2020年年底，中国个人金融资产已达到205万亿人民币，有可能在2025年达到332万亿人民币。从2015年开始，高净值人群个人金融资产的增速就维持在15%以上的水平。

中国居民的金融资产占总资产的比例偏低。中国居民的总资产中，房地产占比约60%，金融资产[②]占比约20%，其他非金融资产占比约20%。中国居民的资产主要由房地产资产构成，金融资产占比明显低于发达国家。2014年至2020年，中国居民金融资产的构成为（由高到低）：储蓄、个人股票、银行理财、保险资管、私募基金、集合信托、非货币公募基金、货币基金、集合资管等。其中个人储蓄占比接近一半，银行理财和股票占比略降低，货币基金和私募基金占比逐年增加。值得一提的是，中国离岸投资占个人金融资产的比例一直在6%上下，与发达国家相差不大。

中国财富管理市场的产品主要由银行理财、信托、股权投资基金、债券投资基金、股票投资基金、券商资管计划、保险资管产品、投资型保险、期货资管等构成。截至2021年第二季度，中国资产管理[③]业务的总规模达到63.73万亿人民币，其中基金管理公司管理公募基金占36%，基金管理公司及其子公司专户业务占12%，证券公司占13%，私募基金管理机构占30%，资产支持专项计划占3.4%，基金公司管理的养老金占5.6%（图10-6）。

① 包括大众群体、富裕人群、高净值人群和超高净值人群。

② 统计口径为现金和存款、债券、股票、基金、私人股权、保险、养老金等。

③ 资产管理是指机构投资者的资产被投资于资本市场的实际过程，不等于财富管理，但在一定程度上能够反映财富管理的情况。

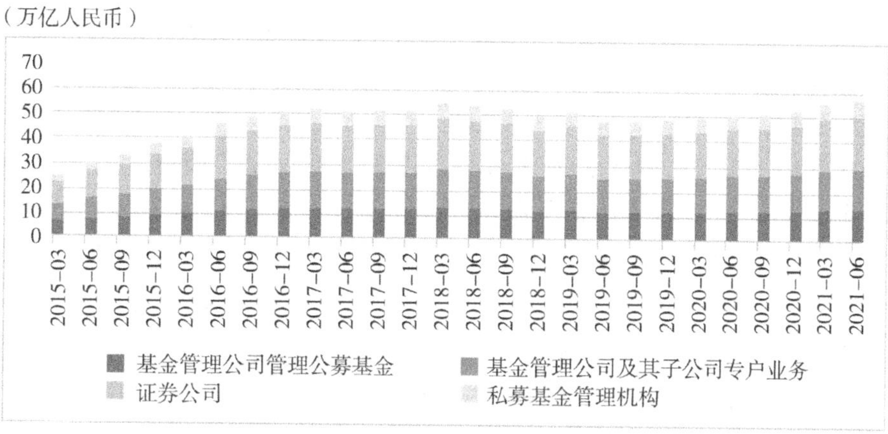

图 10-6　中国资产管理业务规模情况

资料来源：笔者根据中国证券投资基金业协会公开数据绘制。

（三）财富管理机构情况

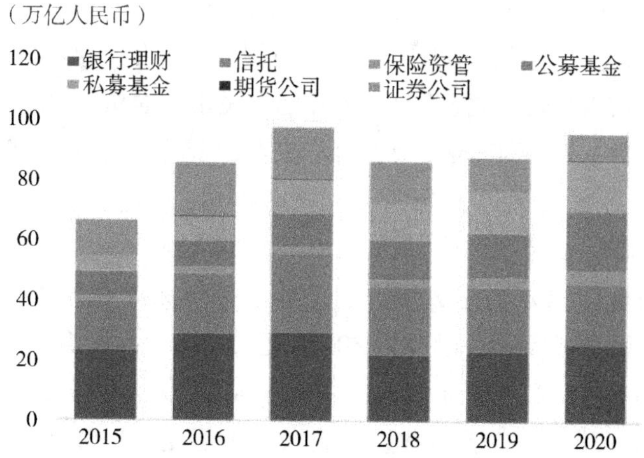

图 10-7　2015—2020 中国资管规模分行业变化

资料来源：天风证券《三大能力与三分天下——大财富管理行业的现状与未来》。

如图 10-7 所示，2015 年至 2020 年，中国资产管理规模在利率自由化的背景下呈增长趋势，在 2017 年“野蛮生长”至接近 100 万亿人民币的峰值后，受资管新规出台的影响小幅回落。2018 年后，资产规模一直上升，逐步接近 2017 年的峰值。在资产管理的规模中，银行理财、信托与证券依旧是体量最大的领域，公募基金与私募基金自2015年起占比有显著的增长，保险资管与期货占总资产规模的比例最低且无明显变化。

第一，银行。截至2020年年底，中国各银行全年理财产品累计募集资金124.56万亿人民币，存续规模超25.86万亿人民币，同比增长6.9%；信托资产规模20.13万亿人民币，同比降低6.81%；保险规模达23.3万亿人民币，同比增长13.33%；公募基金资产管理规模达19.89万亿人民币，同比增长34.66%；私募基金规模达16.96万亿人民币，同比增长20.45%；基金及子公司专户理财规模8.06万亿人民币，同比降低5.51%；券商资管资产规模8.55万亿人民币，同比降低21.05%；期货公司资产管理业务总规模0.22万亿人民币，同比增长53.95%。2020年，中资私人银行的资产管理规模为17.26万亿人民币，相比2019年增长了22.09%；客户数增长至125.34万人，增长率21.53%，每位客户的平均管理资产为1377万人民币。其中，招商银行的客户资产规模和客户数量在所有银行中排名第一。

第二，证券。截至2021年6月，中国共139家证券公司，券商投顾人员合计63402名，总资产9.72万亿人民币，净资产2.39万亿人民币，净资本为1.86万亿人民币，客户交易结算资金余额（含信用交易资金）1.79万亿人民币，受托管理资金本金总额10.45万亿人民币，营业收入2324.14亿人民币。其中，代理买卖证券业务净收入（含交易单元席位租赁）580.40亿人民币、证券承销与保荐业务净收入267.81亿人民币、财务顾问业务净收入30.54亿人民币、投资咨询业务净收入24.01亿人民币、资产管理业务净收入144.68亿人民币、利息净收入308.54亿人民币、证券投资收益（含公允价值变动）697.88亿人民币。

第三，私募。截至2021年6月，中国存续私募基金管理人24476家，管理基金数量108848只，管理基金规模17.89万亿人民币。其中，私募证券投资基金管理人8918家，私募股权、创业投资基金管理人14962家，私募资产配置类基金管理人9家，其他私募投资基金管理人587家。从管理基金规模来看，上海市、北京市、深圳市、浙江省（除宁波市）和广东省（除深圳市）位列前五，总计占比达69.28%。其中，上海市4.28万亿人民币（23.93%）、北京市3.97万亿人民币

（21.83%）、深圳市2.16万亿人民币、浙江省（除宁波）1.04万亿人民币（5.82%）、广东省（除深圳）1.01万亿人民币（5.63%）。从基金管理人数量来看，上海市4603家（18.81%）、深圳市4403家（17.99%）、北京市4322家（17.66%）、浙江省（除宁波市）2051家（8.38%）、广东省（除深圳市）1761家（7.19%）。

第四，公募。截至2021年9月，中国公募基金管理人151家，基金数量8866只，管理基金规模突破23.90万亿人民币。其中，封闭式基金1146只，规模为2.91万亿人民币，开放式基金7720只，规模为20.99万亿人民币。在开放式基金中，股票基金规模2.37万亿人民币（1664只），混合基金规模5.64万亿人民币（3772只），货币市场基金规模9.41万亿人民币（330只），债券基金规模3.37万亿人民币（1772只），QDII规模0.19万亿人民币（182只）（图10-8和图10-9）。

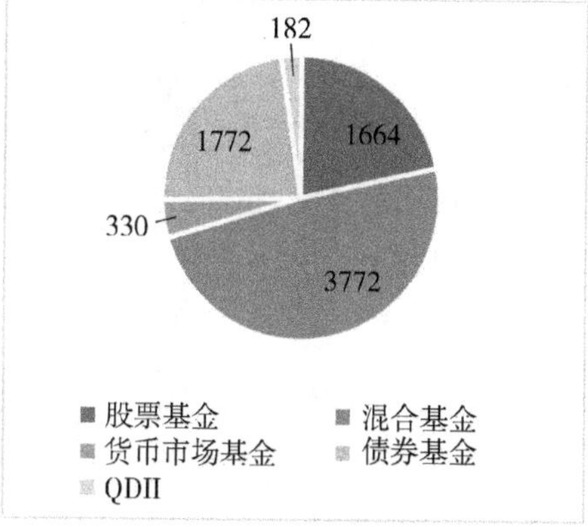

图10-8 公募基金数量（单位：只）

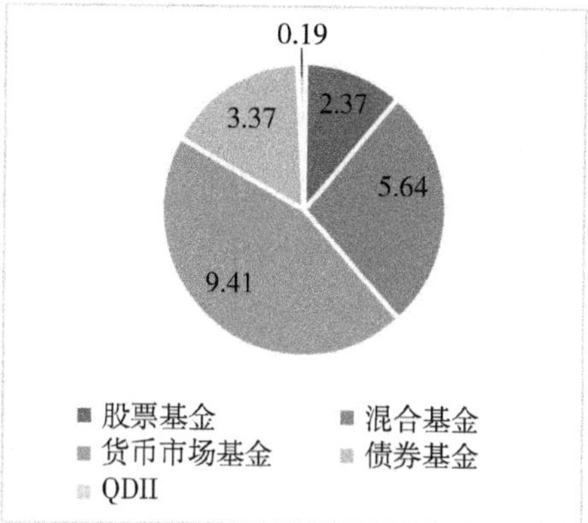

图10-9 公募基金规模（单位：万亿人民币）

资料来源：笔者根据中国证券投资基金业协会公开数据绘制。

第五，信托。截至2021年6月，中国信托资产规模20.64万亿人民币。信托业平稳度过了资管新规导致的行业困境。从资金来源的角度，集合资金信托规模10.37万亿人民币（50.23%），单一资金信托规模5.60万亿人民币（27.15%），管理财产信托规模4.67万亿人民币（22.61%）。其中，工商企业（30.00%）、证券市场（17.52%）、基础产业（13.42%）、房地产（13.01%）、金融机构（11.97%）分别是资金信托的前五大领域。从信托功能的角度，事务管理类信托规模 8.87 万亿人民币（42.98%），投资类信托规模 7.64 万亿人民币（37%），融资类信托规模 4.13 万亿人民币（20.02%）。

（四）数字化情况

1. 智能投顾

中国智能投顾起步晚、发展潜力大。智能投顾业务在 2015 年被引进国内，只有少数独立财富管理机构加以使用。2016 年，中国智能投顾的规模只有 80 亿美元，用户数量低于 1 千万人。根据 Statisia 预测，到 2022 年，中国智能投顾管理资产总额有望超 6600 亿美元，用户数量也将超过 1 亿人（图 10-10）。

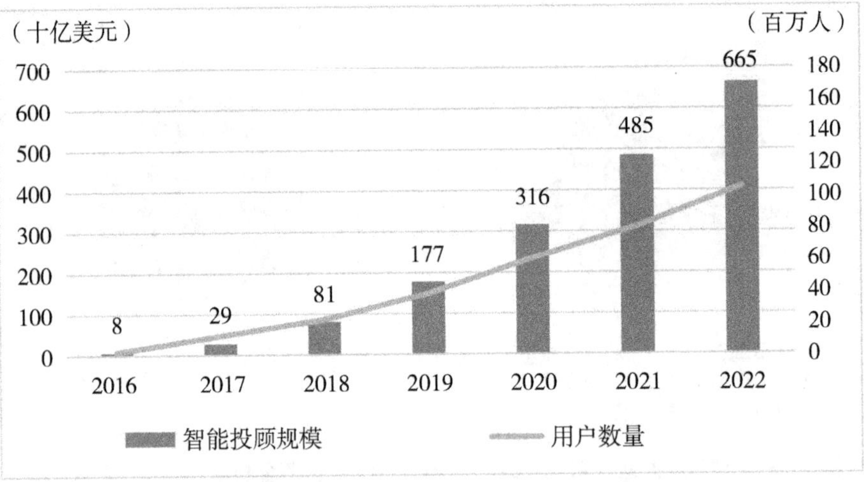

图 10-10　中国智能投顾规模与用户情况

资料来源：埃森哲《智能投顾在中国》。

如表 10-1 所示，智能投顾业务在中国开展后，形成了独立建议型、综合理财型、配置咨询型三种业务模式。鉴于中国智能投顾业务仍然面临着不稳定的监管政策、欠缺专业知识的投资者以及亟待升级的智能化科技等问题，大多数财富管理机构选择了独立建议型业务模式。只有少数成熟的平台整合智能投顾业务将其与公司其他业务动态结合，或者借助较高的智能化水平吸引专业的投资者。

表 10-1　智能投顾三种业务模式特点

类型	特点
独立建议型	不开发金融产品
综合理财型	销售渠道广、客户资源多、资产标的多元
配置咨询型	产品的数据、指标丰富，面向专业的个人投资者

资料来源：笔者根据公开资料整理。

2. TAMP

中国 TAMP 行业目前仍处于早期发展阶段。中国财富管理机构市场参与主体较多，缺乏严格地监管体系，相关的理财顾问缺少正规的、系统的培训，中国的 TAMP 行业仍需要经历一段时间的专业化及标准化的发展探索。2020 年，中国 TAMP 交易规模达 3025.1 亿人民币，TAMP 市场渗透率约 3%；预计到 2025 年，中国 TAMP 交易规模可达到 10986.7 亿人民币，TAMP 市场渗透率可达到 8.7%。TAMP 可以为理财师每天平均节省 1.5—2.5 小时的工作时间，提升服务客户的数量和效率，实现收入增长（图 10-11）。

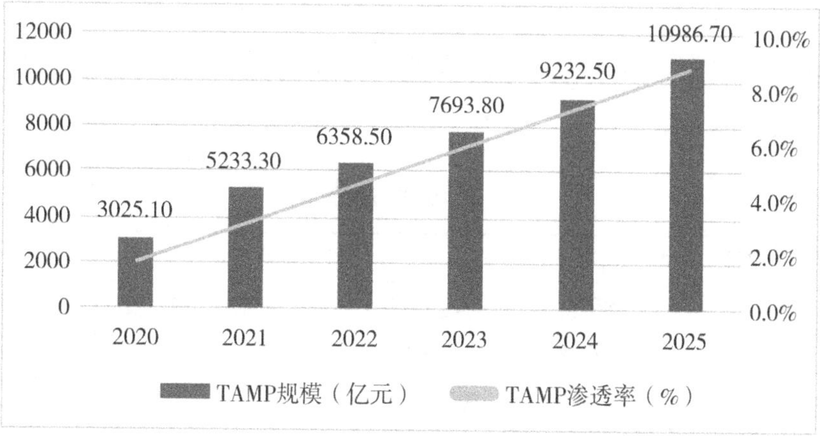

图 10-11　2020—2025 中国 TAMP 规模与渗透率

资料来源：艾瑞咨询《2020 年中国财富管理行业白皮书》。

第二节 新加坡与中国香港财富管理的行业经验借鉴

全球跨境财富集聚中心有瑞士、中国香港、新加坡、美国、海峡群岛与马恩岛、阿联酋、卢森堡、英国。从地区来看，亚太区成为全球亿万富豪数量最多的区域，高达831人，占全球亿万富豪总数的38%。随着全球财富管理行业增长持续，亚太地区财富管理的行业发展速度将领先全球。在亚太地区，地理上临近琴澳的中国香港和新加坡伴随着亚洲财富管理业务的迅速增长，形成了区域性财富管理中心。本节从优惠税制、人才培育、科技监管方面梳理二者在财富管理行业的行业优势和发展经验。

一、新加坡

（一）税制简单优惠

新加坡的税种少，其税收制度优势吸引较多外资和高净值人士来新加坡进行投资。新加坡在金融服务上的税收优惠体现在以下几方面（表10-2）。

表10-2 新加坡税制情况

税种	相关要求
增值税	基本税率7%，金融服务、住房的出售和出租、投资性贵金属的进口或本地出售等免税
消费税	仅对烟、酒、汽车和成品油征收
关税	仅对烟、酒、汽车和成品油征收
经营所得适用税率	17%，免征额152500新元

（续表）

税种	相关要求
资本利得	不征税。但出于反避税考虑，出售股权利得免税只适用于持股超过 20%且持股期超 24 个月
亏损结转期限	只要 50% 以上股权不变，亏损无限期后转
境内分红是否纳税	单一税制。法人股东不再缴纳公司所得税，个人股东可将股息已纳公司所得税抵免个人所得税
集团公司优惠	可将亏损在持股 75%的集团内公司之间结转
境外收入是否纳税	汇回就纳税，但境外股利、利润在境外已纳税不低于 15%时免税；来源于东盟国家的专业服务、咨询服务和金融服务收入实行单方抵免
社会保障税	雇主 17%，雇员 20%
个人税项	居民就境内所得和汇入新加坡的国外所得缴纳个税。个人所得税税率 0—20%。非居民工资按 15%或按累进税率计算较高者征收；非居民董事费、房租收入和其他收入等按 20%征收个税。累计居住 61 天至 182 天，所得按 15%纳税。非居民在新加坡经营所得缴纳 27%的预提税
其他税种	财产税以税务部门核定的当年不动产的价值总额为基础计税。自住房产 0—16%，非自住房产 10%—20%，非住房 10%。印花税：股票 0. 2%，买房 3%，卖住房 15%，卖商业房产 16%

资料来源：国家税务总局国际税务司国别（地区）投资税收指南深题组《中国居民赴新加坡共和国投资税收指南》。

第一，对企业予以税收优惠。新办企业（除房地产开发公司和投资控股公司）经营前三年，年收入不超过 10 万新币全额免税，10 万—20 万新币部分免税；亏损企业股份变化小于 50%时，其年度亏损可无限期后转；符合条件的捐款可按 250%比例税前扣除；总部在新加坡的跨国企业海外收入的税率为 15%；境外企业投资新加坡房地产信托基金收益所得税减免 10%。债券市场参与者也能享受一揽子税收优惠。

第二，对部分金融业务予以税收优惠。新加坡对银行账户的运营和管理业务、货币汇兑业务、银行卡支付业务、银行票据业务等实行免税；对人寿保险、终身年金、特定的公积金（CPF）计划、再保险及其代理业务等实行免税；对期货期权交易、未分配商品及其期权的交易等实行免税；对信托基金发行和转让实行免税；提供基础设施项目咨询服务收入，税率为 5%或 12%；提供信托基金管理服务收入，税率为 10%；国际投资方案 5 年内所得税减免 10%；境内主权财富基金收益免税。因此，公司或个人的投资理财收入能够直接用于新一轮的投资。在风险投资基金优惠中，处置经核准的资本取得的收益、可转换债券股的利息和来自经核准的资本的股息在最长不超过 10 年的期限内可享受免税优惠，且可获得每次不超过 5 年的延期，但优惠的总期限不得超过 15 年，但 2020 年 3 月 31 日以后，将不再批准享受该优惠政策。满足特定条件的，在 2018 年 12 月 31 日以前，向未在新加坡设立常设机构的非居民企业发行的债券的利息免征预所得税。[①] 同时，新加坡金融管理局（下简称"新加坡金管局"）实行"金融部门激励计划"，来自债券市场、衍生品市场、股票市场和信贷联合企业等的高增长高附加值的业务收入可以按 5%征税，财务活动的范围将有资格获得 12%的税率。税收激励期可能持续 5 年以上。

（二）重视绿色债券

新加坡对绿色债券的发行监管与优惠力度并重。东南亚国家易受气候变化影响，每年需要约 2000 亿美元的绿色投资，因此新加坡金管局于 2017 年推出绿色债券资助计划，截至 2020 年 5 月，新加坡已经发行超过 65 亿新币的绿色债券。

在政府补贴力度方面，新加坡政府为企业提供 10 万新币的资金补助，用于绿色债券销售审核。在债券发行规模方面，要求借贷人（融资人）必须销售不低于 2 亿新币规模的债券，或推出一系列的债券计划，但首次发行债券的规模至少要达到 2000 万新币或以上。在监管方面，绿色债券的发行人需要建立一个基于国际公认原则的绿色债券框架——管理收益的使用、项目的评估和选择，并报告收益分配给合格项

① 这项免税政策同样适用于在新加坡设立了常设机构，但并未使用其运营常设机构获得的资金来购买该债券的非居民企业。

目的情况。在吸引债券发行人方面，新加坡金管局于2019年2月将最低发行规模从2亿新币下调至2千万新币，为吸引更多中型企业发行绿色债券。在扩大绿色债券规模方面，新加坡政府将“社会和可持续发展债券”纳入绿色债券模块中，后将其更名为“可持续债券赠款计划”。

在“可持续债券赠款计划”中，符合条件的发行人能够多次申请发行绿色、社会、可持续性和可持续性相关债券。在债券发行规模方面，债券的计划规模不低于2亿美元，初始发行额不低于2000万美元，且发行期不小于1年。在监管方面，在新加坡本国发行的可持续性相关债券，须在发行的前3年或从发行日至债券有效期（以较早时间为准）期间，每年由外部审查人员在新加坡国内开展外部审查。在补贴方面，新加坡金管局正在研究为绿色和可持续性相关贷款制定一项赠款计划，并调整最低合格贷款金额，只要借款人符合相关可持续性指标，贷款收益就可以用于一般企业用途。

（三）人才培养机制成熟

政府与大学合作成立研究中心。为了支持可持续发展相关知识和技能的发展，新加坡金管局支持建立以亚洲为重点的绿色金融培训和研究卓越中心，开设专业的可持续金融课程。其中就包括新加坡管理大学和帝国理工学院合作的新加坡绿色金融中心、新加坡国立大学可持续与绿色金融研究所、新加坡投资管理协会和新加坡风险投资与私人股本协会在内的资产管理行业协会。财富管理学院也与来自领先金融机构的资深行业领袖合作，支持行业的人才库建设。

金融部门是对应职位的主要贡献者。2021年5月，新加坡金管局推出“勤工苦读支持计划”，通过提供高达每月1000美元的资助，鼓励金融机构通过未来技能勤工苦读学位培养年轻人才。一方面将课堂学习与结构化的在职培训相结合，让学生获得宝贵的工作经验和强大的基础技能，使他们在毕业时具有足够的竞争力；另一方面促进金融机构更早吸引年轻人才，识别潜在员工。2021年9月，新加坡金管局加强了“财务助理管理计划”，为针对优先领域的项目提供更多资金，该项目为期24个月，最高为每位成员每月2000新币的资金，而其他项目为每位成员每月1000新币。

注重人才国际化视野的培养。在“国际调派计划”下，新加坡金管局支持金融机构派遣新加坡员工到海外工作，以培养区域领导角色的能力。为了让更多的新加坡居民到海外工作，新加坡金管局还将此项目从一个领导力项目扩展为国际能力建设项目，支付赴亚洲工作的薪金、交通、食宿费用和津贴，为更多新加坡年轻人才和专业人才到海外工作提供便利。

二、中国香港

中国香港作为全球知名的跨境财富集聚中心，对跨境财富的依赖度为49%，[①] 2020年，香港的高净值人士[②]数量为18.8万人，私人财富管理行业资金流入净额为6560亿港币，投资回报率超过17%。香港对周边城市辐射强，尤其是对粤港澳大湾区城市发展跨境财富管理有着重要的作用。香港因其丰富的金融产品、先进的金融科技、成熟的监管架构成为内资、外资财富机构海外布局的优先选项。下面以债券产品为例进行具体分析。

（一）债券种类繁多各具特色

如表10-3所示，香港债券涵盖了老年债券、绿色债券、伊斯兰债券、跨境债券等，种类繁多。

表10-3　部分香港债券

计划	产品	特点
机构债券计划	3/5/10/15年期债券等	
零售债券计划	通胀挂钩债券	3年期港币政府债券，本金到期清还，每6个月支付利息一次，设最低息率1%，息率分浮息及定息，派息率以高者为准

① 波士顿咨询公司：《2021全球财富报告》。
② 可投资资产规模超过100万美元。

（续表）

计划	产品	特点
零售债券计划	银色债券	针对65岁或以上香港居民的3年期通胀挂钩债券，回报高于一般通胀挂钩债券，无二手市场，但可在到期前提前赎回
绿色债券计划	美元/欧元计价绿色债券	收益率略高于美国国债/欧元利率
政府伊斯兰债券	5/10年期伊斯兰债券	不支付利息予持债人，需运用资产和商业安排，产生账面利润付给持债人
跨境理财通	南向通、北向通	大湾区内地合资格投资者投资港澳银行的合资格理财产品

资料来源：笔者根据香港金融管理局公开资料整理。

在绿色债券方面。2019年5月22日，香港特区政府向全球投资者成功发售首批绿色债券，孳息稍高于美国国库债券，购金额为发行金额的逾四倍，认购者中不少为已签署《负责任投资原则》的绿色投资者。该批绿色债券中，50%分配予亚洲的投资者、27%分配予欧洲的投资者、23%分配予美国的投资者。2021年11月18日，香港政府分3期发售30亿美元等值的美元及欧元绿色债券：美元计价的10年期绿色债券发行金额为10亿美元（收益率1.855%，高于10年期美国国债23个基点），欧元计价的5年期及20年期绿色债券分别为12.5亿欧元及5亿欧元（收益率分别为0.019%和1.059%，分别高于5年期欧元和20年期到期利率中间价10个基点和65个基点），20年期为迄今亚洲地区最长发行年期的政府类欧元绿色债券。10年期美元债券吸引逾29亿美元认购金额，而5年期及20年期欧元债券共吸引逾22亿欧元认购金额，资金成本极低。

另外，外汇基金票据及债券是金管局发行的港币债务证券，属于香港特别行政区政府记入外汇基金账目内的直接、无抵押及无条件的一般负债，与政府所有其他无抵押负债享有同等权益。外汇基金票据及债券发行计划确保市场有大量优质的港币债券，以供作为买卖、投资及流动资金管理的工具。在金管局设有港币结算户口的银行，可凭所持的外汇基金票据及债券（和其他合资格证券）作抵押品订立回购协议，透过贴现窗向金管局借取隔夜港币流动资金。

（二）金融科技发达

第一，为虚拟银行发牌照。截至 2021 年 10 月 31 日，香港已为 8 家虚拟银行发出牌照，促进这些主要通过互联网或电子传送渠道提供零售银行服务的银行的发展。

第二，设立金融科技监管沙盒。2016 年 9 月，香港推出金融科技监管沙盒，让银行及其伙伴科技公司可在无须完全符合金管局监管规定的环境下，邀请有限数目的客户参与金融科技项目的试行。此举用于收集数据及用户意见，对新科技产品作出适当修改，加快推出产品的速度及减少开发成本。除项目试行功能之外，沙盒亦为合资格的研发试用项目向创新科技署（创科署）辖下“公营机构试用计划”申请 100 万港币资助提供便利。

第三，设立金融科技监管聊天室。在金融科技项目开发初期向银行及科技公司反馈意见；科技公司也可无须经过银行，直接通过聊天室与金管局沟通。

第三节
琴澳财富管理的状况和特色①

在大湾区背景下，粤澳金融融合已经到了新阶段，琴澳建立财富管理供给体系，引导财富管理机构提供多元化、高端化服务，对于促进琴澳财富管理、发展特色金融有特别的意义。本节从琴澳两地的经济、金融和法制角度，分析琴澳财富管理的行业发展状况与特色。

一、横琴财富管理行业发展分析

（一）经济发展情况

横琴粤澳深度合作区的生产总值超过 300 亿人民币，2018—2020 年是生产总值显著增长的阶段，经济发展势头强劲。2021 年前三季度，横琴粤澳深度合作区的生产总值同比增长 9.1%，第一、第三产业同比增长 8.0%、12.3%，第二产业同比下降 7.3%（图 10-12）。截至 2021 年 10 月，横琴粤澳深度合作区规模以上工业增加值 2.86 亿人民币，工业生产的降幅不断收缩。

① 该节写作重点参考了丁瑜刚：《澳门产业多元化及跨境财富管理展望》，《横琴智慧金融研究院/吉林大学横琴金融研究院经济研究报告汇编》2020 年第 2 期。

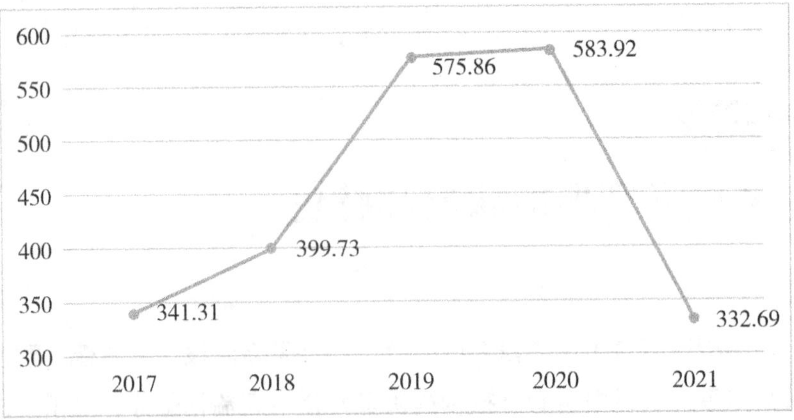

图 10-12　2017—2021 年横琴粤澳深度合作区本地生产总值（单位：亿人民币）

注：2021 年数据为 2021 年前三季度数据加总。

资料来源：笔者根据横琴粤深度合作区统计局数据整理。

如图 10-13 所示，横琴粤澳深度合作区的一般公共预算收入逐年增长，从 2017 年的 54.63 亿人民币增长至 2021 年的 94.08 亿人民币；而一般公共预算支出明显超过预算收入，这几年一直在 120 亿—145 亿人民币区间变动。尽管公共预算结余为负，但预算收入与预算支出的差额已经逐渐缩小。从经济体量发展速度来看，横琴粤澳深度合作区具有发展财富管理行业的经济潜力。

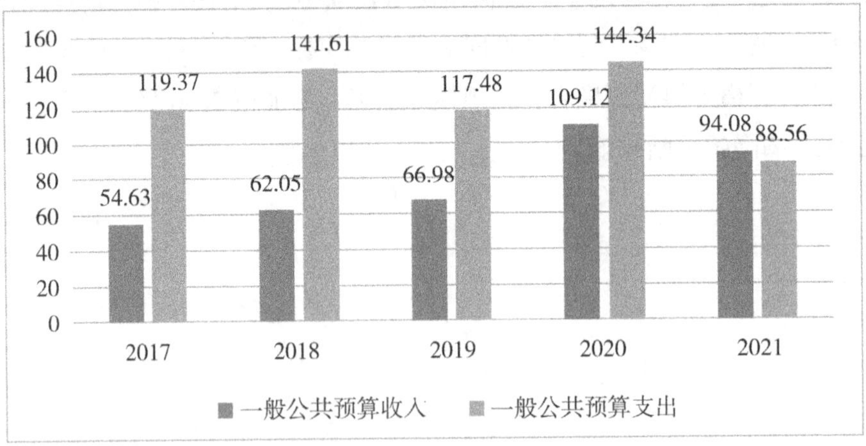

图 10-13　2017—2021 年横琴粤澳深度合作区公共预算（单位：亿人民币）

注：2021 年的一般公共预算收入数据为 1—10 月数据加总，一般公共预算支出数据为 1—6 月数据加总。

资料来源：笔者根据横琴粤澳深度合作区统计局数据整理。

（二）金融情况

服务业增势良好。2021 年前三季度，横琴粤澳深度合作区规模以上服务业营业收入 200.87 亿人民币，科学研究与技术服务业增加值、批发和零售业增加值、金融业增加值同比增长 13.0%、14.4%、7.0%。服务业的良好态势能够有效吸引本地和外地投资者在横琴粤澳深度合作区进行跨境投资和资产管理。

金融市场运行平稳。截至 2021 年 9 月末，横琴粤澳深度合作区金融机构本外币的存款余额同比增长 21.7%，贷款余额同比增长 26.3%；截至 10 月末，横琴粤澳深度合作区金融机构人民币存款余额为 1678.40 亿人民币，同比增长 28.6%；人民币贷款余额为 1345.56 亿人民币，同比增长 30.4%。

金融机构类型众多，基本覆盖财富管理行业所需的主要金融机构。除银行和保险机构，横琴粤澳深度合作区在私募和资产管理方面的金融机构数量尤为突出，这意味着横琴粤澳深度合作区发展财富管理行业的基础设施日渐完善，有运营财富管理行业中各类业务的发展基础（见表 10-4）。截至 2021 年 10 月，经国家金融监管部门批准或备案的持牌机构 70 家，上市挂牌企业 7 家，外商投资股权投资企业（QFLP）试点企业 19 家。

截至 2021 年 5 月底，横琴粤澳深度合作区财富管理类金融企业 1465 家，金融类企业合计 5567 家，注册资本人民币 11195.26 亿人民币；港资金融类企业 127 家，注册资本人民币 745.55 亿人民币；澳资金融类企业 26 家，注册资本人民币 19.46 亿人民币。

表 10-4　横琴粤澳深度合作区金融机构情况①

机构类型	数量
银行及分支机构	27
金融租赁	1
财务公司	1

① 资料来源：http://www.hengqin.gov.cn/zhshqxqzfmhwz/news/zwgk/sjfb/content/post_2905984.html，最近访问日期：2021-10-01。

（续表）

机构类型		数量
第三方支付公司		1
货币兑换公司		7
证券	证券公司及其分支机构	5
	公募基金管理公司	2
	特定客户资产管理业务子公司	2
	证券资产管理公司	1
	基金销售	2
保险	保险公司及其分支机构	16
	保险代理	9
	保险经纪	4
地方金融“7+4”	融资租赁	370
	商业保理	22
	融资担保	2
	小额贷款	3
	典当	2
	地方各类交易场所	6
私募	私募基金管理人	558
	私募基金	1562
	其他私募	186
非私募	资产管理	635
	金融服务	68
	财富管理	32
	股权投资	1745
	创业投资	195
	其他	75
网络借贷服务		2
金融科技		24
合计		5565

（三）相关法律政策

完善的法律制度与优惠的政策是发展财富管理的基石。在粤澳金融积极融合创新的趋势下，横琴粤澳深度合作区先后推出了金融服务的政策意见征集和暂行办法。国家对粤澳金融合作创新也给予许多政策支持。粤澳双方先后签署《粤澳合作框架协议》《补充协议 9》等文件，加快两地金融机构、业务互联互通，打破金融合作壁垒。国务院发布的《国务院关于进一步做好利用外资工作的意见》和商务部发布的《经济技术合作协议》都鼓励了两地发展跨境投资和特色金融的设想。随着粤港澳大湾区和横琴粤澳深度合作区规划的提出，国家与地方政府在相关的政策文件上更为具体、精准地提出发展跨境金融的设想与鼓励措施，以求达到金融对外开放的不断扩大。相关政策措施参见表 10-5。

在相关政策法律的支持下，琴澳两地跨境人民币业务发展迅速、跨境投融资便利程度提高、跨境电子支付取得重大突破。成果如下：中国银行澳门分行 2015 年 8 月获批为葡语国家银行提供人民币清算服务。横琴粤澳深度合作区拥有 9 个备案跨境人民币资金池，备案金额 427. 62 亿人民币。已有 1141 家企业设立自由贸易 FT 账户，各类分账核算业务超过 330 亿人民币。横琴粤澳深度合作区在 2015 年 7 月，在全国率先实施跨境人民币贷款业务试点，推进重点项目跨境人民币结算，这成为粤澳合作产业园等澳门投资项目跨境融资的主渠道。横琴粤澳深度合作区也引进全国首家全澳资 QFLP 试点企业——礼达联马（珠海）股权投资管理有限公司。2015 年 6 月，横琴莲花大桥穿梭巴士受理金融 IC 卡正式启动，为两地居民跨境公交支付提供便利，该项跨境支付工具创新被列入广东省首批可复制可推广经验的 27 项改革创新措施之一。工商银行横琴分行也与工银澳门共同研发了“琴澳粤通卡”，为两地牌车主提供停车费、通行费等缴费便利。此外，珠海中国银行试点商户也开始使用澳门通 Mpay 钱包。

表 10-5 横琴粤澳深度合作区金融相关法律

发布日期	政策名称	发文机关	重要措施
2011 年 3 月 6 日	《粤澳合作框架协议》	国务院	加快发展澳门人民币业务；支持粤澳金融机构跨境互设分支机构；对重大跨境金融基建提供银团贷款；支持在澳经营的内地企业以内地资产作为抵押在澳门融资；支持在粤注册经营的澳资企业以澳门资产作为抵押，向粤银行机构申请贷款，符合条件的澳资企业可在内地发行债务融资工具；完善粤澳金融合作联络机制，加强金融监管，共同打击跨境金融违法犯罪；支持金融培训机构和人才合作
2012 年 7 月 2 日	《补充协议 9》	商务部	降低澳门金融机构申请合格境外机构投资者的资质要求；符合条件的澳门金融机构在内地设合资证
2017 年 12 月 18 日	《经济技术合作协议》	商务部	鼓励澳门发展特色金融，引入人民币金融产品，建立人民币计价的金融平台；促进跨境人民币资金双向流通，完善跨境人民币结算基建；降低澳门金融机构准入门槛；鼓励内地企业在澳发行债券，利用澳门平台筹集资金；加强金融监管部门的合作和信息共享；举办中国与葡语国家金融领域合作研讨会
2019 年 11 月 7 日	《国务院关于进一步做好利用外资工作的意见》	国务院	加快金融业开放进程；降低资金跨境使用成本；全面贯彻外商投资法；保护外商投资企业合法权益

（续表 1）

发布日期	政策名称	发文机关	重要措施
2020 年 5 月 14 日	《关于金融支持粤港澳大湾区建设的意见》	央行等四部委	淡化粤港澳大湾区中内地与港澳的境内外制度差别，降低投融资门槛；扩大内地与港澳的投资者和产品互认；通过金融科技，进一步对接境内外金融业务和加强境内外监管信息交流
2021 年 9 月 5 日	《横琴粤澳深度合作区建设总体方案》	国务院	吸引澳门居民就业创业、加强与澳门社会民生合作；构建电子围网系统；区内探索跨境资本自由流入流出和推进资本项目可兑换；在跨境直接投资交易、跨境融资、跨境证券投融资给予积极支持
2021 年 9 月 22 日	《中国（广东）自由贸易试验区发展“十四五”规划》	广东省政府	支持符合条件的境外银行、证券、基金、期货、保险业经营机构在区内设立独资或合资金融机构，鼓励跨国公司设立全球或区域资金管理中心，吸引国内外清算机构在区内落户，推进境内金融机构参与国际金融市场交易；探索建立跨境理财通机制，便利投资者以人民币开展跨境双向直接投资
2021 年 11 月 1 日	《横琴粤澳深度合作区外商投资股权投资类企业试点办法（暂行）（征求意见稿）》	横琴粤澳深度合作区金融发展局	处于征求意见阶段

（续表 2）

发布日期	政策名称	发文机关	重要措施
2021 年 11 月 8 日	《横琴粤澳深度合作区开展合格境内有限合伙人境外投资试点联席会议工作暂行办法（征求意见稿）》	横琴粤澳深度合作区金融发展局	处于征求意见阶段
2021 年 11 月 23 日	《横琴粤澳深度合作区支持企业赴澳门发行公司债券专项扶持办法（征求意见稿）》	横琴粤澳深度合作区金融发展局	处于征求意见阶段
2021 年 12 月 29 日	《横琴粤澳深度合作区外商投资股权投资类企业试点办法（暂行）》	横琴粤澳深度合作区金融发展局	粤澳深度合作区执委会会议审议通过
2021 年 12 月 30 日	《横琴粤澳深度合作区支持企业赴澳门发行公司债券专项扶持办法（暂行）》	横琴粤澳深度合作区金融发展局	粤澳深度合作区执委会会议审议通过

资料来源：笔者根据横琴粤澳深度合作区政府官方网站资料整理。

二、澳门财富管理行业发展分析

（一）经济发展情况

澳门社会财富充裕。从 2011 年到 2021 年，澳门本地生产总值在 3000 亿—4500 亿澳门币之间变动。据 IMF 预测，未来澳门人均 GDP 有望达到 14 万美元，而且澳门的居民存款额数量多、高净值人群密度高，这些都是澳门发展财富管理行业尤其是私人银行的重要基础（图 10-14）。

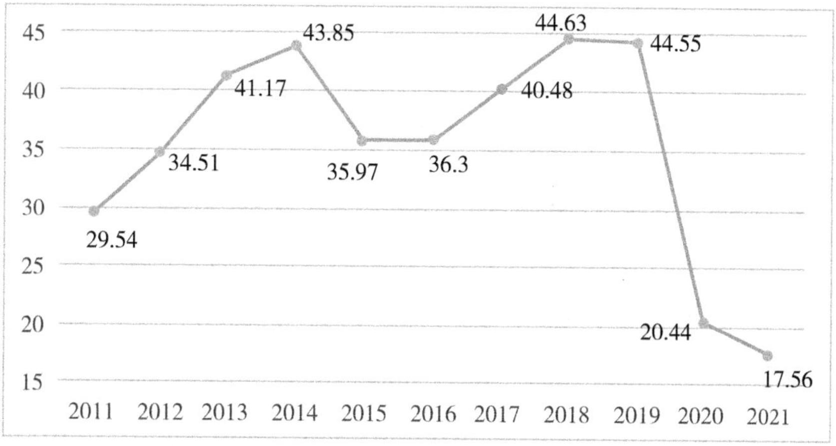

图 10-14　2011—2021 年澳门以当年价格计算的本地生产总值（单位：百亿澳门币）

注：2021 年数据为 2021 年前三季度数据加总。

资料来源：笔者根据澳门特别行政区统计暨普查局数据绘制。

澳门特区政府储备充裕。财政储备逐年增长，2020 年已达到 6100 余亿澳门币；当期财政结余也保持在 1000 亿澳门币（图 10-15）。同时，澳门金管局是国际金融市场重要的机构投资者，强大的资金实力为发展澳门特色金融和财富管理业务提供了有力支持。此外，澳门居民与政府的支出长期维持在大约 400 亿澳门币和 900 亿澳门币的水平，在一定程度上反映了澳门的财富情况（图 10-16）。

图 10-15　2011—2020 年澳门财政情况（单位：百亿澳门币）

注：当期财政盈余在 2018 年及之前的账目和 2019 年及之后的账目略有不同。

资料来源：笔者根据澳门特别行政区统计暨普查局数据绘制。

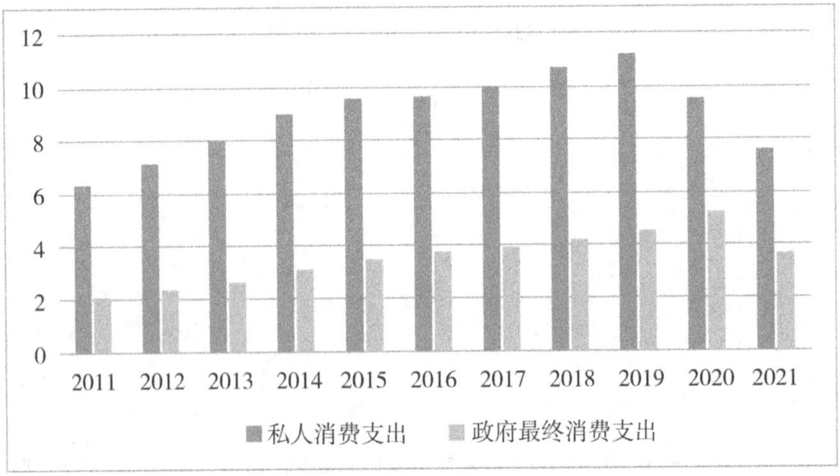

图 10-16　2011—2021 年澳门以当年价格计算的消费支出（单位：百亿澳门币）

注：2021 年数据为 2021 年前三季度数据加总。

资料来源：笔者根据澳门特别行政区统计暨普查局数据绘制。

澳门在大湾区内的直接投资逐年增长。从投资额度看，自 2015 年起，澳门企业对珠三角 9 市的直接投资额越来越高，到 2020 年累计直接投资达 468.08 亿澳门币。珠海、广州、深圳是澳门企业主要投资的大湾区城市，澳门企业对佛山、中山、江门的直接投资额从无到有，稳定增长（表 10-6）。从投资企业数目看，2015 年在珠江 9 市直接投资的澳门企业只有 34 家，2020 年增加到 813 家（表 10-7）。大湾区城市对澳门的投资也与日俱增，越来越多的湾区城市资本在澳门投资新公司，有效促进了粤澳两地的投资和金融融合与合作（表 10-8）。值得注意的是，珠海是澳门在对大湾区城市的直接投资中累计投资额与企业数目最多的城市，不仅超过广州、深圳，更超过香港。对此可能的解释是，珠海在与澳门的跨境合作中拥有显著的区位优势。

表 10-6　2015—2020 年澳门企业在大湾区城市直接投资累计总额（单位：亿澳门币）

年份	广州	深圳	珠海	佛山	惠州	东莞	中山	江门	肇庆	香港
2015	#	10.75	17.76[r]	#	0	#	3.17	0.07	0	56.16
2016	#	8.66	28.52[r]	#	0	0	5.91	0.07	0	64.89

（续表）

年份	广州	深圳	珠海	佛山	惠州	东莞	中山	江门	肇庆	香港
2017	15.03r	#	81.12r	#	0	0	6.12	0.09	0	135.85r
2018	28.21	-1.71	213.39r	8.05r	#	#	23.33r	16.17r	3.80	109.84r
2019r	32.06	0.91	236.66	14.89	#	#	24.15	18.14	4.05	119.63
2020	53.94	1.27	349.49	17.55	#	#	22.74	18.88	4.21	100.78

注：#为保密资料，r为修订数字。

1. 对外直接投资指在澳门注册的企业在澳门以外地区拥有10%以上股本的投资。

2. 从2017年起，统计范围包括不动产发展及租售业，并调整了一些企业行业的分类，因此2017年及之后年份的资料不宜与前期直接比较。

3. 从2018年起，统计范围包括按内地行政部门公示的资料，再经澳门统计局外勤收集的澳门本土企业在内地直接投资数据库。

资料来源：笔者根据澳门特别行政区统计暨普查局数据整理。

表10-7　2015—2020年向大湾区城市直接投资的澳门企业数目（单位：家）

年份	广州	深圳	珠海	佛山	惠州	东莞	中山	江门	肇庆	香港
2015	1	3	26r	1	0	0	1	3	0	14
2016	1	3	30r	1	0	0	0	3	0	14
2017	4	2	41	1	0	0	0	3	0	18r
2018	35r	16	418r	36	2	2	3	48r	4	24r
2019r	33	19	445	37	2	2	4	53	5	33
2020	42	24	594	41	2	2	4	62	6	36

注：#为保密资料，r为修订数字。

1. 对外直接投资指在澳门注册的企业在澳门以外地区拥有10%以上股本的投资。

2. 从2017年起，统计范围包括不动产发展及租售业，并调整了一些企业行业的分类，因此2017年及之后年份的资料不宜与前期直接比较。

3. 从2018年起，统计范围包括按内地行政部门公示的资料，再经澳门统计局外勤收集的澳门本土企业在内地直接投资数据库。

资料来源：笔者根据澳门特别行政区统计暨普查局数据整理。

表 10-8　2016—2021 年有大湾区城市资本的在澳门新成立公司数目（单位：家）

年份	广州	深圳	珠海	佛山	惠州	东莞	中山	江门	肇庆	香港
2016	64	66	194	27	3	10	31	21	5	471
2017	74	51	259	20	2	10	42	29	4	793
2018	138	117	453	47	5	20	73	50	9	1264
2019	127	112	390	33	6	11	63	35	8	720
2020	74	100	228	26	3	9	35	18	2	355
2021	99	97	331	23	6	11	59	21	3	242

注：1. 当一间公司有来自不同城市的资本时，公司数目会被重复计算。
2. 2021 年度数据为当年前三季度加总。

资料来源：笔者根据澳门特别行政区统计暨普查局数据整理。

（二）金融发展情况

澳门地区产业分布单一，博彩业独大。在剩余的第三产业中，不动产业务占比最高，其次是银行业、租赁和工商服务业、运输仓储和通讯业、保险及退休基金。

就澳门金融市场而言，目前规模最大、最具有影响力的仍是银行机构。传统商业银行占有大量客户群体，可以自然延伸到财富管理领域，同时银行是居民心中信誉的保障，也推动了居民理财需求。各大银行更易成为财富管理的重心。尽管澳门金融业态有待丰富，澳门资金却能方便进出香港市场。高净值人群的理财渠道非常广泛，除固定收益证券、股票、基金之外，家族信托、金融衍生工具等已广泛涉及，发展已较为充分。澳门金融管理局发布的统计显示，2020 年年底，澳门居民（包括个人、政府及其他法人，但不含澳门特别行政区的外汇储备）持有由境外无关连实体发行的证券投资，以当天市场价值计算为 10250 亿元，较 2019 年的 9218 亿澳门币增长了 11.19%（图 10-17）。

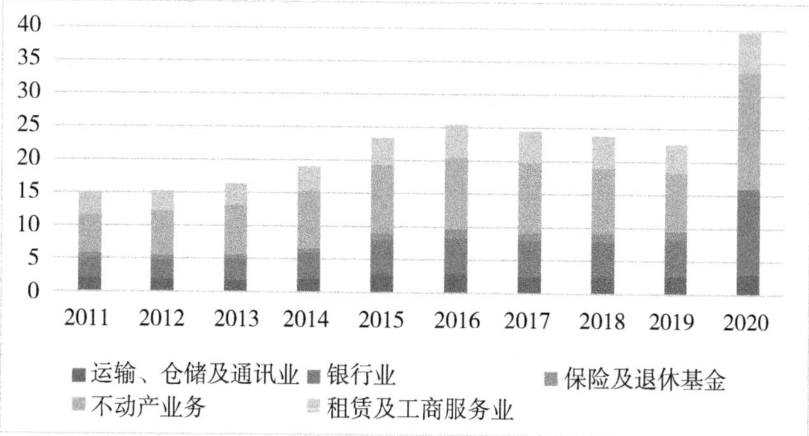

图 10-17　2011—2020 年澳门部分第三产业的结构（单位:%）

资料来源：笔者根据澳门特别行政区统计暨普查局数据绘制。

就澳门的服务业机构而言，近 10 年新成立的公司中，工商服务业公司数量最多，其次是不动产业、咨询及相关服务，最少的是金融业公司；金融业和不动产业新成立的公司数量逐年减少，咨询和工商服务业新成立的公司数量稳定增长。这说明澳门的金融业和不动产业发展模式较为稳定，可能缺少一定的创新空间；咨询服务作为财富管理行业中重要的“前台”①，咨询服务公司数量的增长意味着澳门财富管理行业有机会吸引更多的客户群②（表 10-9）。

表 10-9　2011—2021 年澳门部分行业的公司情况（单位：家）

年份	金融业		不动产业		咨询及相关服务		工商服务业	
	新成立	解散	新成立	解散	新成立	解散	新成立	解散
2011	131	17	440	84	108	12	567	92
2012	48	6	467	63	122	19	694	82
2013	3	1	400	69	134	9	996	109

① 在财富管理行业中，工作岗位有前台（KYC、客户分析、交易付款），中台（流程自动化方案），后台（网络安全）。

② 在本章第一节提到，财富管理的客户群不限于高净值人群和超高净值人群，还包括零售人群和富裕人群。

（续表）

年份	金融业		不动产业		咨询及相关服务		工商服务业	
	新成立	解散	新成立	解散	新成立	解散	新成立	解散
2014	4	1	594	74	186	19	1192	98
2015	9	0	363	44	209	14	1239	155
2016	3	1	412	76	226	24	1159	207
2017	8	5	557	50	218	24	1232	207
2018	4	6	395	55	302	19	1429	200
2019	13	2	408	80	290	27	1509	241
2020	3	0	297	59	310	38	1425	173

资料来源：笔者根据澳门特别行政区统计暨普查局数据绘制。

参照按个人资产对管理客户群进行分类，将不动产买方按不动产买卖价值分为小于 50 万澳门币、50 万—1000 万澳门币、大于 1000 万澳门币三类，对应着零售、富裕与高净值三类财富管理的客户群。对应富裕人群的自然人买方是购买不动产最主要的群体，其次是对应高净值人群的不动产买方。这三种买方大多是在澳门当地居住或者工作，其购买力比较高，很可能成为财富管理的潜在客户群（表 10-10）。

表 10-10　2021 年第三季度澳门订立不动产买卖契约的买方数目（单位：个）

买卖价值（万澳门币）	法律身份			居住地或总部			
	自然人	公司	其他法人	澳门	中国大陆	香港	其他
＜ 50	243	1	0	239	0	5	0
50-1000	3727	55	1	3725	43	3	12
≥ 1000	692	16	2	679	21	6	4
总数	4662	72	3	4643	64	14	16

资料来源：笔者根据澳门特别行政区统计暨普查局数据绘制。

（三）相关金融法律制度

如表 10-11 所示，澳门在财富管理方面的金融法律制度方面较为欠缺，与财富管理相关的金融法律制度只有6个。

第一，关于管制财务公司活动。第15/83/M号法令《金融公司》通过规范本地区信用系统及金融结构规范了澳门金融体系组织的运作规则，让金融公司提供中期贷款、活跃投资、刺激资本市场并引导货币信用剩余流动资金进行投资。

第二，关于金融制度。第32/93/M号法令《金融体系法律制度》是澳门对外发展及开放进程中具有较强实用性的法规。受当时巴塞尔、欧洲共同体相关法规影响，试图通过加强信用系统促使澳门扩展经济活动、增强地域性合作的能力。

第三，关于投资基金。第83/99/M号法令《投资基金及投资基金管理公司的设立及运作》对投资基金的定义、分类、风险、经营过程、清算等方面有明确规定，但澳门仍然没有完善的投资基金的法律制度。

第四，关于私人退休基金①。该法令对私人社会保障形式、加强对受益人的保障、基金的设立与管理条件、基金的跟进与监督等方面进行了明确修改与规定。

第五，MOX② 成立。MOX是经澳门金融管理局审核，根据中华人民共和国澳门特别行政区第94/2018号行政命令，由澳门特区行政长官签署成立的金融机构。通过MOX，澳门能够通过债券公开/非公开发行进行直接融资，其是澳门首家提供债券登记、托管、交易及结算等业务的金融机构。

第六，关于风险资本。1995年，澳门政府颁布了《澳门风险资本投资法》。其中规定了风险投资公司是金融机构，对其经营范围、经营内容和经营限制进行了明确的规定。澳门尽管有相关的法律法令，但是风险投资仍然罕见。此外，证券法、信托法的空白也是澳门财富管理的法律劣势。

---

① 私人退休基金系为支付退休金或抚恤金而设的特有财产，曾受6月13日第44/88/M号法令所规范。

② MOX为ChongWa（Macao）Financial Asset Exchange CO，Ltd. 即中华（澳门）金融资产交易股份有限公司的英文缩写。

表 10-11　澳门财富管理相关的金融法律制度

业务方向	颁布时间	相关法令	主要内容
金融公司	1983 年 2 月 26 日	第 15/83/M 号法令《金融公司》	规范金融公司开展主动经营活动，如信用活动、证券活动及财务出资等，以及被动经营活动的相关条例
金融制度	1993 年 7 月 5 日	第 32/93/M 号法令《金融体系法律制度》	规范金融机构的许可，义务范围，登记流程，金融活动范围，机构信用机构股东、公司机关及经理的资格，以及外部审查的具体操作及规范
退休基金	1999 年 2 月 8 日	第 6/99/M 号法令《私人退休基金法律制度》	规范基金的设立与管理条件，对受益人的保障，基金的跟进与监督
投资基金	1999 年 11 月 22 日	第 83/99/M 号法令《投资基金及投资基金管理公司的设立及运作》	投资基金的种类，基金合同订立，投资基金参与人、管理实体及受寄人的权利与义务，设立投资基金及投资基金管理公司的相关条件，基金的监管
金融资产交易	2018 年 8 月 13 日	第 94/2018 号行政命令	MOX 成为澳门首家提供债券登记、托管、交易及结算等业务的金融机构
风险资本	1995 年	第 83/99/M 号法令《澳门风险资本投资法》	对风险资本公司的定义、经营范围、限制进行规定

资料来源：笔者根据澳门法律网公开资料和丁瑜刚《澳门产业多元化及跨境财富管理展望》绘表。

第四节
加快推动琴澳财富管理的对策建议①

受疫情冲击，国际资本市场动荡不安，企业经营风险和个人财富风险增大，高净值人群对于流动性管理和资产隔离规划的需求增加。横琴粤澳深度合作区作为连接内地与澳门的平台，可以为澳门丰裕的资本存量提供一个安全的场所，琴澳应依据现有资源有选择地发展纵深业务，打造差异化竞争优势，为企业打造优质平台，重点关注高净值客户的产品筛选、资产配置、风险控制和客户体验四大服务需求，承接境内外高净值人群投资资产；同时，积极开发特色产品，把握客户行为和习惯，从不同层面和阶段出发，为客户提供更多的优质选择。在此背景下，本节提出夯实银行理财发展基础、聚焦绿色可持续和数字化、琴澳合作推出新金融产品、运用财税激励和政策优势、加速人才培育、挖掘新客群、加大风险监控力度等七条有针对性的建议。

一、夯实银行理财发展基础

第一，吸引更多内地和澳门的主流银行机构入驻横琴澳深度合作区。银行端的零售银行业务有助于增加客户黏性，以低成本引入资金。

① 该节写作重点参考了丁一兵、李小飞、李猛、杨弋：《推进琴澳特色金融合作应对疫情冲击》，《横琴智慧金融研究院/吉林大学横琴金融研究院经济研究报告汇编》2020 年第 1 期。李世斌：《以私募股权投资基金赋能琴澳中小企业发展》，《横琴智慧金融研究院/吉林大学横琴金融研究院经济研究报告汇编》2020 年第 3 期。

目前，横琴澳深度合作区已成功引进大西洋银行和澳门国际银行入驻①，入驻澳门的中资银行包括中国银行、中国农业银行、中国工商银行、中国建设银行、中信银行等。从数量上看，在横琴澳深度合作区的澳门银行数量较少，经营的银行业务有限，尤其是与财富管理行业交叉的银行业务上经验有限，因此，吸引更多内地和澳门的主流银行入驻的方式更加值得探讨。在金融市场极度发达的香港，符合申请和营运标准的虚拟银行会被颁发虚拟银行牌照。这种做法的好处在于节省运营成本、通过精准高效的电子化手段办理银行业务，成功吸引到香港之外的银行在香港的跨境平台进行交易。当然，相应的监管手段以及金融市场的开放度也是为颁发虚拟银行牌照保驾护航的制度基础。

第二，提升专业化私行的业务水平。财富管理客户的投资目标，是抗通胀、流动性、增长率。私人银行围绕高净值以上客户的需求，打造跨板块、跨团队、跨产品的一体化协同，为客户定制包括兼并收购、资本市场交易、高端授信等业务。中国银行、中国工商银行是中资银行中在财富管理方面发展私人银行业务较为成熟的两家机构。可以借鉴两家经验，先服务琴澳客户再吸引其他投资者，然后打磨私人银行业务中的跨境产品。除此之外，发展全能型银行也能够充分利用其内部私行、投行、商行等职能，打通产品与权益体系，为客户提供全面的综合金融服务。一方面，商行、投行可为私行转介客户；另一方面，通过打通产品线，可以为客户提供一揽子综合解决方案，覆盖全方位需求。

二、聚焦绿色可持续和数字化

第一，在绿色可持续发展方面，琴澳可多加关注 ESG 债券，通过

① 2017 年 1 月，大西洋银行落地横琴澳深度合作区。大西洋银行横琴分行是第一家在中国境内开设分行的澳门本土银行，也是第一家于横琴澳深度合作区开设分行的国际性金融集团。2021 年 10 月，澳门国际银行入驻横琴澳深度合作区，澳门国际银行横琴粤澳深度合作区支行是横琴粤澳深度合作区管理机构挂牌后第一家新设立的澳资银行。

零售层面开展绿色产品的普及①。2010 年到 2019 年，ESG 基金收益率比传统基金的收益率累计高 9%。许多海外投资者注重 ESG，在投资前会进行对企业的污染物排放量、社会责任等进行考察，因此，绿色可持续将成为投资新方向。

第二，在数字化方面，建立数字咨询基础架构。

首先，要从客户摸底工具、投资组合构建工具和再平衡工具开始，完善对客户信息流的风险评估、适合性评估、交易前检查以及基于投资需求的目标分析。引入跨学科团队通过多次迭代来完善模型，建立“诊断引擎”，对基于目标的投顾解决方案、自动完成的投资组合再平衡以及各细分客群对平台数字功能的访问权限等进行评估。

其次，建立高级分析能力。支持基于风险与需求的投资组合，确保客户与客户经理在充分知情的前提下作出投资决策。金融机构可以综合应用内部与外部、传统与非传统数据源以及高级分析和机器学习等资源。例如，金融机构可以建立本地的数据存储库，即安全的“数据湖”②，凭借高级分析与机器学习技术，按照客户需求和行为建立微观细分客群，以此迈出个性化定制建议的第一步。机构还可以通过神经语言编程自动提取并分析公开信息，以提升研究、合规及其他领域的效率。建立数据储备和高级分析模型会将财富管理机构暴露在新风险之下，识别出这些风险并采取相应措施降低风险。

再次，实现智能化的客户体验设计。鼓励各金融机构推出简单明了的主页设计，以显示客户的账户价值、各资产的表现、模拟投资工具等，方便客户在了解自身投资的状况的同时有更真实的投资场景体验。甚至有些国际性机构已经推出每月少量增投是否有助于投资者退休时间提前的设计，从而确保投资结果更可知可感。最后，随着 ESG 投资日益普及，相关机构也可考虑引入视觉设计来呈现客户投资组合的整体碳足迹等。

---

① 以兴业银行为例，作为国内最早进行绿色金融实践的银行，兴业银行面向个人客户推出了低碳主题信用卡、绿色按揭贷、绿色消费贷和绿色理财等创新产品。

② 由于数据都是承载在基于可向外扩展的 HDFS 廉价存储硬件之上，随着数据量扩大，不同种类的存储应运而生。

最后，机构可以在现有客群中小范围试点数字化投资顾问，然后分批推广至琴澳以外的区域，覆盖更多客群。财富管理机构应分析客户行为，了解哪些客群有可能接纳数字工具。此外，机构应制定清晰的沟通及营销策略，强调数字渠道优势，并可考虑提供限时激励措施，如佣金打折，提供几次免费的远程/线上财务规划等。同时，探索通过横琴澳深度合作区引入国际先进证券规则及数字化技术，建设高度国际化、市场化的证券交易所，加快推出符合市场需求的ABS、股票、ETF、REITs、衍生品、数字资产等证券服务，与澳门债券市场形成有力互补，吸引各类要素聚集，丰富金融产品类型，激发财富管理发展活力。

三、合作推出新的金融产品

琴澳两地应通过合作运营，开发特色金融产品，利用澳门资本优势支持琴澳实体经济发展。这里，提出以下六种类型的金融产品设想。

第一种，融资通。着力推进跨境融资租赁业务开展，探索建立融资租赁跨境市场。支持澳门机构投资者参与境内私募股权投资基金和创业投资基金投资；进一步放宽外债币种限制，允许横琴澳深度合作区的澳资企业外债签约币种与提款币种和偿还币种不一致，供其灵活选择；在当前国际市场低利率条件下，支持横琴澳深度合作区的企业在澳门进行债券融资。

第二种，投资通。鼓励琴澳投资机构合作成立生物医药产业投资基金，共同抓住当前国内生物医药产业发展的重大机遇，利用澳门的资金和生物医学研发优势，促进横琴澳深度合作区生物医药产业的快速发展，为澳门的产业多元化作出努力；探索建立中药材交易平台，中医药在此次新冠疫情的治疗中发挥了特殊疗效，应该抓住机会为横琴澳深度合作区的健康产业尤其是中药产业发展提供资本和人力支持。

第三种，保险通。创新开发琴澳通保险产品，发挥保险中介优势和作用，在横琴设立以中介机构为核心的跨境保险创新服务中心，提供两岸三地的保险产品咨询、销售和理赔等服务，从而实现两地保险互联互通有效破题；此外，鼓励符合资格的粤港澳跨境保险企业通过共享保险产品，助力粤港澳大湾区养老养生产业发展；最后，考虑到国内外疫情对琴澳博彩、旅游产业的消极影响可能还会持续，鼓励澳门险资开发疫情相关特色保险产品无疑会助力琴澳产业复苏。

第四种，跨境理财产品。2020 年 6 月 29 日，中国人民银行发布《人民银行会同香港金管局、澳门金管局发布“跨境理财通”业务试点公告》。“跨境理财通”有效地连接了内地与港澳两地的金融合作，方便两地居民购买理财产品，在一定程度上回避了跨境理财的制度风险和程序障碍，推动了琴澳资产管理市场相互开放和财富管理行业的发展。当前澳门博彩业、旅游业受到疫情冲击，澳门居民的资金避险需求、资产管理需求增加，不妨借鉴股票通、债券通，令澳门居民亦可以在内地银行开设理财账户，将外币兑换成人民币投资内地金融产品，实现资金双向流动，对此可以对个人投资者设定一定的资产要求，以及年度跨境理财额度。此外，随着内地投资者对资产多元化投资的需求日益增加，大湾区内试行理财通也可以突破现有资本账户管制的问题。

第五种，支付通。疫情激发了云办公、在线教育、移动购物等商业模式和经济生活方式，应该借助金融科技加强澳门无接触经济的金融基础设施建设，其中，跨境支付互联互通尤其重要。微信香港钱包（WeChat Pay HK）正式获批开通港澳跨境支付服务，香港用户可以实现一部手机畅行大湾区。而澳门地区的移动支付程度还存在着一定提高的空间，当下可以借着疫情催生的无接触支付的趋势，加强琴澳两地跨境支付的互通和便利性。

第六种，重点发展私募股权投资基金。与大型企业相比，中小企业受自身条件限制在获得银行信贷上的能力较差。而大部分中小企业尤其是科创类企业在前期运营中的资金需求较大，缺乏资金支持导致企业难以为继的现象时有发生。私募股权投资基金作为一种新型的融资方式，能够通过市场化的手段有效解决中小企业的融资困境，除此之外，还能为中小企业提供必要的业务支持。总体来看，私募股权投资基金的功能主要有以下几个方面。

首先，私募股权投资基金能够填补银行信贷和证券市场之间的空缺。中小企业在发展初期难以获得良好的经营业绩，受自身规模影响也无法通过公开发行股票或债券的方式进行融资，在存在巨大信息不对称的情况下，银行和投资人仅仅参考中小企业经营业绩也缺乏贷款和投资的积极性。而私募股权投资基金作为连接投资人与资金需求企业的纽带，一方面能够有效筹措私人资金，另一方面也能够通过市场调研了解企业资金需求及发展潜力，通过市场化的运作方式缓解信息不对称，在满足中小企业融资需求的同时实现投资者私人资金的增值。

其次，私募股权投资基金有助于企业内在价值的提升。在投资之前，私募股权投资基金会进行广泛的项目筛选和详细的尽职调查，能够为市场筛选出具有发展潜力的项目和企业，有助于推动企业在市场竞争中考虑自身长远发展。在投资之后，为确保投资者资金实现增值，私募股权投资基金也会凭借丰富的投资经验、成熟的管理团队和良好的市场资源，参与企业决策，提供战略指导，推动技术创新与应用，为新技术找到产业化扩张路径并推动企业成长，进而从企业的真实价值和未来成长中获利，同时还可在企业谋求上市时协助其规范法律结构和财务结构。

最后，私募股权投资基金能够降低实体经济高杠杆和系统性金融风险。私募股权投资基金完全遵循市场化的运作模式，在私募市场竞争中声誉较高的私募股权投资基金，一方面能够获得投资者信赖从而集聚大量资金；另一方面也能够凭借其市场能力和资源找到优质的投资项目，使得越来越多的社会资金通过股权的方式直接投资企业，成为优质的长期股本，并降低被投资企业的负债率和杠杆率。

总而言之，应继续探索开展琴澳私募基金跨境投资，进一步试点澳门机构投资者通过合格境外有限合伙人（QFLP）参投横琴粤澳深度合作区私募股权投资基金和创业投资企业基金，有序推进澳门通过合格境内有限合伙人（QDLP）募集横琴粤澳深度合作区区内和区外人民币资金投资海外市场，探索合格境内投资企业（QDIE）在境内募集资金并以横琴粤澳深度合作区和澳门为窗口投资境外标的。同时，要加强对上述 QFLP、QDLP、QDIE 试点的事中事后监管，防范各类跨境资金流动风险。同时，完善私募股权投资基金的退出机制。[①] 除了被投资企业的股息和分红，通过退出将股权出售进行套现，实现资本增值是私募股权

① 私募股权投资机构在其所投资的创业企业发展相对成熟后，将其持有的权益资本在市场上出售以收回投资并实现投资收益。

投资基金的主要盈利模式，也是实现各类资金有效循环的重要途径。因此，应为私募股权投资企业提供必要指导和政策支持，引导和鼓励符合条件的琴澳企业通过 IPO、并购等方式实现私募股权投资基金的顺利退出。进一步健全和完善多层次金融市场，积极推进澳门证券交易市场建设，为琴澳本地私募股权投资基金的退出提供更加便利的条件。

四、综合利用财税激励和跨境金融政策优势

简单低税的环境与多种税务优惠是财税激励的重点。香港不设增值税和营业税，新加坡税种少且税率低，都形成了吸引投资者的税务环境。短期内，横琴粤澳深度合作区无法向香港一样，与多个国家或地区签署双边税收协定形成全面性的避免双重课税协定（Double tax treaty, DTA）① 的网络，但可尝试与澳门就财富管理中的某类产品或投资收益达成避免双重课税的协定，增强投资者对琴澳财富管理中某种产品的投资信心。如果效果良好，可针对产品的咨询环节、跨境交易、境外收益进行税费的减免，令财富管理的收入能够尽快直接地用于新一轮的投资。

上述建议是针对投资者的税费减免。为了吸引更多财富管理机构落户琴澳，对于财富管理中的金融业务实行减税甚至免税的优惠也有一定的必要性。若落户横琴粤澳深度合作区的财管机构从事银行、保险、债券甚至信托等业务可予以超过 1 年的减税优惠，并根据机构的业绩情况予以延期减税或免税优惠。此项税收优惠可面向常设机构或通过资质审核的机构。以上两种税收优惠面向的是包括机构、投资者以及其他市场参与者，以求达到吸引更多类型的财富管理机构及中介机构落户合作区的目的。这些机构可以是家族财富办公室、互联网理财机构；也可以是运用大数据、人工智能技术服务财富管理的中介机构，例如量化投资决

① 指国家间为避免和消除向同一纳税人、在同一所得的基础上重复征税，根据平等互惠原则而签订的双边税收协定。各国征收所得税，都不同程度地基于所得来源地原则和纳税人居住地原则行使税收管辖权。如果纳税人居住地国与其取得所得的来源地国之间没有作出双方都能接受的协调安排，往往造成征税重叠，这不仅会加重纳税人的负担，也不利于国际间的经济、技术和人才交流。

策系统提供商、ESG评级服务提供商等。

五、加快财富管理专业人才的培育

第一，通过情景化的数字化学习提升从业人员的专业水平。目前，较多财富管理从业者存在专业度不足的问题，其为了完成销售任务，机械化推销产品，但对产品收益、风险特征、产品类别、配置策略了解有限，无法为客户提供科学资产配置建议，实现有效风险控制。如果将财富管理行业的工作人员分为前、中、后三个领域，分别对应的主要工作任务就是客户画像、投资组合建议、售后答疑。无论处于哪个领域，工作人员都应当保证对已有产品的细致认知以及对数字化手段的应用，只有工作人员掌握了产品特征和便利渠道，才能完成行业的数字化进阶。为了提供更浅显易懂的投资教育，相关机构应尽量使用非金融术语和视觉辅助工具。例如，交互式图表、即时信息流和游戏化工具都有助于打造更引人入胜和易于理解的学习内容。财管机构应在自有数字化平台和第三方网站上战略性地投放此类内容。通过情景化的数字化学习帮助从业者提升专业水平，为客户普及理财知识。

第二，对即将就业的复合型人才提供多方位培育。首先，积极鼓励金融机构或企业办“企业训练营”，提供不同时长的专业课程，以满足培训需求。当训练营成熟运作后，政府或企业可与各高校及研究机构签订人才培养协议，依托横琴粤澳深度合作区人力资源服务产业园，定期举办财富管理人才的交流活动。其次，金融部门可以与研究机构合作提供实习或正式岗位给优秀的在校人才，令财富管理行业的相关后备人才能够在具体工作业务中进行实践。正如新加坡的经验，金融部门既是财富管理行业主要的职位提供方，更是奖励表现优秀的财管人才的出资方。政府的支持一定会源源不断地吸引相关人才涌入财富管理行业。最后，横琴粤澳深度合作区和澳门双方的民间机构和官方机构可以共同设计财富管理行业的培养计划，成立财富管理奖学金，从培育人才开始，完成财富管理的跨境成长。无论是即将就业的专业人才，还是在职人员，都可以通过财富管理奖学金项目，申请在本地或赴海外深造，扩展专业人才的国际化视野。

六、挖掘财富管理行业的新客群

第一，中老年客群。越来越多的现金存款、保险、共同基金、养老金出现在发达国家的家庭资产配置里，而在中国的家庭资产配置中，65%是房地产及相关投资，类似养老金的稳定性投资比例很低。但是随着老龄化的趋势愈演愈烈，很多中老年人或者年轻人对于资产配置的思维不再是一味追求高收益，而是尽可能规避高风险，让自己的资产配置中有更多的稳健性资产。因此，以养老金为核心的资产配置将越来越受欢迎。

第二，女性客群。麦肯锡《2019 年职业女性调研》显示，女性跻身企业高层已是全球性的趋势。2015 年，拥有三名以上女性高管的企业只占 29%，2020 年这一比例升至 44%。富裕的女性，尤其是丧偶的女性在接管家庭财政大权后，通常会根据自身需求来寻求专业服务或更换服务机构。30—40 岁的女性群体掌握着富裕家庭可投资资产的 15%，即使数额不大，但这些女性的影响力颇深。麦肯锡咨询公司分析发现，30—40 岁的女性群体能够实现 5%的年收入增长，而财富管理行业的收益平均增长值只有 1%。随着女性控制财产增加，很多家庭的女性越来越积极地扮演“财富女掌柜”的角色。此外，有调查显示，女性更倾向于咨询专业建议，不介意为昂贵的面对面投顾服务买单，对自己的财务决策能力也更易缺乏信心，注重长期目标的实现，且对风险的容忍度也较低。

因此，可以通过单独的金融机构的私人服务发展成一套基于中老年群体和女性群体需求的专属产品和服务方案，渗透内地市场并吸引离岸客户甚至家族办公室落户。

七、加大风险监控力度

首先，要严格督促遵守财富管理业务对应的规章制度，遵守关于产品登记备案、合格投资者、资金募集、投资运作、行业自律等方面的规定。其次，要构建和完善财富管理机构的信息披露机制，以披露为主，督促信息披露义务人向投资者披露产品运作的相关信息，确保信息的公开和透明。这在保障投资者权益的同时也有助于加强监管。最后，要加强对跨境业务的监管，将财管业务纳入到琴澳跨境金融监管合作范围之内，严厉打击地下钱庄、跨境赌博等涉及外汇的违法犯罪活动，维护外汇市场健康秩序，防范跨境资金流动风险方面。

在条件允许的情况下，可考虑建立琴澳财富管理协会，在服务琴澳私募股权投资基金发展的同时，加强监管及行业自律。此外，在疫情期间还应建立起跨职能应急机制。对员工的健康风险、疫情防控政策和新常态下业务流程的缺陷等潜在风险做出提前干预，保障业务的持续性；从中长期来看，更频繁的数字化交互和员工远程办公均加大了网络与数字化的风险隐患，尤其是增加数据泄露的风险，因此，也应加强信息安全方面的监管。

总而言之，琴澳应依托政策和区位优势，促进财富管理境内外一体化发展。大湾区投资者数量众多，资本实力雄厚。随着大湾区的不断建设，证券市场更为活跃，内地投资者有更多机会接触新型的投资理念。横琴粤澳深度合作区应积极主动地与澳门金融机构联系，获取相关信息，借助境内外金融合作，培养相关人才，提升理财师专业能力，以此促进澳门企业，尤其是财富管理类企业落地横琴粤澳深度合作区，带动横琴粤澳深度合作区整体金融实力的提升。相关数据表明，目前超过40%的高净值人士选择境内外使用同一家银行进行财富管理，其中一半高净值人士看重同一机构在不同地区运营所带来的联动效应，包括服务、语言和文化上的连贯性，这样才能更好地满足客户资产管理的需求。同时，琴澳财富管理还需进一步积累市场投资经验，加深对制度政策及市场发展趋势的理解，积极开拓产品种类，强化产品的创、采、选能力，为客户提供更多优质标的选择。

参考文献

[1] 波士顿咨询公司：《2021 年全球资产管理报告》，2021 年。

[2] 波士顿咨询公司：《财富管理 20 年：洞见未来——财富管理机构的进阶之路》，2020 年。

［3］波士顿咨询公司：《客户至上：掘金三大财富管理客户群》，2021年。

［4］德勤：依托科技的财富管理战略性制胜举措》，2021年。

［5］毕马威：《2020年香港私人财富管理报告》，2020年。

［6］毕马威：《2021年香港私人财富管理报告》，2021年。

［7］毕马威：《香港资产管理业展望》，2021年。

［8］麦肯锡：《麦肯锡中国金融业CEO季刊》，2021年。

［9］普华永道：《资产和财富管理变革》，2021年。

［10］艾瑞咨询：《中国财富管理行业白皮书（简版）》，2020年。

［11］丁一兵、李小飞、李猛、杨弋：《推进琴澳特色金融合作应对疫情冲击》，《横琴智慧金融研究院/吉林大学横琴金融研究院经济研究报告汇编》2020年第1期。

［12］丁瑜刚：《澳门产业多元化及跨境财富管理展望》，《横琴智慧金融研究院/吉林大学横琴金融研究院经济研究报告汇编》2020年第2期。

［13］兰健：《横琴新区发展智能投顾新探索：本源、异化与发展》，《横琴智慧金融研究院/吉林大学横琴金融研究院经济研究报告汇编》2020年第2期。

［14］李世斌：《以私募股权投资基金赋能琴澳中小企业发展》，《横琴智慧金融研究院/吉林大学横琴金融研究院经济研究报告汇编》2020年第3期。

［15］宁梓男：《粤澳金融融合发展下的财富管理重点方向》，《横琴智慧金融研究院/吉林大学横琴金融研究院经济研究报告汇编》2020年第2期。

［16］苏州工业园区地方税务局课题组、王群：《中国与新加坡金融业的税制比较》，《税务研究》2015年第4期。

［17］王素荣：《阿联酋和新加坡的税制及税务筹划作用比较》，《国际商务财会》2019年第4期。

［18］曾丽春、欧文瀚、王菁：《中国私人财富市场展望》，《中国金融》2019年第16期。

［19］张颖：《香港资产管理业务的发展经验》，《金融博览》2018年第2期。

［20］招商银行：《2021中国私人银行财富报告》，2021年。